AF614300

LAS CUALIDADES FÍSICAS Y SU EVOLUCIÓN

APLICACIÓN A NIÑOS Y ADOLESCENTES

MARIANO GARCÍA-VERDUGO DELMAS

©Copyright: Mariano García-Verdugo Delmas
©Copyright: De la presente Edición, Año 2021 WANCEULEN EDITORIAL

Título: LAS CUALIDADES FÍSICAS Y SU EVOLUCIÓN. APLICACIÓN A NIÑOS Y ADOLESCENTES
Autor: MARIANO GARCÍA-VERDUGO DELMAS

Editorial: WANCEULEN EDITORIAL
Sello Editorial: WANCEULEN EDITORIAL DEPORTIVA

ISBN (Papel): 978-84-18682-45-2
ISBN (Ebook): 978-84-18682-46-9

DEPÓSITO LEGAL: SE 285-2021

Impreso en España. 2021

WANCEULEN S.L.
C/ Cristo del Desamparo y Abandono, 56 - 41006 Sevilla
Dirección web: www.wanceuleneditorial.com y www.wanceulen.com
Email: info@wanceuleneditorial.com

Reservados todos los derechos. Queda prohibido reproducir, almacenar en sistemas de recuperación de la información y transmitir parte alguna de esta publicación, cualquiera que sea el medio empleado (electrónico, mecánico, fotocopia, impresión, grabación, etc.), sin el permiso de los titulares de los derechos de propiedad intelectual. Cualquier forma de reproducción, distribución, comunicación pública o transformación de esta obra solo puede ser realizada con la autorización de sus titulares, salvo excepción prevista por la ley. Diríjase a CEDRO (Centro Español de Derechos Reprográficos, www.cedro.org) si necesita fotocopiar o escanear algún fragmento de esta obra.

EL AUTOR

Mariano García-Verdugo Delmas

Nacido en Madrid en 1948
Afincado en Galicia (España) desde 1960

TITULACIONES ACADÉMICAS

Diploma en Estudios avanzados en Ciencias de la Actividad Física y del Deporte por la Universidad de Vigo (2004-2006).

Licenciado en Ciencias de la Actividad Física y el Deporte, por la Facultad de Ciencias del Deporte de Madrid. Especialista en Atletismo. (1968-1972).

Master Universitario en Alto Rendimiento Deportivo. Universidad Autónoma de Madrid (1993-94).

Master en Alto Rendimiento Deportivo por el Centro Olímpico de Estudios Superiores del Comité Olímpico Español.

Técnico Deportivo Superior en Atletismo. Grado Superior. Ministerio de Educación y Ciencia.

TITULACIONES DEPORTIVAS

Técnico especialista en Alto Rendimiento Deportivo. Centro Olímpico de Estudios Superiores. Comité Olímpico Español. Madrid (1993-94).

Entrenador Nacional de Atletismo (nivel III). Real Federación Española de Atletismo (1975).

Entrenador Nacional Especialista en Medio Fondo (nivel IV). Real Federación Española de Atletismo (2008).

OCUPACIONES

Responsable Nacional de las pruebas de Medio Fondo de la Real Federación Española de Atletismo. (1989.2012).

Profesor del Centro Olímpico de Estudios Superiores del Comité Olímpico Español. Máster en Alto Rendimiento Deportivo. "Programación del Entrenamiento de la Resistencia". Desde 1995.

Profesor Titular de la Escuela Nacional de Entrenadores de la Real Federación Española de Atletismo. Asignatura de Medio Fondo. 1995-2017.

Profesor de la Federación Internacional de Atletismo (IAAF) para el área de Sudamérica. Medio Fondo. (2007).

Director y profesor de la Escuela Gallega de Entrenadores de Atletismo de la Federación Gallega de Atletismo. 2006-2019.

Asesor y Metodólogo para el desarrollo de las especialidades de Medio Fondo y Fondo. Federación Deportiva Peruana de Atletismo. Perú (2017-2020).

Profesor y Jefe de Departamento de Educación Física en el Colegio la Salle de Santiago de Compostela (1972-1988).

Director del Área de Deportes de la Universidad de Santiago de Compostela. (1988-2012).

MARIANO, al margen de su profesión como gestor de la Actividad Física y del Deporte en la Universidad, por sus estudios y experiencia, es una persona que ha vivido de forma directa la promoción, durante más de dos décadas en los que ha trabajado con deportistas en edades a partir de los 10 años en la Escuela de Atletismo de Santiago de Compostela y como profesor de Educación Física y de Atletismo en el Colegio La Salle de la misma ciudad. Cuenta en su historial con varios campeonatos de España Escolares en los que sus equipos se proclamaron vencedores.

Ha convivido también, desde 1989 hasta 2012, con deportistas de elite ya que desde esa fecha fue Responsable Nacional de pruebas de Medio Fondo de la Real Federación Española de Atletismo lo que le ha permitido ser oficial en seis Juegos Olímpicos y 17 campeonatos del Mundo y de Europa.

El autor ha impartido numerosas conferencias y cursos a nivel internacional y nacional sobre la temática que trata esta obra y ha publicado numerosos trabajos al respecto.

Todo ello, le confieren una experiencia y unos conocimientos que ahora transmite aquí para todas aquellas personas con inquietudes sobre la formación deportiva a largo plazo y el entrenamiento, de manera integrada y sistemática, en las primeras etapas de desarrollo.

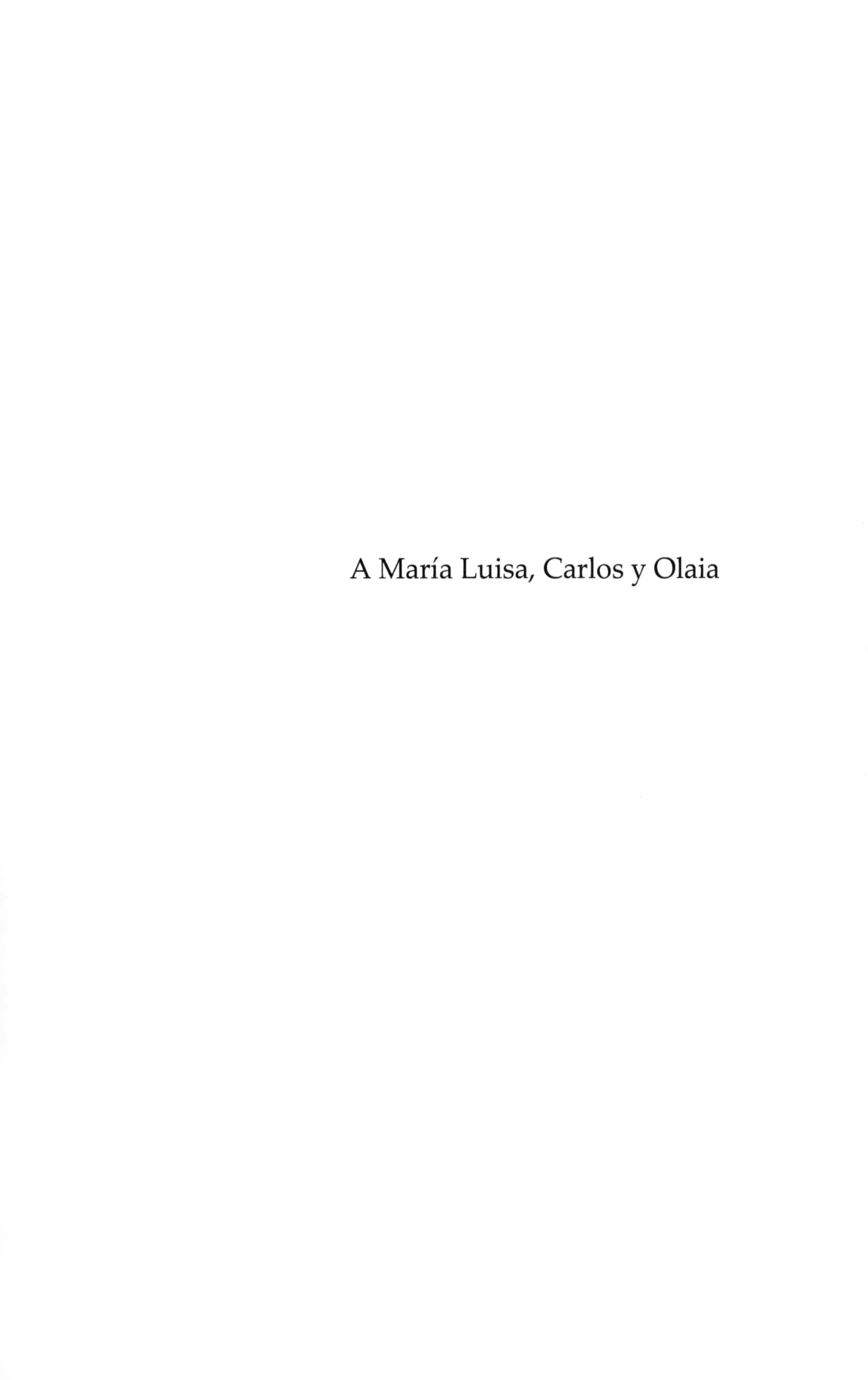

A María Luisa, Carlos y Olaia

AGRADECIMIENTOS

A mi mujer y mis hijos, principales sufridores de mi dedicación al estudio y al trabajo.

A D. Emilio Tapia (Q.P.D.) por haberme dado la oportunidad de dirigir la Escuela de Atletismo de Santiago de Compostela, en mi inicio como entrenador de niños.

Al Colegio La Salle de Santiago de Compostela porque con ellos pasé 20 años de mi vida adquiriendo experiencia y desarrollándome como educador, profesor de Educación Física y entrenador de niños y adolescentes.

A todos mis profesores a lo largo de mi formación como educador y entrenador. Ellos, con sus enseñanzas, me ayudaron a conocer la problemática del entrenamiento desde la infancia hasta el alto rendimiento.

A todos mis deportistas, que comenzaron a entrenar conmigo desde categorías en edad escolar. Tanto a los que aún siguen entrenando y compitiendo (ya en categorías de master) como a los que, con el devenir del tiempo, fueron abandonando la práctica deportiva. Unos y otros me permitieron reflexionar sobre los aciertos y errores cometidos con ellos para poder ayudar a los nuevos entrenadores a incidir en los aciertos y evitar las equivocaciones.

A la Real Federación Española de Atletismo, especialmente en la persona de su presidente D. José María Odriozola por la oportunidad que me brindó, durante 24 años, para convivir con la elite del Atletismo Español e Internacional , pudiendo comprobar los errores y aciertos que se cometieron con los atletas desde que militaban en categorías inferiores y que fueron determinantes en su llegada al alto rendimiento o por quedarse a medio camino.

ÍNDICE

INTRODUCCIÓN

POR QUÉ ESTA OBRA

Desde que, por primera vez, el niño accede a una escuela deportiva, hasta que llega a convertirse en un deportista de alto rendimiento, transcurre un tiempo en el que debe salvar numerosos obstáculos.

Son muchos los que comienzan a practicar deporte con la ilusión de llegar a parecerse a Bolt, Gasol, Phelps, Nadal... sin darse cuenta, ellos o sus familias, que solamente unos pocos privilegiados serán los que lleguen a ese nivel.

Estas falsas expectativas suelen provocar frustraciones, desengaños y, como consecuencia, el abandono de la práctica deportiva.

Desde tiempo atrás, los requerimientos en el deporte de alto rendimiento se han vuelto cada vez más exigentes, lo que implica que los practicantes que acceden a ese horizonte, deben estar capacitados para soportar presiones y agresiones (físicas, psicológicas, etc.) tales que, para personas ajenas a este ámbito pudieran parecer destinadas a "seres de otra galaxia".

La realidad es que los deportistas que llegan a la elite y que explotan su máximo rendimiento, también son humanos pero que, a lo largo de su vida, han tenido que pasar por una serie de fases en las que se vieron sometidos a requerimientos muy exigentes, tanto en cuanto se refiere a las cargas de entrenamiento como a presiones psicológicas y estrés de todo tipo.

Si las necesidades, renuncias y sacrificios que conlleva el alto rendimiento deportivo, vienen escalonados y de una manera adecuada, es más probable que el joven llegue a su máximo potencial cuando alcance la edad adulta. Por el contrario, si todo esto fue introducido de manera desproporcionada, en momentos inadecuados o con planteamientos erróneos, las carreras deportivas se verán interrumpidas, impidiendo la llegada hasta donde se hubiera podido, de acuerdo con el potencial genético de los deportistas.

Una carrera deportiva, bien planteada, supone un proyecto a muy largo plazo. Comienza desde que el chico se inicia en el deporte hasta que, a edad muy avanzada, deja de practicar algún tipo de actividad física. Todo ello pasa por una serie de planteamientos con la introducción de los estímulos adecuados a las características y evolución. De no ser así, muchos niños y jóvenes abandonan a edades tempranas y pasan a dedicarse a otras actividades que ofrece la Sociedad, menos sacrificadas e, incluso, menos saludables.

Desde mi experiencia de más de 20 años como profesor de Educación Física con niños y adolescentes y con mi rol de entrenador de estos mismos, en horario extraescolar, he podido acumular vivencias que me han concienciado sobre errores o aciertos y, que ahora, llegado el momento he considerado interesante poder transmitir.

No obstante, también he convivido con la elite del Deporte Español tras haber sido responsable de pruebas de medio fondo de la Real Federación Española de Atletismo durante 24 años. Desde ahí, pude evidenciar cómo se frustraron carreras deportivas brillantes o, en el mejor de los casos, cómo se quedaban a medio camino por la falta de valores educativos y formativos que no fueron inculcados a su debido tiempo. También he constatado cómo muchos que no llegaron o desaparecieron fue debido a errores cometidos por su entorno, en las primeras etapas de su desarrollo, entre el que destacan los padres y los entrenadores.

Todas estas experiencias, junto con muchos años de estudio, entiendo que me han dado una visión sobre lo que debería ser una carrera deportiva y que ahora quiero transmitir para todos aquellos que estén interesados.

INQUIETUD ANTE LA PROBLEMÁTICA ACTUAL

En general son muchas las amenazas que emergen y que, en ocasiones, provocan que haya menos niños con posibilidades y motivación para acceder, no solo al deporte de rendimiento sino a la actividad física en general.

La realidad actual es la de que, muchos de los niños que llegan al deporte, suelen tener menos interés y que están menos dotados física y psicológicamente de lo que estaban hace unas décadas.

La Sociedad deriva hacia derroteros que se alejan de ciertos valores necesarios para el deporte (esfuerzo, sacrificio, la satisfacción por el logro de objetivos con esfuerzo, etc.). Por otra parte, la imagen que se transmite desde los medios de comunicación y las redes sociales es, con mucha frecuencia, la de la exaltación del éxito fácil y sin esfuerzo.

También va en aumento el proteccionismo desmesurado por parte de las familias y otros sectores de influencia. Los chicos apenas se mueven, el juego en la calle ha dado paso al sedentarismo. En este sentido, existen estudios recientes que relacionan el sedentarismo de los jóvenes con el número de pantallas que existen en un hogar....

La ausencia de ejercicio físico cotidiano, la alimentación con la cultura de la "comida basura", el dar un dinero a los hijos para que se compren algo de bollería industrial en lugar de prepararles un bocadillo, etc., contribuye expandir la epidemia de obesidad, lo que contribuye a la manifestación de enfermedades desde muy temprana edad.

Por otra parte, la asignatura de Educación Física en algunos centros escolares se teoriza, al tiempo que se reducen los horarios dedicados a esta materia. En las actividades extraescolares prevalecen las clases particulares, los idiomas, la música, etc.

Frecuentemente, el deporte en el colegio, ha dejado paso al deporte en los clubes y escuelas deportivas. Esto implica la desaparición del entorno del colegio con las consiguientes dificultades que acarrea para la práctica de un gran número de niños (largos desplazamientos, horarios incompatibles, etc.).

Por otra parte, los entrenadores y formadores que tienen bajo su tutela a los deportistas en los primeros años de su vida deportiva, a menudo pueden tener escasa preparación por falta de conocimientos y experiencia, para plantear con rigor una formación deportiva a largo plazo. En este sentido, se echa en falta la figura del *"entrenador especialista en niños"* ya que, en edades tempranas, se deja a los jóvenes en manos de monitores, deportistas o padres entusiastas, con escasa formación y cualificación.

Por todo ello, lo que pretendemos en esta obra es poner un "granito de arena" para ayudar a que, tanto los niños y jóvenes que dispongan potencial para llegar al alto rendimiento, como los que están menos dotados, no abandonen y cumplan objetivos deportivos a largo plazo, para los que se encuentren potencialmente dotados y que todos, sea cual sea su potencial, puedan mantener un nivel adecuado de actividad física durante toda su vida.

A QUIÉN VA DIRIGIDA ESTA OBRA

El trabajo está destinado a los amantes del deporte en edades jóvenes y a todas aquellas personas interesadas en el entrenamiento y la formación de deportistas a largo plazo. No obstante, se dirige de forma especial a los siguientes colectivos.

- *A los maestros y profesores de Educación Física*. Porque en sus manos se encuentra "la materia prima" (los chicos que comienzan). Estos colectivos tienen la posibilidad de infundir valores a través del Deporte y la Educación Física y sus acciones sobre los jóvenes serán determinantes en posteriores etapas.

A los estudiantes de Educación Física. Porque, tendrán la responsabilidad que acceder al colectivo anterior y así podrán evitar una parte de esos posibles errores en los primeros años. En el peor de los casos, permitirá que el conocimiento de esos errores sirva para que reflexionen antes de cometerlos.

A monitores, animadores y dinamizadores de actividades físicas. Porque, al margen del currículum escolar, frecuentemente, cae sobre ellos la responsabilidad del entrenar a los chicos y chicas en primeras edades en escuelas deportivas, clubes o actividades extraescolares y deben saber dónde y cuándo actuar o no hacerlo con sus entrenandos.

A los padres de jóvenes deportistas. Porque son los principales responsables de la educación de sus hijos y si éstos son practicantes del deporte, la educación deportiva debe ocupar un papel de protagonismo en todo el proceso. Por ello deberán ser "cómplices" del formador deportivo y actuar en la misma dirección para evitar conflictos. Por todo ello, deberían estar suficientemente informados para convertirse en un refuerzo en lugar de un obstáculo, en la formación de sus propios hijos.

A los profesores y asociaciones de padres de los centros de enseñanza, porque son una parte importante del éxito. De su apoyo e implicación puede depender que el chico siga el itinerario adecuado o tienda a abandonar.

A las instituciones con competencias, porque en sus manos está la posibilidad de legislar y regular todo el deporte en edades jóvenes. Ellos son los principales responsables de que la "maquinaria" funcione a largo plazo ya que de éstas depende la consolidación de estructuras que deberán estar por encima de las personas y de los partidos políticos. En este apartado entra fundamentalmente el sistema de competiciones, las ayudas a los deportistas y la formación de las personas que se responsabilicen de su preparación y desarrollo.

QUÉ SE PRETENDE

La obra intenta transmitir conocimientos, experiencias y directrices sobre la formación deportiva, a largo plazo, exponiendo los conceptos fundamentales sobre el entrenamiento más adecuados, desde la niñez hasta el comienzo de la juventud, basándose en el "qué hacer y el qué no hacer" en cada momento.

También ambiciona dar un paso hacia la reducción de la tasa de abandono de los deportistas jóvenes, así como ayudar a aumentar la participación y la continuidad.

Igualmente, se procura ayudar en la conducción de los talentos deportivos hacia el alto rendimiento, así como lograr, incluso, que aquellos niños y jóvenes no dotados para la alta competición prosigan practicando deporte a lo largo de su vida.

DE QUÉ TRATA

Esta obra trata dos aspectos, igual de importantes bajo nuestra opinión:

En primer lugar, trata el aspecto formativo-educativo a medio y largo plazo, con la potenciación de valores que se inculcan a través del deporte y que también son trasferibles a la vida cotidiana.

Los deportistas a los que, desde las primeras edades se ha formado correctamente, tienen un mayor margen para llegar a la alta competición y soportar el estrés con todos los impactos, presiones y agresiones físicas y psicológicas que ésta conlleva. Estos individuos bien educados desde las primeras etapas son más estables y son la imagen a imitar por las nuevas generaciones. Por el contrario, aquellos menos estables y peor preparados humanamente, acaban siendo víctimas de sus propias deficiencias, poniéndose un techo que les puede impedir su propia progresión. Este tema es tratado en el otro libro titulado "La formación del futuro deportista. Fundamentos para el entrenamiento a largo plazo"

En segundo lugar y más en profundidad, trata del entrenamiento de los futuros deportistas, con la propuesta de una metodología que pretende simplificar y sintetizar todo el trabajo, para hacerlo más asequible al formador deportivo, al tiempo que más comprensible, eficaz y eficiente.

Cabe hacer hincapié en que, para que el proyecto de esa carrera deportiva llegue a buen fin, es imprescindible tratar todas las cualidades, tanto condicionales como coordinativas, así como su evolución en las diferentes etapas de desarrollo.

METODOLOGÍA SEGUIDA

La metodología que se sigue está basada en un proceso secuencial sobre las acciones e influencias a lo largo de los primeros años de la vida deportiva. Para ello se estudian las características principales en cada etapa evolutiva, así como su tratamiento en el entrenamiento y la formación.

En lo que respecta al entrenamiento en sí ,se aplica el modelo DIPER mediante la contemplación de zonas o áreas funcionales, basado en los conceptos generales contemplados en publicaciones anteriores (García-Verdugo, 2007) (García-Verdugo, 2019), (García-Verdugo 2020) , una vez adaptados a las características especiales en cada etapa.

La obra no pretende ser un tratado científico, aunque necesariamente se ha tenido que basar en conceptos que están apoyados por la literatura y contrastados por la Ciencia.

En este sentido, se utilizan conceptos contrastados por la Literatura Deportiva, pero incluye numerosas experiencias propias y recogidas de otros entrenadores, tratando de bajar al terreno de lo práctico y lo útil. Por ello, incide en todo aquello que puede ser aplicable desde la parcela del educador-entrenador y trata de eludir todo aquello que no resulta práctico y ajustable en la realidad del entrenamiento y la formación deportiva del joven.

Aquí se presentan las estructuras de la planificación desde todo lo que puede abarcar la vida deportiva hasta llegar a tareas ejemplo.

Finalmente, se exponen directrices para desarrollar y diseñar actividades que conduzcan hacia el alcance de los objetivos, junto con ejemplos prácticos, explicados debidamente para que el formador deportivo adquiera la capacidad de diseñar sus propias variantes u otras nuevas.

Igualmente hemos entendido que se trata de un trabajo, lo suficientemente amplio como para presentarlo desglosado en dos volúmenes, aunque de contenidos totalmente independientes.

LAS CUALIDADES FÍSICAS Y SU EVOLUCIÓN

Este trabajo está dedicado a las cualidades físicas (velocidad, fuerza y resistencia) así como a las coordinativas, con el objetivo, ésta última, de facilitar el aprendizaje de los gestos técnicos que precisarán los chicos para su especialidad deportiva.

Igualmente, esas cualidades se estudian desde el punto de vista de su evolución con el fin de que el entrenador sepa, lo más certeramente posible cuándo y cómo designar las tareas correctas para su máximo aprovechamiento y el mínimo perjuicio para los futuros deportistas.

Se aborda la planificación deportiva a largo plazo, con sus estructuras útiles en estas edades y aquellas que se pueden obviar y dejar para más adelante. En éste trabajo también hemos tratado, en el último capítulo, una serie de directrices que permiten diseñar y llevar a la práctica las sesiones y tareas que más se pueden adaptar y beneficiar el rendimiento de los deportistas en cada momento de su evolución.

Dado que este libro pretende hacerse asequible a todos los colectivos que tienen en sus manos niños y jóvenes y a las propias familias, se exponen los conceptos de una manera sencilla para hacerla comprensible a todos los colectivos. Por ello, se trata de no profundizar en contenidos científicos o muy técnicos que pudieran ser solamente asequibles a un colectivo de lectores más selectos.

PARA TERMINAR

Estimado lector:

Si al terminar la lectura de esta obra, hemos contribuido a que Vd. se replantee sus conceptos o, cuando menos, comience a dudar acerca de lo que se debe o no se debe hacer con el tratamiento educativo-formativo y con el entrenamiento de chicos y chicas en sus primeras etapas, quien aquí escribe, estima que se habrá cumplido el objetivo principal.

Haciendo referencia a los valores olímpicos: "Citius, Altius, Fortius" cuando se trata del entrenamiento y formación deportiva para niños, habría que incluir una nueva palabra: "Tardius".

Gracias por su tiempo y su interés y feliz lectura.

Capítulo 1

LAS HABILIDADES Y LA TÉCNICA. EVOLUCIÓN Y TRATAMIENTO

Desafortunadamente, un cierto número de los niños que llegan a una escuela deportiva o a un club, lo hacen con un déficit de recursos perceptivo motores que les debía haber aportado una buena Educación Física de base en los centros educativos. Estos recursos luego son imprescindibles para que, en un futuro, les permita llegar al alto rendimiento deportivo a aquellos que estuvieran potencialmente dotados y que sus intereses fuesen por ese camino.

Debido a esas carencias, en muchas ocasiones, el entrenador se ve obligado a diseñar programas con el objetivo de reeducar esas deficiencias. No obstante, posiblemente ya hayan pasado los momentos más idóneos para que los efectos adaptativos que se pudieran producir por este tipo de estímulos ya serán menores que los que se podrían haber logrado si se hubiesen propuesto a su debido tiempo.

En este sentido, este capítulo que debería estar dedicado exclusivamente a la técnica, trata también los procesos previos a su adquisición.

Esta parte de la obra no pretende tratar aquellos conceptos de un modo exhaustivo ya que no es nuestro objetivo. Solamente se pretende asentar esas bases que son necesarias para sustentar la técnica que precisarán los chicos con vistas a su futuro rendimiento en las diferentes especialidades.

En este capítulo, aunque de una manera un tanto superficial, tratamos algunos aspectos de la acción motriz y su desarrollo, sí como los mecanismos que la regulan para pasar a tratar las habilidades que servirán como base para el desarrollo de la técnica para cada deporte o especialidad deportiva.

Igualmente se trata la metodología para su desarrollo, junto a la evolución de los factores que resultan determinantes, para saber en qué momentos hay que incidir con más énfasis y en aquellos en los que es mejor pasar un poco de largo y solamente dedicarse a su mantenimiento.

1.1. LA ACCIÓN MOTRIZ.

Ningún niño, ya en el nacimiento, no dispone de un programa motor establecido sino de una serie de potencialidades estructurales considerables (Le Boulch, 1991).

Cuando observamos la aptitud motriz de los niños, vemos que no todos se desenvuelven con la misma eficacia. Esto sugiere que algunos han sido más estimulados que otros en diferentes tipos de movimiento, pero que todos necesitan ser avivados desde edades muy tempranas, para crear en ellos esos recursos que les darán un bagaje que, a su vez, les resulten adecuados para cualquier aspecto de la vida, entre los que encontramos la actividad deportiva.

Las capacidades motrices constituyen el requisito motor básico, a partir de los cuales, el niño desarrollará sus habilidades técnicas. Éstas, en mayor o menor grado, las poseen todos, pero en niveles un tanto dispares. Éstas capacidades vienen con ellos y se desarrollan gracias a la práctica de los movimientos (Pérez, 2013).

Desde el punto de vista biológico una acción motriz es un conjunto de funciones, para determinar la consecución de un grupo muy amplio de cometidos, como puede ser la larga duración, la alta tensión muscular, la estabilidad física del cuerpo, la rapidez, el equilibrio, etc.

A nivel motor, la manera de actuar en los primeros años, es la manifestación más relevante y debería ser la finalidad principal de la educación (Giamfranco et al, 1988). No olvidemos que en esos primeros años, una parte muy importante de la inteligencia se desarrolla a través del movimiento. Según el autor, dicha educación motriz, se debe a la interacción de diferentes funciones (figura 1.1).

Figura 1. 1.- Interacción de las diferentes funciones en la función motriz.

En este sentido, la organización del movimiento de los niños, cobra un papel esencial. No obstante, la problemática que se presenta resulta un tanto compleja. Siguiendo a Nitsh et al. (2002), dicha organización depende de la complejidad y de la funcionalidad (figura 1.2).

Figura 1. 2.- Problemática de la organización del movimiento (Nitsh et al, 2002). Modificado.

1.2. EL SISTEMA NERVIOSO COMO FACTOR DETERMINANTE Y REGULADOR DE LA ACCIÓN MOTRIZ.

El sistema nervioso resulta un órgano muy complejo. Siguiendo a Le Boulch (1991), en su aspecto funcional, se pueden distinguir tres niveles: *reflejo, automático y consciente*. El último de ellos último se sitúa en el cerebro, donde la masa cerebral ya alcanza su 90% a los 6 años, llegado a ser definitiva entre los 10 y 12 años (Grosser, 1992).

Los factores nerviosos son responsables directos en los cambios entre la excitación y la inhibición del músculo y del tiempo en el que se producen estas alternancias. En este sentido y de forma muy básica, encontramos diferentes factores: anatómico funcionales, cognitivos y psíquicos (Calderón, 1987).

El sistema nervioso está formado por muchos millones de células nerviosas (neuronas) con una estructura anatómica definida (cuerpo celular, las dendritas, el cilindro eje o axón). En la anatomía de las neuronas motrices (figura 1.3), el axón está cubierto por las vainas de mielina que aceleran la transmisión de los impulsos. De los muchos neurotransmisores solamente unos pocos participan directamente en la actividad muscular, pero un número importante de estos últimos pueden participar en la mejora de la velocidad si reciben el estímulo adecuado.

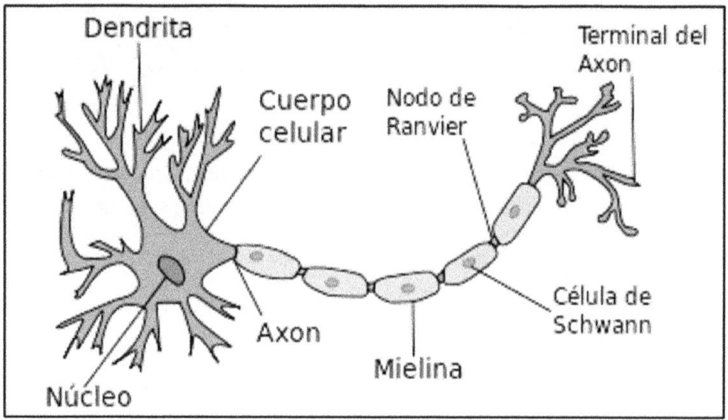

Figura 1. 3.- Esquema simplificado de una neurona.

1.2.1. Los factores anatómico funcionales.

El sistema nervioso es extremadamente complejo. Dentro de esta complejidad existen una serie de funciones que determinan el movimiento y están asentadas en diferentes partes: sistema autónomo, sistema central y sistema periférico.

El Sistema autónomo.

Se encarga, fundamentalmente, de las funciones orgánicas (corazón, aparato digestivo, etc.).

El Sistema central.

Constituido por el encéfalo y la médula espinal. Dentro de su gran complejidad, se encarga, entre otras funciones, de regular el movimiento.

Dentro de esta parte, existen una serie de órganos con funciones definidas que, aunque anatómicamente distintos, están muy inter conexionados, de modo que interaccionan de forma conjunta. En este sentido, inspirados en publicaciones de Calderón (1987) tratamos de analizarlo esquemáticamente para ver los principales roles que se dan en cada uno de ellos.

- *La médula.* Tiene las siguientes funciones:
  - Es responsable de la acción refleja, entre la que se encuentra el reflejo al estiramiento (reflejo miotático, del que se habla en otros capítulos más adelante).

- Controla y regula el tono muscular y la postura.
- Provoca alta velocidad de respuesta y no precisa de la consciencia.

- *El tronco encefálico.* Controla el movimiento automático, el equilibrio y la subconsciencia.
- *El córtex.* Controla los siguientes roles:
  - Las actividades motrices voluntarias.
  - Se responsabiliza del almacenamiento de información (memoria).

  Dentro de éste nos encontramos:

  - *El Rinencéfalo.* Según ciertos estudios existen circuitos distintos relacionados con el sistema de recompensa o refuerzo positivo y el sistema de castigo o refuerzo negativo.
  - *El Hipotálamo.* Genera la actividad, una vez se ha tomado una decisión. Es estimulado por el anterior, mediante esos refuerzos positivos o negativos, pudiendo provocar accesos de exaltación, huida o miedo.
  - *El Neocortex.* Entre sus funciones se encuentra la de inhibir las funciones de conducta.
  - *El Mesencéfalo.* Intervendría en las funciones de vigilia.
  - *El Tálamo.* Debido a sus múltiples conexiones, se ve afectado por la afectividad. Entre sus funciones relacionadas con la acción motriz, se encuentra el análisis de las estructuras que intervienen en la afectividad. Aquí existen dos circuitos de orden jerárquico: el que contribuiría a codificar las conductas, confrontando la información propia con la información externa y el que aporta factores de intelectualización de la conducta.

El Sistema periférico.

Está Constituido por las fibras neuronales, las cuales, a su vez, son de dos tipos:

√ *Sensitivas o aferentes.* Establecen circuitos por el que se transmiten las sensaciones perceptivas, tanto del exterior como del propio cuerpo.

√ *Motrices o eferentes.* Establecen circuitos por el que se transmiten los impulsos que van a poner en acción a los músculos para producir el movimiento.

La inervación.

Entre las principales funciones del sistema nervioso periférico, en su aspecto motor, podemos hablar de la correspondiente a la *inervación.*

Cada músculo esquelético recibe, al menos dos tipos de fibras nerviosas: motrices y sensitivas. Las primeras estimulan la contracción. Esta acción contráctil puede tener un alto componente de especificidad. Cada neurona motriz y las fibras musculares que controla constituyen una *unidad motriz* (figura 1.4). Si el músculo actúa de manera muy exigente en rapidez, como lo hacen algunos músculos, tales como pueden ser los del ojo, la neurona motriz será la encargada de nada mas 5 a 10 fibras de músculo esquelético, pero también existen músculos, por ejemplo, los correspondientes a la pared abdominal que pueden llegar a tener 1.000 fibras bajo el control de una sola neurona.

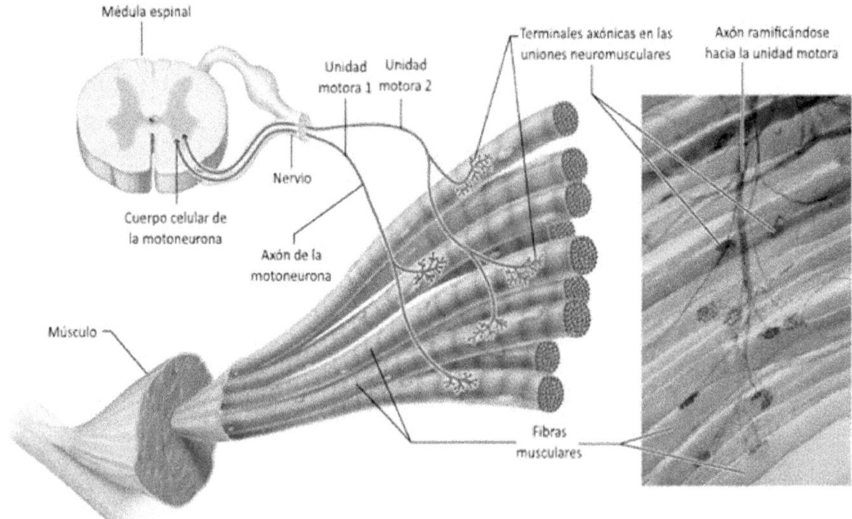

Figura 1. 4.- Esquema representativo de dos unidades motrices que inervan una o varias fibras musculares (Fitness en la nube, 2017). Modificado.

La inervación no es el único rol del sistema nervioso en lo que respecta al movimiento y a la contracción muscular. Existe otro papel que puede llegar a ser determinante tal cual es el de la transmisión.

Los impulsos que provienen del sistema nervioso central son transmitidos por los circuitos eferentes, viéndose influenciados por otras variables que llegan a ser determinantes en el rendimiento deportivo. Éstas tienen un alto componente genético pero pueden ser estimuladas, especialmente en los momentos anteriores a los que el sistema nervioso no haya madurado, caso que se dará a la llegada a la pubertad. En este sentido, las principales funciones serían las siguientes:

- *Velocidad de transmisión de los impulsos.* Dependiente del tiempo que transcurre el impulso desde que es originado hasta que llega a la placa motriz.
- *Intensidad de los impulsos.* Consistente en el grado de vigor de éstos.
- *Frecuencia de los impulsos.* Radica en la cantidad de estímulos que se transmiten en unidad de tiempo.

1.2.2. Los factores cognitivos y psíquicos.

Aquí juega un rol determinante el *sistema límbico*. A éste se le atribuye la regulación sensaciones primarias, tales como puede ser el instinto de conservación, así como la influencia emocional de todo lo que acontece. Está también implicado en los procesos de aprendizaje, sobre todo en lo que concierne a las emociones.

Estas emociones, entre otras funciones, tienen la influencia en el rendimiento deportivo con efectos más o menos alteradores de la acción motriz, que pueden ser desfavorecedores del rendimiento. Al respecto, podemos poner un ejemplo: En un lanzamiento a canasta, en el último segundo de un partido en el que se juega una final y el resultado depende del éxito o del fracaso en ese lanzamiento. Aquí entra en función una gran presión psicológica que hace que un movimiento que pudiera ser automático (de esto hablamos más adelante) se convierta en un movimiento consciente que puede alterar los movimientos y conllevar el error en el lanzamiento.

Las emociones son vivencias inmediatas que cumplen las siguientes funciones (Nitsh, 2002):

Función orientativa. Señalan el grado y el tipo de la relevancia personal de la situación, así como las posibilidades subjetivas de superarlas.

Función directiva. Producen impulsos de acción específicos en cada momento. Por ejemplo, las actitudes de defensa cuando existe miedo o bien agresivas en casos de enfado.

Función de modelación. Modificación del nivel de activación del organismo. Por ejemplo, movilización en caso de ira, de desasosiego, de relajación en caso de alegría o desactivación en casos de depresión.

Entre los factores cognitivos y psíquicos se encuentran aquellos actitudinales que determinan la implicación del individuo en la acción motriz y aquí podemos citar los siguientes:

La motivación de la que ya hemos hablado en la primera obra.

La concentración y la atención selectiva. La concentración es imprescindible para una reacción de cualquier tipo. Esta capacidad es muy mejorable mediante la educación adecuada durante las etapas en proceso de desarrollo. Esto, ya hemos visto que conlleva la necesidad de trabajar en este sentido en las etapas formativas.

Por su parte, la atención selectiva, es muy mejorable si se van introduciendo estímulos adecuados y progresivos, en función de las posibilidades del chico de acuerdo con su maduración.

Valga el siguiente ejemplo: Un jugador de baloncesto juega en una cancha llena de líneas correspondientes a diferentes deportes. Se encuentra con líneas de balonmano, de voleibol, de tenis o de bádminton. Pero sea como sea, solamente "ve" las líneas correspondientes al campo de baloncesto, sin confundirse con las de los otros deportes. Es importante desarrollar esa atención selectiva "específica" para un deporte o actividad deportiva determinada para que las respuestas veloces, sean las correctas.

La fuerza de voluntad. El deportista debe concentrarse sobre el esfuerzo voluntario máximo para alcanzar la velocidad máxima. Esto implica una activación previa así como la movilización máxima de todos los mecanismos relacionados así como la dedicación al entrenamiento.

1.2.2.1. La plasticidad del sistema nervioso como factor clave de la motricidad

La plasticidad del sistema nervioso es una característica determinante ya que explica parte de la naturaleza cambiante y/o estable de los diferentes patrones motores. Consiste en *la capacidad de que dispone el sistema para modificar el tipo, forma y funciones de las sinapsis que conectan los circuitos neuronales.*

Las zonas del cerebro son independientes desde el punto de vista de la anatomía y pueden estar distanciadas pero se encuentran perfectamente conectadas mediante las neuronas que pueden llegar a más de 10.000.000.000 (García Manso et al, 3002).

Merced a esta propiedad, las neuronas y los circuitos se especializan en la recepción y transmisión de las señales nerviosas, pudiendo modificar, tanto su morfología como su funcionalidad, en base a los estímulos que reciben. Esto nos vuelve a sugerir la importancia de estimular mucho y adecuadamente en las primeras edades que es cuando existe dicha plasticidad de manera más notable (Grosser, 1992).

La plasticidad es esencial para los procesos de aprendizaje mediante una serie de modificaciones neuronales en los transmisores y en la sinapsis. Este proceso de se produce en 4 partes (García Manso et al, 2003):

- Proceso de las conexiones sinápticas previas.
- Iniciación y creación de nuevas terminaciones axónicas.
- Formación de nuevas conexiones sinápticas.
- Maduración y consolidación de las últimas.

Pero para que estos efectos se produzcan tiene que jugar un rol importante la motivación. En el caso de que los estímulos de movimiento sean un tanto monótonos o poco motivantes, aun siendo repetitivos, apenas producirán efectos adaptativos. Esto nos sugiere algunos de los principios del entrenamiento infantil (tratados en el volumen 1) tales como los de motivación y de la variedad de las cargas.

Dado que la máxima propiedad de plasticidad, existe hasta la llegada a la pubertad esto sugiere que se puede incidir desde edades muy tempranas pero que pasada la pubertad, si no se han introducido los estímulos adecuados, la incidencia ya no tendrá los efectos deseados porque habrán pasado las fases sensibles ("habremos perdido el tren").

1.3. LOS MECANISMOS DETERMINANTES DEL DESARROLLO MOTOR.

Para comprender un poco la esencia del proceso de la acción motriz, tal y como hemos tratado del entrenamiento, aquí podemos volver a asemejarla a un sistema informático compuesto por las siguientes partes (figura 1.5):

- Una *entrada de información* (*INPUT*) que entra a través de los mecanismos de percepción, asentado en los sentidos. La percepción es tanto externa, a través del sentido de la vista, oído y tacto principalmente que son enviados por el sistema aferente a los centros de proceso.
- El propio *sistema* donde se procesa la información, más o menos compleja, en función de la información anterior y donde se elabora la respuesta.
- La *salida (OUTPUT)* que es transmitida a los músculos por la vía eferente dando lugar a la respuesta en forma de movimiento (respuesta motriz).

Figura 1. 5.- La acción motriz depende de un mecanismo de información "INPUT", de un proceso interno de elaboración y una respuesta en forma de movimiento "OUTPUT".

El desarrollo motor parte de conductas innatas, inespecíficas y rudimentarias. A partir de éstas se van generando conductas motrices aprendidas cada vez más complejas (Batalla, 2000). Para esa generación de nuevas conductas, intervienen distintas funciones:

- *Atención*. Íntimamente ligada al sistema sueño-vigilia y a las estructuras que intervienen en la conducta emocional. El nivel de atención va en proporción a la complejidad de las habilidades.
- *Percepción*. Organiza, interpreta e integra toda la información sensorial. Requiere la acción ineludible de la memoria que reconoce los datos presentados, seleccionando los adecuados (mecanismos perceptivos).
- *Traslación desde la percepción al programa motor*. Una vez procesada la información se produce la ejecución del movimiento, tras el resultado de la traslación de la orden a los grupos musculares pertinentes, (mecanismos de ajuste y ejecución).

Todo el proceso de desarrollo motor del niño, pasa por una secuencia de fases durante los primeros años de vida (figura 1.6):

- *Motricidad rudimentaria*. Consistente en movimientos reflejos y otros poco intencionados que son comunes a todos los niños.
- *Motricidad básica*. Consistente en movimientos que no requieren de enseñanza ya que vienen en la información genética (carrera, marcha, reptación, etc.) y otros dependientes de la influencia del medio.
- *Motricidad específica*. Dependiente de procesos de aprendizaje.

Figura 1. 6.- Proceso de adquisición del desarrollo motor en los primeros años.

1.3.1. Los mecanismos perceptivos.

La percepción supone un mecanismo, a través del cual, el organismo recibe todo tipo de información, tanto interna (proveniente del propio cuerpo) como externa (procedente del exterior). Este proviene del entorno, a través de los sentidos y del propio cuerpo, a través de las sensaciones propioceptivas.

La información que se percibe puede ser más o menos compleja, dependiendo del tipo de estímulos. En este sentido Le Boulch (1991), distingue cuatro aspectos del estímulo que inciden en dicha complejidad:

- √ *El número de estímulos a los que se debe atender.* A mayor cantidad, más dificultad existirá para procesarlos y elaborar las respuestas adecuadas.
- √ *La cantidad de estímulos que se encuentran presentes.* Igualmente, cuando aumenta la cuantía de aquellos que se encuentran presentes, aunque no sea necesario atenderlos, pueden inducir a distracciones que van interfieran en las respuestas.
- √ *La velocidad y duración del estímulo.* Aquellos que llegan con poca velocidad, son más fáciles de interpretar que aquellos que llegan con gran presteza. Por ejemplo, es más fácil interpretar la velocidad de un globo hinchado que la de una pelota de tenis.
- √ *La extensión en la que el estímulo puede ser conflictivo o confuso.* Los estímulos claros son mejor interpretables que aquellos que llegan de forma difusa.

1.3.1.1. La percepción espacio temporal.

Implica la relación del propio cuerpo con el mundo exterior. Entre los estímulos externos, hay que destacar aquellos correspondientes a los cambios que se producen en el espacio y el tiempo. Éstos dependen, en su máxima expresión, del sentido de la vista.

Las informaciones visuales, pueden dar lugar a un análisis más minucioso de la situación y entre los roles relacionados con la percepción del espacio y del tiempo, entre las que podemos encontrar las siguientes:

- Posibilitan la corrección de errores, por ejemplo, entre las que se pueden encontrar las trayectorias, tanto de personas como de móviles. Esto supone un factor importante para deportes de equipo en los que hay que interpretar los trayectos de un balón o los desplazamientos de compañeros o adversarios.
- Facilitan la apreciación de velocidad de movimientos.
- Favorecen la apreciación de direcciones. Mediante la valoración de recorridos o trazados de objetos a lo largo en diferentes ángulos.
- Permiten apreciar uno o más segmentos durante la ejecución del movimiento (por ejemplo, la gimnasia en la que es preciso regular la gran cantidad de información tanto interna como externa.
- Facilitan la orientación en el espacio. El sujeto debe ser consciente, en diferentes posiciones, de dónde está el arriba, o el abajo, la derecha o la izquierda, etc.
- Facilitan la apreciación de distancias. A través del sentido de la vista deben apreciarse con la mayor exactitud posible las separaciones entre dos puntos y en diferentes posiciones.

1.3.1.2. La percepción del propio cuerpo.

En la realidad, tanto el conocimiento del propio cuerpo, como la imagen del mundo exterior, se estructuran y varían de forma conjunta.

A diferencia de las informaciones provenientes del exterior (*exteroceptivas*) que pueden ser de concienciación optativa, el rol de las informaciones internas (*propioceptivas*) conscientes, no producen efectos inmediatos. Su objetivo es el de originar las estructuras cognitivas en la organización del esquema corporal. El desarrollo de esta función es el que permite realizar correcciones de ciertos detalles en los automatismos adquiridos.

En la percepción del propio cuerpo, el movimiento de éste incide por medio de la interiorización. En este sentido, es determinante de la eficacia de las acciones motrices. Los deportistas experimentados son capaces de percibir el éxito o el fracaso de una acción sin que haya existido una información previa. Por ejemplo, un lanzador sin que se haya medido su lanzamiento, es consciente de si va a tener éxito o fracaso nada más soltar el artefacto. Para ello, ha sido capaz de calibrar y aplicar con eficacia la tensión y la energía utilizada que son determinantes de la velocidad y la coordinación del movimiento.

El esquema corporal.

Viene siendo la imagen que el individuo tiene de su propio cuerpo, tanto si es en estado de reposo como si es en movimiento. Igualmente, tanto si está basado en la integración de todas sus partes, como si se trata de diferentes segmentos corporales, son determinantes su relación con el espacio y los objetos que nos rodean.

El futuro deportista debe desarrollar un esquema corporal, lo más completo posible. Si conlleva deficiencias, éstas se traducirán en interferencias a la hora de entrenar las habilidades deportivas específicas. Aquí exponemos algunas carencias de las que pueden tener una influencia importante:

- Falta de perfección y en la estructuración espacio temporal.
- Déficit en la motricidad. Torpeza sin la coordinación y mala postura.
- Inseguridad con perturbaciones afectivas que derivan en disturbios de relación.

La imagen que tiene el sujeto sobre su propio cuerpo está determinada por diferentes procesos de información:

- *La recogida por los receptores que dan referencia de la postura*: articulares, musculares, tendinosos, aponeuróticos y tejido conjuntivo.
- *La recogida por los receptores del oído interno*. Éstos permiten ubicar el cuerpo en relación con los ejes espaciales, especialmente en su relación con la verticalidad.
- *La emitida por el sentido de la vista.*
- *La relacionada con el centro de gravedad*. Su calidad depende de la diversidad de experiencias motrices vivenciadas.
- *La función de interiorización y del paso al nivel consciente de determinadas informaciones propioceptivas*. A partir de esta percepción, se comienza a consolidar la estructuración del esquema corporal.

Esta última está centrada fundamentalmente en imágenes exteriores del sujeto. No obstante hay que hacer constar que tiene más importancia la interiorización. En otras palabras, *siempre es mejor que el sujeto se centre en lo que ha sentido que en lo que ha realizado.*

Algunas observaciones acerca de la evolución del esquema corporal.

El conocimiento de esta evolución supone la necesidad de desarrollar la imagen del propio cuerpo en las primeras edades ya que un esquema corporal mal formado, va a producir más adelante, interferencias para la adquisición de habilidades y de la técnica deportiva.

El esquema corporal se va consolidando a lo largo de la vida, especialmente en las primeras etapas. Pero como todas las capacidades que tienen gran incidencia en su regulación a través del sistema nervioso, tiene su mayor desarrollo hasta que el sujeto llega a la edad de la pubertad. Evoluciona con gran lentitud durante la infancia y sólo se llega a su máximo desarrollo al llegar a la pre pubertad alrededor de los 11 - 12 años. En este sentido y, de una forma cronológica podemos citar algunos rasgos orientativos.

- En los primeros años de vida. El dominio del cuerpo es excéntrico por ello no es lógico, por ejemplo, enseñar caligrafía sin haber independizado la articulación del hombro.
- Alrededor de los cuatro años comienza a definirse la lateralidad. Hasta ese momento es difícil averiguar si el niño va a ser diestro o zurdo.
- En condiciones normales, el niño de seis años no tiene dificultades de orientación con respecto a sí mismo y hacia el exterior y distingue bien sus dos lados del cuerpo.
- Alrededor de los 8 - 9 años el niño va adquiriendo progresivamente la capacidad para trasladar la orientación los sujetos a las demás personas.
- Al final de la pre pubertad, el niño tiene prácticamente su esquema corporal consolidado.

1.3.2. Los mecanismos de ajuste y ejecución.

Los estímulos que recibe el niño en los primeros años de vida, son determinantes para la riqueza motriz. Por ello, es esencial estimular todo lo posible la adquisición de movimientos, a base de proponerle en una gran cantidad de situaciones diferentes que favorezcan todo tipo respuestas motrices.

Imaginemos dos hermanos gemelos, uno de los cuales, ha sido educado de forma sedentaria. Por el contrario, el otro se ha visto sometido a gran variedad de estímulos. Es lógico pensar que el segundo alcanzará una riqueza motriz muy superior, lo que le otorgará una base mucho mayor con vista una posterior adquisición de habilidades.

Por otra parte, es sabido que para acceder a una fase, es prioritario haber superado la anterior y que se innova siempre en base a algo previo. Solamente, una vez alcanzado un modelo rudimentario y liberada la consciencia, ésta puede orientarse hacia otros criterios que permitan una ejecución detallada.

El mecanismo de la ejecución es, el encargado de la realización del movimiento. Según Sánchez Bañuelos (1984), las exigencias que plantea la ejecución de las diferentes tareas motrices tienen dos vertientes (figura 1.7):

- *Las derivadas de aspectos cuantitativos de la ejecución del movimiento.* Viene determinada por el nivel de condición física requerido. Algunos factores están condicionados por la herencia y la genética. Incluso en éstos es importante la incidencia, pero hay otros que son más susceptibles de modificación a través de la práctica. Consecuentemente, habrá que tener en cuenta las siguientes características:
    - *Las dadas por la herencia.* Más relacionadas con los procesos perceptivos y de ajuste.
    - *Las características modificables a través de la práctica.* Más relacionados con las cualidades condicionales (fuerza, velocidad, resistencia y flexibilidad).
- *Las derivadas de aspectos cualitativos de la ejecución del movimiento.* Determina el nivel de la coordinación neuro muscular solicitada. Cuanto mayor sea el nivel de coordinación requerido mayor será su complejidad y ésta, depende a su vez de otros aspectos:
    - De los grupos musculares implicados.
    - De la estructura del movimiento.
    - De la velocidad de ejecución demandada.
    - De la precisión de ejecución pretendida.

FACTORES	GRADO DE DIFICULTAD	
COORDINACIÓN NEUROMUSCULAR	Pocos grupos musculares implicados	Muchos grupos musculares implicados
	Estructura simple de movimientos	Estructura compleja
	Baja exigencia en rapidez	Alta exigencia en rapidez
	Baja exigencia de precisión	Alta exigencia de precisión
CONDICIÓN FÍSICA	Baja exigencia de resistencia	Alta exigencia de resistencia
	Baja exigencia de velocidad	Alta exigencia de velocidad
	Baja exigencia de fuerza	Alta exigencia de fuerza
	Baja exigencia de flexibilidad	Alta exigencia de flexibilidad

Figura 1. 7.- Síntesis de la ejecución de una tarea motriz y los grados de dificultad según Sánchez Bañuelos (1987). Modificado. El grado de dificultad es progresivamente mayor de izquierda a derecha.

Los mecanismos de ajuste están compuestos por una serie de capacidades que suelen estar presentes en su conjunto en toda tarea motriz. Se trata de las capacidades referentes *al sentido del ritmo, la agilidad, el equilibrio, la orientación y la coordinación*. Éstas, pese a encontrarse íntimamente interrelacionadas, aquí las desglosamos para comprenderlas un poco mejor.

El sentido del ritmo.

El cuerpo humano está formado por un todo y las partes. Estas últimas (segmentos), se mueven de una manera discontinua. Por consiguiente la duración del movimiento, en su totalidad, se descompone en tiempos parciales que son susceptibles de una sucesión y con una cadencia concreta que conocemos como ritmo de ejecución.

Giamfranco (1988) define el ritmo de movimiento como "*la capacidad para contraer y descontraer, de forma instantánea, los diversos grupos musculares, respetando el impulso interválico de los estímulos sensoriales*".

El ritmo de movimiento viene dado por la organización temporal de las distintas secuencias del movimiento (Le Boulch, 1991) y puede disociarse en dos aspectos:

- *Cualitativo*. Percepción del orden, de una organización.
- *Cuantitativo*. Percepción de un intervalo de tiempo.

Si lo observamos, desde el punto de vista de la percepción, podemos observar el ritmo desde dos niveles:

- *Nivel de percepción inmediata*. No susceptible de ser reducido a otro mecanismo y que supone la organización espontánea de fenómenos sucesivos.
- *Nivel de representación mental*. A este nivel accede el niño muy tardíamente y tiene lugar a partir del momento en el que puede abarcar las perspectivas temporales pasadas o futuras y que constituyen su propio horizonte temporal.

La educación del ritmo busca poner al sujeto en condiciones de moverse en el espacio con alternancias de contracción y descontracción con variaciones de las cadenas cinéticas. En este sentido, el ritmo de movimiento es determinante del rendimiento, tanto en entrenamiento como en competición, resultando una de las claves del éxito en cualquiera que sea la especialidad deportiva.

Sea cual sea esa especialidad, tanto si se trata de deportes cíclicos o acíclicos, es preciso entrenarlo, tanto en los entrenamientos como para la competición

Cuando se trata de deportes cíclicos hace referencia a estructuras más o menos rígidas que son previamente conocidas o establecidas. Pero cuando se trata de especialidades más complejas, el ritmo es más peculiar y debe adaptarse a cada movimiento y en cada momento (figura 1.8).

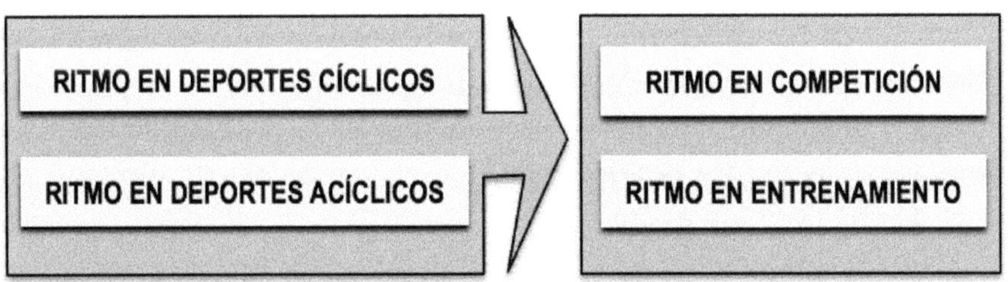

Figura 1. 8.- El ritmo de movimiento debe ser entrenado en todas las circunstancias, tanto si se trata del entrenamiento o en la competición.

El sentido del ritmo, junto a la demostración y explicación de los movimientos es de suma importancia y, en el futuro deportista, debería desarrollarse desde muy temprana edad. Por ello, desde edades tempranas, debe incluirse el método de ayuda directa del entrenador, en forma de señales externas para fomentar esa capacidad de cadencia para cada movimiento, (mediante palmadas, con el sonido de un silbato, etc.).

El ritmo, una vez adquirido un movimiento global rudimentario, debe ser previo a la mejora de la técnica. En este sentido, para un salto de altura en atletismo, es más importante que el niño domine el ritmo de carrera de aproximación como base previa al gesto de la batida o de franqueo del listón.

En las primeras etapas, en las que buscamos la capacidad de forma inespecífica, para su desarrollo se propone una secuenciación de pasos a dar:

1. Simplificar el movimiento complejo, acentuando la estructura rítmica.
2. Acentuar el ritmo de ejecución siguiendo un ritmo propuesto (palmas, música, etc.).
3. Seguir las variaciones del ritmo en movimiento a frecuencia constante.
4. Aumentar o disminuir progresivamente el ritmo de ejecución.
5. Más adelante, se buscará introducir el ritmo de competición en una especialidad concreta.

La agilidad.

Mostonn (1965) la definió como *"la habilidad con la que se tiene que mover el cuerpo en el espacio"*.

Se dice que una persona es ágil mentalmente cuando elabora una respuesta rápida y certera para cualquier problema motor. Algo similar sucede con la agilidad corporal que podríamos entenderla como la capacidad del individuo para mover su cuerpo en el espacio.

La agilidad corporal requiere de un buen desarrollo de la motricidad en líneas generales, pero también depende de una perfecta combinación entre fuerza y velocidad, cualidades que favorecen la posibilidad de realizar movimientos efectivos y rápidos para que el cuerpo pueda moverse en el espacio de una posición a otra.

Consecuentemente, esta capacidad puede verse limitada por la condición física. Por ello, siempre conviene combinar ejercicios de agilidad, de velocidad y de fuerza, tanto por separado como combinadas y simultaneadas.

Como en todas las capacidades que tratamos en este capítulo, ésta también se ve totalmente influenciada por la edad por lo que es en las etapas infantil y pre puberal cuando se pueden obtener las mayores mejoras (fase sensible).

El equilibrio.

El concepto de equilibrio, cuando se refiere a la actividad física, se podría entender como *la capacidad para mantener diferentes posiciones del cuerpo contra la ley de la gravedad.* Se logra mediante una implicación los músculos para esa función sobre una base y permite mantener la correcta posición en el espacio, tanto en posición estática como en movimiento. También permite restablecer, en el menor tiempo posible, la condición y la postura cuando una fuerza externa la había alterado o modificado.

La eficacia del equilibrio se logra, tras una correcta percepción, mediante una perfecta y fina coordinación de los músculos del cuerpo para mantener el cuerpo sobre una base.

En muchas ocasiones las deficiencias vienen originadas por una mala percepción del propio cuerpo o del espacio (anteriormente citadas) ya que la cualidad se hace posible merced al centro de equilibrio y por un proceso neuromuscular que transmite las órdenes precisas a los músculos. Al respecto, siguiendo a Giamfranco (1988), este proceso a través de los órganos encargados, principalmente son los siguientes:

- √ *Los analizadores exteroceptivos* (acústicos, visuales y táctiles).
- √ *Los analizadores propioceptivos* (cinestésicos estático dinámicos y vestibulares).

Un correcto equilibrio es sumamente importante para las actividades deportivas. Sus deficiencias pueden venir originadas por una mala percepción del propio cuerpo, del espacio o de ambos y estas dificultades se acentúan ante problemas perceptivos, sobre todo, cuando el deportista ha llegado a una edad adulta y éstos ya resultan menos modificables.

Con vistas al rendimiento deportivo, cual sea la especialidad, un individuo con un equilibrio mal desarrollado, se verá muy limitado para mejorar su técnica ya que una gran parte de la incorrección de un gesto viene originada por esas carencias. Por ello, incluso con fines reeducativos, sería interesante realizar ejercicios de equilibrio a cualquier edad. Pero, de forma prioritaria, es esencial introducirlos en los programas mientras los chicos se encuentren en fases sensibles, que coinciden antes de la llegada a la edad puberal.

Siguiendo todo lo anterior, podemos distinguir diferentes tipos que deben ser trabajados antes de la pubertad para que, como en otras capacidades "no se nos vaya el tren":

El dominio del equilibrio es determinante de la técnica, especialmente el equilibrio en movimiento. Incluso, en presencia de la fatiga. En estas situaciones, el deportista deberá ser capaz de controlar su posición para que no se deteriore su gesto.

Con respecto a su desarrollo, esta capacidad se desenvuelve en el tiempo a partir del nacimiento y debe ser constantemente estimulada hasta la edad adulta. Aquí proponemos unas directrices acerca de los procedimientos a seguir. Éstos pueden sugerir numerosas variantes que puedan cubrir los objetivos:

- Diseño de ejercicios con disminución de la base de apoyo.
- Utilización de bases de apoyo móviles. Se estimula la percepción táctil plantar y propioceptiva, realizados preferiblemente descalzos.
- Aplicación de desplazamientos con cambios de dirección y sentido y con cambios rápidos del centro de gravedad.
- Ejercicios con el centro de gravedad elevado, por ejemplo, desplazarse sobre una barra a 1 m de suelo, adelante o atrás, etc.
- Ejercicios de desplazamientos eliminando la percepción visual para aumentar la percepción propioceptiva.
- Ejercicios pre acrobáticos.

La orientación espacio temporal.

La estructuración del espacio y del tiempo podríamos decir que se trata de un "todo" que coincide en un sitio y en un momento determinados. Ambos se encuentran interrelacionados e interaccionan en todo momento, por lo que es preferible estudiarlos en su conjunto. La orientación espacio temporal se podría definir como *la cualidad que permite percibir, seleccionar, analizar y modificar la posición y el movimiento del cuerpo en relación con el espacio y el tiempo.*

Su percepción es muy importante en el desarrollo del niño. El trabajo de afianzamiento espacial le lleva a conseguir una buena percepción, dado que aprende a orientarse, a evaluar distancias o formas y a prever los movimientos que debe realizar. Con su desarrollo conseguirá orientar el espacio sobre el que ha de moverse, así como el tiempo que durará el movimiento.

Con respecto a ese desarrollo, aunque algunas actividades podrían quedar fuera de las edades que tratamos aquí, vamos a proponer algunos objetivos que pueden ser interesantes para incluir como parte de ciertas sesiones de entrenamiento y que pueden ayudar en esa reeducación de la que hemos venid tratando:

Objetivos prioritarios

- Orientarse en el espacio próximo tomando como referencia el propio cuerpo.
- Apreciar las distancias entre uno mismo y un compañero o un objeto.
- Apreciar las distancias entre dos objetos.
- Percibir dimensiones (corto- largo) y adaptar a esto el movimiento.
- Percibir velocidades (rápido – lento) y adaptar el movimiento.
- Percibir nociones relacionadas con la organización temporal (antes, después, etc.).
- Experimentar frecuencias e intensidades y adaptar el movimiento.
- Adaptar el movimiento a ritmos sencillos.

Procedimientos

- Utilización de las relaciones básicas: izquierda-derecha, adelante-atrás, arriba-abajo, con respecto a sí mismo.
- Experimentación de las nociones espaciales dentro-fuera, interior-exterior, adelante - atrás, arriba-abajo, encima – debajo, con respecto a objetos orientados.
- Realización de acciones que impliquen el uso de la sensación de distancia de un objeto y/o de un compañero con respecto a uno mismo.
- Realización de acciones que impliquen el uso de la noción de distancia de objetos entre sí.
- Realización de acciones que impliquen contrastes entre nociones opuestas: corto-largo, rápido - lento, fuerte-flojo, frecuente-menos frecuente.
- Creación de situaciones en las que el alumno se mueva libremente, intentando seguir ritmos diferentes.
- Realización de acciones de duración y velocidad con móviles.

La coordinación motriz.

La coordinación en deporte hace referencia a la capacidad del deportista para realizar movimientos que le permitan la correcta ejecución técnica de un determinado ejercicio. En este sentido, también podríamos decir que se trata de *la cualidad que permite moverse o desplazarse mediante movimientos ordenados o secuenciados*. Esta capacidad recoge, en una parte importante, los apartados anteriores.

Supone también la intencionalidad para realizar el movimiento, además de la sincronía y la sinergia, por lo que conlleva voluntad para ejecutar. Para lograr esto, además un buen desarrollo cognitivo del sujeto es precisa una buena condición física, la que debe ajustarse a ciertos criterios, tales como los de armonía, economía, precisión y eficacia.

En el deporte, el nivel de coordinación supone una base determinante del rendimiento ya que los movimientos bien ejecutados suponen una serie de ventajas:

- Se realizan movimientos armoniosos, vistosos y precisos (esenciales para algunos deportes tales como la gimnasia artística, patinaje, etc.
- Los resultados finales tienen un alto grado de eficacia.
- Se cumple la tarea con el menor empleo de tiempo (mayor velocidad) al suprimirse movimientos entorpecedores de músculos antagonistas.
- Se evitan contracciones musculares innecesarias "parásitas" aumentando el ahorro de energía (eficiencia).
- Se mejora la eficacia global de cualquier ejercicio, sea cual sea la cualidad condicional sobre la que se establece el énfasis.

Factores determinantes.

En deporte, una correcta coordinación depende de diferentes factores (grado de entrenamiento, herencia, edad, equilibrio, niveles de condición física y de aprendizaje, elasticidad muscular, condición psíquica del individuo, etc.).

Pero también depende de otros factores tales como la velocidad de ejecución, los cambios de dirección, la duración del ejercicio, los ejes de movimiento, la altura del centro de gravedad y de las condiciones externas y ambientales.

Tipos de coordinación.

Dependiendo de las partes implicadas, podemos distinguir distintos tipos de coordinación:

La coordinación óculo motriz.

Tiene que ver con los movimientos de ciertas áreas específicas del cuerpo, como brazos o piernas, relacionados con objetos como balones, discos, jabalinas u otros implementos. Todos estos movimientos se dan una vez que el sentido de la vista ha captado un estímulo previo que provoca en el cerebro la señal pertinente para que el músculo se mueva de una forma particular (respuesta motriz).

La coordinación dinámica general

Se refiere a movimientos sincronizados que implican a una gran parte de los músculos del cuerpo, logrando la correcta secuencia entre la contracción y la relajación para lograr el objetivo.

Es necesario el buen funcionamiento del sistema nervioso central. Ejemplos de este tipo de coordinación se dan en diferentes deportes y especialidades deportivas (natación, carrera, gimnasia, etc.).

La coordinación específica

Cuando interviene un grupo específico de músculos. Este tipo de coordinación se subdivide en:

Coordinación ojo pie. También conocida como coordinación *óculo pédica*. Es aquella en la que intervienen las piernas y su relación con lo que ve el ojo. Un buen ejemplo de este tipo de coordinación podría ser el fútbol.

Coordinación ojo mano. También conocida como *óculo manual*. En ella interviene la motricidad de brazos, manos y dedos y su relación con lo que ve el ojo. Aquí se ubican deportes de balón, tales como el baloncesto, el tenis, el vóleibol, etc.

Existen también otros tipos de coordinación cuando se refieren al músculo: *coordinación inter muscular*, referida a la armonía entre grupos muscularse y la *coordinación intramuscular* y cuando se refiere a las fibras del propio músculo, de ellas hablamos más detalladamente en los capítulos referentes a la fuerza, velocidad y flexibilidad.

Sugerencias para el desarrollo.

En relación al deporte, y principalmente en las primeras etapas que tratamos en esta obra, es muy recomendable programar actividades que estimulen el desarrollo de una buena coordinación motriz. Aquí proponemos algunas que pueden sugerir otras y sus variantes:

- Saltos de todo tipo: con un pie, con ambos pies, rítmicamente, alternando pies y manos, etc.
- Movimientos cotidianos: empujar, levantar, transportar, etc. Se trata tareas en forma de rutina realizadas de forma armónica y precisa.
- Ejercicios de oposición, en parejas o grupos.

- Actividades rítmicas basadas en movimientos ajustándose a una música.
- Actividades con móviles (balones, pelotas, aros, etc.).
- Actividades con aparatos (gomas elásticas, trampolines, camas elásticas, etc.).
- Desplazamientos de todo tipo (reptar, trepar, escalar, gatear, etc.).
- Lanzamiento de objetos, con una o ambas manos, con uno o ambos pies y apuntando hacia objetivos cada vez más precisos (puntería).
- Recepción de móviles, con una o ambas manos, con uno o ambos pies y desde distancias cada vez más largas.
- Saltos con obstáculos.
- Juegos de malabarismo (jugar con dos o más pelotas a la vez, botar dos o tres balones combinando con desplazamientos, etc.).

El niño coordinado y el niño condicionado.

La coordinación de los niños debe ser lo más amplia y completa posible. Ésta le dará la base necesaria para dominar los gestos deportivos en un futuro.

Un niño al que se le "obliga" a practicar algún gesto específico concreto, a base de repeticiones, acabará por convertirse ser un *niño condicionado*. Éste, a medio o largo plazo, tendrá mermada su capacidad para aprender gestos deportivos nuevos y bien afinados. El niño, en los primeros años, ha de ser puesto en situaciones lo más diversas posibles para evitar ese condicionamiento. Debe ser puesto en un gran número de situaciones distintas, con numerosos estímulos y deberá responder a éstos con diferentes respuestas. Esto le dará la base necesaria para ajustar su técnica más adelante.

El formador deportivo que tenga bajo su dirección a estos niños en edades de 7 a 8-9 años, no debería preocuparse tanto sobre si sus entrenandos aprenden los gestos técnicos perfectamente. Su objetivo, a nivel motor, debería ser el de crear en éstos esa gran riqueza de movimientos inespecíficos, cuanto más variados mejor, entre los que, por supuesto, pueden entrar los gestos deportivos pero no de manera exclusiva sino como un movimiento más.

En este aspecto hay que ser cautos con aquellas escuelas deportivas que acogen a los niños desde edades muy tempranas (incluso a los 3 años) y comienzan a "machacar" con habilidades específicas para un deporte determinado. Esto no solo implica que si al llegar cierta edad o bien, por su desarrollo natural, o bien por propios intereses, deciden cambiar de deportes o de especialidad, estarán limitados por los condicionamientos sufridos en edades tempranas.

En la figura 1.9 se expone una representación sobre la diferencia de trayectorias con vistas a un rendimiento futuro. El niño que ha recibido gran cantidad de estímulos y ha sido estimulado para responder a éstos de forma motriz, tendrá un bagaje que le servirá como base para adquirir, posteriormente, las habilidades o destrezas específicas que le darán rendimiento en el deporte.

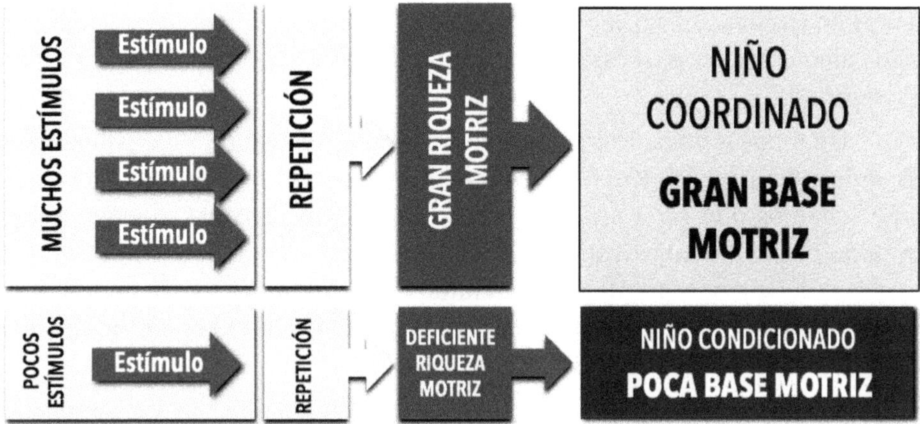

Figura 1. 9.- Representación de dos trayectorias de formación entre el niño coordinado y el niño condicionado.

1.4. EVOLUCIÓN DE LOS MECANISMOS DE LA ACCIÓN MOTRIZ.

Todos los mecanismos tratados hasta ahora evolucionan a lo largo de las sucesivas etapas de desarrollo. Esta evolución será determinante para los procesos de aprendizaje y de adquisición de habilidades entre las que vamos a tratar la técnica deportiva.

Por ello, el conocimiento de este desarrollo nos va a sugerir el cuándo y el cómo de las actividades específicas que haya que programar para la formación del futuro deportista.

Ya hemos visto que, desde el nacimiento, existen conductas reflejas que son innatas y que no requieren de aprendizaje (chupar, levantar la cabeza, darse la vuelta, etc.).

Con el paso de los meses el niño agarra objetos, se sienta, etc. Luego, alrededor de los 11-13 meses, comienza a andar.

Alrededor de los 6 años, si el niño ha recibido los estímulos adecuados y no represiones del tipo de "no hagas" o se le han impedido realizar actos motores a base de transportarle en coche, facilitándole acceso a multitud de pantallas, etc., y, por el contrario, corre, salta, lanza trepa, etc., irá adquiriendo unos recursos que le pondrán en el camino adecuado para adquirir esa base motriz.

En este sentido, En un estudio realizado en Galicia (años 2011- 2012), denominado "Galicia Saudable" se comprobó una gran correlación entre el grado de obesidad de la población infantil con el número de pantallas existentes en sus casas. Esto sugiere que resulta nefasta la influencia que ejercen estos elementos en el sedentarismo y que debería hacer reflexionar a quien corresponda.

De todas formas, lo tratado anteriormente, se sale de las posibilidades de influencia para los técnicos, educadores y formadores en las edades que aquí tratamos que sería a partir de los 8 años. No obstante, pueden haber influido positiva o negativamente en la base necesaria de nuestro deportista, lo que induce a pensar que se encuentran en los momentos más importantes para incidir en multitud de tareas, variadas y con objetivos de desarrollar todas las capacidades motrices.

A partir de esta edad entre 8 y 9 años, tanto para los chicos como para las chicas aparecen los momentos más trascendentales para la inclusión de actividades motrices inespecíficas y lo más variadas posibles que darán la base para movimientos más específicos que tendrán su fase más sensible al final de la pre pubertad.

Ya en la pre pubertad se entra en una fase en la que, si se han realizado las cosas de forma adecuada, se puede comprobar cómo en el niño aumenta su capacidad de imitación. Aquí se debe pasar a realizar movimientos más exactos, armónicos y eficaces. El niño, si ha "viajado" por el itinerario correcto, ha podido aumentar su riqueza motriz y dispondrá de esa base que le permitirá adquirir las habilidades específicas y gestos técnicos, con menor esfuerzo y la mayor eficacia.

Posteriormente, en la pubertad, se produce un estancamiento debido al rápido crecimiento que produce, temporalmente, una serie de desajustes motores por el aumento desproporcionado de las palancas. Aquí se entra en una etapa en la que podríamos denominar como una *meseta de adquisición motriz*.

Finalmente, ya en la adolescencia, se vuelven a reajustar los mecanismos.

En la figura 1.10 se expone una aproximación a la evolución de diferentes capacidades relacionadas con los procesos perceptivos y de ejecución, determinantes de a acción motriz. En ella puede comprobarse los momentos coincidentes con las fases más sensibles en las que se debería incidir con las actividades adecuadas, así como las etapas en las cuales el objetivo prioritario sería el de no perder y mantener las capacidades adquiridas con anterioridad. En ésta puede apreciarse también la relación con la evolución del sistema nervioso.

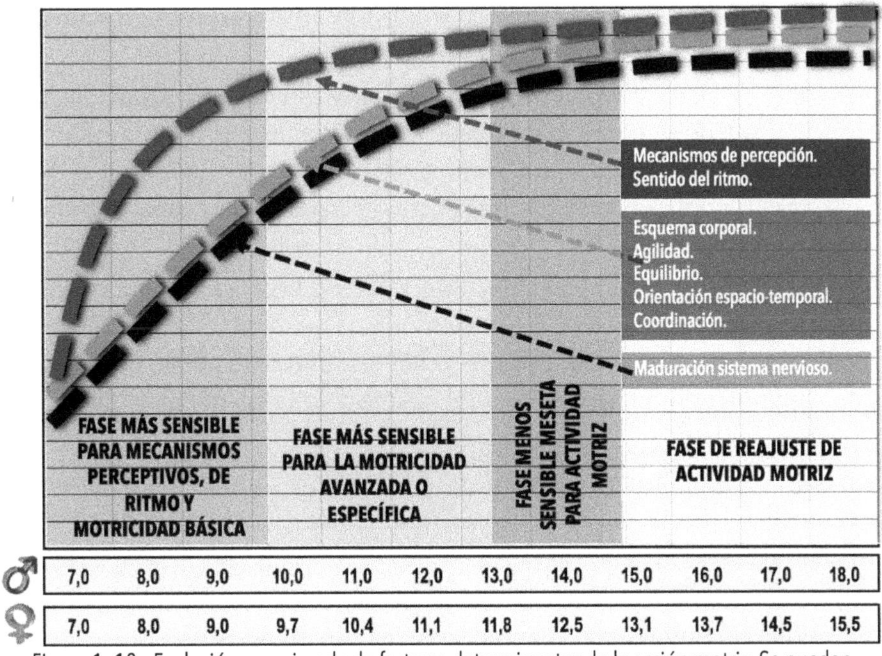

Figura 1. 10.- Evolución aproximada de factores determinantes de la acción motriz. Se pueden apreciar los momentos más idóneos para incidir en ellos (fases más sensibles) así como aquellos en los que el objetivo sería el de mantener y no perder lo adquirido (fases menos sensibles o meseta de la acción motriz).

1.5. EL APRENDIZAJE MOTOR COMO BASE PARA LA ADQUISICIÓN DE HABILIDADES Y DE LA TÉCNICA DEPORTIVA.

Ejecutar ciertos gestos deportivos resulta relativamente sencillo, pero ejecutarlos bien, puede resultar una habilidad bastante más compleja que precisa de muchas repeticiones para que se adapte a las necesidades mecánicas. El rendimiento deportivo requiere movimientos correctos que deben ser aprendidos y perfeccionados para que contribuyan al rendimiento y, para ello, es imprescindible pasar por un proceso de aprendizaje.

Entendemos el aprendizaje como un conjunto de procesos que permiten modificar el comportamiento, en respuesta a una experiencia previa. Está ligado al almacenamiento de esas modificaciones (memoria) y se encuentra regulado por el sistema nervioso central, como intermediario entre los órganos sensoriales y los efectores musculares. A su vez, viene como resultado de la confrontación del organismo y del entorno, dentro del proceso de adaptación (Le Boulch, 1991).

Siguiendo a Calderón (1987), podemos considerar que una sola célula nerviosa puede aprender y almacenar un aprendizaje. Este autor distingue dos tipos de aprendizaje:

Aprendizaje por habituación. Con descenso de la intensidad de la respuesta de la conducta. Sucede cuando el estímulo es monótono, no conlleva recompensa o bien es excesivamente repetido. Si ese estímulo conlleva esas circunstancias, el individuo acaba por eliminar la respuesta.

Aprendizaje por sensibilización. Este tipo implica procesos intelectuales tales como la atención y la memoria. En general, el chico presta poca atención a los estímulos que no le resultan relevantes, que no tienen significado o con pérdida del mismo a lo largo del tiempo.

El proceso de aprendizaje debe ajustarse a una serie de leyes o normas que deben ser tenidas en cuenta (García-Verdugo y Landa, 2005), algunas de las cuales ya vienen implícitas en lo que hemos tratado al hablar sobre la actividad motriz:

- *Ley de la información.* El chico debe conocer, de forma sencilla pero comprensible, el movimiento a aprender y los objetivos que se buscan con su aprendizaje. De esta forma podrá asumirlo mejor y su consolidación será mayor.
- *Ley de la intensidad.* Cuanto más exigente sea el ejercicio, siempre que sea realizado con éxito, mayor será la huella que deje.
- *Ley de la motivación.* El ejercicio que se toma con mayor motivación queda más memorizado.
- *Ley de la prioridad.* Ante una serie de situaciones o ejercicios hay que comenzar con los que sean más apremiantes.
- *Ley de la transferencia.* Los ejercicios que más trasfieren a la situación buscada son los más efectivos y los que más perduran.
- *Ley de la pluralidad.* Si bien es cierto que cuanto más dirigido sea un ejercicio mayor será el efecto para un objetivo concreto, no es menos cierto

que otro que sirva para otros objetivos similares desarrolla más el aprendizaje.

- *Ley de la repetición.* Cuando un aprendizaje se repite con asiduidad y, siempre que se mantenga la motivación, sus efectos se vuelven más duraderos.
- *Ley del olvido.* Está relacionada con la memoria. La actividad que deja de trabajarse, tiende a perderse con el tiempo.
- *Ley de la autoestima.* Un deportista con buena autoestima, aprende mejor y más rápido.
- *Ley de la actitud o de la participación activa.* El deportista debe participar de forma activa ante cualquier tipo de aprendizaje.
- *Ley del tiempo.* El proceso de aprendizaje tiene un tiempo determinado. Si es demasiado corto, no llegará a producir los efectos deseados. Por el contrario, si lo sobrepasamos, se producirán mecanismos de saturación, bien por fatiga o bien por falta de concentración.

1.5.1. La problemática del aprendizaje motor.

La enseñanza de destrezas no se puede enseñar exclusivamente a través de comunicaciones visuales o verbales. El chico aprende principalmente mediante su propia actividad (práctica) y a través de sus propios esquemas de asimilación motriz (Aquino et al, 1986). El movimiento se construye a partir de estructuras de movimiento previas. Por ello, el entrenador debe conocer con qué esquemas motores (base motriz) cuentan sus entrenandos.

Los diversos tipos de movimiento, dependiendo de sus características de complejidad (reflejo condicionado, movimiento automatizado y las estructuras del movimiento o esquemas motores operativos conscientes de los que hablamos más adelante) se forman a partir de un común fondo de acción. Los primeros son el soporte de los esquemas operativos, si bien ambos continúan desarrollándose constantemente.

En este sentido, Riera (1989), el aprendizaje se produce merced a una serie de cambios:

- *Cambios naturales.* En las conexiones sinápticas en los circuitos nerviosos. Estos son poco comprobables y no tenemos más remedio que darlos por supuestos.
- *Cambios perceptivo motores.* El niño que aprende a botar un balón tiene que haber adquirido previamente la fuerza para agarrar e impulsar con el brazo y mano. Si sigue progresando en el dominio de

la destreza se producirán cambios en las propiedades de los músculos que más intervienen la tarea, por lo que necesitará paulatinamente más fuerza y más velocidad de ejecución. Esto sugiere que el aprendizaje puede conllevar cambios motores importantes.

- *Cambios personales.* Tal y como apuntamos en otra parte, aquí entra el estado de ánimo en el sentido de la capacidad para enfrentarse a situaciones desconocidas y a resolver nuevos problemas.
- *Cambios en las relaciones con el entorno.* Relativos a las modificaciones que se dan en los espacios y en el tiempo.

1.5.2. Los niveles del aprendizaje motor.

De una manera un tanto simplificada y que, entendemos que pueden ayudar al entrenador-formador, se puede apuntar que en el sistema nervioso central (SNC) existen tres niveles. En función de estos niveles, los movimientos se pueden clasificar según tres tipos: *consciente, automático* y *reflejo.* Éstos, se distinguen según su grado de complejidad y requieren más o menos tiempo y energía.

El movimiento reflejo.

Resulta el más simple ya que no pasa de la médula. Se suele producir, por ejemplo, cuando hay un riesgo de lesión. Si una persona apoya una mano en el fogón de la cocina, no necesita pensar que se está quemando, ni elaborar la información para elegir la respuesta correcta de retirar la mano ya que la retirará de inmediato. Esto supone un movimiento reflejo, en el que no interviene la consciencia y que resulta de un proceso de muy poca duración.

El movimiento consciente.

Cuando se va a aprender un movimiento determinado, en principio, el individuo lo realiza de forma consciente, teniendo que pasar por todos los procesos, incluso los volitivos y afectivos para efectuarlo. Todo este transcurso de análisis, elaboración de la respuesta y elección de la más válida, intencionalidad de ejecución, tomas de decisión, etc., tienen lugar en el nivel consciente en los estratos más altos del sistema nervioso central. Esta respuesta es transmitida por la vía eferente y pasa al músculo, con la respuesta motriz correspondiente.

Dependiendo de las características del estímulo y la respuesta motriz, el movimiento consciente tiene diferentes grados de complejidad en los que interviene la toma de decisión.

A la hora de elegir una respuesta motriz, las exigencias de la toma de decisión pueden variar. Desde aquellas cuyo componente perceptivo es prácticamente nulo, hasta aquellas en cuya realización el sujeto debe ser capaz de integrar una enorme avalancha de información que proviene del entorno. Estas exigencias, según Sánchez Bañuelos (1984) dependen de una serie de aspectos que hacen que el proceso de la respuesta motriz sea más o menos complejo:

- *Del número de decisiones y diversidad de propósitos de la tarea.* Cuanto mayor sea el número de decisiones posibles para ejecutar un movimiento, mayor será la complejidad en la toma de decisión.
- *Número de respuestas alternativas para cada decisión.* Se trata de la cantidad de posibilidades con que se encuentra el individuo ante la realización de la tarea.
- *Tiempo requerido para la toma de decisión.* La velocidad con que se llega a una decisión, mediatiza la naturaleza de la acción. Es sabido que las diferencias en el rendimiento en muchos deportes estriban en la capacidad de procesar más rápido que el adversario, lo que favorece la anticipación.
- *Nivel de incertidumbre con que se toma la decisión.* La ejecución es influida al tener en cuenta circunstancias imprevisibles, esto aumenta la complejidad, interfiriendo en la ejecución correcta.
- *Nivel de riesgo que comporta la decisión.* La inseguridad que puede conllevar una ejecución, puede someter al individuo a una situación de estrés que también puede incidir negativamente.
- *Orden secuencial de la decisión.* Existen tomas de decisión en las que la ejecución está jerarquizada, teniendo en cuenta dos factores: *propósito de la tarea* y *normativa en la que está encuadrada la tarea* (reglamento). Aquí nos encontramos ante decisiones cuya secuencia es fija por ejemplo un salto o lanzamiento. Pero también existen otras en las que la tarea no tiene una secuenciación fija, sino que ésta se acomodará en cada momento a los factores antes mencionados.
- *Número de elementos que es necesario recordar para tomar la decisión.* Están basadas en las exigencias que tenga en la memoria y a las que haya que recurrir.

En la figura 1.11 se recogen, de forma resumida, los elementos de análisis y grado de complejidad en las tomas de decisión.

	ELEMENTOS DE ANÁLISIS	GRADO DE DIFICULTAD	
1	Nº de decisiones	Bajo nº de decisiones a tomar	Alto nº de decisiones a tomar
2	Nº de alternativas en el própósito de la tarea	Propósito único	Propósitos múltiples
3	Nº de propuestas motrices alternativas en cada decisión	Propuesta motriz única	Multiplicidad de propuestas motrices
4	Velocidad requerida en la decisión	Mucho tiempo para decidir	Tiempo muy breve para decidir
5	Nivel de incertidumbre	Los factores en que se basan la decisión, son fijos	Factores variables en los que se basa la decisión
6	Nivel de riesgo	La decisión no comporta riesgo de ejecución	La decisión comporta riesgo en la ejecución
7	Orden secuencial de decisiones	Orden fijo de la secuencia motriz (programa lineal)	Orden variable en la secuencia motriz (programa ramificado)
8	Nº de elementos que son necesarios recordar	Pocos elementos	Muchos elementos

Figura 1. 11.- Elementos de análisis y grado de complejidad en las tomas de decisión según Sánchez Bañuelos (1984). Modificado. El grado de complejidad es mayor cuando se trata de las casillas situadas a la derecha.

El movimiento automático

Cuando un movimiento consciente es repetido un gran número de veces, acaba memorizándose. Esta reiteración permite que en el SNC se produzca un filtro que impide que la información pase al nivel consciente. En consecuencia, es emitida la respuesta sin necesidad procesar toda la información (Le Boulch, 1978). En este momento el gesto queda automatizado y se ejecutará en menos tiempo, al ser este circuito más corto. Pero también necesitará menos energía e información ya que evitará todos los procesos que corresponden a la consciencia.

El *movimiento automático* o *automatismo* se caracteriza por una serie de aspectos:

- Resulta de una respuesta inmediata con reacciones ante determinados estímulos programados con antelación, sin que sea preciso plantearse la importancia de elementos subjetivos.
- No se plantea la adecuación a la reacción porque el proceso estímulo – respuesta no es procesado porque ya existe de antemano.
- Se produce una estabilización de la secuencia motriz y aumento consiguiente de la fiabilidad de la acción.
- Implica economía del gasto energético y regulador que implica la realización motriz.
- Se produce una fusión de los movimientos, originariamente separados hasta formar una unidad motriz integrada (destreza).
- Se reducen al máximo los controles cognitivos del movimiento. Por consiguiente, se inhibe la consciencia, dejándola libre para la resolución de problemas más complejos que la requieran. Un niño que no ha automatizado el bote en baloncesto, no puede prestar atención al entorno al estar implicando su nivel consciente para el bote. Tras un número de repeticiones, el movimiento correspondiente al bote, se automatizará. En este momento en el que se automatiza, su consciencia se verá liberada para atender a los problemas que acarrea el juego.

En la figura 1.12 exponemos un esquema simplificado en el que se reflejan los tres niveles del sistema nervioso, dos de los cuales, son los reguladores del aprendizaje motor (*nivel consciente* y *nivel automático*).

Sobre el proceso de automatización existen algunas discrepancias de las que hemos recogido algunas:

- Es resultante de un proceso de pulido a base de perfeccionamiento del gesto mediante un gran número de repeticiones.
- Es resultante de un proceso de aprendizaje de reglas y de interiorización. Basada no en una automatización mecánica sino en el desarrollo de estructuras de acción cognitivas. Para poder automatizar algo hay que reconocerlo previamente en su estructura y *traerlo a la consciencia*.

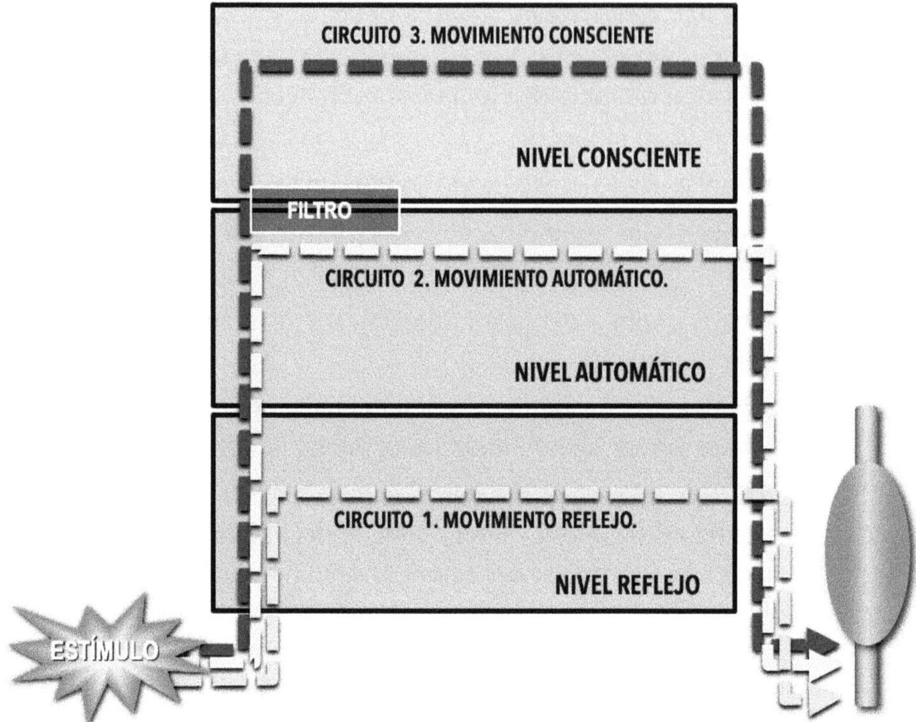

Figura 1.12.- El movimiento tiene tres niveles. El aprendizaje se compone de los dos superiores. Primero se produce el circuito 1, con intervención de la consciencia y, tras muchas repeticiones, acaba memorizándose y almacenándose, convirtiéndose en movimiento automático (circuito 2).

Le Boulch (1991): en función de la respuesta motriz, Distingue dos tipos de automatismos (figura 1.13):

- *Aquellos que resultan de movimientos estereotipados*. Están adaptadas a un objetivo determinado, *inmutable* y *estable* (atletismo, natación, etc.).
- Aquellos que se mantienen *subordinados al objetivo propuesto* pero que permanecen variables, con el fin de adaptase a las condiciones cambiantes del medio. Éstos requieren una constante intervención de la vigilancia perceptiva y son netamente personales (aquí entrarían, entre otros, los necesarios para deportes colectivos).

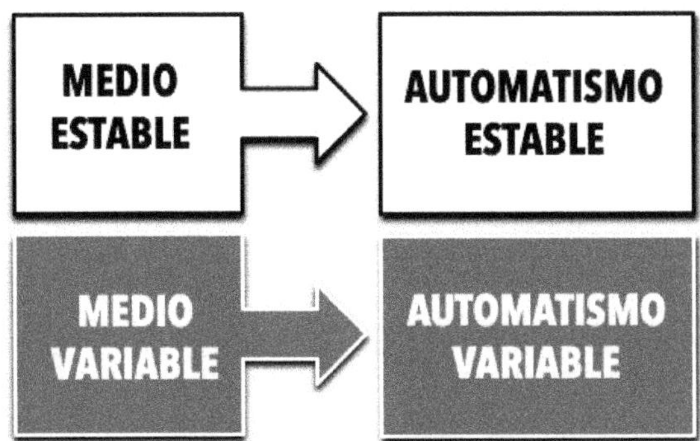

Figura 7. 13.- Las dos categorías de automatismos en función del estímulo y la respuesta motriz, de acuerdo al modelo de Le Boulch (1991).

El automatismo depende de un proceso de memorización

Siguiendo a Nitsh (2013), entendemos que el automatismo está regulado por mecanismos almacenados en la memoria y ésta tiene cuatro funciones:

- *Registro.* La información proveniente de los sistemas sensoriales es codificada y transmitida a través del sistema nervioso. Ésta es registrada y transformada para que pueda ser retenida.
- *Almacenamiento.* La información registrada se recoge en la memoria, a largo plazo, siendo constituida por la experiencia acumulada a lo largo de los años.
- *Recuperación.* Cuando es necesitada la información almacenada, la memoria busca, la recupera y la transfiere para ser reutilizada.
- *Manifestación de la información recuperada.* Una vez transferida, se convierte en la acción motriz, lo que significa el automatismo.

Fases del aprendizaje motor

En general, el aprendizaje motor pasa por diferentes fases que, tomadas de forma secuencial, son las siguientes:

1. *Adquisición de la secuencia básica.* Movimiento relativamente imperfecto, con un gran gasto de energía y déficit de calidad de ejecución. Es lábil y fracasa frecuentemente.
2. *Introducción de la estructura rítmica.* El gesto elemental adquirido, se ejecuta, tratando de ajustarlo al ritmo necesario.
3. *Correcciones y rectificaciones.* Se eliminan errores de la primera etapa. Mediante un proceso de análisis o global, se comienza a percibir la verdadera sensación de ubicación del cuerpo en distintos

momentos del movimiento y a delimitar con certeza las acciones que permiten la acción correcta.

4. *Ajuste y afinamiento.* Aumento de la precisión y economía del movimiento, con baja incidencia en las influencias externas perturbadores, con lo que se pueden anticipar a dificultades en el curso de la ejecución. Al llegar a esta etapa, lo gestos han sido perfeccionados, transformándose en automáticos.

En todo movimiento, por sencillo que sea, interviene el proceso de memorización. En este sentido, Calderón (1987), indica dos tipos de memoria motriz:

- √ *Memoria a corto plazo.* Con retención de la información menor a 30 minutos.
- √ *Memoria a largo plazo o permanente.* Podríamos denominarla como memoria crónica. Está basada en el almacenamiento de movimientos ocurridos hace tiempo (meses, años o toda la vida, por ejemplo, desplazarse en bicicleta). Esta cronificación conlleva una modificación de los circuitos neuronales y de las sinapsis, lo que, a su vez se asienta en dos teorías:
  - *Teorías sinápticas.* Basadas en el establecimiento de circuitos que se activan por un estímulo determinado y continúan descargando, de forma rítmica, después de la aplicación del movimiento.
  - *Teorías bioquímicas.* La fase de adquisición es frágil, mientras que la fase de consolidación es resistente. Esto sugiere que existe un mecanismo bioquímico que fija los recuerdos.

1.6. LAS HABILIDADES MOTRICES COMO BASE DE LA TÉCNICA DEPORTIVA.

A lo largo de la vida aparecen innumerables ocasiones frente a objetivos alcanzar que plantean problemas a resolver y, muchos de ellos, implican necesidad de movimiento. Cada uno de estos problemas necesita una solución a medida, o lo que es lo mismo, cada situación requiere una respuesta específica (*habilidad*).

A la hora de tratar las habilidades, la literatura presenta ciertas complicaciones, debido a la gran variedad de ellas existentes y al tipo de análisis a que se han sometido por parte de investigadores y pedagogos.

En muchos casos, las propuestas tienen escaso rigor científico al estar basadas en variantes poco estandardizadas, tales como el tipo de instrumento empleado (raqueta, balón, etc.), el esfuerzo reclamado (extenuante, muy liviano, etc.) o el lugar donde se llevan a cabo (nieve, agua o tipo de campo de juego) (Pérez, 2013). Esas complicaciones hacen que no exista un acuerdo absoluto sobre el término que se debe utilizar ya que no es fácil encontrar una definición que satisfaga a todos.

Existen definiciones diferentes, según autores y contextos. Mientras que para unos supone la capacidad para reproducir una respuesta establecida de antemano, para otros, el concepto de habilidad debería analizarse desde el punto de vista de las aptitudes requeridas. Incluso, se llegan a utilizar términos alternativos (habilidad motriz, tarea motriz, destreza motriz, etc.).

Batalla (2000), define la habilidad motriz como *"el grado de éxitos o de consecución de finalidades propuestas de un sujeto, frente a un objetivo dado, aceptando que para la consecución de este objetivo, la generación de respuestas motrices, el movimiento y desempeño de un papel primordial es insustituible"*. Se trata de cambios producidos en el tiempo en la conducta motriz, a través de la interacción del organismo con el medio en el que se desarrolla.

Knapp (1963) las definió como *"las capacidades adquiridas por aprendizaje, para producir resultados previstos con el máximo de acierto y, frecuentemente, con el mínimo de coste en tiempo, energía, o ambas cosas"*.

En lo que respecta al deporte, se podría decir que se trata de capacidades, adquiridas a través de la práctica, para resolver las tareas de movimiento que plantean las necesidades de rendimiento en una especialidad concreta.

Las habilidades motrices se adquieren mediante un proceso de aprendizaje y se adquieren a lo largo de toda la vida. Requieren de una progresión ya que se van pasando de las más sencillas hasta aquellas que conllevan gran complejidad.

Los programas de entrenamiento deportivo están compuestos de todo un conjunto de destrezas que deben ser adquiridas y dominadas por los deportistas, para lo cual deben poner en acción todos sus recursos.

En lo que nos atañe, el futuro deportista, necesita dominar un gran fondo de habilidades y hábitos motores que le permita tener un gran dominio de sus movimientos en el trabajo muscular. Son necesarias para evitar lesiones tempranas y facilitarle la efectividad de los mismos. Cuanto mayor sea el fondo o conjunto de habilidades y hábitos motores que domina el deportista, mayores serán sus posibilidades de alcanzar el alto rendimiento.

1.6.1. Factores determinantes.

Como tal actividad motriz, en la habilidad existe una cadena de factores que originan diferentes aspectos en su proceso del aprendizaje. Se originan informaciones que son almacenadas y asociadas por parte de los sistemas neuronales y consisten en los factores de *percepción* y *ajuste*.

Factores de percepción.

Dependen de los sistemas sensoriales y pueden ser a su vez:

- *De percepción interna.* Que recogen las informaciones del propio cuerpo.
- *De percepción externa.* Éstos recogen las informaciones del medio externo a través de los sentidos.

Factores de ajuste.

Tras los procesos anteriores, se produce una respuesta en alguno de los niveles del encéfalo. La zona del encéfalo donde se produzca la respuesta depende de la complejidad del movimiento y de la fase de aprendizaje.

Las informaciones almacenadas son elaboradas y transformadas en respuestas que van ajustándose paulatinamente a través de los modelos sensomotores y coordinaciones hasta convertirse en automatismos. En este sentido, tal y como ya hemos visto, dependiendo de la complejidad y de otras circunstancias, en la elaboración también intervienen las emociones, tanto positivas como negativas. Las primeras (en forma de alegría, sensación de bienestar, tranquilidad, etc.), en general son favorecedoras. Las negativas, por el contrario (en forma de miedo, tristeza o, incluso, exceso de euforia), resultan entorpecedoras.

A los anteriores factores hay que añadir otras circunstancias que deben ser tenidas en cuenta y que también intervienen en el aprendizaje y consolidación de las habilidades:

- Las características del individuo adquieren la habilidad. El aprendizaje debería de individualizarse ya que cada individuo percibe y responde de forma individualizada.
- Las características de la actividad deportiva. Dependiendo del deporte, así habrá que acometer la enseñanza.
- Objetivos que se pretenden alcanzar. En principio, el objetivo puede ser el de crear habilidades básicas y, en otro momento, deberán ser más específicas.

- El tipo de estímulo. Los estímulos pueden ser muy diferentes. En referencia a este punto, Nitsh et al (2002), distinguen diferentes tipos:
  - *Estímulos* cerrados. Aquellos que vienen de forma única y requieren respuestas únicas. A su vez pueden ser de dos tipos:
    - √ *Estímulos incondicionados*. Éstos provocan una respuesta incondicionada (innata). Podemos poner el ejemplo del experimento de Paulov. Al perro se le da carne y segrega jugos gástricos. Tras muchas repeticiones, se le enseña la carne y también segrega los jugos gástricos.
    - √ *Estímulos condicionados*. No se relacionan con la respuesta innata, pero tras las repeticiones llegan a provocarles. Volviendo al ejemplo anterior. Si se asocia la carne al sonido de una campana. Tras muchas repeticiones, se suprime la carne y solamente con el sonido de la campana, el perro acaba segregando jugos gástricos.
  - *Estímulos abiertos*. Intervienen los niveles más altos del sistema nervioso en la respuesta y que requieren de los procesos de análisis, elaboración, elección, tomas de decisión y ejecución.
- *Métodos de enseñanza utilizados*. Éstos son tratados más adelante.
- *Información o comunicación*. Una buena comunicación e información contribuyen a que el individuo se cree una imagen correcta del movimiento a realizar.
- *Memoria cinestésica*. Las habilidades son almacenadas en forma de automatismos, estando a disposición en el momento en el que sean requeridas.
- *La complejidad*. El grado de complejidad se determina a partir de la cantidad de dimensiones necesarias para la descripción.

1.6.2. Clasificación.

Los intentos de clasificación de las habilidades son numerosos, aunque su empleo por parte de los profesionales del deporte no es tan abundante. En diversas publicaciones se han analizado los modelos clásicos de clasificación en los que se ha partido de variables y características muy diferentes. No obstante, según Ruiz (1994), siempre han estado referidas a tres elementos que interactúan de forma compleja en el aprendizaje: *la propia habilidad, el sujeto que aprende* y *el proceso de aprendizaje*.

Otras tendencias se inclinan por tener en cuenta el punto de vista sobre la acción de los grupos musculares, en función de si entren en acción grandes grupos (*habilidades gruesas*) o pequeños grupos (*habilidades finas*) (Cratty, 1973).

En este sentido, Knapp (1979) propone dos tipos de habilidades:

Habilidades motrices habituales. Se refiere a aquellas en las que la necesidad de percepción y de toma de decisiones no es elevada, por ejemplo (saltos o lanzamientos en atletismo).

Habilidades motrices predominantemente perceptivas. En éstas, el deportista esta mediatizado en su ejecución motriz y por los cambios situacionales que se produzcan en el medio, por ejemplo las que se dan en deportes colectivos.

En líneas generales son muchos los puntos de vista a partir de los que derivan las diferentes clasificaciones. Se habla de habilidades cíclicas o acíclicas, continuas o discontinuas, etc.

Otras tendencias se inclinan por clasificarlas en abiertas y cerradas:

Las habilidades motrices abiertas. Requieren una gran carga de mecanismos perceptivos y de decisión. Dada la gran variedad de formas de ejecución las situaciones de práctica favorecerán la variabilidad.

Habilidades motrices cerradas. Requieren poco nivel perceptivo y prácticamente no precisan mecanismos conscientes. Se adquieren fundamentalmente a través de procesos repetitivos.

Batalla (2000) se inclina por dos categorías, las cuales, vamos a asumir ya que consideramos que se adecuan más a nuestros objetivos. Este autor distingue entre *habilidades motrices básicas y habilidades motrices específicas*.

Las habilidades motrices básicas.

En este apartado se encuentran grupos de habilidades amplias que son comunes a muchos individuos. Por tanto, no son propias de una cultura determinada y sirven de fundamento para el aprendizaje posterior de nuevas habilidades más complejas. Entre éstas se distinguen los siguientes grupos:

Los desplazamientos. Suponen la función de traslación del sujeto en el espacio. Aquí podemos encontrar la carrera, la marcha y otras que describimos a continuación.

- *La carrera y sus variantes.* Conllevan traslado corriendo hacia delante, hacia atrás, lateral, etc.
- *La marcha y sus variantes.* Desplazamiento en el que nunca se pierde contacto con el suelo.
- *Las cuadrupedias y sus variantes.* Se utilizan cuatro apoyos, aunque no siempre simultáneos.

- *Las reptaciones y sus variantes.* Desplazamientos en contacto con el suelo.
- *Las trepas.* Subir o desplazarse lateralmente, apoyándose con pies y manos.
- *Los deslizamientos.* Desplazarse sin perder el contacto con el suelo mediante la reducción de rozamientos, bien por propios medios o con aparatos (patines, cartones,).
- *Los transportes.* Individuo que es transportado mediante un medio humano por ejemplo ir en brazos, mediante un animal por ejemplo montar a caballo, mediante un medio mecánico bicicleta, etc.

Los saltos. Consisten en la acción de elevarse del suelo merced al impulso las piernas. En estos se distinguen diferentes fases y pueden entrenarse en conjunto o por separado. Analizando un salto, podemos observar las siguientes partes:

- *Las acciones previas.* Como puede ser la carrera.
- *La batida o impulso.* Horizontal, vertical, hacia arriba, hacia abajo, etc.
- *El vuelo.* Durante éste, no es modificable la trayectoria del centro de gravedad pero sí que se puede variar la posición del cuerpo.
- *La caída.* Con el nuevo contacto con el suelo.

Los saltos pueden ser de diferente tipo:

- *En los que se busca distancia.* Con el objetivo de conseguir la máxima longitud tanto vertical como horizontal o en rampa
- *Estéticos.* Ajustados a un patrón técnico por ejemplo en gimnasia o saltos de trampolín.
- *Con manipulación de objetos.* Por ejemplo, planteamientos de baloncesto o balonmano.

Los giros. Se trata de movimientos de rotación del conjunto del cuerpo, alrededor de algunos de sus ejes (longitudinal, transversal anteroposterior).

Los lanzamientos. Acción de desprenderse del objeto mediante el movimiento vigoroso de uno o ambos brazos. Puede ser de distancia, de precisión (puntería), o ambos.

El manejo y control de objetos. Gran variedad de acciones que pueden distinguir aquellos que se manipulan cuerpos o formas con las manos, con la cabeza, con los pies, etc.

Las habilidades motrices específicas.

Son las propias de cada actividad. Dentro de éstas nos encontramos con todo lo referente a la técnica deportiva.

1.6.3. Metodología para la adquisición de habilidades deportivas

Siguiendo a Brito (2012) la adquisición de una habilidad deportiva requiere una secuenciación de pasos:

1. *La adaptación funcional*: Se familiariza al chico con el proceso de iniciación y se le aplica un grupo de controles que le aportarán al entrenador elementos importantes para el desarrollo de la habilidad.
2. *Formación multilateral*. En esta fase se profundiza en cada uno de los indicadores, donde obtendrán su acento con el fin crear las bases para las próximas actividades a desarrollar, enfatizando en el trabajo de capacidades motrices.
3. *La consolidación*. En este paso se valoran los índices alcanzados durante el transcurso desarrollado, poniéndose de manifiesto el conocimiento de las habilidades técnicas desarrolladas durante el proceso.
4. *La profundización*. Partiendo de que la culminación de este intervalo se trata de perfeccionar el gesto mediante la información y las correcciones.

Le Boulch (1991), por su parte, propone dos etapas o pasos para la adquisición de las habilidades que consideramos como interesante y que asumimos para nuestra metodología. Para ello, establece dos niveles: nivel perceptivo motor y nivel cognitivo.

Nivel perceptivo motor.

Tiene por objetivos principales:

- Hacer que la experiencia racional del aprendizaje evolucione de forma armónica con respecto al desarrollo funcional.
- Aumentar el bagaje de automatismos basándose en la extensión de la función de adaptación, de forma que sean flexibles y rápidamente adaptables a la gran variedad de situaciones (disponibilidad rápida).
- Preparar a través de las funciones perceptivas el paso al segundo nivel de aprendizaje (automático). Aquí se presta gran atención a la percepción del propio cuerpo, mediante gran importancia de la interiorización.

- Este nivel, a su vez, requiere dos etapas: La correspondiente al nivel sensitivo motor y perceptivo motor del aprendizaje y la que corresponde al nivel cognitivo. Para ello el autor proponen dos tipos de sesiones:
    - Sesiones dedicadas a la confrontación con situaciones problema (adaptación global).
    - Sesiones de entrenamiento que tendrán como objetivo principal el de mejorar las funciones de percepción del propio cuerpo y la percepción visual y organización del espacio de acción.

Nivel cognitivo.

Requiere de un proceso pedagógico y secuencial que asuma, de forma secuencial, los siguientes puntos:

1. Globalización en el plano del desarrollo educativo.
2. Especialización y afinamiento progresivo.
3. Inclusión de un programa propuesto para el nivel cognitivo del aprendizaje.
4. Ajuste de la representación mental del movimiento.
5. Percepción temporal y su prolongación. Memorización de las estructuras rítmicas.
6. Paso del nivel perceptivo motor al nivel cognitivo. Depende del trabajo funcional propuesto según la especialidad deportiva.

De todas formas conviene puntualizar que resulta complicado asegurar que un individuo ha pasado de un nivel de aprendizaje al siguiente (de consciente a automático). Igualmente, que el éxito de un deporte es tanto mayor cuanto éste se completa con un entrenamiento, utilizando diferentes apoyos y complementos.

Puntos que debería tener en cuenta el entrenador - formador.

El entrenador de niños, entendemos que debería seguir una metodología que contemplase los siguientes puntos:

- Elegir las situaciones en función de las posibilidades del chico.
- Orientar, desde el principio, la atención hacia el objetivo a lograr.
- Tras un periodo de tanteo libre y variable según los estímulos y la dificultad de las situaciones, orientar la atención hacia las informaciones exteroceptivas, particularmente hacia las visuales, con el fin de adaptar las reacciones a las condiciones del espacio.

Con respecto al alumno, debería tener presentes las siguientes circunstancias:

Sobre las ganas de aprender.

La mayoría de las veces no es suficiente con proponer actividades simplemente divertidas. Es preciso tener en cuenta las circunstancias del chico que aprende:

- El que aprende debe conocer la utilidad de lo que se le quiere enseñar.
- Debe sentirse capaz de aprender.
- Ha de facilitársele una información sencilla y clara.
- Debe crearse un ambiente positivo que le origine motivación y evite el miedo al fracaso.
- Es imprescindible evitar la monotonía.

Sobre el nivel de activación.

- No sobrepasar la dificultad ya que, pasado un nivel, baja el nivel de activación.
- Tener en cuenta que las actividades que exigen mayor condición física, admiten niveles de activación más altos que aquellas que exigen precisión.
- Proponer actividades lúdicas. El nivel de activación aumenta cuando las actividades son jugadas.
- Introducir actividades competitivas. La competición es altamente motivante si, tal y como se trata en el primer volumen, se presenta de forma proporcionada.
- Se pueden utilizar elementos del refuerzo como premios o refuerzos afectivos.

Sobre conocimientos previos

Cada nuevo aprendizaje debe basarse en aprendizajes anteriores y consolidados. Para ello es preciso:

- Conocer el nivel inicial del alumno. Esto implica una evaluación previa.
- Calibrar la dificultad de las actividades.

Sobre la demostración.

- La información al alumno tiene que ser clara y concisa.
- Tiene que llegar de forma correcta a todos los chicos del grupo.
- Debe transcurrir poco tiempo desde que se da información hasta el inicio de la práctica.
- Debe tenerse presente que no tenemos claro en qué es aquello en lo que se fija el alumno cuando se demuestra.

- Procurar que quien ejecuta la demostración no tenga errores. Evitar en lo posible las demostraciones personales ya que el niño asumirá los propios errores del entrenador. Es preferible utilizar medios audiovisuales (vídeos, etc.).

Sobre el conocimiento de los resultados.

- Promover la evaluación continua para comprobar el proceso de aprendizaje. Esto favorece la posibilidad de ir corrigiendo sobre la marcha.
- Es conveniente informar y corregir sobre la acción efectuada inmediatamente, sin que exista otra tarea por medio.
- Dejar un tiempo prudencial entre la información y la nueva ejecución de la tarea.

Sobre cuánto y cómo practicar.

- Cuanto más joven es el deportista, se debe aplicar menos tiempo de práctica.
- A mayor complejidad, igualmente proponer menor tiempo de práctica.
- A menor nivel de aprendizaje, por parte del chico, menor tiempo de práctica.
- Practicar en condiciones reales. Esto significa adaptarse a las condiciones y características de los deportistas y a las necesidades propias de la habilidad.
- Sobre la dicotomía de repetir o variar, depende de sí la tarea es abierta o cerrada. Las tareas cerradas requieren de repeticiones fijas, mientras que las tareas abiertas requieren de mayor variabilidad.

Sobre los posibles errores que se deben evitar.

- El exceso de información. El exceso de conservaciones distrae la atención del alumno sobre aquello que resulta esencial para alcanzar el objetivo.
- Permitir que el alumno ensaye intentos con errores durante demasiado tiempo. Esto producirá la consolidación de errores mediante automatismo defectuosos.
- Sugerir al joven determinados tipos de respuesta basados en modelos que gozan de la confianza del entrenador, sin tener en cuenta el modelo ideal.
- Tal y como se ha apuntado en otra parte, centrarse más en el "qué has hecho" que en el "qué has sentido".

A modo de resumen y sintetizando, Batalla (2014) propone 4 requisitos para la adquisición de habilidades y que se exponen la figura 1.14, siendo el 4º referente a la práctica del que aprende. Esta práctica puede derivar en el éxito si se dan los requisitos de éxito alcanzado en las tareas, si se da en las situaciones reales y si se repiten o varían, siempre en función de la habilidad requerida.

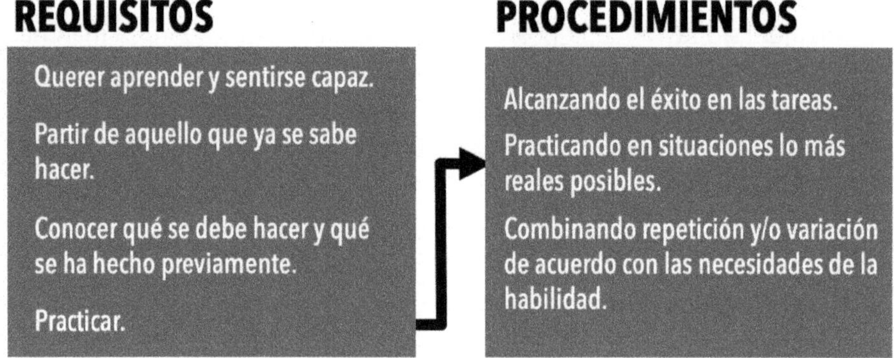

Figura 1. 14.- Requisitos para el aprendizaje de una habilidad motriz, según Batalla (Batalla, 2000). Modificado.

1.6.3.1. Métodos más indicados para la adquisición de las habilidades deportivas.

Esta obra no trata sobre didáctica ni intentamos profundizar en la metodología. No obstante, como las habilidades deportivas requieren de un proceso de aprendizaje, existen diferentes métodos que pueden contribuir y que conviene conocer. Entre los principales, podemos citar los siguientes:

Progreso natural no guiado. Por imitación y ensayo - error. El deportista ejecuta y acierta o se equivoca. En el segundo caso lo sigue intentando hasta alcanzar el éxito.

Mando directo. El protagonismo corresponde al entrenador en toma de decisiones y requiere los siguientes puntos:

- Respuesta inmediata del estímulo.
- Uniformidad y conformidad.
- Ejecución sincronizada.
- Réplica de modelo ideal.
- Precisión de la respuesta.
- Seguridad.
- Correcciones.

Puede ser de dos tipos:

Global. Con aprendizaje del gesto en su conjunto.

Analítico o segmentario. Con aprendizaje por partes con la idea de unir estos aprendizajes, más adelante.

Asignación de tareas.

- Se traspasa las decisiones al alumno.
- El entrenador observa la ejecución y da feedback individualizado.

Enseñanza recíproca. El alumno observa y corrige la ejecución de un compañero. Los objetivos están relacionados con las tareas y con los roles de los deportistas.

Autoevaluación. Utiliza el feedback para su propia evaluación. Los objetivos se relacionan con la progresión y con la mejora personal.

Descubrimiento guiado. El alumno debe utilizar recursos cognitivos.

- Su propio proceso.
- La concordancia respuesta descubierta con el estímulo presentado.
- Las destrezas necesarias para buscar secuencias.
- Desarrollo de la paciencia.

Resolución de problemas. El alumno toma las decisiones sobre las tareas del ejercicio final.

1.7. LA TÉCNICA DEPORTIVA COMO PARTE DE LAS HABILIDADES ESPECÍFICAS.

La técnica deportiva, forma parte de las habilidades específicas, a las cuales deberíamos añadir algunos matices:

- Tienen por objetivo el de mejorar el rendimiento deportivo.
- Aunque con diferentes grados de importancia, están presentes en todas las especialidades deportivas (figura 1.15).

Se trata de la manera de optimizar todas sus cualidades del deportista. El individuo que ejecuta el gesto, de forma correcta, es más eficaz y más eficiente, lo que le da ventaja sobre los demás adversarios.

Un movimiento correctamente ejecutado, necesita menos tiempo que otro descoordinado o con inclusión de "movimientos parásitos" que puedan frenar, desviar o retardar los recorridos angulares. La técnica de ejecución debe garantizar una velocidad máxima de las acciones (Zhelyazcov, 2003). No obstante, hay que hacer constar que la técnica debe ser bien dominada antes de proceder a la ejecución a velocidades máximas.

Figura 1. 15.- La técnica deportiva está compuesta por habilidades motrices específicas.

En muchos casos suele dejarse en segundo plano. Es frecuente dar con entrenadores que sostienen la teoría de que el deportista "lo hace bien". Para éstos, la insistencia en mejorar la técnica supone una "pérdida de tiempo" que habría que aplicar en otro tipo de trabajos. Normalmente esta idea surge porque, en la mayoría de los casos, el entrenamiento de técnica se plantea fuera del contexto y de los objetivos del entrenamiento.

Siguiendo a Brito (2012), se considera técnica a todas aquellas actividades que requieran un aprendizaje o una coordinación específica. Ésta conlleva los siguientes aspectos:

- *Eficacia.* Hace referencia a la capacidad que permite alcanzar el efecto deseado tras la realización de una acción.
- *Eficiencia.* Se refiere al uso racional de los medos disponibles para alcanzar un objetivo, con el mínimo de recursos disponibles (energía, tiempo e información).
- *Estereotipo.* Basado en la reproducción del modelo ideal.
- *Estilo.* Alusivo a la adaptación del modelo ideal a las características individuales del deportista.

Algunas especificaciones acerca de la técnica deportiva.

- *Supone una base firme para la consecución de* resultados. Un gesto correcto implica un acierto en la ejecución. Esto significa que todas las fuerzas ejercidas, se efectúan en la dirección y en el orden adecuados, así como con la cadencia correcta. Todas aquellas fuerzas que alejen de estas directrices pueden producir movimientos parásitos, entorpecer y retardar la ejecución.

- *Es un medio útil para la reducción del tiempo en la consecución de resultados.* Al ser los movimientos más exactos, producen un ahorro de tiempo y, por consiguiente, cada gesto bien ejecutado, disminuirá el tiempo de ejecución, alcanzando mejores resultados deportivos.
- *Resulta un medio para el ahorro efectivo del gasto de energía.* Cuando el movimiento es exacto, no solamente es más corto (movimiento automático), también es más económico. Este es uno de los aspectos que debe ser prioritario en especialidades que impliquen cierto grado de resistencia.

Como todo aprendizaje motriz, la técnica deportiva necesita de una base de procesos perceptivos y coordinativos. Cuanto mayor sea esta base, mejor asimilará el chico los gestos técnicos.

1.7.1. Factores determinantes de la técnica deportiva.

Una técnica efectiva requiere de los siguientes factores:

- *Factores cualitativos.* Correspondientes a las habilidades adquiridas previamente y, en esencia, de las cualidades coordinativas.
- *Factores cuantitativos.* Dependientes de las cualidades físicas (velocidad, fuerza, resistencia y flexibilidad.
- *Factores condicionantes.* Limitados por el reglamento de la especialidad. Es patente que se podría saltar más altura haciendo previamente una rondada y un flic-flac y batiendo después con ambas piernas, pero el reglamento solo permite batir con una. Igualmente, un marchador podría desplazarse más veloz pero el reglamento le limita a mantener siempre un pie en contacto con el suelo y la extensión de la rodilla, por lo que no podría pasar a la carrera.

1.7.2. Niveles o estadios de desarrollo de la técnica deportiva.

Si partimos de que el aprendizaje, visto desde la perspectiva de la neurofisiológica, va unido a la formación y consolidación de sinapsis específicas y al establecimiento de conexiones en la red neural del sistema nervioso central, conocidas como *engramas estructurales*, deberíamos considerar que el entrenamiento de la técnica es ineficaz o, incluso, contraproducente, si las facilitaciones sinápticas necesarias no tienen lugar con la precisión necesaria o si el proceso de consolidación se ve alterado.

Según nuestro planteamiento general en esta obra, todas las cualidades pueden observarse desde el punto de vista de los niveles o estadios de desarrollo. En este sentido, la técnica también tiene los tres niveles entrenables: *básico, específico y competitivo.*

Estadio de desarrollo básico de la técnica. "Entrenando para entrenar".

Siguiendo los criterios para el establecimiento de tareas básicas, en lo que respecta a la técnica se proponen las siguientes directrices que permiten identificar el nivel de desarrollo básico:

- Los ejercicios deben realizarse en estado de descanso, con el sistema nervioso totalmente recuperado y sin presencia de fatiga.
- Los ejercicios deben ser preferentemente globales, al menos en las dos primeras etapas estudiadas (infantil y pre puberal).
- Los ejercicios analíticos o más localizados deben ser postergados a partir de la adolescencia.
- Las recuperaciones deben ser completas para permitir que tanto el sistema nervioso retorne a su estado de descanso como para que se restituyan los substratos energéticos precisos en función de las necesidades energía/tiempo.
- Los ejercicios deben realizarse con las potencias necesarias para incidir en las zonas que corresponden como prioritarias a cada edad.
- La cifra de repeticiones debería ser relativamente baja al principio y debería interrumpirse tan pronto como apareciesen deterioros con riesgo de consolidación de movimientos erróneos.

En líneas generales, se basará en la creación del mayor número de automatismos posibles. De esta forma se dará al niño un bagaje que le permitirá asimilar mejor los ejercicios más específicos.

Estadio de desarrollo específico de la técnica. "Entrenando para mejorar".

Para todas las cualidades o capacidades, el nivel específico se caracteriza por las mejoras necesarias para alcanzar rendimiento. Aquí entrarían las habilidades específicas de acuerdo con la especialidad deportiva y los gestos que en ella se integran.

Por ello, habrá que seguir una serie de directrices a la hora de aplicar ejercicios para mejorar la técnica:

- Los ejercicios deben ajustarse al modelo técnico de la competición.

- Deben realizarse con la potencia y duración necesaria para que incidan en las zonas que se consideran como específicas para cada especialidad y para cada edad. Consecuentemente, deben exigir las prestaciones de las vías metabólicas correspondientes.
- Los ejercicios deben realizarse con una velocidad de ejecución similar a la que se aplicará en competición.
- Los ejercicios de resistencia de técnica, deben postergarse a la pubertad.
- Los ejercicios, antes de la pubertad, deben realizarse de forma global, postergándose a la pubertad los ejercicios de forma analítica
- A partir de finales de la pubertad y de la adolescencia, se pueden realizar ejercicios de técnica, especialmente de corrección de forma analítica.

Estadio de desarrollo competitivo de la técnica. "Entrenando para competir".

Los ejercicios deben realizarse con las mismas exigencias que se dan en competición. En este sentido suponen lo siguiente:

- Deben realizarse de forma global.
- Deben realizarse a la velocidad y duración que se da en competición.
- Deben realizarse con similar carga psíquica a la que se da en competición.
- Deben realizarse en situaciones de estrés similares a las de competición y con estados de fatiga análogos, en el caso de tratarse de especialidades en las que ésta se encuentre presente.

1.7.3. Evolución de la técnica. Fases más y menos sensibles.

En apartados anteriores hemos tratado la evolución de los factores que intervienen en la actividad motriz. En este sentido, la técnica, como tal se ve influenciada por esa evolución. Por ello, solamente queda reforzar los conocimientos acerca de los momentos en los que se puede influir más en la adquisición de la técnica deportiva.

Según diferentes autores, el desarrollo motor está muy influenciado por los periodos de crecimiento. Así pues, tal y como hemos venido insistiendo, existen momentos de limitaciones de movilidad, en otros las limitaciones son más del tipo perceptivo, en otros viene limitados por variaciones de la fuerza o por aumento brusco de las palancas.

Por todo ello, no es posible identificar con exactitud y de forma cronológica las estructuras que regulan la técnica ya que pueden ser muy variables, no solo entre fases sino también entre individuos.

En líneas generales, existen momentos de expansión y otros en los que aumenta la dificultad para afianzar esas estructuras.

Hasta *el inicio de la pubertad, momento en que madura el sistema nervioso*, el niño se encuentra en momentos idóneos para los aprendizajes. En consecuencia, la mayoría de los autores coinciden en la *"etapa dulce"* coincidente con los dos años anteriores a la entrada en esta fase. No obstante, habrá que distinguir la necesidad de enfocar las tareas hacia los objetivos de mejorar los niveles o estadios de desarrollo de la técnica ya que debe existir una secuenciación y temporización.

Durante el tiempo en el que se produce el acelerón en el crecimiento (final de la pubertad y durante la adolescencia), aumentan las dificultades para realizar movimientos precisos ante los desajustes que se producen a nivel perceptivo interno y de ejecución, especialmente en los procesos coordinativos.

Una vez que se desacelera el rápido crecimiento y eclosión sexual, se vuelve a entrar en una fase en la que el joven está más permeable para perfeccionar el gesto deportivo.

1.7.4. Metodología para el entrenamiento de la técnica.

La técnica deportiva requiere de un proceso de repeticiones. Éstas se plantean con una secuenciación determinada y deberían seguir el siguiente proceso:

- Se fija el modelo ideal. Referente a lo que se entiende como la perfección del gesto. Para ello, puede hacerse referencia "al campeón".
- Se intenta reproducir el modelo por parte del deportista. Esto se realiza mediante un número importante de repeticiones.
- El modelo se adapta a las características individuales del deportista. En el caso que nos ocupa, hay que tener muy en cuenta que existen grandes diferencias con respecto del adulto, y que no se puede reproducir con exactitud ese modelo ideal. Entre las principales diferencias que deben tenerse en cuenta al entrenar en etapas en proceso de desarrollo a encontramos las siguientes:

    - Menor longitud de palancas.

- Menor condición física (menor fuerza, menor velocidad y menor resistencia), aunque puede existir mayor flexibilidad en su aspecto de movilidad y capacidad de estiramiento).
- Menor capacidad de concentración. El niño , cuanto menor es su edad, hemos visto que menor es el tiempo que es capaz de mantener la atención y la concentración (se dispersa antes). Por ello, el número de repeticiones en cada sesión debe ser más reducido que para el adulto.

- Efectuar las correcciones recordando que hay que hacer más énfasis en las propias sensaciones (cinestésicas) que en la información externa.
- Cuando acaba memorizándose el movimiento y almacenándose, acaba convirtiéndose en automático.
- A partir de aquí, lo fundamental mantener constantemente las repeticiones mínimas para que no se pierda de la memoria

En la figura 1.16 vemos el proceso resumido para la adquisición de la técnica en los niños. En ésta se ve que tras un número determinado de repeticiones que se realizan a nivel consciente. El gesto técnico acaba convirtiéndose en automático, con las ventajas que esto conlleva con vistas al rendimiento deportivo.

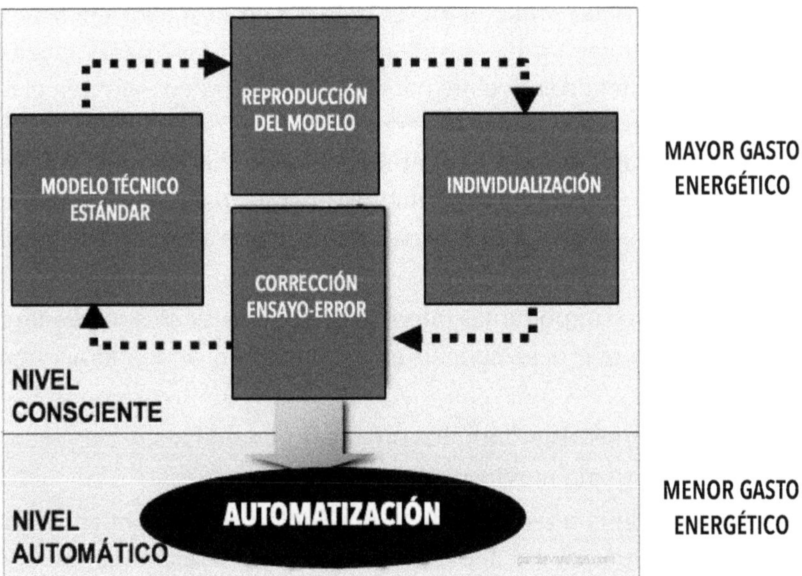

Figura 1. 16.- Proceso circular del entrenamiento de la técnica hasta que termina por memorizarse y almacenarse el gesto.

1.7.5. La fatiga y su interacción con la técnica.

Para muchos entrenadores, la técnica debe realizarse siempre en los inicios de las sesiones, cuando el sistema nervioso está más descansado y en ausencia de fatiga. Esto permite adquirir esos automatismos y refuerzos para perfeccionar las habilidades motrices que se supone deberían ser útiles para alcanzar el rendimiento deportivo.

El gran problema que estos no se plantean que, en aquellas especialidades en las que se encuentra presente la fatiga, se producen una serie de interferencias con los automatismos que pueden hacer que éstos deterioren. Por ello, en estas modalidades, la técnica requiere de un tratamiento especial.

Los procesos de fatiga originan, entre otros efectos, la movilización de sinapsis sustitutorias, posiblemente, debido al agotamiento de las sustancias transmisoras. Si prolongamos el entrenamiento de la técnica en estas condiciones se puede llegar a la aparición conexiones sinápticas diferentes (Nitsh et al, 2002). Estas sinapsis sustitutorias pueden ser inadecuadas para la técnica en estado de descanso (por ejemplo, para pruebas explosivas) pero son adecuadas para especialidades en las que hay que ejercer la técnica en estado de fatiga (sinapsis específicas para resistencia).

En especialidades de duración muy corta, un deportista no necesita preocuparse en exceso sobre la economía ya que, al disponer de energía suficiente, lo que más debe preocuparle es actuar con la mayor eficacia. Un lanzador de peso no tiene problemas de reservas de energía para realizar un lanzamiento y tiene tiempo suficiente para recuperar sus depósitos (en el caso extraño de que lo precisase), antes de tener que actuar de nuevo. En cambio, en un corredor de 5.000 metros, su éxito puede depender de haber sido más eficiente o que es lo mismo, gastar menos energía para desplazarse a la misma velocidad que otros ya que le permitirá llegar al final con mayores reservas.

La fatiga produce importantes interferencias en la técnica mediante una serie de mecanismos que desembocan en la alteración de los movimientos automáticos.

- A nivel sensorial: Alterando los procesos perceptivos.
- A nivel del sistema nervioso central:
    - A través de la alteración de la regulación del movimiento, como consecuencia de un análisis incorrecto y a la elaboración de respuestas inadecuadas.
    - A través de interferencias en factores de ejecución. Por deterioros de la coordinación o por errores en las cadenas cinéticas, bien

por mala dirección de movimiento o bien por mala secuenciación.

En este sentido, cuando se trata de entrenar la técnica, para estas especialidades, en sus niveles de desarrollo específico y competitivo, la técnica debe entrenarse en ese estado de fatiga, con el objetivo de consolidar esos automatismos específicos que mejoren el rendimiento.

En este sentido, Nitsh et al. (2002), proponen dos procedimientos:

- Ejecutar la técnica hasta alcanzar un grado suficiente de fatiga y hasta que dicha técnica solo resulte satisfactoria con un elevado gasto de concentración y voluntad.
- Creando un estado de fatiga mediante una carga previa, sirviéndose de contenidos de entrenamiento no específicos, antes de iniciar el entrenamiento de técnica propiamente dicho.

Hasta ahora hemos tratado que las habilidades y automatismos se producen a través de una serie de circuitos y conexiones entre los nervios (sinapsis) que mediante muchas repeticiones van "creando huella". Cada vez se hacen más rápidos y más certeros, así como más económicos. No obstante, la fatiga produce el efecto de que dichas sinapsis se "deterioran" y son sustituidas por otras. Si estas últimas no han sido entrenadas en esa situación de fatiga, el deportista cometerá errores en el momento en el que aparezca el cansancio.

Es por ello que tras haber consolidado los movimientos, es preciso trabajarlos de forma específica, es decir, en resistencia. Por ello, en estos casos, deberíamos hablar de la capacidad de *"resistencia a la técnica"* (figura 1.17).

Figura 1. 17.- Esquema representativo del proceso de la técnica en relación con la fatiga. Los automatismos creados en estado de descanso, son deteriorados como consecuencia de la fatiga. En ese momento se forman circuitos nerviosos (engramas) sustitutorios que deben ser entrenados

en esas circunstancias para provocar los automatismos específicos que se precisan para especialidades en las que aparezcan grados de fatiga.

La propuesta sería la de comenzar avanzada la edad de la pubertad, en la cual ya se habrán manifestado los tipos de resistencia más desarrollados del deportista. En esos momentos ya tenemos un conocimiento más aproximado sobre si es "más láctico o mas aeróbico". Por consiguiente, al trabajar la resistencia a la técnica será más recomendable aplicar la potencia y duración más adecuada a sus características. Esto significa que, dependiendo de las características del deportista y de la especialidad, la técnica también deberá ubicarse en la zona o área funcional, de la misma forma en la que se propone para el resto de las cualidades condicionales. (figura 1.18).

ZONA	CARACTERÍSTICAS DE LA RESISTENCIA
ALÁCTICA LÁCTICA	Técnica aláctica
LÁCTICA INTENSIVA	Resistencia láctica intensiva de técnica
LÁCTICA EXTENSIVA	Resistencia láctica extensiva de técnica
AERÓBICA ANAERÓBICA	Resistencia aeróbica anaeróbica de técnica
AERÓBICA INTENSIVA	Resistencia aeróbica intensiva de técnica
AERÓBICA MEDIA	Resistencia aeróbica media de técnica
AERÓBICA EXTENSIVA	Resistencia aeróbica extensiva de técnica
REGENERATIVA	

Figura 1. 18.- La técnica, llegada la pubertad avanzada, cuando se trata de especialidades de resistencia, debe trabajarse con la potencia y duración adecuada para que incida en la zona correspondiente.

1.7.6. Orientaciones del entrenamiento de la técnica deportiva en función de las etapas de desarrollo.

Aunque ya hemos apuntado algunas directrices para la adquisición de habilidades específicas, en lo que se refiere a aquellas que tienen que ver con la técnica deportiva, cabe añadir unas orientaciones que pueden ayudar a su adquisición.

El joven deportista debe dominar una serie de habilidades que son precisas para su especialidad futura. Esto implica que debe realizarlas de forma automatizada mediante el movimiento correcto y adaptado a sus características personales (principio de la individualización). Se trata de la parte visible del movimiento. En lo que respecta a la ejecución, el entrenador debe centrarse en las características del movimiento correspondientes a los aspectos espaciotemporales que implican la técnica y que se traducen en una especial atención sobre los siguientes aspectos:

- Dirección y sentido del movimiento.
- Amplitud.
- Estética.
- Velocidad y aceleración.
- Ritmo.

Sobre el planteamiento metodológico, caben los siguientes aspectos que también deben ser tenidos en cuenta:

- *Las sesiones espaciadas son más* eficaces ya que las pausas largas disminuyen movimientos no deseables, debiendo dosificarse intervalos de descanso.
- *Debe enfatizarse en la motivación*. El estado emocional actúa sobre el resultado del aprendizaje de destrezas y técnicas. Las emociones positivas (satisfacción, alegría, bienestar, comodidad, tranquilidad, etc.) ya hemos visto que contribuyen a una mejor adquisición.
- *Debe prestarse especial atención a la información y* de cómo le llega ésta al joven deportista, lo que conlleva la elección del modelo técnico a presentar como ejemplo.
- *Debe h*acerse partícipe al entrenando de lo que uno sabe, transmitirle sentimientos, conocimientos, etc. La buena comunicación mejora el entendimiento entre el que enseña y el que aprende. En este sentido, tener en cuenta la importancia de la comunicación no verbal. Igualmente centrarse en la comunicación desde una actitud positiva.
- Desarrollar la creatividad, seleccionando los ejercicios adecuados, lo más sencillos posible.
- Adaptarse al momento y estado de desarrollo del chico.

El entrenamiento de la técnica dentro de la sesión.

Especial atención requiere el planteamiento del entrenamiento de técnica a lo largo de una sesión ya que puede depender en gran parte la asimilación del movimiento.

Muchos entrenadores defienden, que el entrenamiento de la técnica deportiva debería realizarse antes del trabajo de condición física. No obstante, aparecen autores como Nitsh (2002) que mantienen que investigaciones recientes postulan que no está claro que la adquisición la técnica en estado libre de fatiga, no sometido a cargas de condición física, sea en todo momento óptimo para el aprendizaje. En este sentido, el autor señala que la fatiga, después de una carga física intensa proporciona más efectos favorables que negativos para el aprendizaje motor ya que implica un estado de activación intensa, una valoración más precisa de uno mismo y una disminución intra individual, a veces deseable, de la dispersión de determinados parámetros motores.

Según Lehnert (1990) el trabajo de técnica debería ser al final de la sesión. Después de una sesión de técnica debería fijarse un descanso de, al menos una hora, nuestra idea es que cuando se trata de chicos en proceso de desarrollo, el tiempo debería ser considerablemente mayor, incluso, no realizar ninguna actividad tras haber realizado entrenamiento de técnica. En caso contrario, la consolidación de los engramas se vería influida negativamente.

Según todo lo anterior, la técnica podría ser contemplada de dos formas:

- Contemplada como una sesión única en la que toda la parte principal sea dedicada a la técnica. Según esto, esta capacidad sería contemplada como única en la sesión de entrenamiento pues las cargas previas con la fatiga que conllevan reducción de la eficacia del entrenamiento de la técnica y cualquier carga posterior pudrían conllevar la alteración de la consolidación de los engramas. De todas formas no podemos ser tajantes cuando se trata de combinar la técnica con otros contenidos de entrenamiento. Por ello se debería examinar detalladamente todos los casos de qué carga posterior se trate.
- Por otra parte, cuando se trata de especialidades de resistencia en que se compite en alto estado de fatiga, en este caso serían necesarias las sinapsis sustitutorias y luego descansar (técnica específica y competitiva).

A modo de resumen, en la figura 1.19 se expone un gráfico con la importancia y la incidencia de los niveles de desarrollo de la técnica, en función de la edad. Igualmente, se expone la curva que refleja una aproximación a la dinámica de la permeabilidad para adquirir automatismos y que tienen relación directa con la técnica deportiva.

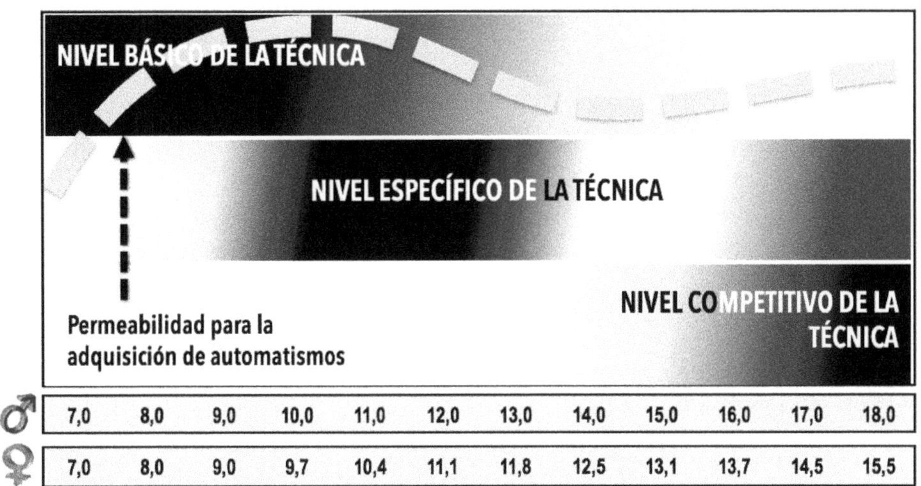

Figura 1. 19.- Dinámica sobre la posibilidad para adquirir automatismos e importancia de la incidencia recomendable para los tres niveles de desarrollo de la técnica en función de la edad. Las zonas más oscurecidas corresponden a las de mayor incidencia recomendable.

CAPÍTULO 2

LA RESISTENCIA. EVOLUCIÓN Y TRATAMIENTO

El incremento y la búsqueda constante del rendimiento en el deporte profesional, en muchos casos en edades cada vez más tempranas, está originando un aumento de los trabajos de investigación sobre el entrenamiento con niños. Se está analizando hasta qué nivel un niño puede ser sometido a cargas de entrenamiento que le faciliten adaptaciones adecuadas en su organismo para conseguir mayores rendimientos.

La fisiología que trata del entrenamiento en edades en proceso de desarrollo presenta lagunas debido a causas de diversa índole (metodológica, ética, etc.). En ocasiones se parte de supuestos, sin demasiada base científica que lo sustente y sería necesario plantear estudios que no partan de ciertas ideas preconcebidas.

A diferencia de lo que sucede en los adultos, en quienes las modificaciones surgidas tras la realización de un programa deportivo deben ser atribuidas al mismo, en los niños, el crecimiento y la maduración interfieren sobremanera, alterando positiva o negativamente los efectos del entrenamiento. Muchos errores en la interpretación de estos hechos se deben a la selección errónea de muestras de poblaciones y a las modificaciones surgidas en las diversas etapas de desarrollo.

En general, ciertas afirmaciones, acerca del entrenamiento de resistencia, están siendo cuestionadas ya que dependen de las circunstancias, de la metodología, de las poblaciones estudiadas, etc. por lo que habría que tomarlas con ciertas precauciones. En este sentido, podríamos decir que la verdad absoluta, cuando se trata de colectivos infantiles, pre púberes y púberes, aún no nos ha llegado desde la Ciencia, por lo que aún existe una parte importante de empirismo en lo referente al entrenamiento en estas edades.

De todas formas, en este capítulo, vemos que los niños están capacitados para trabajos que impliquen resistencia y son capaces de mantener una carga elevada durante un tiempo de esfuerzo prolongado sin sufrir trastornos.

Para facilitar la labor del entrenador, a la hora de trabajar aspectos y contenidos de entrenamiento, aquí se propone el entrenamiento por zonas o áreas funcionales adaptada a las diferentes etapas.

En otros capítulos ya se ha tratado el entrenamiento por zonas. Éstas se presentaron de una manera estándar y correspondientes a un deportista adulto. Se encuentran basadas en indicadores fisiológicos tales cuales son la frecuencia cardiaca, la concentración de lactato en sangre, el consumo de oxigeno y otras escalas que sirven para delimitarlas e inducir las adaptaciones que se producen al incidir en cada una de ellas con los contenidos de entrenamiento.

Cuando se trata de etapas en proceso de desarrollo, los indicadores fisiológicos, antes citados, así como otros que se aluden en este capítulo, pueden diferir considerablemente. Por ello, es preciso conocer estas variaciones, su funcionalidad y su evolución, para aproximarnos a las necesidades de cada edad. Así se podrán determinar los efectos correspondientes y se podrán asignar cargas de entrenamiento más adecuadas en cada momento para mejorar las cualidades, el rendimiento adecuado a la edad y la propia salud.

Evolución y características del aparato muscular. Algunas reflexiones previas con vistas al entrenamiento de resistencia.

La comprobación de las diferencias sobre el aparato muscular entre niños y adultos tiene su grado de importancia a la hora de establecer las cargas de entrenamiento.

En este sentido, parece que en lo que respecta a las características fenotípicas de las fibras musculares, no existen diferencias entre las que componen la musculatura de los niños cuando se trata de su nivel estructural y las que disponen la de los adultos. En líneas generales, no parecen existir diferencias determinantes ya que, tal y como hemos tratado en el volumen 1, la proporción de las fibras (Ft II, Ft I y St) es de origen genético, por lo que ésta no parece diferir en las diferentes etapas. En este sentido, la ausencia de desigualdades palpables en la estructura sugiere que, en relación al entrenamiento, su tratamiento tampoco debería diferir en exceso entre etapas de desarrollo.

No obstante, sí que parecen existir ciertas diferencias con respecto a su funcionalidad, especialmente cuando nos referimos al funcionamiento del metabolismo durante el ejercicio (Mölnar, 2000).

Por otra parte, dado que las fibras pueden modificarse y especializarse a nivel funcional, especialmente en lo referente a la producción y consumo de energía, de acuerdo con la especificidad del entrenamiento, también nos sugiere que se debería tener cierto cuidado a la hora de decidir qué tipos de trabajo son los más adecuados para no hipotecar el futuro del deportista en lugar de potenciarlo.

2.1. TIPOS DE RESISTENCIA.

Las diferencias relacionadas con la edad ocurren tanto en la actividad como en reposo (Bar-Or, 1994). Si se observan las curvas de rendimiento entre chicas y chicos, pasada la pubertad, se aprecian mejorías en diferentes especialidades, aunque también pueden aparecer ligeros empeoramientos en otras. Estas discrepancias en las curvas de rendimiento se deben a los cambios que sufren chicas y chicos a lo largo de su evolución. La mayor declinación la sufren ellas a la llegada a la pubertad, fundamentalmente debido a dos motivos (Malina, 2003):

- A los cambios biológicos motivados por la maduración sexual, con cambios físicos y acumulación de tejido graso y la diferencia de producción hormonal.

- A factores sociales y culturales que provocan un descenso de la práctica. Esto último, afortunadamente va reconduciéndose con las tendencias hacia una mayor aceptación del deporte competitivo en las mujeres y su rol como deportistas de rendimiento.

El entrenamiento de resistencia, tiene un alto componente determinado por la producción y consumo de energía. Esto es responsabilidad del metabolismo en sus dos funciones: catabólica, con el consumo de ATP y anabólica con la misión de generar esa substancia.

Los procesos metabólicos ya han sido descritos con anterioridad. Ahora, es preciso observarlos desde el punto de vista de las características especiales de cada etapa evolutiva.

En general, las vías metabólicas condicionan los tipos de resistencia. Éstos vienen determinados por una serie de parámetros. Aquí se tratan, de una manera sencilla, ciertos aspectos que son determinantes para establecer el entrenamiento en cada momento, entre los que se encuentran algunos aparatos y sistemas que se van a ir desarrollando.

La resistencia, según ya se ha visto en otro capítulo, se puede desglosar en cuatro tipos, en función de sus características y necesidades metabólicas (vamos a obviar el apartado correspondiente a la vía aeróbica proteica ya que al hablar de la resistencia para niños, no consideramos interesante incidir en ella con el entrenamiento de resistencia, así pues, con vistas a su entrenamiento en estas edades, distinguimos cuatro tipos:

- Resistencia aeróbica lipolítica.
- Resistencia aeróbica glucolítica.
- Resistencia anaeróbica láctica.
- Resistencia anaeróbica aláctica.

En la figura 2.1 hemos diseñado un mapa conceptual donde se desglosan los tipos de resistencia y los principales factores de los que dependen. Éstos reúnen características especiales en cada una de las etapas de desarrollo, por lo que es importante conocerlas para deducir los estímulos idóneos que se deben aplicar en cada momento con el fin de producir as adaptaciones óptimas.

RESISTENCIA												
AERÓBICA					ANAERÓBICA							
LIPOLÍTICA Y GLUCOLÍTICA					LÁCTICA				ALÁCTICA			
Sistema ventilatorio	Cap. de transporte	Consumo de O_2	Sistema enzimático	Substratos	Producción de lactato	Tolerancia a los ácidos	Sistema Enzimático	Substratos	Fuerza neural	Sistema nervioso	Sistema enzimático	Substratos
Capacidad vital Fr.ventilatoria	Capilarización Voil.sistólico Frec.cardíaca	Sistema mitocondrial	Enzimas activantes	Glucógeno Lípidos	Producción y remoción	Capacidad tampón	Enzimas activantes	Glucógeno	Reclutamiento Sincronización	Resistencia nerviosa	Enzimas activantes	Fosfágenos
ECONOMÍA DE ESFUERZO												

Figura 2. 1.- Mapa conceptual con los tipos de resistencia y sus componentes principales para ser tenidos en cuenta para el entrenamiento en edades en proceso de desarrollo.

2.2. LA RESISTENCIA AERÓBICA. CARACTERÍSTICAS Y EVOLUCIÓN.

Existen investigaciones referentes a la cualidad de resistencia en niños y púberes. Hasta la década de los 70 se partía de la de la necesidad de no entrenar la resistencia aeróbica hasta llegada le edad de 10 años. No obstante, investigaciones más recientes han comprobado que trabajos en esta dirección obtienen beneficios a nivel cardiaco ya a la edad de 8 años, lo que derivaba en mejoras sobre esta cualidad.

Martin (1982), realizó un estudio en el que comprobó lo favorable de un correcto trabajo de resistencia aeróbica en edades tempranas. En éste se reflejaba una relación positiva entre el tamaño y el peso del joven frente al trabajo implicado en los recorridos y desplazamientos en relación al volumen máximo de oxígeno consumido por kilogramo de peso corporal (ml/Kg/min).

La resistencia aeróbica está basada en las posibilidades de obtener grandes cantidades de ATP merced a la utilización del oxígeno. Este transcurso depende directamente la capacidad del individuo para utilizar y consumir este elemento, fenómeno ya hemos visto que se conoce como consumo de Oxígeno (VO_2).

El consumo de Oxígeno (VO_2) y consumo máximo de Oxígeno (VO_2max).

Este fenómeno resulta un parámetro de relevancia para la resistencia aeróbica ya que refleja la utilización de este elemento por la fibra muscular, permitiendo ejercicios a potencias medias pero mantenidas en el tiempo. Si lo observamos desde un punto de vista funcional, el VO_2 depende de un número importante de funciones.

Desde que el O_2 es captado desde el aire, a través de los pulmones y traspasa las membranas alveolares, es pasado a la sangre, siendo captado por la Hemoglobina. La sangre lo transporta hasta el músculo donde es capturado por la Mioglobina que lo lleva hasta la mitocondria, donde se produce el fenómeno de la oxidación de los substratos energéticos para producir moléculas de ATP y desprenderse de CO_2 y H_2O.

En todo este proceso intervienen diferentes órganos y sistemas (figura 2.2). De forma simplificada es importante para ser tenido en cuenta ya que la evolución de estos y otros fenómenos va a influir en las posibilidades de producir energía a través del consumo de oxígeno en diferentes etapas, lo que deberá ser tenido en cuenta a la hora de establecer las cargas de entrenamiento.

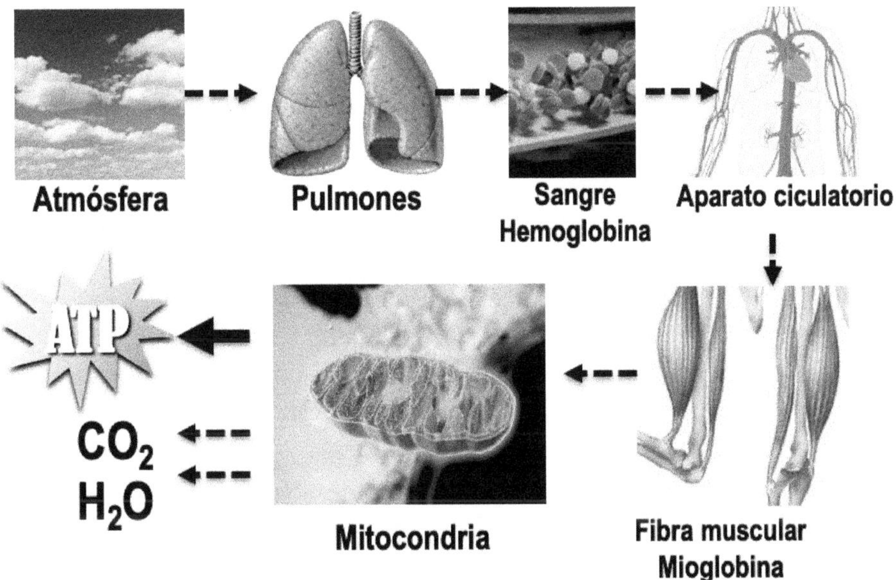

Figura 2. 2.- Proceso simplificado del ciclo del oxígeno hasta que es utilizado para producir energía dentro de la mitocondria.

La evolución del VO_2 ya se ha visto que varía en función de si se expresa en valores absolutos o litros de O_2 por minuto (l/min) o en valores relativos al peso corporal mililitros de O_2 consumidos en 1 minuto por cada kilogramo de peso (ml(kg/min).

En valores absolutos, el aumento del consumo máximo de Oxígeno (VO_2max) entre los 9 y los 15 años de edad suele ser lineal debido a que el incremento viene compensado con el aumento de estatura, no variando entre el 55 y 75% del valor máximo que pueden alcanzar en edad adulta. En cambio, al referirlo al peso corporal (ml/kg/min) la dinámica de desarrollo es distinta. Ya a los 5 años los niños disponen de valores que rondan el 90%, llegando incluso al 100% a la edad de 10 años (Cunnigham y Paterson, 1985). Esto viene a corroborar que, ya desde muy temprano edad, el niño está dotado de recursos funcionales para actividades que requieran del metabolismo aeróbico. No obstante, como se ve en otro lugar de este libro, esto puede tener sus inconvenientes, especialmente cuando se trata de trabajos próximos al VO_2max.

En personas medianamente activas, la evolución del VO_2max, en valores absolutos, durante los años previos a la pubertad viene siendo alrededor de 0,2 l/min por año, pasando a 0,4 – 0,5 l/min durante esta fase del desarrollo. Este incremento va disminuyendo hasta los 18-20 años donde tiende a estancarse (García et al, 2003).

En lo que respecta a los sexos, en general, no suelen aparecer diferencias entre niños y niñas hasta los 10 años. Esto viene a refrendar la posibilidad de encontrar niñas con 9 años que pueden superar a los a niños en una competición de resistencia.

En líneas generales se puede afirmar que el VO_2max es creciente en los varones hasta la edad adulta, mientras que en las mujeres, debido fundamentalmente a los procesos hormonales y de desarrollo, a partir de la pubertad tiende a estabilizarse o, incluso a descender ligeramente (figura 8.3). No obstante, estas deficiencias pueden ser atenuadas o, incluso eliminadas, mediante un entrenamiento aeróbico adecuado en cada momento.

Una de las grandes diferencias entre los niños, si lo comparamos con los adultos, es que para llegar al pico de VO_2max, se precisa un tiempo y este es menor en los niños. Un niño, antes de la pubertad, trabajando a la potencia correspondiente, alcanza su VO_2max en 30 segundos, mientras que un adulto precisa alrededor de 2 minutos.

Existen estudios que compararon un grupo control con un grupo de entrenamiento. Aquí no se apreciaron diferencias palpables en su VO_2max si se referían al valor relativo (ml/kg/min). Esto sugiere que antes de la pubertad, los trabajos con objetivos de mejorar la potencia aeróbica máxima pueden no producir demasiados efectos. En este sentido, sería preferible utilizar la energía en tareas que mejoren prestaciones de resistencia a potencias más bajas (extensivas) que serán más rentables en cuanto a ejercicio – beneficios.

Como se ha dicho, la evolución del VO_2max, en valores absolutos (l/min), en sujetos con poca actividad física, aumenta de forma lineal a lo largo de la edad hasta los 18-20 años, pero estas prestaciones puedan ser aumentadas a través del entrenamiento.

En lo que se refiere a los valores relativos (ml/kg/min) la evolución es más estable ya que va estrechamente relacionada con el crecimiento (Bar-Or, 2003). No obstante, y pese a este fenómeno, si por ejemplo, a un chico se le somete a un esfuerzo de 6 minutos a lo largo de las diferentes fases de desarrollo, se puede comprobar que, aunque el VO_2max relativo se mantiene prácticamente estable o evoluciona muy poco, el rendimiento aumenta ininterrumpidamente. Esto sugiere que las prestaciones que puede aportar el VO_2max cara al rendimiento en base a la resistencia aeróbica, depende también de otros factores de gran relevancia (fuerza, técnica, economía, factores psicológicos, etc.).

El incremento del VO_2max, pese a esa linealidad, puede sufrir algunas alteraciones en el ritmo, especialmente llegados a la pubertad (figura 2.3). Estas alteraciones, más o menos marcadas, en los primeros años, podrían deberse al crecimiento del tamaño del corazón y del volumen sistólico, para ser más influenciado más adelante, por la diferencia asertorio-venosa de O_2. Esta diferencia suele ser superior antes de terminar la pubertad que en la edad adulta (Bar-Or, 2006).

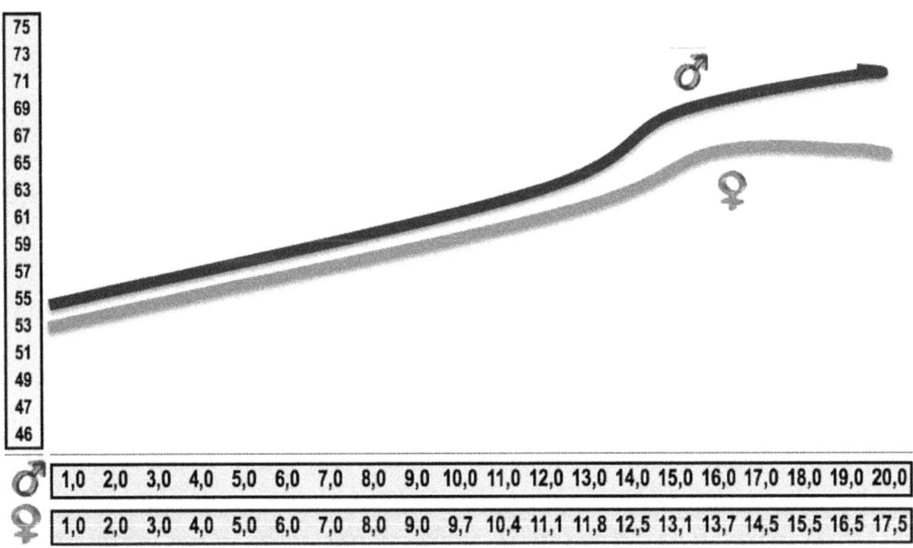

Figura 2. 3.- Evolución aproximada del VO_2max relativo (ml/Kg/min) en chicos y chicas medianamente activos a lo largo de los años. A partir de la pubertad, en las chicas tiende a estancarse o a disminuir ligeramente.

La resistencia aeróbica viene definida, por la utilización del Oxígeno (VO_2) mediante la oxidación de los substratos energéticos: glucógeno, lípidos y proteínas. En este caso nos ocuparemos de los dos primeros ya que la utilización de las proteínas, es eminentemente con fines estructurales (formar músculo). Esto es más patente en categorías menores en las que los esfuerzos no deben llegar a exigir el metabolismo de dichas proteínas, fundamentalmente, porque la duración de los esfuerzos no debería llegar a inducir la destrucción muscular.

Todo lo relatado anteriormente acerca del VO_2 y del VO_2max, nos sugiere que los chicos y chicas, mejorarían su resistencia aeróbica si mejoran estos parámetros. Pero esto tiene un límite y aquí influyen los factores hereditarios que podrían llegar hasta el 98% (García Manso et al, 2003) y entre los que se encuentran principalmente:

- *La actividad mitocondrial.* Esto hace que algunos chicos tengan mayor predisposición en función de la herencia y de la raza.
- *Los factores hemodinámicos.* Encargados de transportar el oxígeno a los músculos.
- *Las características de las fibras.* Por mayor porcentaje de fibras St.

Tal y como se expuso en la figura 2.1 la resistencia aeróbica está determinado por una serie de aspectos que, de hecho, difieren en función de la evolución.

Este tipo de resistencia depende de una manera muy importante de los siguientes parámetros:

Del sistema respiratorio. Como captador del oxígeno. Éste, a su vez, está condicionado por:

- *La capacidad vital o volumen máximo espiratorio.* Máxima cantidad de aire que se puede expeler en una espiración forzada, tras una inspiración máxima.
- *La frecuencia ventilatoria.* Número de inspiraciones-espiraciones realizadas en un minuto.

Del sistema de transporte. Encargado de llevar los nutrientes a la musculatura y recoger los elementos de desecho para su eliminación. Está determinado por el aparato cardiovascular que, a su vez, depende de los siguientes factores:

- *De la capilarización.* Número de capilares por cm^3 que conectan con las fibras musculares.
- *Del débito o gasto cardiaco.* Cantidad de sangre expedida por el corazón en la unidad de tiempo y ésta viene determinado, a su vez, por los siguientes factores:

  - *Por la frecuencia cardiaca*: Número de latidos del corazón en unidad de tiempo (generalmente expresada en latidos/minuto).
  - *Por el volumen sistólico*: Cantidad de sangre que expele el corazón en cada latido.
- *Del volumen plasmático*. Cantidad se sangre circulante.
- *Del consumo de oxígeno*: Cantidad de este elemento que es capaz de utilizar la musculatura (ya se ha visto que se expresa en ml/Kg/min).
- *Del sistema enzimático*. Enzimas que activan los procesos, en este caso los aeróbicos.
- *De los substratos energéticos utilizados*. Dependiendo de éstos, ya se ha visto que podemos hablar de dos tipos de resistencia aeróbica:
  - *Resistencia aeróbica glucolítica*. Cuando el substrato utilizado son los hidratos de Carbono.
  - *Resistencia aeróbica lipolítica*. Cuando el utilizado son las grasas.
- *De la economía del esfuerzo*. De la capacidad de realizar el ejercicio con el menor consumo de energía (eficiencia mecánica).

Características y evolución del sistema ventilatorio.

La resistencia aeróbica depende, en una parte importante, de las características del aparato respiratorio como responsable de tomar el aire rico en oxígeno y expulsar el CO_2. Esta función respiratoria responde ante la reiteración sistemática de esfuerzos prolongados, adaptándose a la situación que demanda el ejercicio de acuerdo con sus necesidades de oxígeno.

El desarrollo de la respiración va acorde con el crecimiento a base de la multiplicación del tejido pulmonar, y de los bronquios, así como por sus cambios funcionales.

En un principio, la respiración es prioritariamente diafragmática, pasando a incrementarse por elevación de las costillas, merced a la acción de los músculos intercostales, a partir de los 2 años (Frömer, 2003).

Las respuestas ventilatorias durante las fases de desarrollo son similares a las del adulto aunque con algunas diferencias cuantitativas. En este sentido, se pueden enumerar una serie de ideas que pueden orientar hacia la asignación de tareas de entrenamiento de acuerdo con el momento de la evolución:

- La ventilación pulmonar máxima, en valores absolutos aumenta con la edad (el adulto es capaz de mover más cantidad de aire por minuto). No obstante, si se trata de valores relativos, al referirla al tamaño corporal, las diferencias disminuyen considerablemente.

- Por otra parte, la ventilación submáxima va disminuyendo con la edad, lo que sugiere una menor reserva ventilatoria en las edades infantiles (Mölnar, 2000).

La función ventilatoria depende esencialmente de dos variables: De la capacidad vital o volumen máximo espiratorio y de la frecuencia ventilatoria.

La capacidad vital o volumen máximo espiratorio.

Hace referencia a la máxima cantidad de aire expelido tras una inspiración y espiración forzadas. En este sentido, cuanto más joven, el niño posee unos pulmones con menor volumen lo que le limita la posibilidad de almacenar más aire.

Por otra parte, su fuerza muscular es menor. Los músculos responsables de la ventilación (diafragma y músculos intercostales) generan menos fuerza. Como consecuencia, el movimiento del aire total se hace le hace más dificultosa cuanto más temprana es la edad. Esta capacidad vital aumenta con la edad y con la estatura (Guerrero y Naranjo, 2005).

Con respecto a los niños que practican actividades de resistencia, éstos poseen volúmenes pulmonares más elevados. Esto no representa una contradicción, sino que se refiere a que el niño activo posee una mayor coordinación neuromuscular que determina un mejor uso del diafragma y de sus músculos intercostales.

La volumetría pulmonar nos muestra un conjunto de parámetros que están directamente relacionados con las dimensiones corporales. Por ello, no podemos decir que para iguales dimensiones, el niño activo tiene pulmones más grandes.

La frecuencia respiratoria.

Comparado con adultos y adolescentes, dado que los niños disponen de menor capacidad vital, responden al ejercicio con una alta frecuencia respiratoria (FR) y una ventilación más superficial (Delgado,1994). Por consiguiente, la ventilación se hace más rápida y menos profunda como consecuencia de las siguientes circunstancias:

√ El niño tiene menos fuerza muscular. Por consiguiente, sus músculos respiratorios (diafragma e intercostales, tienen menos fuerza.

√ El tamaño de sus pulmones es menor. Como consecuencia su capacidad vital también es menor.

En líneas generales:

- Si se analiza el comportamiento del *equivalente respiratorio*, el niño presenta una ventilación antieconómica, ya que debe mover más aire por litro de oxígeno consumido.
- El volumen espiratorio máximo en un minuto y el índice de Tiffeneau es inferior en el niño respecto al adulto. Estos hechos muestran la menor capacidad ventilatoria por parte del primero (Sánchez, 1992).
- La frecuencia ventilatoria del niño es más acelerada y menos profunda, lo que la hace antieconómica, ya que supone un mayor trabajo de la musculatura respiratoria sin conseguirse un incremento del oxígeno recogido por la hemoglobina (Boule et al, 1985).
- Al aumentar la potencia del ejercicio, aumenta la ventilación, pero la respuesta es diferente entre el niño y el adulto. El niño tiene una ventilación que se caracteriza por una mayor frecuencia respiratoria (FR) y un menor volumen circulante (VT). Por ello, la ventilación es más superficial. *Esto hace que el niño se adapte mejor al ejercicio mediante el aumento de su frecuencia ventilatoria* mientras que el adulto lo hace más a expensas de su capacidad vital.
- Tras un ejercicio máximo o submáximo, el niño tiene un mayor equivalente ventilatorio (VE/VO_2), por tanto, la ventilación es menos económica.
- Con el entrenamiento estos índices de eficacia respiratoria mejoran, como consecuencia de que la ventilación se hace más profunda y disminuye el número de respiraciones por minuto (Bar-Or, 1983).

Todo lo anterior sugiere que, por el hecho de respirar muy rápido, esto no nos indica que un niño está más cansado que un adulto que lo hace más lento, pero con más profundidad.

EDAD	F.R.	C.V.
5	20-25	1,0
10	17-22	2,0
15	15-20	3,7
20	15-20	3,8

Figura 2. 4.- Evolución de la frecuencia respiratoria (FR) y capacidad vital (CV) en función de la edad. Fuente: García et al (2003).

La capacidad de transporte.

Está sustentada por el aparato cardiovascular. Una parte importante de la bibliografía mantiene que ésta se distingue según las etapas y que difiere en su funcionamiento en los niños comparado con el de los adultos.

De todas formas, debido a restricciones metodológicas existen pocos estudios suficientemente fiables que hayan analizado las diferencias relacionadas a la edad en las respuestas hemodinámicas al ejercicio. Son pocos los estudios que están bien controlados y que hayan examinado los efectos del entrenamiento sobre factores de riesgo cardiovasculares seleccionados y la mayoría puede conllevar ciertos defectos metodológicos que hacen que la interpretación de sus resultados resulte dificultosa (Bar-Or, 2003).

Por el contrario, existen opiniones que, si no son totalmente demostrables, pueden orientar acerca de las características de este sistema y que con las debidas reservas podrían ayudar al entrenador a ajustar mejor las cargas de entrenamiento.

La capilarización.

Referida a nº de capilares por cm^3 no se han encontrado diferencias significativas entre las diferentes edades evolutivas con respecto a los adultos. Por consiguiente, la capilarización no va a resultar ningún factor limitante de los esfuerzos de tipo aeróbico en los niños, pre púberes y púberes en comparación con el adulto.

El débito cardiaco.

Hemos visto que hace referencia a la cantidad de sangre que se mueve en unidad de tiempo y depende de dos factores, de la frecuencia cardiaca (FC) y del volumen sistólico (VS).

Ante esfuerzos con implicación de la resistencia, se producen adaptaciones hemodinámicas en todas las edades. A ese nivel, durante la pubertad y la adolescencia existe un claro aumento de factores significativos en la capacidad de transporte de oxígeno en la sangre, así como en los niveles de hemoglobina y eritrocitos en sangre. Éstos conllevan mayor velocidad de crecimiento a los 15-16 años en los chicos y en las chicas a los 12-13 años (Ossorio, 2003).

La combinación de la FC y el VS ocasiona un menor gasto cardíaco absoluto en el niño, lo que podría representar un factor limitante del rendimiento aeróbico, Pero si se relaciona el gasto cardiaco con el peso corporal, el índice de eficacia del corazón del niño puede ser considerado tan bueno como el del adulto (Rowland, 2015).

Con el entrenamiento se aprecian modificaciones morfo funcionales del sistema cardiovascular, fundamentalmente a partir de la pubertad. Es de destacar el aumento del tamaño del corazón y de las paredes del miocardio. A medida que avanza el desarrollo del niño se aprecia un aumento del volumen sistólico con disminución de la frecuencia cardíaca (Rowland, 1990).

El gasto cardíaco necesario para abastecer un mismo VO_2 es ligeramente menor en los niños que en los adultos. Y es menor, en valores absolutos, en los de menor edad, lo que determina una disminución del poder transportador de O_2. No obstante, éste puede verse compensado, en parte, por una mayor capacidad de extracción del mismo (Mölnar, 2000).

En un trabajo realizado con niños entre 7 y 9 años en el que se comparó con adultos de 18 a 26 años en una prueba de esfuerzo en ciclo ergómetro, los niños tenían un gasto cardiaco menor y un volumen de eyección considerablemente más bajo en comparación con los adultos, junto con una frecuencia cardiaca superior. Estas diferencias se correspondían para cualquier nivel de VO_2 (Turley y Willmore, 1997).

El volumen sistólico.

Se entiende como la cantidad de sangre que expele el corazón, concretamente, el ventrículo izquierdo, en cada sístole o contracción y depende fundamentalmente de dos factores: de la cavidad y de la fuerza de eyección del músculo cardiaco.

En este sentido, sabemos que el volumen sistólico es inferior en el niño respecto al adulto, dado el menor tamaño del corazón por parte del segundo (Delgado,1994).

Algunas consideraciones sobre la evolución de la cavidad.

A lo largo de la evolución, el tamaño del corazón aumenta paralelamente al peso corporal y también lo hace el de la contractilidad del miocardio en función del aumento de la fuerza muscular, por efecto de las hormonas anabolizantes, hasta que se alcanza el peso definitivo (alrededor de los 18-19 años en los chicos y los 16 en las chicas). En éstas, el desarrollo se lentifica a partir de los 12 años para estancarse definitivamente a los 16 años (Nöcker, 1980). De todas formas, conviene aclarar que este fenómeno puede ser modificado a través de un entrenamiento específico.

El tamaño relativo del corazón (en relación al peso corporal) es similar en niños que en adultos. El valor normativo de niños no entrenados se sitúa en 12 ml./kg., mientras que los entrenados en resistencia puede alcanzar valores entre 14,9 y 18,1 ml./kg (Zintl,1991) (Rodríguez, 2000). Como consecuencia se puede afirmar que, *proporcionalmente* y en lo que respecta al tamaño y a la cavidad, no existen diferencias ostensibles en el tamaño en cualquiera de las etapas de desarrollo, cuando nos referimos a la relación con el peso corporal.

Durante las fases de crecimiento, el corazón y la fibra miocárdica del niño, describen una curva armoniosa ya que el numero de fibras del miocardio permanece igual a lo largo del desarrollo. Éstas únicamente se estiran y toman mayor espesor. No obstante, mediante un entrenamiento adecuado, la cavidad cardíaca aumenta como consecuencia de la hipertrofia resultante del crecimiento y del entrenamiento. En consecuencia, va aumentando el volumen sistólico lo que va haciendo paulatinamente más eficaz y económico al trabajo cardíaco. (Rodríguez, 2000).

En esa misma línea, Vallejo (2002) sostiene que, a partir de los 8 años y con un entrenamiento adecuado, se estimula la hipertrofia del músculo cardiaco lo que permite incrementar la resistencia del niño.

Algunas consideraciones sobre la evolución del volumen sistólico.

El volumen sistólico depende, además de la cavidad, de la fuerza de eyección. Aquí si que se pueden encontrar diferencias palpables entre la fuerza de un adulto y la correspondiente a un niño o a un pre púber o púber y esta diferencia es mayor cuando se trata de niños no entrenados.

El corazón está formado por una musculatura que, aunque un tanto diferenciada del músculo estriado, no deja de tener su componente de fuerza. Según se sabe, el músculo del niño genera menos fuerza que el músculo del adulto, lo que sugiere que la fuerza de eyección, también debería ser menor en el niño.

Pese a que estas diferencias entre adultos y pre púberes pueden reducirse mediante un entrenamiento bien adaptado, ante la menor cavidad y menor fuerza contráctil el músculo cardiaco, el volumen sistólico de los niños está en cierta desventaja en comparación con el de los adultos. Como consecuencia, *cuanto más jóvenes, los chicos se verán obligados a ajustarse al ejercicio mediante mayor frecuencia cardiaca.*

El volumen sistólico aumenta en relación al aumento del crecimiento. Por mayor tamaño del corazón y por mayor fuerza del músculo cardiaco (Ossorio, 2003). En este mismo sentido se pronuncian Gómez, H.R. y col. (1980), quienes encuentran sincronía entre el crecimiento cardíaco y el corporal.

Ossorio (2003) también mantiene la existencia de un menor volumen sistólico en las niñas, lo que puede originar una la menor potencia aeróbica en éstas.

La capacidad de los niños de aumentar el volumen sistólico con ejercicio agudo parece estar disminuida en comparación con la de los adultos. A cualquier nivel de consumo absoluto de oxígeno, los adultos poseen un mayor volumen sistólico que los niños y el cociente entre el volumen sistólico máximo y en reposo es menor en sujetos pre púberes.

Un factor determinante más probable de la depresión de la respuesta del volumen sistólico al ejercicio, es el menor estímulo simpático cardíaco en los niños pre púberes (Rowland, 2005). Durante un test de esfuerzo, los niveles máximos de norepinefrina (indicador de la actividad nerviosa simpática) en los niños, podría ser hasta un 30% menor que en los adultos (Berg y Keul, 1988).

En esta misma línea, Tejada (2007) indica que, antes de la pubertad, el ejercicio de larga duración, a pesar de modificar el VO_2max, no produce hipertrofia del ventrículo izquierdo ni aumento del vaciamiento sistólico. A partir de los 15 años, el entrenamiento de resistencia produce un agrandamiento de las dimensiones especialmente de la masa muscular del ventrículo izquierdo. El mismo autor indica que la capacidad para realizar ejercicios prolongados se encuentra disminuida en las edades más tempranas. Las diferencias entre niños entrenados y no entrenados son notables respecto al VO_2, pero no se ha podido demostrar que se deba al aumento de los volúmenes cardíaco y pulmonar, ya que son similares ambos grupos. Tampoco se han evidenciado signos electrocardiográficos de crecimiento auricular, tal y como puede suceder en los adultos dedicados al entrenamiento de resistencia.

Como consecuencia de los factores tratados, algunos autores opinan que los niños y pre púberes no deberían ser entrenados en resistencia, dada su insuficiencia cardiovascular (Ossorio 2003). Otros, por el contrario, opinan que el desarrollo del corazón en niños y adolescentes en el período entre los 11 y 15 años, tanto en peso como en volumen cardíaco aumenta en un 50% mientras que el resto de la musculatura esquelética lo hace en un 70%. Como consecuencia de estas afirmaciones, la capacidad de trabajo muscular puede ser mayor que la del corazón en estas edades, por lo que podría derivar en una insuficiencia cardiaca relativa frente al trabajo en esa edad (Legido, 1985).

En la misma línea, Mölnar (2000) afirma que el volumen sistólico, es marcadamente menor en todos los niveles de ejercicio. Para iguales niveles de VO_2max, los más jóvenes tienen corazones más pequeños, lo que podría ser un factor determinante del menor volumen sistólico.

Por el contrario, existe la tendencia, tal y como ha sido mostrado en repetidas ocasiones, que dadas las prestaciones del niño, un trabajo aeróbico bien dosificado origina hipertrofia del miocardio, mejora de la circulación sanguínea y un proceso ventilatorio y respiratorio más adaptado al esfuerzo físico (Bar-Or 1983). En esta misma línea, Zintl (Zintl 1991), opina que, en referencia al corazón, *"el niño y el púber estarían perfectamente dotados para realizar esfuerzos aeróbicos y dado que también el cuerpo es más pequeño, esto no debería ser un problema para este tipo de esfuerzos adecuados para su estado evolutivo"*.

A la vista de las discrepancias de criterios existentes en la bibliografía y debido a las diferencias de estudios, de metodología, de poblaciones y muestras, de los tipos de esfuerzo realizados para determinar la evolución y características del gasto cardiaco, resulta complicado llegar a unas conclusiones acerca de su evolución que permitan aproximarse a las necesidades del entrenamiento en las diferentes etapas cuando se trata de incidir en el desarrollo de este parámetro.

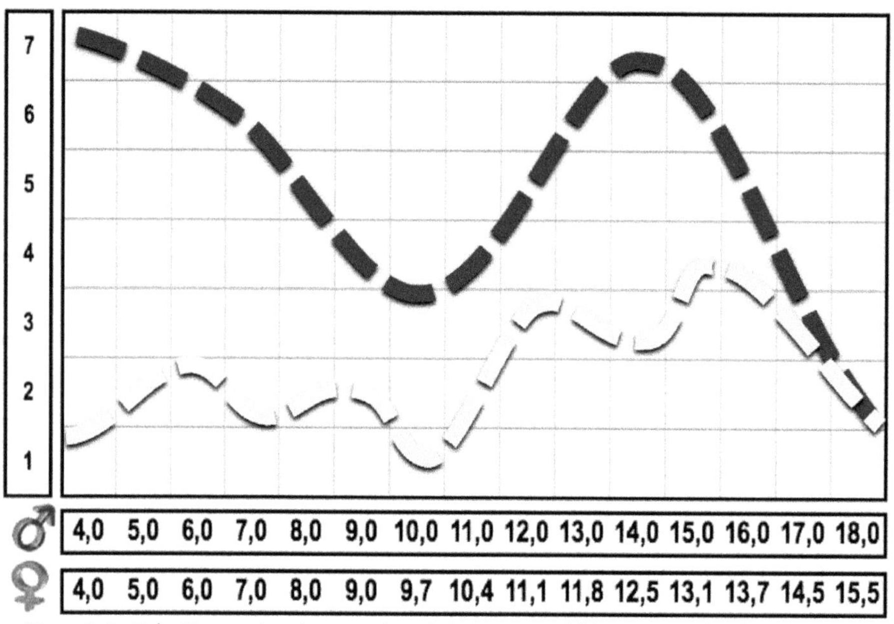

Figura 2. 5.- Relación aproximada entre el crecimiento corporal (línea superior) y el aumento del diámetro del corazón (línea inferior) en relación con la edad.

Nosotros sugerimos que, al menos en lo que concierne al entrenamiento de características aeróbicas, el niño, el pre púber y el púber están suficientemente capacitados para realizar esfuerzos de este tipo, siempre que la potencia y el volumen de entrenamiento sea el adecuado.

En este contexto, no deberían existir riesgos sino más bien beneficios, tanto para su salud como para un rendimiento futuro en resistencia. No obstante, dado que parece ser que existen ligeras deficiencias en cuanto al gasto cardiaco, *se sugiere que los esfuerzos aeróbicos, antes de la pubertad, deberían ser en base a potencias medias o bajas y que no obliguen a prestaciones próximas al VO_2max.*

La frecuencia cardiaca.

Hace referencia al número de latidos que da al corazón en un minuto. La frecuencia cardiaca (FC) suele ser muy usada para monitorizar el esfuerzo mientras éste no supere el VO_2max. Cuando es utilizado este procedimiento, asiduamente se refiere a la diferencia entre la obtenida durante el ejercicio y la obtenida en reposo (*reserva cardiaca*).

En la bibliografía se observa un descenso constante de la frecuencia cardiaca en reposo, desde la infancia hasta la adolescencia. Esas diferencias relacionadas con la edad, son palpables tanto durante el esfuerzo como en estado basal (Bar-Or, 2003).

Los niños, en las primeras etapas alcanzan frecuencias que pueden superar los 210 latidos/minuto. Igualmente, en reposo pueden rebasar las 80. En este sentido, Zintl (1991) ya citaba las siguientes cifras basales como normales: 90 P/min para niños de 8 años; 80 P/min para los 12, siendo la normal para adultos de alrededor de 70. Estos datos, se supone que son para individuos no entrenados en resistencia. Similares afirmaciones han sido refrendadas por diversidad de autores ya que los datos de la frecuencia cardiaca en reposo son sencillas de comprobar (Malina, 1983).

Los niños son capaces de desarrollar actividades de carácter aeróbico considerablemente prolongados, a frecuencias muy altas. Esto sugiere que sería normal observar una frecuencia cardiaca de 210 en un niño de 10 años, tras terminar una competición de resistencia. En cambio, si tras un esfuerzo máximo, este niño no superase las 170-180, podría ser recomendable un estudio médico por si existiese algún problema hemodinámico.

Los valores de FCmax disminuyen con los años, pero este fenómeno también se observa para frecuencias submáximas, lo que sugiere que va aumentando la reserva cardiaca (Mölnar, 2000).

Posibles circunstancias que originan mayor frecuencia cardiaca en los niños.

Si algo caracteriza al niño en edades hasta llegada la pubertad, es la gran capacidad para desarrollar esfuerzos continuos pero moderados a alta FC. Esta mayor frecuencia del niño respecto al adulto es origen de diferentes factores anatómico – fisiológicos (Ossorio, 2003):

- Menor tamaño del corazón (70-80 %).
- Mayor FC basal (20%). Como respuesta ante ese menor tamaño.
- Mayor respuesta cardiaca ante cualquier potencia de ejercicio.
- Menor desarrollo de la arteria aorta.
- Mayor aumento de la masa muscular esquelética respecto a la del miocardio.

Esta mayor FC en los niños se debe a la necesidad de compensar el menor volumen sistólico ya que ésta es mayor en cualquier nivel de ejercicio. Esta diferencia en el comportamiento de la FC se debe a un predominio del sistema simpático adrenérgico, factor determinante de sus elevadas frecuencias cardíacas. El trabajo cardiovascular aumenta preferentemente sobre la base del aumento predominante de la FC sobre el volumen sistólico, con una baja eficiencia cardíaca. (Mölnar, 2000).

En lo referente a la fatigabilidad y la recuperación, los niños, pese a que manifiestan una FC superior a los adultos, son capaces de bajarla a mayor velocidad. Esto puede ser debido a una superior actividad del sistema parasimpático que se traduce en una más rápida recuperación de la frecuencia cardiaca (Ratel y Martin, 2011).

Diferencias entre sexos.

Cuanto más joven es el chico, más elevada es la frecuencia cardiaca a cualquier nivel (basal, máxima o submáxima), pero esto no basta. Es interesante conocer que, aún para una misma edad, pueden existir diferencias entre ambos sexos.

En un trabajo con diferentes edades, durante 8 semanas, en un entrenamiento de carrera en el que se pasó de 10 min hasta 30 min, todos los sujetos mejoraron su registro manteniendo su frecuencia cardíaca en valores normales para niños. Para el mismo resultado en el test de Léger, la frecuencia cardíaca, a lo largo del mismo, fue más elevada en las niñas que en los niños (Mora et al, 1989).

Guerrero (2007), en su tesis doctoral comprobó que en una población de 7 a 12 años, la FC presentaba un comportamiento uniforme en ambos sexos, creciendo con la potencia del ejercicio y alcanzando la meseta al final del mismo. Al iniciar el ejercicio, los valores eran ligeramente más altos en el sexo femenino que en el masculino (139,54 por 133,14). Los valores finales también eran más altos (198,00 por 195,03).

De todas formas, tal y como sucede con muchos trabajos, la misma autora pone en duda estas reflexiones ya que desconoce realmente si todos los chicos hicieron el esfuerzo máximo.

Sobre la relación existente entre la FC y el VO_2, la misma autora, estudió dicha relación, diferenciando entre un grupo de 86 chicos, comprendidos entre los 7 y los 12 años de edad cronológica y otro grupo de 78 chicas con similares edades. En dicho estudio encontró una relación significativa para ambos sexos, (figura 2.6).

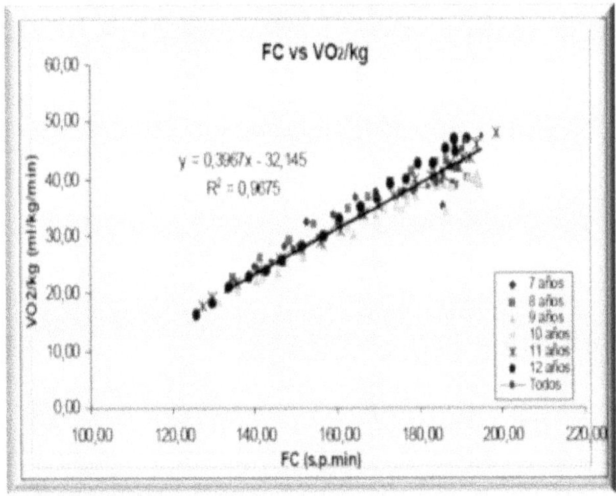

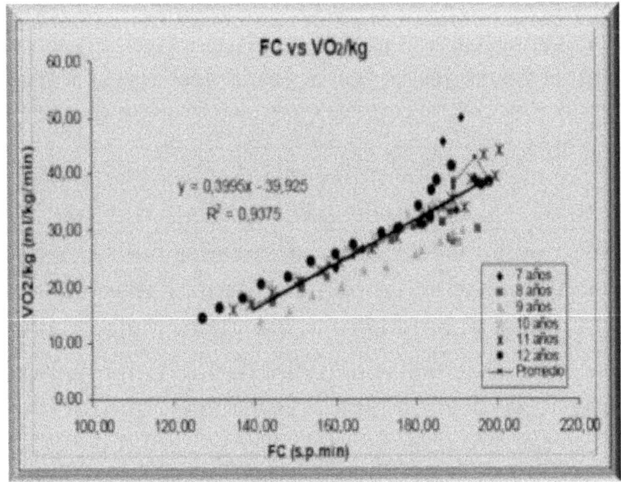

Figura 2. 6.- Relación entre frecuencia cardiaca y consumo de oxígeno para un grupo de chicos (arriba) y chicas (abajo) (Guerrero (2007). Modificado.

En esa misma línea, Tejada (2007) mantiene que, incluso cuando se trata de la etapa de la adolescencia o ya en edad adulta, las chicas tienen FC más altas que los varones para esfuerzos máximos y submáximos y emplean frecuencias más altas para realizar la misma tarea que los chicos.

En general, diferentes trabajos y nuestra propia experiencia nos sugieren que, para una misma etapa de desarrollo, la frecuencia cardiaca es ligeramente superior en las chicas que en los chicos tanto como en su nivel basal, en su nivel máximo o para cualquier tipo de tarea similar y que esto parece ser una pauta que se cumple en todas las etapas de desarrollo (figura 2.7).

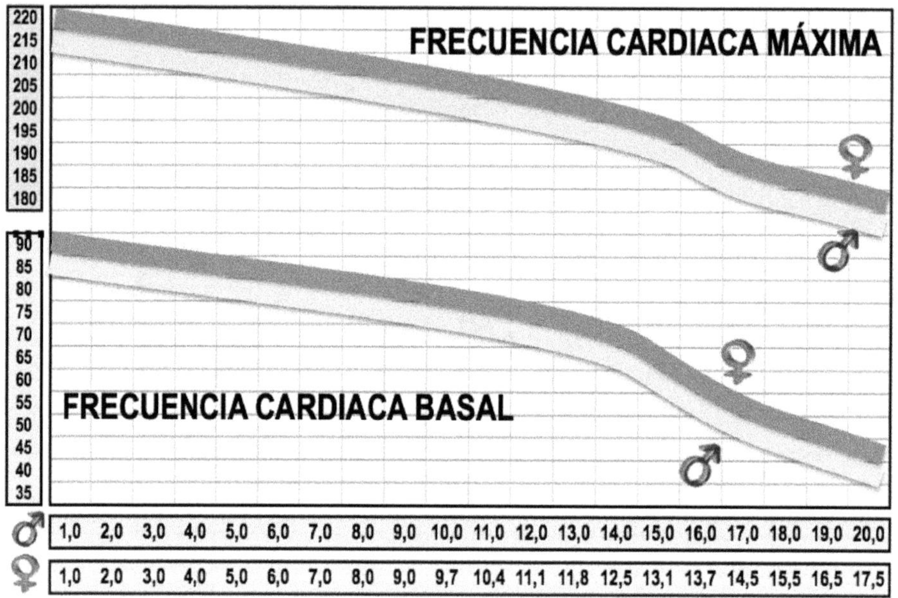

Figura 2. 7.- Evolución aproximada de la frecuencia cardiaca basal y máxima en a lo largo de evolución. Puede observarse cómo, en la fase puberal, se producen las mayores inflexiones.

La frecuencia cardíaca más elevada del niño y de la niña, tanto en reposo, como durante cualquier potencia de un esfuerzo físico, no debe ser considerada como respuesta inadecuada. Así pues, valores de hasta 170-180 pulsaciones por minuto pueden ser considerados normales (Delgado, 1994). Esto debería ser aplicable, en las primeras etapas, antes de la pubertad.

Por ello, para obtener beneficios en entrenamiento de resistencia, habría que plantearse pulsaciones del orden de 170 P/min, o ligeramente superiores y alejarse de la idea, un tanto trasnochada, que predicaba que, "si el adulto debe entrenar por encima de las 150, el niño debería hacerlo a frecuencias menores", *cuando se ha comprobado que la tendencia es todo lo contrario.*

Mediante el entrenamiento, el niño aumenta su volumen cardíaco, ya que sigue los mismos principios de adaptación que el adulto (Mölnar, 2000), lo que provoca la disminución de su FC basal. El ejercicio aeróbico en el período prepuberal estimula el aumento de la red vascular periférica, lo que determina que en los años sucesivos la sobrecarga sea menor.

El niño reduce su frecuencia cardiaca para todo tipo de esfuerzos, mediante el entrenamiento aeróbico adecuado. Por consiguiente, es posible encontrarse con frecuencias cardiacas, sobre todo basales, más bajas en niños bien entrenados en resistencia aeróbica. No obstante, no sucede lo mismo con las máximas que no suelen diferir entre los entrenados y los que no lo están. Por todo ello, se puede concluir que la frecuencia cardiaca se adapta mediante el entrenamiento en base a un aumento de la diferencial (FCmax-FC Basal).

De todos los factores necesarios para producir mejorías en la función aeróbica con el entrenamiento, en adultos, la potencia del ejercicio es uno de los más importantes. Según Rowland (2005), la FC, debe estar entre el 60 y el 90% de la FCmax o entre el 50 y el 85% de la reserva de FC (diferencia entre la FCmax y la basal). Estas cifras siempre deben considerarse con un margen que va a depender de ciertas variables (estado de entrenamiento del chico, edad biológica, etc.) y solamente debería tomarse como válida tras la realización de alguna prueba de esfuerzo o test que refleje los niveles individualizados. De aquí la importancia de la experiencia del entrenador y su capacidad de observación directa, junto con el apoyo de pruebas específicas de esfuerzo.

Particularidades del gasto cardiaco y su evolución.

La mayor FC y menor VS en los niños está relacionada con un menor tamaño de su corazón y un menor volumen sanguíneo. Además, esta mayor FC, se relaciona con la menor cantidad absoluta de músculo reclutado para la misma cantidad de trabajo (VO_2) y al hecho de que los niños realizan el trabajo a una mayor potencia relativa (porcentaje de la potencia máxima posible) (Guerrero y Naranjo, 2005).

Dado que este fenómeno es debido al producto de la cantidad de sangre que expele el corazón en cada latido (volumen sistólico) por el número de veces que late en un minuto (frecuencia cardiaca) es interesante observar la dinámica de ambas porque esto va a sugerir conclusiones a la hora de observar las reacciones ante el esfuerzo (figura 2.8).

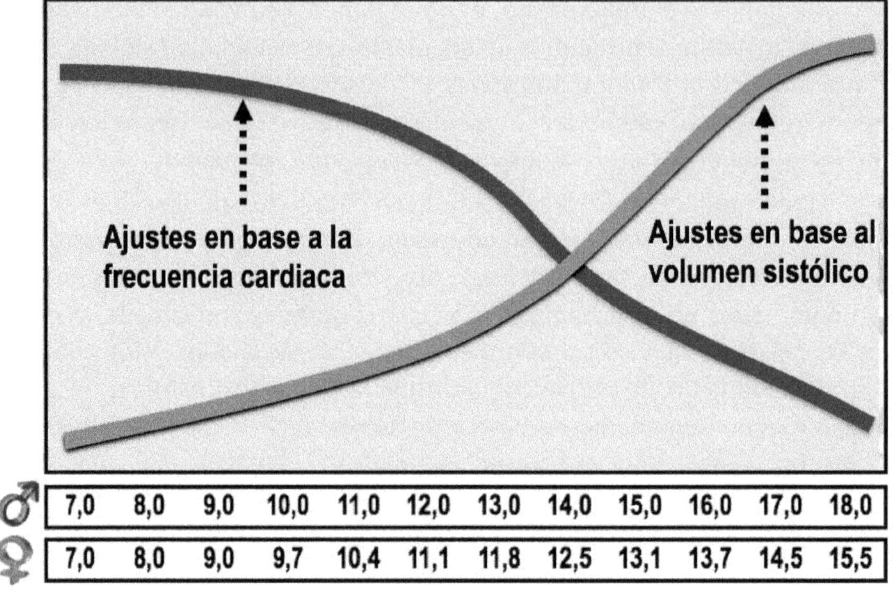

Figura 2. 8.- El ajuste ante esfuerzos de tipo aeróbico que no superen el 60-70% del VO2max es diferente en las distintas etapas. Los niños se ajustan prioritariamente merced al aumento de la frecuencia cardiaca mientras que el adulto se ajusta prioritariamente en base a su mayor volumen sistólico. Alrededor de la edad puberal se produce la inflexión.

La sangre y el volumen plasmático.

En proporción y referido a las dimensiones corporales, no se aprecian diferencias sustanciales entre la cantidad de sangre circulante del niño con respecto de la que puede tener el adulto.

El mayor flujo sanguíneo muscular en los niños representa una más favorable distribución de la sangre durante el ejercicio. Esto facilita el transporte de oxígeno al músculo activo y, junto con el aumento de la diferencia arteriovenosa de ese elemento, compensa el menor gasto cardíaco.

La cantidad de sangre total aumenta en relación con la edad, pasando de unos 3 litros en niños hasta llegar alrededor de los 5 en adultos. No obstante, si se relaciona este volumen con el peso (valor relativo) éste se mantiene estable a lo largo de todas las fases evolutivas, (García et al, 2003).

Sobre la composición de la sangre se aprecian ciertas características que pueden diferenciarse entre los niños y los adultos y que podrían influir en el rendimiento aeróbico.

Los valores de componentes con contenidos de glóbulos rojos y hemoglobina, parece que se ven ligeramente disminuidos en los niños hasta finales de la adolescencia, por lo que las posibilidades de transportar grandes cantidades de oxígeno a los músculos activos, también se ven ligeramente disminuidas.

En este sentido, existen estudios que demuestran una disminución de valores hematológicos en púberes que llevan un entrenamiento sistemático como afirman García et al. (2003) en referencia a publicaciones de Boyadjiev y Taralov (2000). No obstante, dado que se trata de concentraciones, cabe la duda razonable sobre si estos valores disminuidos pueden deberse a un aumento del volumen plasmático, igualmente producto del entrenamiento, tal y como sucede en adultos entrenados en resistencia aeróbica (Costill, 1981).

Este fenómeno no se diferencia entre niños y niñas hasta llegada a la pubertad. A partir de este momento pueden aparecer diferencias a favor de los primeros. De todas formas, debería tenerse en cuenta que estos valores pueden verse considerablemente modificados con un entrenamiento adecuado para cada momento de la evolución.

Sobre la diferencia arteriovenosa de contenido de O_2, se aprecia una mayor divergencia en los adultos que en los niños. En los niños se observan valores mayores de O_2 en la sangre venosa en relación con la arterial, lo que sugiere que sus tejidos han aprovechado menor cantidad, es decir, que es menor su consumo de O_2.

La presión arterial.

En un estudio dirigido por Álvarez et al, (2013) se descubrió que, con posterioridad a 60 minutos de ejercicio aeróbico de baja potencia, se presentaba un efecto hipotenso en la presión arterial sistólica (PAS) de niños, adolescentes y adultos. Por su parte la presión diferencial también disminuyó significativamente, aunque sólo en los grupos adolescentes y adultos.

Esto se debería, en parte, a la disminución en la resistencia vascular, aunque ciertos autores han planteado que esta adaptación podría deberse a una mejor función endotelial originada por un incremento de producción de óxido nítrico y mayor actividad enzimática de la óxidonítricosintetasa durante el esfuerzo.

El comportamiento de la presión arterial (PA) muestra valores sensiblemente menores para edades jóvenes. En ejercicios dinámicos la presión arterial sistólica aumenta en relación al aumento del gasto cardíaco y la frecuencia cardíaca, mientras que la diastólica se mantiene debido a la baja resistencia periférica. En ejercicios estáticos la presión arterial sistólica y la diastólica aumenta en relación directa al grado y duración del esfuerzo.

El menor gasto cardiaco podría confirmar una mayor diferencia arteriovenosa de oxígeno (dif. A-V O_2) como expresión de una capacidad de extracción de oxígeno aumentada.

El sistema enzimático.

Las enzimas activantes de los procesos aeróbicos, son suficientes y suficientemente activas ya desde edades muy tempranas (Bar-Or, 2006). Por ello, ya desde los 8 años, la capacidad para realizar esfuerzos en base a prestaciones aeróbicas, es alta. Esto no quiere decir que se deba trabajar en exceso en dicha dirección. Solamente sugiere que si le exigimos al niño este tipo de esfuerzos, estaría en condiciones de responder, independientemente de si obtendría beneficios o, por el contrario, si se vería perjudicado a medio o largo plazo por otros motivos tales como la acumulación de elementos producidos por la fatiga, etc.

Los substratos energéticos.

En líneas generales, la capacidad para acumular glucógeno en el músculo, es menor cuanto menor es la edad (García et al, 2003). Esto induce a pensar que el niño, antes de la pubertad, tiene mayor tendencia a utilizar las grasas dada su menor reserva de hidratos. En este sentido, entre otras razones, nos indica que, en los *pre púberes, los trabajos aeróbicos de menor potencia son más recomendables que aquellos que se aproximen al pico de* VO_2max, lo que puede confirmar, la mejor posibilidad de reclamar la vía aeróbica lipolítica que la glucolítica.

El umbral anaeróbico (Uan).

La mejora del rendimiento en resistencia aeróbica, no solamente depende del VO_2max. Existen otros parámetros determinantes, entre los que se encuentra el umbral anaeróbico (ya explicado en otra parte de esta obra). Se trata de la potencia de ejercicio, a partir de la cual, la producción de lactato es superior a la cantidad de esta substancia que el individuo es capaz de remover, reciclar o consumir (hacerlo desaparecer) y este fenómeno es considerablemente más entrenable que el pico de VO_2max.

El umbral anaeróbico se encuentra más próximo al VO_2max en las primeras edades para ir bajando paulatinamente (figura 2.9). Esto sugiere las grandes posibilidades del entrenamiento aeróbico en los niños antes de la pubertad. No obstante, habría que ser precavido al introducir tareas que reclamen prestaciones que superen este Uan por diferentes razones relacionadas con la fatiga que pueden no ser del todo recomendables en la infancia.

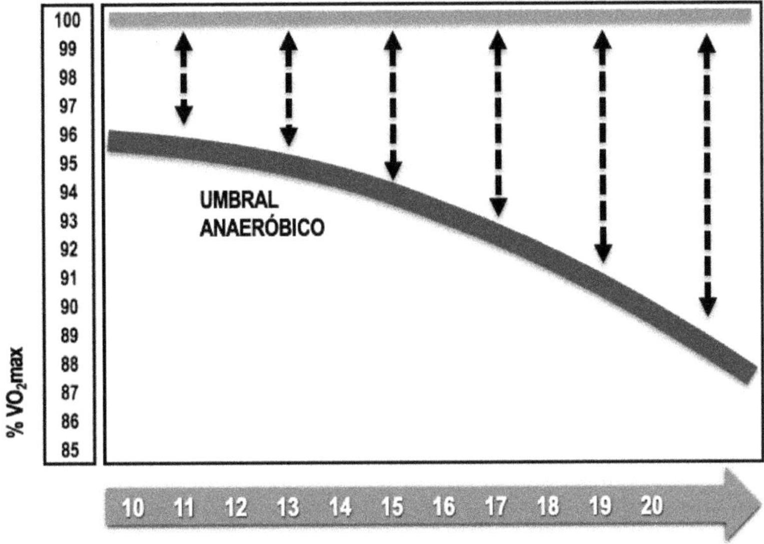

Figura 2. 9.- Dinámica aproximada de la evolución del umbral anaeróbico (Uan) con respecto al VO_2max a lo largo del desarrollo. Cuanto menor es la edad, éste se encuentra más próximo, en porcentaje, al pico de VO_2max.

Resumiendo.

Las prestaciones aeróbicas del niño pueden aumentar hasta un 50% mediante un trabajo adecuado y sistemático (Keul, 1982) pero conviene tener en cuenta una serie de aspectos que pueden orientar acerca de los contenidos de entrenamiento:

- √ Para transportar la misma cantidad de O_2, el niño precisa más FC que e adulto (Nöcker, 1988).
- √ El niño se adapta al esfuerzo aeróbico, fundamentalmente mediante aumento de la FC. En cambio, el adulto lo logra principalmente a expensas del VS. Esto se debe principalmente a la diferencia del volumen y fuerza del corazón.
- √ La FC, tanto la basal como la máxima son más elevadas en el niño. Ésta va descendiendo paulatinamente con el tiempo. También se comprueba una ligera mayor FC en las chicas con respecto de la de los chicos.
- √ A lo largo del tiempo de desarrollo, para cubrir las necesidades de O_2 el aumento de la FC va dejando paso al aumento del VS y, esto último, supone un proceso más económico (Nöcker 1988).
- √ Sin embargo, es difícil establecer la potencia de carga mediante la frecuencia cardíaca en esfuerzo en edades pre púberes, puesto que ésta apenas varía entre entrenados y no entrenados. Además, ante elevadas

frecuencias (170-180 /min.) aún pueden caber incrementos notables de la potencia. Por todo ello, sería más recomendable controlar la potencia de las cargas a través de la velocidad de desplazamiento o la potencia del ejercicio.

√ Los valores relativos del VO_2max, durante la pubertad y en individuos no entrenados puede estancarse o descender en algunos casos, especialmente cuando se trata de las chicas. Esto es explicable debido al incremento de la masa corporal, que puede ser más acelerado que el de la capacidad funcional de rendimiento a través del entrenamiento.

√ Como el sistema cardiovascular de niños y adolescentes actúa en forma similar al de los adultos, la aplicación de un método de entrenamiento de la resistencia racional y adecuado, no debería provocar daños, sino que, induciría modificaciones positivas de adaptación (Vallejo, 2002). Esto tiene consecuencias para las frecuencias cardíacas de esfuerzo con efecto de entrenamiento.

√ El mínimo de frecuencia cardiaca, para obtener beneficios aeróbicos para niños pre púberes se situaría alrededor de las 150 P/min (Zintl, 1991). Esto quiere decir que a frecuencias inferiores el trabajo de carácter aeróbico podría resultar insuficiente para estimular y provocar adaptaciones.

Todo lo anterior nos sugiere una posible conclusión. Los niños y pre púberes están suficientemente capacitados para realizar ejercicios de carácter aeróbico.

No obstante, antes de la pubertad, existen ligeras limitaciones en lo que respecta al gasto cardiaco. También son capaces de almacenar menos estoc de glucógeno.

En conclusión, si bien son recomendables los trabajos aeróbicos, *éstos deberían ser en base a potencias bajas* que no obliguen al corazón a trabajos excesivos tales como podrían ser los aeróbicos de alta potencia y por encima del umbral anaeróbico, por lo que los estímulos deben ir, prioritariamente encaminados al metabolismo de los lípidos.

2.3. LA RESISTENCIA ANAERÓBICA LÁCTICA. CARACTERÍSTICAS Y EVOLUCIÓN.

Una de las facetas de la resistencia viene determinada por la capacidad de realizar esfuerzos de potencia mereced a la producción de ATP a través de la vía anaeróbica láctica. Ésta se encuentra condicionada, principalmente, por los siguientes parámetros:

- La dinámica del lactato sanguíneo. En su aspecto de producción y remoción.
- El sistema enzimático.
- La tolerancia a la acidez y la capacidad de tamponarla.
- El estoc o reservas del glucógeno y otros hidratos de carbono.

La dinámica del lactato sanguíneo.

Aunque existen algunas controversias, la mayoría de autores mantienen que la dinámica en la producción de energía por esta vía metabólica es progresiva. Según esta mayoría, antes de la pubertad es escasa en comparación con la de los adultos. No obstante, resulta complicado establecer afirmaciones categóricas ya que existen pocos estudios especializados.

Además, muchos de estos estudios pueden conllevar dudas razonables para establecer comparaciones (poblaciones de niños estudiadas, edades, razas, climatología, grado de entrenamiento, estado de maduración y desarrollo, implicación en el esfuerzo, etc.).

Lo que parece estar relativamente claro es que la capacidad de los niños de trabajar reclamando la glucólisis anaeróbica es sensiblemente menor a la de los adolescentes y a la de los adultos. Por ejemplo, la potencia anaeróbica láctica generada por un niño de 8 años es el 70% de la que puede generar uno de 11 años (Molnar 2002). No obstante, hay otros autores que refieren menos porcentajes. Bar-Or (1986) expone, por ejemplo, que la capacidad de un niño de 8 años se aproxima solamente al 40-45% de la que podrá tener a los 14 años.

En la figura 2.10 se expone una aproximación a la tendencia en la evolución de las prestaciones glucolíticas anaeróbicas a lo largo del desarrollo. Puede observarse que, antes de la pubertad, estas prestaciones son bajas si se comparan con adultos entrenados que pueden llegar a sobrepasar concentraciones de 22 mmol/l. También se observa una mayor producción de lactato en chicos con respecto de las chicas. Esto podría explicarse, en parte, por las influencias relacionadas con el sexo, especialmente, a partir de la pubertad.

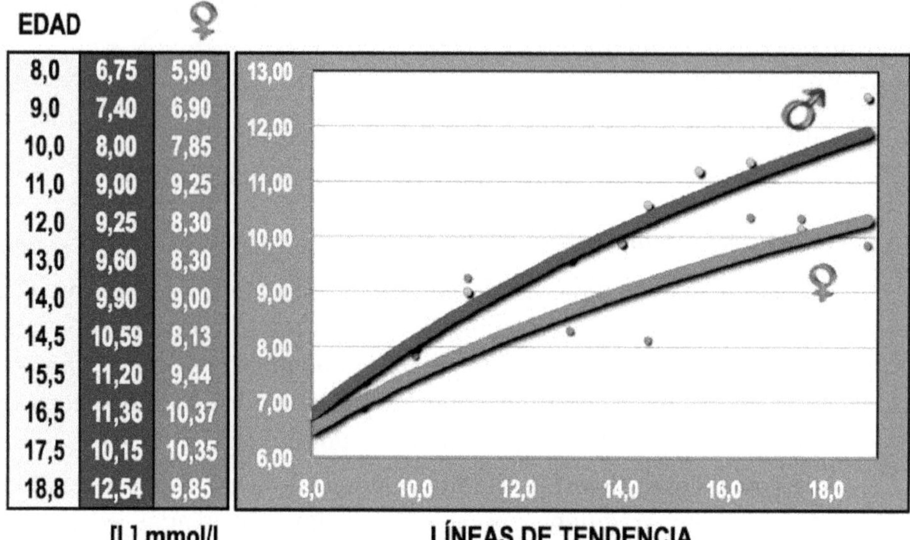

EDAD		♀
8,0	6,75	5,90
9,0	7,40	6,90
10,0	8,00	7,85
11,0	9,00	9,25
12,0	9,25	8,30
13,0	9,60	8,30
14,0	9,90	9,00
14,5	10,59	8,13
15,5	11,20	9,44
16,5	11,36	10,37
17,5	10,15	10,35
18,8	12,54	9,85

[L] mmol/l

Figura 2. 10.- Evolución aproximada de las prestaciones anaeróbico lácticas, en concentración de lactato sanguíneo, a lo largo de las etapas de desarrollo. Fuente: García et al. (2003).

El sistema enzimático.

Una de las principales razones por las que el niño y el pre púber están poco capacitados para realizar y asimilar esfuerzos submáximos con reclamo de energía a través de la glucólisis anaeróbica, con la consiguiente producción de lactato, procede de una menor actividad enzimática (Molnar, 2002) ya que las principales enzimas activantes son menos y menos activas en comparación con el adulto (Cerani, 1993).

Dichas enzimas, aparecen en menos cantidad y son menos activas cuanto menor es el desarrollo del niño. Niños de 5 a 6 años presentaron un 50% de la función de la enzima lactato deshidrogenasa (LDH) en comparación con sus valores 10 años después.

Tal vez la enzima que fija el límite de la velocidad de la glucólisis anaeróbica, acelerarte del metabolismo del lactato es la fosfofructokinasa (PFK) (Mc. Ardle et al, 2004). Ésta es considerablemente más escasa y menos activa antes de la pubertad (García et al, 2003).

Todo lo relacionado con la actividad enzimática sugiere una menor capacidad en niños y pre púberes para producir cantidades importantes de energía merced a la glucólisis anaeróbica ya que sus posibilidades de sintetizar ATP a través de esta vía están limitadas debidas estos procesos.

En cambio, se observa más actividad cantidad y actividad a partir de la pubertad. En este sentido, ya se ha visto que una parte importante de la literatura relaciona la mayor actividad con la madurez sexual. Por consiguiente, la evolución de la actividad enzimática nos sugiere *la pubertad como una fase sensible* para incidir en trabajos glucolíticos anaeróbicos que debería aprovecharse para estimular esta vía.

La tolerancia a la acidez y la capacidad tampón.

Ya se ha tratado que una de las limitaciones del metabolismo anaeróbico es la acidez muscular. En este sentido, el músculo del niño y del pre púber tolera menos acidez que el del adulto.

La tolerancia, puede aumentar alrededor de 0,01-0,02 unidades de pH (García et at, 2003). Esta circunstancia puede ser otro mecanismo que interfiere en estas reacciones ya que el músculo a estas edades se bloqueará antes. Esto, a su vez, supone otro mecanismo de defensa ante posibles excesos en este sentido.

Por otra parte, también existen mayores dificultades para tamponar la acidez (bajadas de pH en el músculo) por lo que también necesitarían recuperaciones considerablemente más amplias que en el caso de los adultos.

También es sostenido por una gran parte de la literatura que la capacidad de eliminación o remoción del lactato es inferior en los niños a la de los adultos por lo que, en el caso de incidir algo en este tipo de esfuerzos, debe contemplarse unas recuperaciones considerablemente más amplias.

Los substratos energéticos.

También hemos visto que la capacidad de almacenar estoc de glucógeno es menor cuanto menor es la edad (Bar-Or,2006). Esto también supone una deficiencia para producir grandes cantidades de energía merced a la vía anaeróbica láctica ya que estos procesos solamente funcionan a partir de los carbohidratos.

En líneas generales.

La mayor parte de la literatura contempla que el niño, antes de la entrada en la pubertad, está menos capacitado biológicamente para realizar ejercicios con exigencias importantes del metabolismo del lactato. Esto conlleva menores eficacia y eficiencia en los niños y pre púberes, cuando se trata de realizar ejercicios que reclamen esta vía metabólica.

También existen estudios suficientes que justifican una menor asimilación de este tipo de esfuerzos en estas fases del desarrollo. Consecuentemente, tampoco resultaría demasiado rentable incidir en estos ejercicios antes de la pubertad.

Hay estudios que demuestran que con un entrenamiento exigente en este sentido, el niño puede aumentar su capacidad glucolítica pero también recomiendan su no utilización ante las mayores dificultades para deshacerse del lactato, de la hiperacidez y de otros elementos originados por la fatiga.

Por consiguiente, será siempre más interesante orientar las cargas de entrenamiento en otras direcciones y postergar su aplicación hasta la entrada en la pubertad, entre otras razones, ante una mayor posibilidad al estar esta vía metabólica relacionada con la maduración sexual según se contempla en una parte importante de la literatura.

Por todo ello, en edades anteriores a la pubertad, nos inclinamos por la idea de que no es demasiado recomendable incidir demasiado en este tipo de esfuerzos y que sería preferible utilizar las energías en otras actividades más rentables en la relación esfuerzo-beneficio.

2.4. LA RESISTENCIA ANAERÓBICA ALÁCTICA. CARACTERÍSTICAS Y EVOLUCIÓN.

Sobre la capacidad para producir ATP por la vía anaeróbica aláctica, la mayoría de la literatura contempla que, desde edades muy tempranas, el niño ya se encuentra capacitado para realizar esfuerzos que reclamen esta vía metabólica. No obstante, estos esfuerzos deberían contemplar una serie de limitaciones en función de los puntos que se tratan seguidamente.

- De la estimulación del sistema nervioso.
- De la fuerza. Especialmente en sus manifestaciones fuerza máxima, máxima explosiva y reactiva.
- Del sistema enzimático.
- De los substratos energéticos.
- Del porcentaje de fibras de contracción rápida (FtII).

El sistema nervioso.

Todas las vías dependen, en parte, del sistema nervioso en su función estimuladora y reguladora. No obstante, para producir potencias máximas se precisa en gran manera que dicho sistema emita impulsos de muy alta intensidad, de muy alta frecuencia y con una gran velocidad de transmisión.

Las características acerca de estos impulsos son ligeramente mejorables, antes de la pubertad, momento en que es sistema nervioso (SN) madura y, en consecuencia, las posibilidades de incidir sobre el se ven notablemente mermadas a partir de esta etapa.

En este sentido, ya desde edades tempranas, el sistema nervioso está posibilitado para enviar los estímulos necesarios para realizar esfuerzos de potencias máximas (aunque proporcionadas en la carga y duración).

La fuerza.

La resistencia anaeróbica aláctica es responsable de facilitar la energía para esfuerzos que impliquen la fuerza que exijan potencias máximas (ATP/Tiempo). Aunque, otro capítulo está dedicado a la fuerza y su evolución, es importante resaltar que aquellas manifestaciones que impliquen máximas potencias dependen de esta vía.

En este sentido, el niño está capacitado para realizar esfuerzos de este tipo, lo que sugiere que, al menos, en lo que se refiere al aporte de energía, el niño está capacitado para realizar esfuerzos de potencia máxima siempre que se contemplen las limitaciones de su aparato locomotor y de sostén (músculos, tendones, ligamentos y huesos).

De acuerdo con lo anterior, es patente que la fuerza, en la mayoría de las manifestaciones es menor en el niño y pre púber en relación con el adulto. En consecuencia, habrá que tener ciertas precauciones a la hora de exigir ciertas tareas, especialmente en lo que a la carga y duración.

El sistema enzimático.

Correspondiente a las que activan los mecanismos de obtención del ATP a través de la degradación de la fosfocreatina.

Las principales enzimas activantes de las reacciones que derivan en la resíntesis del ATP a partir del ADP son las siguientes:

- La CreatinKinasa. Como activante de la resíntesis a partir del ADP y la Fosfocreatina. Ésta, de gran importancia, se sabe que es suficiente y suficientemente activa en niños y pre púberes, por lo que éstos se encuentran suficientemente capacitados, al menos en lo que a nivel energético se refiere, para realizar esfuerzos de máxima potencia y de muy corta duración (saltos, lanzamientos, puestas en acción, sprints muy cortos, etc.). Otra cosa será la duración y los procesos de recuperación para establecer las cargas correspondientes en cada momento.

- La MiosKinasa. Como aceleradora de la obtención del ATP a partir de dos moléculas de ADP, formando una de ATP y otra de AMP.

Los substratos.

El substrato utilizado para la resíntesis del ATP por esta vía es la fosfocreatina que se forma a partir de la creatina.

En un ejercicio de máxima potencia se observa una constante cantidad de ATP en el músculo activo, hasta que éste comienza a deplecionar cuando ya no se puede mantener la potencia máxima. Esta depleción se debe a que, de forma constante, el ATP se resintetiza a partir de la fosfocreatina, hasta que ésta se va agotando, no pudiendo abastecer en las cantidades necesarias al proceso.

Ya en los 2 primeros segundos se puede apreciar una depleción de más del 50% de la fosfocreatina (Costill, 2004), lo que indicaría que ya desde el primer momento se comienza a resintetizar el ATP a través de esta substancia.

Ya hemos dado por supuesto que el niño es capaz de realizar esfuerzos de máxima potencia con las limitaciones de carga (peso, duración, etc.). No obstante, las posibilidades de almacenar esta substancia son menores cuanto más joven es el deportista, lo que nos indica que si bien los esfuerzos de este tipo deberían ser recomendables, su duración deberá ser más corta cuanto menor sea la edad ya que las reservas de fosfocreatina son menores.

En líneas generales.

El niño y el pre púber están suficientemente capacitados para realizar esfuerzos explosivos y es recomendable su realización ya que están en momentos en los que *se encontrarían en fase sensible*, especialmente para estimular el sistema nervioso que se halla en proceso de maduración (tema tratado en otro capítulo). No obstante, este tipo de tareas deben respetar una serie de condicionantes:

- *La duración de los esfuerzos* debe ser más corta con respecto a la que podrían tolerar los adultos. Esta duración puede partir de esfuerzos de 3-4 seg a los 6-8 años para ir aumentando paulatinamente hasta llegar a los 8-10 seg en la juventud.
- *El proceso de recuperación*. Al respecto, hay autores que mantienen que la recuperación de este tipo de esfuerzos, se produce antes en los niños, pero también hay otra parte de la literatura que, dado que se pueden acumular más elementos producto de la fatiga, mantiene que la recuperación es más lenta. Ante estas controversias, curándonos en salud y

dando por supuesto que este tipo de esfuerzos deben realizarse en perfecto estado de descanso y con los depósitos de fosfágenos al máximo, la propuesta por nuestra parte sería la de *dar recuperaciones más amplias* por las siguientes razones:

- Porque los beneficios para mejorar las prestaciones de carácter explosivo requieren siempre recuperaciones totales.
- Porque sería preferible errar por exceso que, por defecto, es decir, mejor pasarse en el tiempo de recuperación que quedarse corto e impedir que se produzcan las adaptaciones correspondientes.

2.5. LAS TRANSICIONES O TIEMPOS DE PREDOMINANCIA DE LAS VÍAS METABÓLICAS Y SU EVOLUCIÓN.

Además de las características descritas acerca de la evolución de parámetros que determinan la resistencia debe tenerse en cuenta que, en función de la edad, las transiciones en las que se cambia el predominio de una u otra vía metabólica, se reducen en el tiempo.

En otras palabras, un adulto que comienza un ejercicio a máxima potencia, reclamando prioritariamente a la vía anaeróbica aláctica, ésta durará alrededor de 12-15 segundos hasta que se sature y pase a priorizarse el funcionamiento de la vía anaeróbica láctica. En cambio, en un niño de 8 o 9 años la duración puede no superar los 6 segundos, pudiendo llegar a los 8 segundos en el púber. Esto sucede con todos los procesos metabólicos, de modo que, cuanto más temprana sea la edad, antes se van a producir las transiciones.

Consecuentemente, es preciso saber que, para incidir en una vía u otra, los tiempos de esfuerzo deberán ser más cortos cuanto más temprana es la edad. En la figura 2.11 vemos una aproximación a los tiempos de inercia (cambio prioritario de vía metabólica) en relación con la edad cronológica.

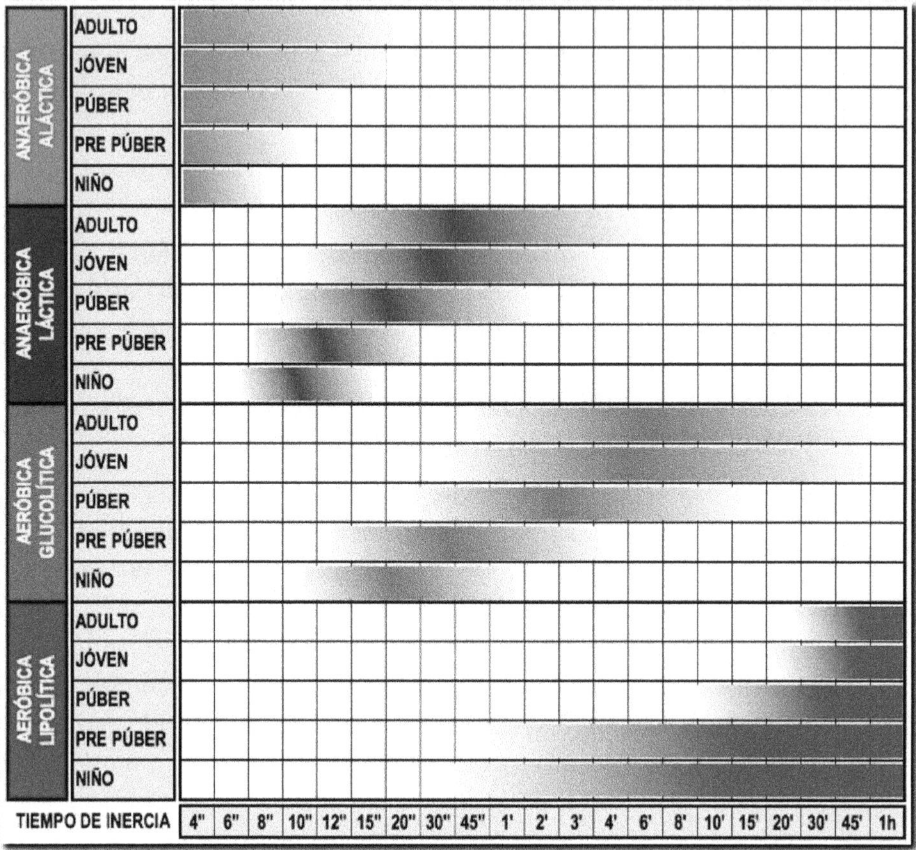

Figura 2. 11.- Momentos aproximados de intervención prioritaria de las vías metabólicas en las diferentes etapas de desarrollo. La parte más oscurecida indica los momentos de mayor incidencia.

2.6. OTROS PARÁMETROS QUE INFLUYEN EN LA RESISTENCIA A LO LARGO DEL DESARROLLO.

Existen otros aspectos que también determinan el rendimiento de resistencia en las diferentes etapas y que es necesario tener presentes a la hora de establecer las cargas de entrenamiento. Entre ellas cobran especial importancia la regulación de la temperatura y la economía del esfuerzo.

2.6.1. La termorregulación.

La necesidad de disipar el calor del cuerpo aumenta durante el ejercicio, debido al calor metabólico que se produce durante la contracción muscular ya que sabemos que la energía que se produce durante un esfuerzo, es mayormente en forma de calor. En este sentido, la producción de calor por kilogramo de masa corporal de los niños es mayor que en adultos al caminar o correr (Bar-Or, 1994).

En comparación con los adultos y adolescentes, los pre púberes y púberes generan más temperatura en relación con su masa corporal durante el ejercicio a cualquier potencia (andar, correr, etc.). Además, los niños tienen menor capacidad de transpiración y, en consecuencia, un mayor riesgo de deshidratación.

Esa producción de calor por parte del metabolismo en niños y pre púberes, referido a su peso corporal, mayor que el de los adolescentes, podría derivar en una carga extra para su sistema de termorregulación. Al respecto, podría existir un 25-30% de exceso de producción de calor en un niño de 8 años con respecto al que produciría un adulto.

Durante el ejercicio en climas calurosos, la evaporación del sudor supone la principal vía para la disipación del calor. De todas formas, existen pocos estudios concluyentes acerca de las diferencias entre el adulto y el niño y el pre púber. En referencia a esto, se sabe que los niños tienen una tasa de sudoración por glándula sudorípara mas baja que los adultos (Falk et al., 1992).

Desafortunadamente, tampoco aparecen suficientes estudios que nos permitan responder, definitivamente, hasta qué punto puede perjudicar el calor en la actividad física de los niños. No obstante, parece que cuando se los expone a temperaturas medias e incluso a condiciones de cierto calor, por ejemplo, 42ºC y 20% de humedad relativa, los niños suelen tener una termorregulación efectiva. Tampoco está suficientemente justificado que, ante un calor moderado, vaya a disminuir el rendimiento en ejercicios de alta potencia y corta duración en estas edades. Sin embargo, existen trabajos tanto de campo como de laboratorio que sugieren que cuando el calor ambiental es severo, el tiempo de tolerancia al ejercicio en niños es menor que en adultos (Bar-Or,1980). Esto último nos sugiere que, ante temperaturas elevadas, deberíamos ser muy prudentes al aplicar cargas de cierta duración en las primeras etapas que aquí tratamos.

El procedimiento con el que el cuerpo elimina el calor interno es a través del riego sanguíneo ya que éste es el que lleva el calor a la piel, donde se produce la eliminación. Para esto, la velocidad de circulación debe aumentar. En este sentido, el porcentaje de sangre destinado a la piel en los niños puede ser mayor que en los adultos durante el ejercicio en el calor (Bar-Or, 1992).

Por otra parte, hemos visto que, en este aspecto, el débito cardiaco es menor en los niños, a lo que hay que sumarle el agravante de que, al hacer ejercicio en calor, el porcentaje de este débito que se va a la piel es mayor en éstos que en adultos, por lo que esto supone un mayor costo de energía para eliminar el calor mayor, cuanto más joven es el deportista.

Sobre el tiempo de tolerancia al ejercicio en altas temperaturas, existen estudios de campo y de laboratorio que sugieren que, cuando el calor es severo, el tiempo de tolerancia al ejercicio en los niños es menor que en los adultos. Lamentablemente, no hay suficientes estudios que permitan explicar, en forma definitiva, sobre la aplicación a los entrenamientos. No obstante, las diferencias no suelen interferir en la posibilidad de realizar ejercicios de todo tipo en los niños, siempre que éste no tenga lugar en temperaturas excesivamente elevadas. En circunstancias de calor moderado, los niños suelen regular su temperatura de forma adecuada (Bar-Or, 2002).

Sobre la pérdida de peso ante ejercicios en altas temperaturas, no conocemos estudios suficientes que den cuenta de las perdidas de peso en niños, en relación con su sudoración, sobre todo, en lo que respecta a la cuantificación de las variables que intervienen en estos procesos. Por otra parte, existen importantes dificultades sobre este tipo de estudios referentes a la pérdida de peso debida a la propia termorregulación y al sudor.

Aunque el número de glándulas sudoríparas activadas por el calor, por unidad de superficie de piel es mayor en niños, la tasa de sudoración, cuando se calcula en relación a la superficie de la piel, es menor en éstos (Falk et al,1992). Esta diferencia podría ser consecuencia de una producción de energía anaeróbica más baja en las glándulas sudoríparas de los niños que es menor que la los adultos (Bar-Or, 1980).

Cuando se trata de ejercicios a muy alta potencia (máxima o submáxima) y de corta duración, no parecen afectar a los problemas de temperatura, por lo que los niños y pre púberes pueden realizar este tipo de esfuerzos sin mayores dificultades en lo que respecta a su propia regulación del calor.

Por otra parte, hay que tener presente, a la hora de proceder al entrenamiento que, pese a que la capacidad de termorregulación sea mejorable por el ejercicio, siempre quedará un déficit de los niños frente a los adultos.

La temperatura en la que se comienza a sudar (*umbral de sudoración*) es más alta en niños que en adultos (Bar-Or, 1994), lo que significa que los primeros tardan más en comenzar a sudar y en comenzar a eliminar calor por la evaporación y esto impone una carga extra en sus sistemas regulación de la temperatura. Este umbral se va ajustando a las características del adulto a la entrada de la pubertad.

La composición del sudor también marca diferencias.

Sobre la composición del sudor, existen también ciertas diferencias en su composición, antes de la pubertad. La concentración de sales es mayor en los pre púberes. Esto supone una mayor perdida de electrolitos que también debería ser tenido en cuenta a la hora de plantear entrenamientos en temperaturas altas, próximas a la temperatura corporal (Meyer, F y Bar-Or, 2013). En esa composición juega un rol importante la cantidad de Na^+ y Cl^- que suele perderse considerablemente cuando existe mucha sudoración. Estas pérdidas tienden a ser menores en los niños, debido a la tasa de sudoración más reducida (figura 2.12).

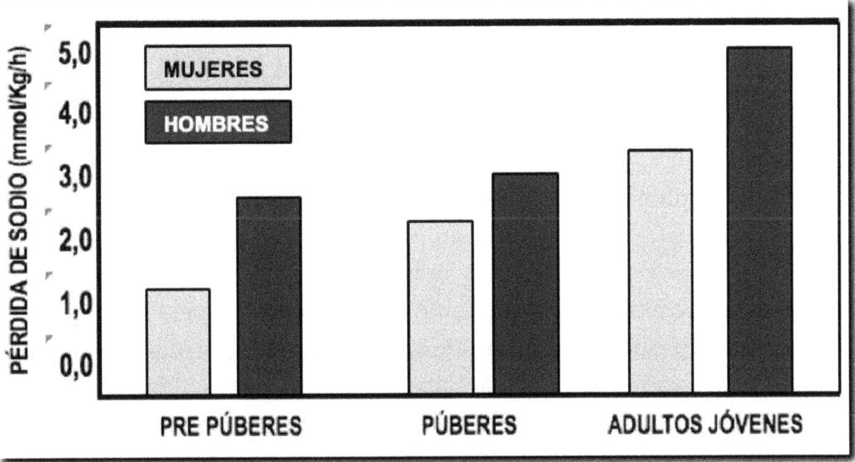

Figura 2. 12.- Incremento de pérdidas de sodio a través del sudor en relación las etapas de con desarrollo. Fuente: Meyer y Bar-Or (2013).

En el estado homeostasis debe existir un equilibrio entre la aportación y la pérdida de líquido y electrolitos. Para que se mantenga el equilibrio de pérdidas y ganancias, una persona adulta de 70 kg de peso, 39.9 kg son de agua. El recién nacido tiene el 78% de su peso en agua, al año de edad dispone del 60% y así sucesivamente (Escobar, 2003). Por estos motivos, si en el deportista adulto es importante la adecuada hidratación, en el niño aún es más ya que el agua y los electrolitos, que son determinantes en la termorregulación corporal, son menores cuanto menor es la edad de los chicos.

Esa pérdida de líquidos contribuye a una disminución de peso puntual. A falta de más investigaciones, resulta relativamente más sencillo comprobar esas pérdidas en los adultos que en los niños, al resultar más complicado en estos últimos. De todas formas, diferentes publicaciones sugieren que la pérdida proporcional de peso es superior en los niños debida a la mayor deshidratación proporcional.

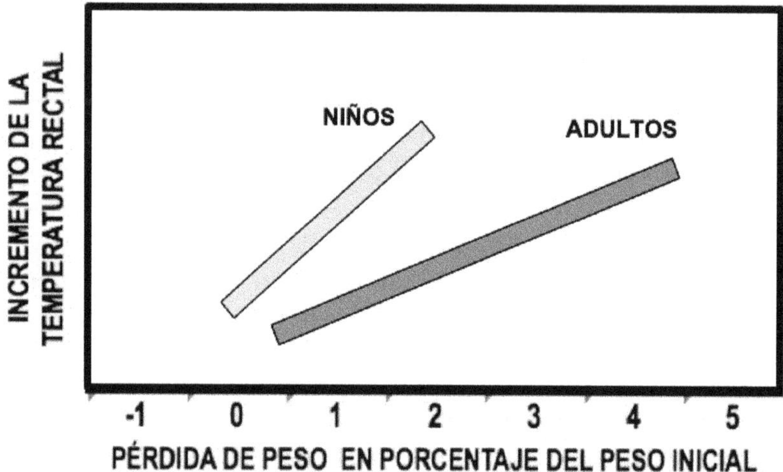

Figura 2. 13.- Efecto de la pérdida de líquido evaluada por la pérdida de peso corporal, inducida por el ejercicio en la temperatura de niños y adultos (Meyer y Bar-Or, 2013). Modificado.

Existen también diferencias en el tiempo de adaptación. Cuando niños no entrenados fueron sometidos a un entrenamiento aeróbico (al 85% de la frecuencia cardiaca máxima) en un ambiente normal y durante dos semanas, en sesiones de 60 minutos, el aumento medio de la temperatura central durante el ejercicio en el calor fue atenuado, siguiendo a un entrenamiento similar al observado luego de la aclimatación (Inbar et al. 1981). Esto indica que el entrenamiento, puede ayudar a adaptarse a los niños ante climas calurosos aunque siempre respetando los ritmos adaptativos.

Sobre la exposición a bajas temperaturas.

Con respecto a situaciones de baja temperatura, debido a su alta proporción del área de superficie corporal, la tasa de pérdida de calor del cuerpo de los niños es más rápida que la de los adultos. Cuando un niño se ejercita en un ambiente de aire fresco (5° C o menos), esta desventaja se compensa con un aumento de la vasoconstricción periférica y la producción de calor metabólico.

Sin embargo, cuando el niño se sumerge en agua, la alta conductividad térmica del agua induce pérdidas de calor muy elevadas del cuerpo a través de la conducción. Esto puede originar hipotermia, sobre todo cuando el niño es pequeño y delgado y habría que tenerlo muy en cuenta ante especialidades acuáticas. La vasoconstricción periférica aumentada en las extremidades de los niños es un factor de riesgo potencial para la congelación.

En líneas generales.

Con vistas a las posibilidades de entrenamiento, pese a esa falta de más estudios que lo afirmen categóricamente, se sugiere que, en ambientes calurosos, los niños tienen menor tolerancia al calor que los adultos ante esfuerzos de similar duración. Por ello, hay que ser prudentes ante actividades prolongadas en dichos ambientes.

Cuando la transición de un clima frío a uno templado o cálido, se requieren varias sesiones para la aclimatación, los adultos se adaptan más rápidamente que los niños. Generalmente éstos últimos requieren varias exposiciones más al nuevo clima, para lograr la adaptación adecuada que podría durar alrededor 10 días cuando los adultos se bastan con alrededor de cinco o seis.

La aplicación práctica es que cuando los niños son expuestos a condiciones climáticas cálidas, la dosificación del entrenamiento debe reducirse al principio y aumentarse a un ritmo más gradual, que cuando se trata de un adulto.

La termorregulación no solamente debe tenerse en cuenta a la hora de eliminar el calor en ambientes calurosos. Cuando se trata de pérdida de calor en ambientes fríos, también el niño tiene mayores dificultades que el adulto al entrenar en estos ambientes.

2.6.2. La economía del esfuerzo.

El concepto hace referencia a la cantidad de energía (ATP) gastada ante un ejercicio determinado y tiene connotaciones que la relacionan con la eficiencia mecánica.

Si nos referimos a la economía ante el ejercicio, cuando se trata de niños y pre púberes, también existen diferencias interesantes con respecto a los adultos que deben ser tenidas en cuenta por los entrenadores.

Ha sido suficientemente corroborado que el ser humano desde su nacimiento hasta que finaliza el desarrollo, posee un metabolismo basal (en términos relativos, referido a su peso corporal considerablemente superior al del adulto (Weineck, 1988). Este hecho nos indica, que el niño y el pre púber, simplemente para vivir en situación de reposo, tienen un gasto energético, por Kg de peso corporal, superior al adulto y que este gasto se incrementa notablemente ante la realización de actividad física (Delgado, 1994).

En un estudio citado por Bar-Or (2003) un grupo de niños realizaron una tarea consistente en una marcha a 5.6 km/h. En ésta, el VO_2 de los niños era considerablemente mayor que el de los adolescentes y éstos, a su vez, lo tenían más alto que los adultos. En base a estos datos, se determinó que la economía mecánica, era menor en los niños.

Siguiendo a Delgado (1994), existen dos causas por las cuales, el metabolismo es más elevado en los niños:

- *El proceso de crecimiento orgánico* que deriva en una mayor necesidad de energía para los procesos anabólicos o de síntesis de los diferentes tejidos y estructuras corporales.
- *La inmadurez fisiológica generalizada del organismo,* la cual, provoca que el funcionamiento de cualquier órgano y sistema funcional trabaje con más gasto energético que el que necesitaría un organismo maduro.

Ambos factores originan, un funcionamiento orgánico poco económico, con mayor utilización de ATP/tiempo para la realización de cualquier actividad (Malina, 1994).

En 1952, Ämstrand (1952) ya explicó una serie de causas de esa baja economía:

- Los niños tienen una tasa metabólica de reposo más alta.
- A cualquier potencia dada, los niños aplican un porcentaje más alto de su potencia aeróbica máxima.
- En relación a la locomoción, los niños tienen una zancada más corta y una frecuencia más alta.
- En referencia a su costo energético y no a su calidad de ejecución, la técnica en los niños puede ser deficiente.

Sobre la eficiencia mecánica en relación al VO_2max, cuando se trata de la locomoción, el costo de la marcha y la carrera es mayor en los niños, expresado igualmente si se refiere a valores relativos. En este sentido, cuanto más jóvenes, mayor es el costo de energía, lo que refleja como concepto una disminución en la economía del movimiento.

Si tomamos la diferencia entre el VO_2max. y el VO_2 necesario ejecutar un ejercicio y referidos a la reserva metabólica, los niños se encuentran en desventaja. Por ejemplo, al tomar como reseña una velocidad de carrera de 180 m. por minuto, un niño de 8 años trabaja al 90 % de su VO_2max, mientras uno de 16 años, a la misma velocidad trabaja solo al 75% de su VO_2max. (Mölnar, 2000). Esto último sugiere que la edad es inversamente proporcional a la eficiencia metabólica ante un mismo tipo de esfuerzos. En otras palabras, cuanto más joven es el deportista, más gasto energético precisa para realizar un esfuerzo determinado.

En líneas generales.

Cuanta menos edad tiene el niño, más gasto energético utiliza ante un mismo ejercicio, debido, fundamentalmente a los siguientes aspectos:

- Al metabolismo basal más elevado.
- Al costo metabólico superior en cualquier tipo de ejercicio.
- A la mayor frecuencia respiratoria.
- A la mayor frecuencia cardiaca.
- Cuando se trata de locomoción, por una mayor desproporción entre frecuencia y amplitud de paso.

Como consecuencia, en cualquier actividad físico deportiva deberían tenerse en cuenta estas deficiencias a la hora de diseñar las cargas correspondientes a edades púberes o anteriores.

No obstante, mediante un entrenamiento adecuado, estas deficiencias pueden ser considerablemente reducidas por lo que ya desde edades tempranas se puede mejorar la economía del esfuerzo.

2.7. REFLEXIONES SOBRE EL ENTRENAMIENTO DE RESISTENCIA.

Como final de este capítulo y a modo de resumen, cabe afirmar que sea cual sea la edad, la resistencia mejora a lo largo de toda la evolución, pero lo hace de una manera irregular.

Si a lo largo de la evolución, le hacemos a un chico o una chica que realicen un esfuerzo, por ejemplo de una carrera de 1000 m, a medida que avanza la edad, el tiempo en esa distancia es prácticamente seguro que irá disminuyendo.

Pero esto no significa que todos los parámetros de los que depende la resistencia y que hemos tratado en este capítulo, aumenten de forma regular.

Hay momentos en los que el responsable principal de las mejoras, se deba a un aumento de la resistencia aeróbica y, en otros la responsabilidad corresponda a la resistencia anaeróbica.

Para mayor aclaración exponemos la figura 2.14. En ésta puede apreciarse que la dinámica de rendimiento es siempre ascendente, los parámetros que la determinan, evolucionan de manera un tanto irregular.

El conocimiento de esta dinámica cobra gran importancia para el entrenador ya que nos indica los momentos en los que habría que incidir más en un tipo de resistencia y en cuáles habrá que preocuparse, fundamentalmente en mantenerlo.

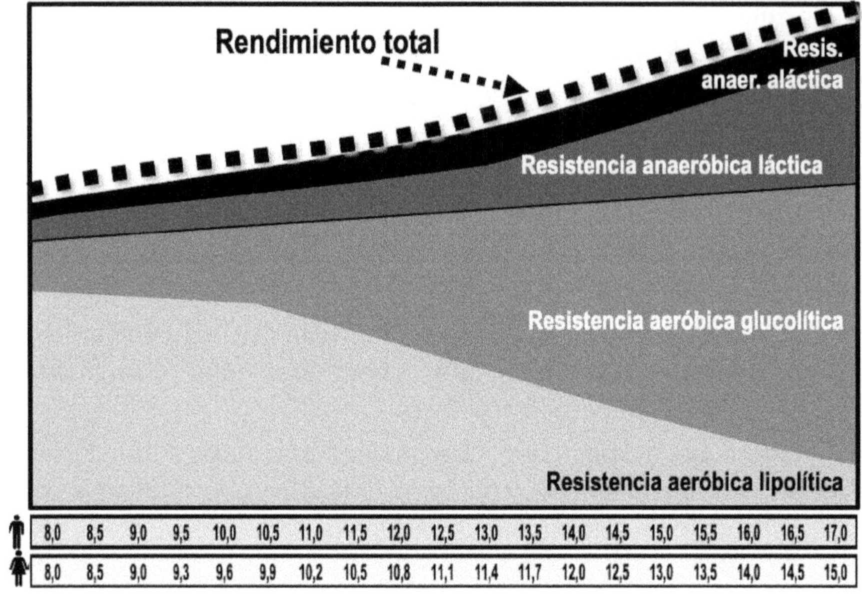

Figura 2. 14.- La resistencia aumenta a lo largo de todo el desarrollo, pero lo hace de forma irregular en sus parámetros en cada una de las etapas.

Para terminar, hemos considerado, también a modo de resumen, proponer la figura 2.15. En ésta, pueden apreciarse los momentos en los que sería más importante la incidencia de según que tipo de resistencia y en cuáles es mejor no incidir ya que los efectos derivarán en una especialización prematura y un éxito precoz que, a su vez, terminará con el acortamiento de la carrera deportiva o el abandono debido al estancamiento.

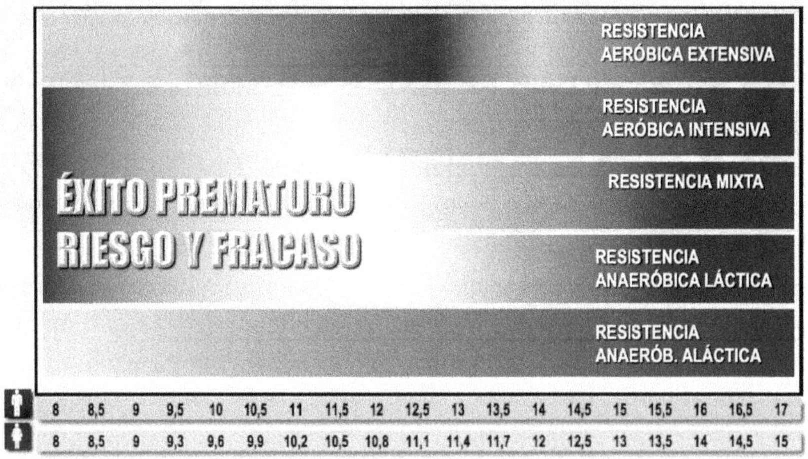

Figura 2. 15.- Momentos en los que debe prevalecer la incidencia de diferentes tipos de resistencia, en función de la edad y en aquellos en los que es preferible no incidir.

CAPÍTULO 3

LA FUERZA. EVOLUCIÓN Y TRATAMIENTO

Teniendo en cuenta que el organismo responde como un todo ante cualquier estímulo (principio de la unidad funcional), la fuerza debe ocupar un lugar determinante en la construcción de joven deportista.

Por otro lado, ya se ha visto que, en edades en proceso de desarrollo, es muy grande la reserva potencial de adaptación. Por ello, el niño no solo puede, también debe ser inducido una parte importante del desarrollo del resto de las cualidades a través de la fuerza.

La fuerza le va a suponer al chico una base que le permita asimilar mejor cualquier tipo de carga y aumentar su rendimiento a cualquier edad, siempre que las cargas sean las adecuadas en cada momento.

Por otra parte, un entrenamiento de fuerza bien estructurado y controlado, no solamente le va a beneficiar con vistas al futuro rendimiento deportivo, sino que también le ayudará a potenciar la salud.

En este capítulo se tratan los conceptos básicos sobre esta cualidad y su evolución, así como una metodología de aplicación para las diferentes etapas de desarrollo.

Para ello, se sigue la misma línea que se ha utilizado en el capítulo anterior, referente a la resistencia.

3.1. LA FUERZA. UNA CUALIDAD FUNDAMENTAL.

El entrenamiento de fuerza es considerado, no solo como un entrenamiento muscular. No obstante, y si bien esto es cierto, aún es más matizable cuando se trata de niños y púberes.

A través de la aplicación de una fuerza se puede adquirir velocidad, la flexibilidad y la resistencia. Pero también pueden optimizarse la técnica y los aprendizajes.

La fuerza es una cualidad necesaria que se encuentra presente en todo tipo de actividades físicas y coordinativas, lo que es evidente desde el momento en que todo movimiento de un cuerpo es originado por una fuerza.

El desarrollo de la fuerza muscular es un componente de la condición física multidimensional que está influenciada por una combinación de factores musculares, neuronales y biomecánicos (Añón, 2014).

En el ámbito de la Ciencia del Deporte, el entrenamiento de la fuerza se ha convertido en un tema de estudio "estrella" en las investigaciones sobre los factores motores condicionales y su influencia en el rendimiento deportivo. Esto ha sido fundamentalmente en el terreno teórico porque, desde la práctica del entrenamiento, esta cualidad ya estaba considerada como la "piedra angular" de los resultados competitivos en un gran número de especialidades deportivas (Pastor, 2004).

La fuerza, desde el punto de vista de la mecánica supone toda causa capaz de modificar el estado de reposo o de movimiento de un cuerpo. No obstante, cuando se trata del punto de vista de la fisiología, se entiende como *"la capacidad para producir tensión en el músculo cuando éste se activa".* (González Badillo, 2002). También se entiende, en términos generales, como *"la capacidad que tiene el músculo de producir tensión al activarse (contraerse) a una velocidad/tiempo determinados"* (Izquierdo e Ibáñez, 2007).

¿Se puede entrenar la fuerza en etapas en proceso de desarrollo?

Sobre el entrenamiento de esta cualidad, frecuentemente se ha venido insistiendo sobre los perjuicios de cierto tipo de trabajos en los niños, ante la idea errónea de que no se debería comenzar a ejercitar la fuerza hasta que hayan terminado su desarrollo físico y su aparato muscular esté totalmente formado.

El dogma prevaleciente en el colectivo médico ha venido siendo, hasta hace poco tiempo, que los preadolescentes no se beneficiarían con el entrenamiento de fuerza al no disponer de niveles de andrógenos suficientes, sin tener en cuenta que estas afirmaciones eran consecuencia de una serie de estudios, muchos de ellos un tanto sesgados y en los que no se comprobaba el incremento de la fuerza en programas de entrenamiento o bien estaban basados en informes sobre la posibilidad de dañar las epífisis por sobrecargas en el entrenamiento (Faigenburg y Micheli, 2016).

Aún en la década de los 80 del siglo pasado, el entrenamiento de fuerza era solamente recomendado a partir del final del crecimiento. Al respecto, aparecían publicaciones de instituciones tales como la Academia Americana de Pediatría y la American Orthopaedic Society for Sports Medicine que, en esta década, se recomendaba evitar el entrenamiento con pesas mientras que los jóvenes no hubiesen alcanzada la madurez sexual plena (Peña y Heredia, 2014).

El entrenamiento de fuerza en niños tiene o ha tenido sus detractores.

Sobre su posibilidad de entrenamiento, García Manso et al (2003) recogen algunos argumentos que utilizan los detractores a edades en proceso de desarrollo, entre los que citan los siguientes:

- Los pre púberes no presentan aumentos significativos de masa muscular por entrenamiento de fuerza motivado por el bajo nivel de hormonas andrógenas.
- El entrenamiento con cargas en pre púberes presenta altos riesgos de lesión.
- El entrenamiento de fuerza interfiere en el crecimiento.

Izquierdo e Ibáñez (2007) citan otras razones que podrían derivar en la teoría errónea sobra la falta de mejoras en fuerza en edades anteriores a la adolescencia:

- Por la aplicación de cargas excesivamente ligeras en el entrenamiento.
- Por la ausencia de una correcta progresión en los estímulos a medida que se mejoran las prestaciones.
- Por duración insuficiente del entrenamiento .
- Porque no se utilizaba suficiente cantidad de entrenamiento.

Entre las razones que se daban, por las cuales, era contraindicado el trabajo de fuerza en pre adolescentes, figuraban también las diferencias estructurales en la musculatura de los niños, la ausencia o escasez de determinadas hormonas, el excesivo estrés para un organismo que está todavía en proceso de desarrollo, etc.

Los detractores del entrenamiento de esta cualidad en los niños sugerían la dificultad de aumentar los niveles de fuerza debido a la falta de hormonas androgénicas en su organismo. Realmente, esto es cierto ya que hasta la pubertad la liberación de testosterona es poco importante. No obstante hay que apuntar que la ganancia de fuerza no depende exclusivamente de procesos hormonales, ya que viene determinada también por factores neurales.

El entrenamiento de fuerza en pre púberes, no solo es posible, también es beneficioso.

Contrariamente esas ideas un tanto retrógradas, sabemos desde hace un tiempo que, no hay evidencia científica que indique que el entrenamiento de la fuerza pueda tener un efecto adverso sobre el crecimiento durante la infancia o adolescencia o la reducción eventual de la altura en la adultez (Vallejo, 2002), (Añón, 2014).

Sucede que las hormonas androgénicas no son las únicas responsables de los incrementos en la fuerza. En este sentido, de 18 estudios publicados desde 1976 a 1993, en los que se entrenaba la fuerza en niños entre los 6 y los 11 años, en 16 se observó la mejora significativa de esta cualidad, por encima de los que formaban el grupo de control y no la entrenaban. Como no se encontraban en una fase de máxima producción de testosterona se considera que otras hormonas, como la insulina o la hormona del crecimiento también son responsables de la mejora (A. D. Faigenbaum, 1993).

Por otro lado, sí solo se aplicara el criterio de la producción de hormonas androgénicas anabólicas ¿cuándo y cuánto se debería la fuerza en las niñas y las jóvenes, teniendo en cuenta que éstas siempre van a tener una producción de testosterona mucho menor a la de los varones?

Por otro lado, hoy sabemos que la mejora de la fuerza también se debe a otros factores tales como del incremento de la activación neuromuscular o a ciertos cambios de carácter intrínseco en las características contráctiles del músculo (Vélez, 2008).

Existen numerosas opiniones más recientes que indican que, no solo no es perjudicial el entrenamiento de fuerza en niños y púberes. Incluso, *llega a ser altamente beneficioso.*

En este sentido, existen publicaciones que indican que es precisamente durante la pubertad cuando las mejoras de fuerza pueden ser más significativas (García Manso et al, 2003).

Falk y Tenenbaum (2003), en un trabajo en el que seleccionaron 28 estudios que describían programas de entrenamiento de fuerza para niños, de los que seleccionaron 9 de los más fiables, comprobaron que tras un programa de entrenamiento de fuerza, ésta mejoró hasta un 70% en el grupo experimental, por tan solo entre un 13 y 30% en el grupo control. Esto incide en la idea acerca de las considerables mejoras de esta cualidad, aún entrenándose en etapas previas a la eclosión de hormonas directamente relacionadas con el incremento de la fuerza.

Publicaciones más recientes han derivado hacia la posibilidad y necesidad de un entrenamiento de fuerza adecuado dado que ya en edades pre púberes se aprecian ganancias importantes de con el entrenamiento (figura 3.1.)

Movimiento de rodilla	Grupo experimental	Grupo control
Flexión 90º/seg.	+ 21,0 %	-5,5 %
Extensión 90º/seg.	+ 18,0 %	+ 4,8 %

Figura 3. 1.- Efecto del entrenamiento de fuerza en 16 pre púberes en movimientos de flexión y extensión de rodillas tras un trabajo de 3 sesiones semanales, durante 14 semanas. Fuente: Weltman (1986).

Acerca de las cargas que se pueden aplicar en las primeras etapas de desarrollo, recientemente se ha venido demostrando que pueden ser considerablemente más altas de las que se pensaba tan solo hace unas décadas.

Existen numerosos trabajos en la actualidad en los que se han aplicado entrenamientos con estímulos y cantidades considerablemente mayores que las que se utilizaron en otros realizados anteriormente, pero programados y controlados por personal cualificado y que han venido demostrando que los niños pueden aumentar su fuerza de manera segura y muy por encima de lo que les correspondería de acuerdo a su nivel de desarrollo natural.

Es así que el porcentaje de aumento de fuerza logrado durante etapas previas a la pubertad puede ser, incluso, cuantitativamente superior a la que se alcanza durante la adolescencia y en edades adultas. Esto viene afirmado por autores como González (2002) García Manso (1996), (Faigenburg y Micheli (2016), etc. No obstante, a lo largo de las etapas de desarrollo, si nos referimos a dichas ganancias de fuerza, en valores absolutos (por ejemplo, total de Kg que se pueden mover en una repetición máxima), éstas son muy superiores a las que se aprecian si nos referimos a valores relativos (por ejemplo, nº de Kg que se pueden mover en relación al peso corporal), (figura 3.2).

Por otra parte se puede decir que la fuerza se trata de una cualidad *"muy agradecida"*. Esto quiere decir que ante los estímulos adecuados, ésta responde rápidamente con adaptaciones a cualquier edad.

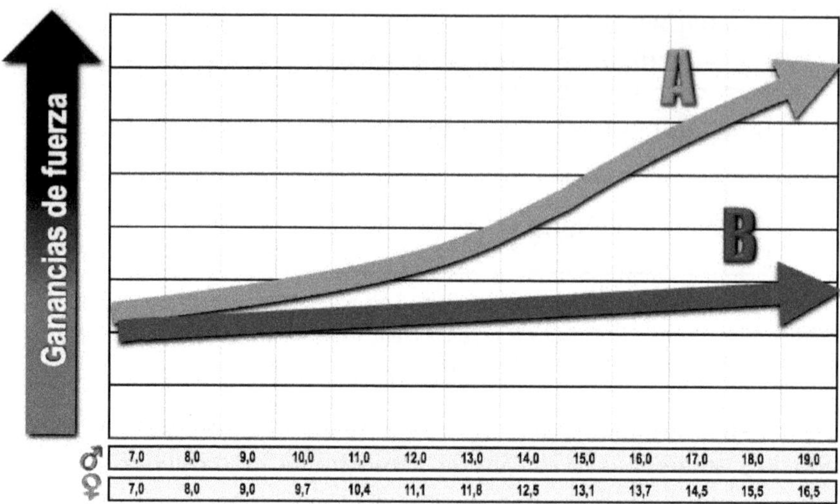

Figura 3. 2.- A lo largo de las etapas de desarrollo es mayor incremento de fuerza en valores absolutos (A) que en valores relativos (B). El fenómeno es apreciable en ambos sexos.

3.2. FACTORES DETERMINANTES.

El músculo tiene la propiedad de contraerse y esta función es determinada por la cualidad de fuerza. A su vez, ésta puede ser influida por otros elementos o factores que inciden en la forma en la que se puede manifestar y que es importante reseñar ya que dependiendo de su evolución, existen momentos de mayor o menor posibilidad para incidir en cada uno de dichos factores y en cada momento de la evolución.

3.2.1. Factores estructurales.

En la fuerza influye el estado de desarrollo motor, así como en la tolerancia al esfuerzo del aparato locomotor (músculos, tendones, ligamentos, articulaciones y huesos) que se encuentran en proceso de desarrollo.

En este sentido, la estructura del músculo es determinante en la fuerza que éste puede ejercer. Ésta depende, a su vez, de dos aspectos: la hipertrofia y el tipo y porcentaje de fibras:

Tipo de fibras musculares y su especialización.

Aunque ya se han tratado en otro capítulo, consideramos importante recordarlas aquí ya que son determinantes en la capacidad de ejercer ciertos tipos de fuerza.

Existen diferentes tipos, tal vez, tantos como unidades motrices (González Badillo y Gorostiaga, 2012). No obstante la literatura las ha venido clasificando de forma reduccionista par entenderlas mejor. Para ayudar a esta clasificación, una parte de la bibliografía las viene clasificando en función de la encima ATPasa de la Miosina de la fibra (Barbany, 1997).

La Miosina puede ser capaz de hidrolizar rápidamente el ATP (unas 600 veces por segundo). En este caso estaríamos hablando de una *"Miosina rápida"*. Pero también existe una Miosina más lenta (300 veces por segundo) en cuyo caso, estaríamos hablando de una *"Miosina lenta"* (González Badillo y Gorostiaga, 2012). También existe una isoforma de la Miosina que puede hidrolizar el ATP a una velocidad intermedia.

Así pues, en función de esas características de la Miosina, la fibra se contrae en más o menos tiempo. Por ello, se pueden clasificar en fibras rápidas (FTII), fibras intermedias (FTI) y fibras lentas (ST) y cada una de ellas reúne unas características, entre las que se encuentran la velocidad de contracción, la fuerza que pueden ejercer, su resistencia, etc., de las que describimos las principales:

Fibras St o resistentes

- Se contraen con poca fuerza.
- Su estructura es delgada.
- Se encuentran muy irrigadas y rodeadas por capilares.
- Se encuentran poco inervadas.
- Se excitan con cierta dificultad.
- Resultan las más resistentes.
- Tienen más y mayores mitocondrias y están más especializadas en la obtención y consumo de energía aeróbica.

Fibras FtII

- Se contraen con la máxima fuerza.
- Son las más inervadas.
- Son las más excitables.
- Se implican en los esfuerzos de máxima potencia.
- Almacenan las mayores cantidades de ATP libre y de fosfocreatina.
- Están especializadas en la obtención y consumo de energía por la vía anaeróbica aláctica.
- En deportistas especializados en modalidades explosivas (velocistas, saltadores, lanzadores, etc.) existen en mayor proporción en su musculatura.

Fibras Ft I

- Pueden considerarse como intermedias entre las anteriores.
- Están más especializadas hacia la obtención de energía a expensas de la glucólisis anaeróbica.
- Por consiguiente toleran grandes concentraciones de lactato y alto grado de acidez.

En la figura 3.3 se ha resumido las características más interesantes de los tres tipos de fibras musculares, para su mejor comprensión y aplicación del entrenamiento de la fuerza.

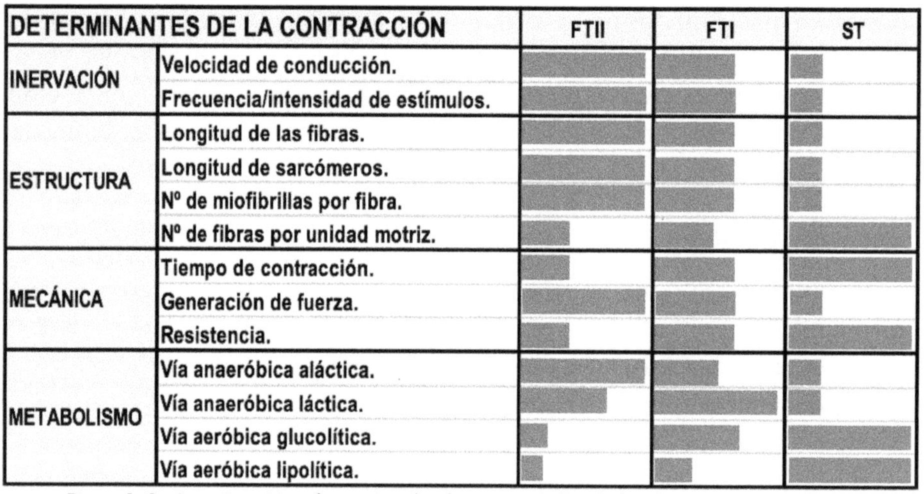

DETERMINANTES DE LA CONTRACCIÓN		FTII	FTI	ST
INERVACIÓN	Velocidad de conducción.			
	Frecuencia/intensidad de estímulos.			
ESTRUCTURA	Longitud de las fibras.			
	Longitud de sarcómeros.			
	Nº de miofibrillas por fibra.			
	Nº de fibras por unidad motriz.			
MECÁNICA	Tiempo de contracción.			
	Generación de fuerza.			
	Resistencia.			
METABOLISMO	Vía anaeróbica aláctica.			
	Vía anaeróbica láctica.			
	Vía aeróbica glucolítica.			
	Vía aeróbica lipolítica.			

Figura 3. 3.- Aproximación aclaratoria sobre las propiedades de los distintos tipos de fibras musculares según la clasificación anterior.

El aumento del volumen muscular. La hipertrofia y la hiperplasia.

Una estructura muscular bien formada no solamente puede ejercer más fuerza. También está capacitada para soportar mejor las cargas. Aquí juega un rol determinante el aumento del volumen muscular que se produce por dos fenómenos: *hipertrofia* e *hiperplasia* (González Badillo y Gorostiaga, 2012).

La hipertrofia.

Con un trabajo bien organizado de fuerza y con altas cargas, se comienza a apreciar un aumento del grosor del músculo a partir del segundo mes. Este resultado es producido por los siguientes efectos:

- Por aumento del número y talla de las miofibrillas.
- Por aumento del tejido conectivo.

- Por aumento de la vascularización.
- Por aumento de la talla de las fibras.

La hiperplasia.

Hace referencia al aumento de número de fibras musculares dentro del músculo. Este fenómeno está en discusión, aunque estudios recientes afirman que, en efecto, el entrenamiento por hipertrofia logra que aumente el número de fibras dentro del músculo activo (González Badillo, 2002). Esto viene estando cada vez más aceptado por una parte importante de la literatura que, mediante un trabajo mecánico intenso, si es asociado a un trabajo de estiramientos, se logra la formación de fibras musculares nuevas. (Weinweck, 2005).

3.2.2. Factores nerviosos.

La fuerza está basada en módulos con la estructura precisa para los procesos de coordinación de la musculatura esquelética y las condiciones neuromusculares que la generan. Éstos procesos tienen lugar ante esfuerzos aproximados del 30% del nivel máximo posible (Martin et al, 2004).

Dado que los preadolescentes no poseen niveles adecuados de andrógenos circulantes para estimular la hipertrofia muscular, es lógico deducir que *las adaptaciones nerviosas son las principalmente responsables de los aumentos de fuerza inducidos por el entrenamiento.*

De todas formas, aunque algunos resultados no concuerdan con esto, un cuerpo creciente de evidencia que los aumentos en la activación, y los cambios en la coordinación, reclutamiento y frecuencia de activación de las unidades motrices son los principales responsables (Faigenburg y Micheli, 2016) y que éstas se encuentran directamente relacionadas con el proceso de mielinización (Añón 2014).

Existen diversos estudios que han identificado un aumento en la activación y coordinación de los músculos directamente implicados en el movimiento, tanto los agonistas como los antagonistas y sinergistas y estos procesos son responsabilidad de adaptaciones neurales (Häkkinen y col. 1998; Narici et al. (1989).

El desarrollo de la fuerza mediante el entrenamiento, en etapas de desarrollo, ha sido atribuido en gran parte al incremento en la activación neuromuscular voluntaria de los músculos entrenados (Ramsay et al. 1990); (Blimkie et al. 1993); (Sale et al. 1989). Este hecho tiene relevante interés para los entrenadores y formadores que se dedican al entrenamiento de la fuerza en edades tempranas, lo que les permitirá incidir en la aceleración neuromuscular ya que ésta puede mejorar el rendimiento deportivo y mejorar la técnica, al tiempo que se mitiga el riesgo de lesiones. (Izquierdo e Ibáñez, 2007).

La mayoría de esos factores son producto de la inervación y de la mielinización (ya tratados en otro capítulo). Están regulados por el sistema nervioso que se va desarrollando y madurando durante el proceso de evolución hasta la llegada a la edad puberal (Weineck, 2005) que es cuando se considera que éste ha madurado totalmente.

Siguiendo en esta línea, también es necesario conocer que, incluso cuando se realizan trabajos con cargas con objetivos de mejora de la fuerza máxima, durante las 4-6 semanas primeras, las adaptaciones son de origen neural (Bosco, 2000). Esto es efectivo en edad adulta, lo que sugiere que en pre púberes, donde aún no ha aparecido la eclosión hormonal, el efecto adaptativo de fuerza por factores neurales, aún es más patente. (figura 3.4).

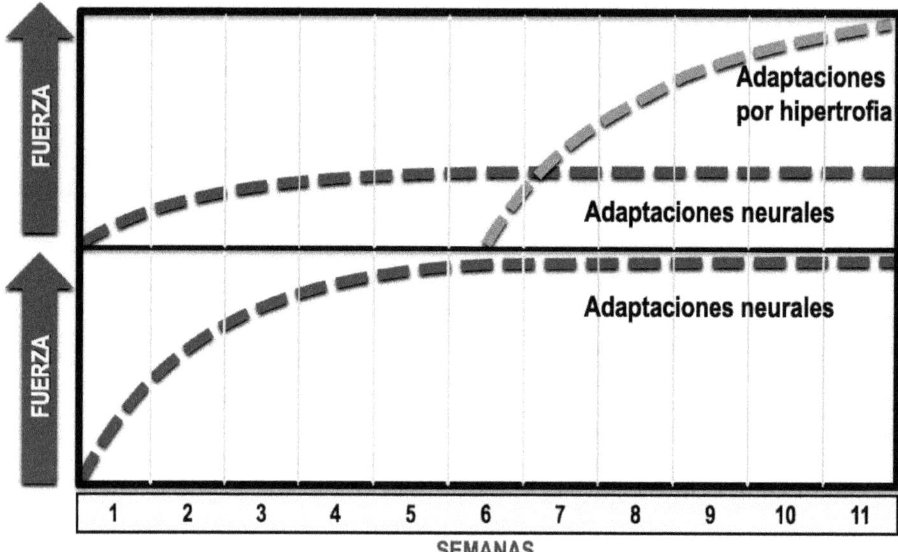

Figura 3. 4.- En los adultos (parte superior de la figura), las adaptaciones al entrenamiento de fuerza, durante las primeras 5-8 semanas, son de origen neural. Seguidamente, el aumento es de origen hipertrófico. En pre púberes (parte inferior), las principales adaptaciones son siempre con predominio de origen neural.

Por todo lo anterior es de vital importancia incidir con el entrenamiento antes de la pubertad ya que a partir de esta edad la posibilidad de modificar el sistema nervioso a través de estímulos, es mucho más dificultosa al haber madurado el sistema.

La unidad motriz (UM).

Los factores nerviosos para el establecimiento de la fuerza, están fundamentados en la unidad motriz (UM). Ésta emite el impulso nervioso que hace que la fibra muscular se contraiga, conduciendo los impulsos provenientes del sistema nervioso hacia los músculos. Está formada por la terminación nerviosa (Axón) y el conjunto de todas las fibras musculares que conecta y a las que estimula para su puesta en acción.

Sabemos que en una UM que se activa, todas sus fibras musculares se contraen o relajan al mismo tiempo y la fuerza total de una contracción se establece en función del número de UM que son activadas. También se sabe que una sola UM establece contacto con gran número de fibras musculares que puede rondar una media de 150 (Díaz y Ortega, 1992).

Los factores nerviosos se componen de procesos que se pueden producir en dos situaciones:

- √ Dentro del músculo: Coordinación intramuscular.
- √ Entre grupos musculares: Coordinación intermuscular.

La coordinación intramuscular.

Los factores nerviosos consisten en la puesta en acción de las unidades motrices (UM) dentro de un mismo músculo. Implica la puesta en acción de dos mecanismos *reclutamiento y sincronización* de dichas UM (Tous, 1999).

El reclutamiento de las UM.

Se refiere al número o cantidad de UM activadas o desactivadas en un momento determinado, así como a su frecuencia o tasa de activación.

Sobre esto cabe comentar que la función contráctil del músculo es muy económica y ante una tensión o contracción no se ponen en acción la totalidad de UM, sino que se activan solamente las necesarias, en función de la resistencia a vencer. A medida que aumenta esa resistencia, son activadas más cantidad de ellas, mientras que si ésta disminuye, son activadas un número menor.

La sincronización de UM.

Normalmente las UM actúan de manera asincrónica para que el movimiento no resulte brusco. No obstante, cuando los esfuerzos se aproximan a la fuerza máxima, éstas se activan de forma sincrónica (Tous, 1999). De aquí la importancia de pasar de un estado a otro en un momento determinado.

La contracción de las fibras respeta un orden secuencial (Comettí, 1998). Según la ley de Henneman las fibras St son reclutadas en primer lugar, posteriormente son las Ft I y, por último, las Ft II. Esto sucede ante esfuerzos en los que se requiere de fuerza máxima (figura 3.5). Por el contrario, si las cargas son más ligeras y el trabajo va dirigido hacia la fuerza explosiva o reactiva, el proceso se invierte. Entonces son reclutadas en primer lugar las fibras Ft II y, posteriormente, irán entrando en acción las Ft I y las St.

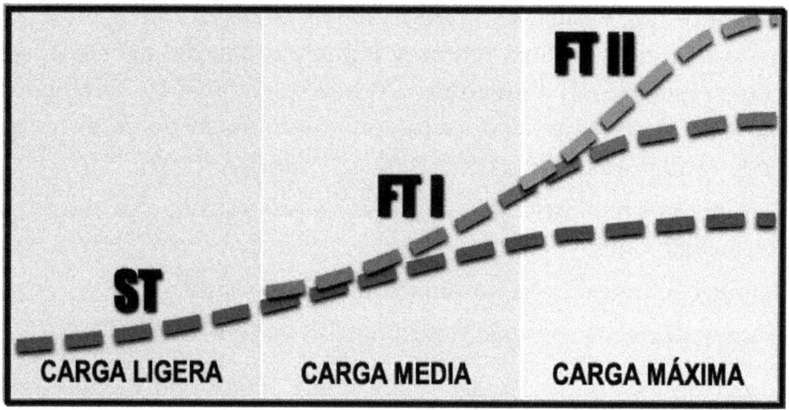

Figura 3. 5.- Ante cargas ligeras, son las fibras lentas (ST) las que se activan en primer lugar. A medida que la carga aumenta, se van reclutando paulatinamente mayor proporción de fibra intermedias (FTI) y rápidas (FTII). Fuente: (Cometti, 1998).

Existen particularidades que deben ser tenidas en cuenta, sobre todo cuando se trate de trabajos de resistencia en los que aparece la fatiga. En estos casos, por motivos de agotamiento de las fibras y aunque la contracción resulte de intensidad baja, si ésta se prolonga, llegan a agotarse las fibras St. Entonces serán reclamadas las Ft para poder mantener la tensión y aparecerán más síntomas de catabolismo anaeróbico (lactato, hidrogeniones, etc.). Esto se debe a que, estas últimas, se encuentran más especializadas en producción de energía por las vías anaeróbicas.

Este efecto secuencial de sincronización se produce ante una carga creciente o ante cargas máximas y submáximas. Pero dicho orden puede ser modificado o programado en función de las necesidades y del tipo de carga a la que se ve sometido el esfuerzo.

En este sentido, es interesante recabar que, ante cargas máximas y lenta velocidad de movimiento, la sincronización secuencial es de fibras ST-FTI y FTII. En cambio, si la carga a mover es media o baja y el movimiento se hace a la máxima velocidad posible o muy próxima a este nivel, el orden de sincronización se invierte, por lo que entrarían primero las FTII, luego las FTI y , a medida que aumenta la fatiga, irían entrando en acción las ST (figura 3.6).

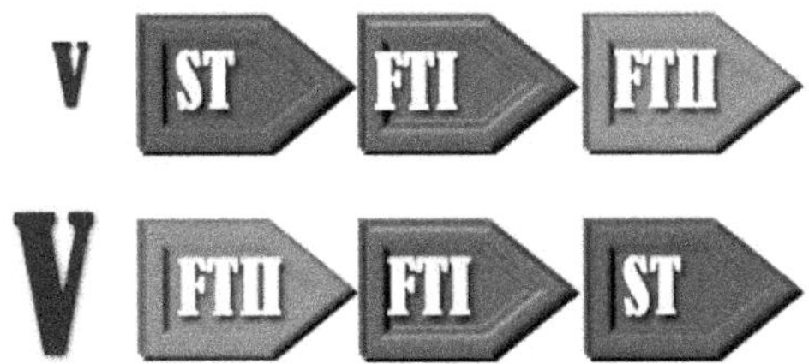

Figura 3. 6.- Con cargas elevadas y velocidad lenta, las fibras se reclutan por el siguiente orden: ST-FTI y FTII. Cuando la velocidad de ejecución es alta y la carga es media o ligera, el orden de activación se invierte.

La coordinación intermuscular.

Hace referencia a la secuenciación de la puesta en acción de los grupos musculares para el movimiento coordinado de las palancas. Aquí juega un papel categórico la coordinación entre músculos agonistas, antagonistas y sinergistas.

En este aspecto entra en función la buena ejecución del movimiento con una buena aplicación de la técnica que, a su vez, depende de otros factores tales como son la coordinación dinámica general, el control de la postura, el equilibrio, etc. (los movimientos bien ejecutados son más eficaces y más eficientes).

Todo nos sugiere que, en etapas de desarrollo, debe ser prioritario el dominio de las habilidades específicas antes de aumentar la potencia de las cargas y las resistencias a vencer. Sobre los elementos técnicos y la coordinación ya se ha tratado en otro capítulo de esta obra por lo que aquí nos remitimos solamente a citar su importancia para el entrenamiento de la fuerza.

3.2.3. Factores elásticos y reactivos.

El complejo músculo-tendón tiene unas propiedades, entre las que destaca la capacidad de recuperar su dimensión natural tras haber sido estirado previamente (elasticidad). Si se aprovecha este mecanismo complementándolo con una contracción inmediata al estiramiento, la producción de fuerza es considerablemente mayor que si se parte de una posición estática. El efecto se debe a que, en la primera fase o elongación, se genera una energía potencial muy superior a la que se forja desde una posición estática y en el momento de la contracción se crea una energía cinética, también superior a la que se produciría desde la posición estática.

La generación de fuerza aún puede ser más rápida si se aprovechan los factores reactivos. Éstos están basados en un mecanismo reflejo.

El desarrollo de la fuerza está determinado por factores mecánicos, neuromusculares y hormonales. Los de tipo neuromuscular se asocian con el número y distribución de fibras, así como con la habilidad del sistema nervioso para activar rápida e intensamente a los músculos agonistas, al tiempo que se produce inhibición de los músculos antagonistas o con la capacidad de utilizar energía potencial originada durante un ciclo estiramiento-acortamiento (CEA) (Izquierdo e Ibáñez, 2007).

El reflejo de tracción o reflejo Miotático.

Se trata de un *"mecanismo de defensa"* que puede desencadenarse en la mayoría de los músculos esqueléticos. Como ejemplo tenemos el reflejo *patelar* de los tendones rotulianos. Cuando se golpea suavemente sobre éstos, en circunstancias normales, se produce una reacción con extensión de la rodilla.

Este mecanismo reúne unas características:

- Aparece con máxima rapidez.
- Está directamente relacionado con la fuerza y la velocidad.
- Cesa inmediatamente una vez terminado el ciclo.

En este fenómeno juega un rol determinante el *huso muscular.*

En los músculos existen órganos sensibles (receptores) que registran el estado de extensión. El más Importante se conoce con el nombre de *huso muscular.*

Si se estira un músculo, también se extienden los husos musculares. Éstos, envían impulsos a la médula a través del nervio sensitivo. Allí, mediante el mecanismo de sinapsis, se produce de nuevo una emisión que vuelve al músculo a través del nervio motor procediéndose de forma casi inmediata a la contracción del músculo (figura 3.7). Este mecanismo es de vital importancia ya que es el que permite la aplicación de fuerza más rápida.

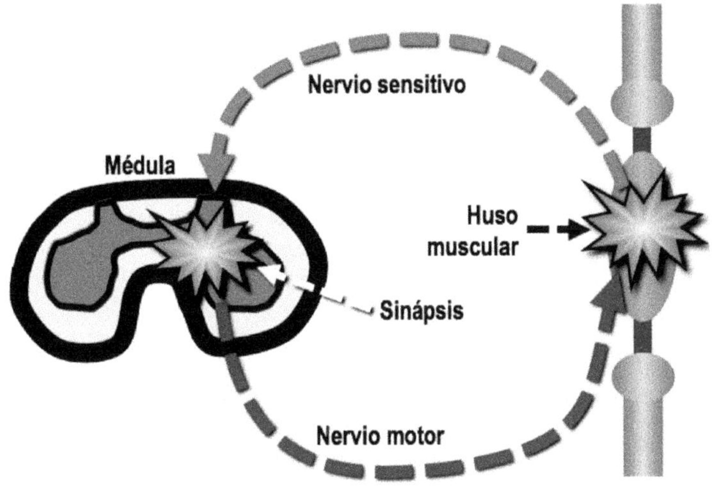

Figura 3. 7.- Mecanismo determinante de la fuerza explosiva reactiva consistente en el reflejo miotático o de tracción.

Dado que el sistema nervioso va a madurar a la llegada a esa edad crítica de la pubertad, es muy importante estimular este mecanismo antes de ese momento ya que es el tiempo en el que se puede incidir con más resultados en el sistema. Es por ello, que son altamente recomendables los trabajos que estimulen el mecanismo del ciclo estiramiento acortamiento (CEA) antes de la pubertad, a base de saltos rápidos, lanzamientos, etc.

No obstante, en estas edades pueden existir algunos condicionantes que nos exigirán tener ciertas precauciones:

- El aparato locomotor (músculos, tendones articulaciones y ligamentos) están en proceso de crecimiento y pueden existir momentos de cierta debilidad.
- La fuerza, en general, aún está lejos de los niveles necesarios para efectuar trabajos de pliometría.

Por ello, es preciso tener en cuenta esas circunstancias y aplicar las tareas de fuerza explosiva reactiva con las siguientes orientaciones.

Con respecto a los saltos:

- Realizar los saltos con la caída en alto. Por ejemplo, en cuesta para evitar o reducir considerablemente el efecto de la caída que es el más delicado.
- Realizar los saltos con poca altura, pero incidiendo en la máxima velocidad de ejecución, por ejemplo, con vallitas de 15 - 20 cm de altura.

- Realizar los saltos con caídas en suelos elásticos (pistas sintéticas, etc.).

Con respecto a lanzamientos:

- Utilizar móviles ligeros que permitan el estiramiento previo y la contracción a la máxima velocidad.
- Realizar los ejercicios a dos brazos o, en el caso de utilizarse uno, alternar con la izquierda y la derecha.

3.2.4. Factores fisiológicos y funcionales.

Dentro de estos factores se encuentran dos que van a jugar un papel categórico en la generación de cualquier tipo de fuerza: *el metabolismo y el sistema endocrino.*

Factores metabólicos.

En otra parte de esta obra ya se ha tratado el metabolismo como responsable de la creación y consumo de energía y dependiendo de la necesidad de energía/tiempo al realizar un ejercicio, así va a cobrar más protagonismo una vía u otra.

De acuerdo con lo anterior, ante esfuerzos máximos, bien si se trata de aquellos ejecutados a máxima velocidad, bien con máxima exigencia de fuerza o ambas, será la vía anaeróbica aláctica la prioritaria en base al ATP libre y a las reservas y de fosfocreatina. En cambio, cuando aumenta el número de repeticiones, irán cobrando protagonismo las otras vías metabólicas (figura 3.8).

Factores hormonales.

Existe un número importante de hormonas que, de una alguna manera, influyen en la adquisición de fuerza. Entre éstas las más importantes son las sexuales (testosterona y estrógenos) y la hormona de crecimiento (somatotropina o GH). Éstas tienen una incidencia en función de una serie de características que, conviene conocer porque va a depender de ellas una parte importante del a evolución de la fuerza.

A lo largo del desarrollo, la secreción de estas hormonas varía de forma un tanto irregular y esto hace que también lo sean diferentes aspectos de la fuerza y de sus manifestaciones. Es a partir de la pubertad cuando se produce una eclosión del sistema hormonal que influye directamente, tanto en el crecimiento (mayores palancas) y de hipertrofia (mayor sección muscular).

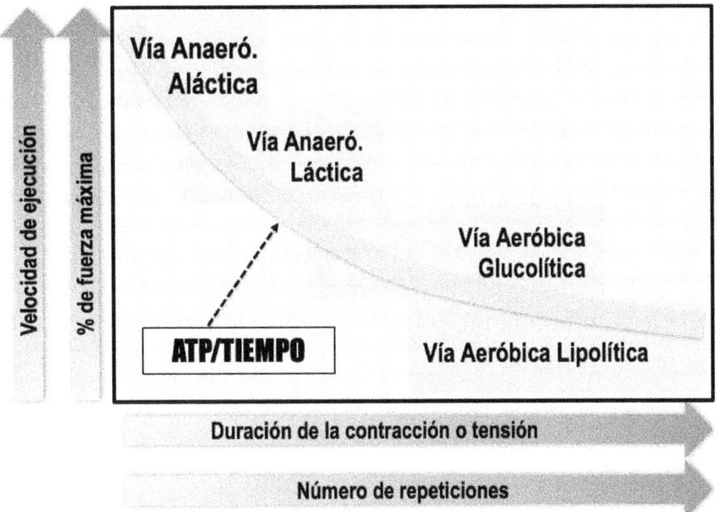

Figura 3. 8.- Dependiendo de la velocidad o de la resistencia a vencer, de la duración del ejercicio o del número de repeticiones, se utiliza más cantidad de ATP en unidad de tiempo. Esto obliga a las vías metabólicas a entrar en funcionamiento de una forma específica.

La Somatotropina o GH.

También conocida como la hormona del crecimiento. Es secretada principalmente en la hipófisis anterior y de una forma irregular en cada momento del desarrollo. Comienza a parecer alrededor de las 6 semanas de vida, mostrando un pico a las 24 (McArdle et al (2004). Ésta sigue produciéndose en menor cantidad a medida que se aproxima el momento en el culmina con el crecimiento del individuo, pero mostrando una aceleración muy importante en la pubertad. El fenómeno es aproximadamente igual ambos sexos, con las diferencias en cuanto a la edad de desarrollo biológico de los chicos con respecto de las chicas (figura 3.9).

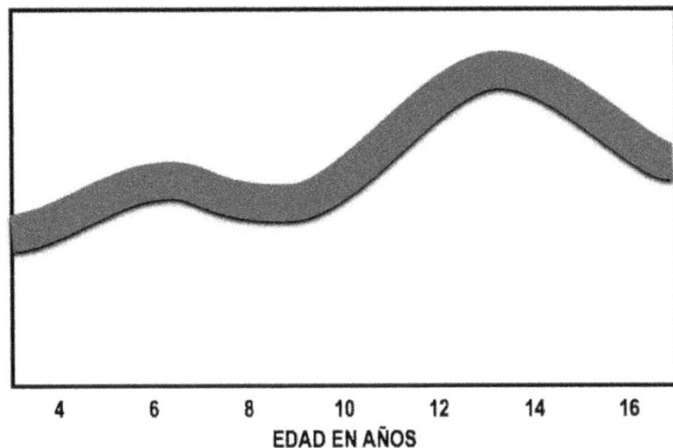

Figura 3. 9.- Dinámica aproximada de la secreción de la somatotropina (GH) en función de la edad. En la dinámica puede apreciarse un importante incremento durante la pubertad.

Hay que tener presente que el crecimiento normal está íntimamente relacionado el aumento en los niveles de GH. Por ello es necesario conocer la influencia que tiene el entrenamiento en este proceso. Al respecto, (Vallejo, 2002) en una revisión bibliográfica, no encontró diferencias significativas entre niños que se sometieron a planes de entrenamiento con respecto a aquellos que no entrenaron. Esto sugiere que el crecimiento no se vería afectado por el entrenamiento y que un trabajo sistemático y bien estructurado, no tiene efectos aparentes en el crecimiento de los niños.

La GH está íntimamente relacionada con el crecimiento y el desarrollo muscular y tiene, entre otras, las siguientes funciones (Ortiz, 1996), (García Manso, 2003):

- Reducción de la utilización de la glucosa.
- Decrecimiento de la síntesis del glucógeno.
- Aumento del transporte de aminoácidos a lo largo de la membrana celular.
- Incremento de la síntesis proteica.
- Incremento de la utilización de ácidos grasos (lipólisis).
- Incremento de la síntesis de colágeno.
- Estimulación del cartílago de crecimiento.
- Incremento de fluido del plasma renal.
- Reducción la degradación de proteínas.
- Aumenta la retención de nitrógeno, sodio, potasio y fósforo.

Como se ve entre las funciones de la GH, no está solamente la de incidir en el crecimiento, también lo hace en cierta proporción en el aumento del volumen muscular, esto también sugiere que puede contribuir en una parte, al aumento de fuerza en edades pre adolescentes en este aspecto.

La secreción de GH no se produce de forma regular, aparte de las diferencias en función de la edad, también existen importantes diferencias a lo largo del día y en función de la actividad. Diferentes estudios observan que tras un entrenamiento de fuerza, la GH circulante aumenta considerablemente (Scarfó, 2005). También sabemos que la producción aumenta copiosamente durante el sueño. Esto también sugiere la importancia que tiene el descanso y el sueño reparador en los jóvenes deportistas, tanto para el incremento y asimilación de la fuerza como para su propio crecimiento.

La Testosterona.

Resulta la principal hormona androgénica. En los chicos, se produce, aproximadamente un 95% en los testículos, el resto se produce en las glándulas suprarrenales y en el cerebro. En lo que respecta a las mujeres, su organismo produce, aproximadamente, de 10 a 20 veces menos que los varones, y se produce en los ovarios e, igualmente, en las glándulas suprarrenales y en el cerebro. La concentración en el plasma sanguíneo en hombres adultos puede llegar a ser hasta es 20 veces superior que la que se aprecia en mujeres. (González Badillo y Gorostiaga, 2012). Esa gran diferencia entre ambos sexos está relacionada con los testículos que son los que secretan la mayor cantidad.

Aunque en promedio, las chicas entran y completan el crecimiento puberal más precozmente que los varones, los aumentos durante la adolescencia en la masa muscular en las jóvenes no son tan grandes como en los varones. Las mujeres jóvenes adultas logran alrededor de dos tercios de los niveles de masa magra y masa muscular estimadas en los hombres jóvenes adultos. Contrastando con este hecho, la adiposidad absoluta y relativa se incrementan más en las chicas a partir de la pubertad.

La secreción de esta hormona, viene correlacionada con la maduración sexual, de modo que las concentraciones que aparecen en la sangre aumentan de una forma considerable a partir de la pubertad (figura 3.10).

EDAD EN AÑOS	MUJER	HOMBRE
8-9	21-34	20
10-11	41-60	10-65
12-13	131-349	30-80
14-15	328-643	30-85

Figura 3. 10.- Modificación de tasas de Testosterona (ng/100 ml) a lo largo de la edad. Fuente: Weineck (1992).

La Testosterona viene íntimamente relacionada con factores de hipertrofia muscular (González Badillo, 2002). Por ello, se puede deducir que las posibilidades de incrementar la fuerza en su aspecto de hipertrofia son muy superiores en los chicos, con respecto de las chicas, una vez entrados en la fase puberal.

La Testosterona no solo induce hipertrofia muscular. También responde a otros factores y mecanismos más intrínsecos, siendo una potente hormona que mejora la función neural y su respuesta de al ejercicio de fuerza que resulta altamente variable entre los individuos (Escarfó, 2005).

3.3. EVOLUCIÓN Y ENTRENABILIDAD.

Entre las razones que pueden explicar la dificultad en los sujetos pre adolescentes para incrementar su masa muscular puede mencionarse la insuficiente maduración del eje hipotálamo-hipófisis-gonadal, que determina que hasta la pubertad en el hombre el nivel de andrógenos sea demasiado bajo como para promover la hipertrofia muscular.

De todas formas, existen evidencias actuales que indican que, incluso y aunque en menos magnitud, se aprecian ciertos grados de hipertrofia antes de la pubertad. Esto puede deberse fundamentalmente a la acción de la hormona de crecimiento, la cual, tal y como hemos visto, también influye en el desarrollo muscular. Con todo, esas ganancias en sección muscular no se corresponden con el incremento de la fuerza, lo que nos sugiere que a edades previas a la pubertad, son sobre todo los factores neurales los que determinan los principales aumentos de fuerza (García Manso et al, 2003).

Durante la pubertad, la entrenabilidad de la fuerza en el hombre aumenta rápidamente de forma paralela a la concentración de testosterona, incluso sin realizar entrenamiento de fuerza. Para las mujeres, a diferencia de lo que ocurre con los varones, las bajas concentraciones de hormonas androgénicas, suponen un factor limitante para conseguir los mismos desarrollos en valores absolutos de la masa muscular y la fuerza (Izquierdo e Ibáñez, 2007).

Diferentes estudios evidencian que, la magnitud de aumento de masa muscular, en sujetos en edad pre púber, es pequeña en comparación con los incrementos que se producen en fuerza, lo que evidencia que son otros factores (principalmente los neurales) los que más contribuyen al desarrollo de la fuerza en estas edades.

La fuerza es entrenable en todas las etapas de desarrollo.

Como consecuencia de los factores tratados, se puede concluir que la fuerza es entrenable, a nivel funcional en todas las edades, pero de acuerdo con los factores tratados, *es preferible estimular primero los factores neurales* ya que los niños y pre púberes se encontrarían en fase sensible para mejorar en este sentido, al encontrarse el sistema nervioso en proceso de maduración. Posteriormente y a partir de la pubertad, sin dejar de trabajar en la dirección anterior, habrá que centrarse más en aspectos de hipertrofia que se verá favorecida por la eclosión hormonal, encontrándose entonces en fase sensible para desarrollar la fuerza en su aspecto de hipertrofia. En la figura 3.11 se expone una aproximación a la evolución de los parámetros anteriormente citados.

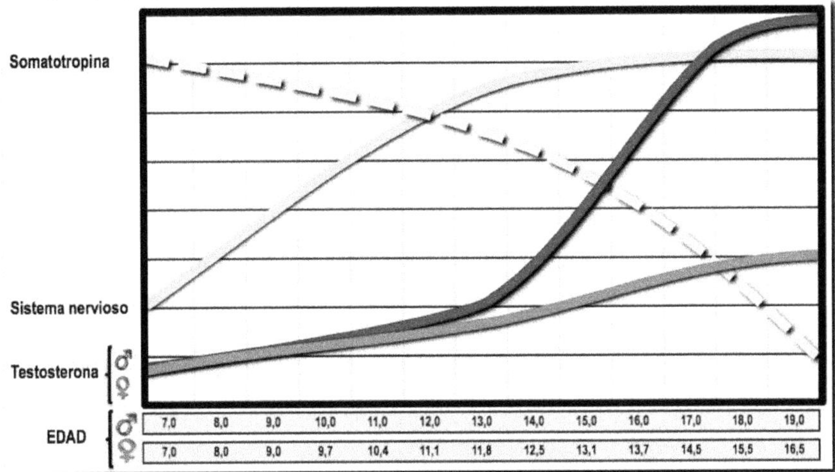

Figura 3. 11.- Evolución aproximada de desarrollo y maduración del sistema nervioso y de las principales hormonas que influyen en el aumento de la fuerza.

El aumento de la fuerza es progresivo en ambos sexos hasta llegar a la pubertad. Hasta la edad puberal no aparecen diferencias significativas en ambos sexos (Weineck, 2005). A partir de aquí comienza un incremento considerablemente más acentuado en los chicos en comparación con las chicas.

Al sobrepasar la adolescencia, la fuerza absoluta de las mujeres puede llegar aproximadamente al 75% comprobada en el hombre (Weineck, 2005).

Sobre las posibilidades de entrenamiento, la fuerza puede entrenarse en cualquiera de las etapas de desarrollo, siempre que las cargas sean las adecuadas en cada momento.

El pico de ganancia de fuerza en los chicos lo fijan los autores unos meses, pasado el momento de máximo crecimiento que se sitúa entre el final de la pubertad y principio de la adolescencia. En cambio, en niñas no se aprecia ese pico tan resaltado (figura 3.12).

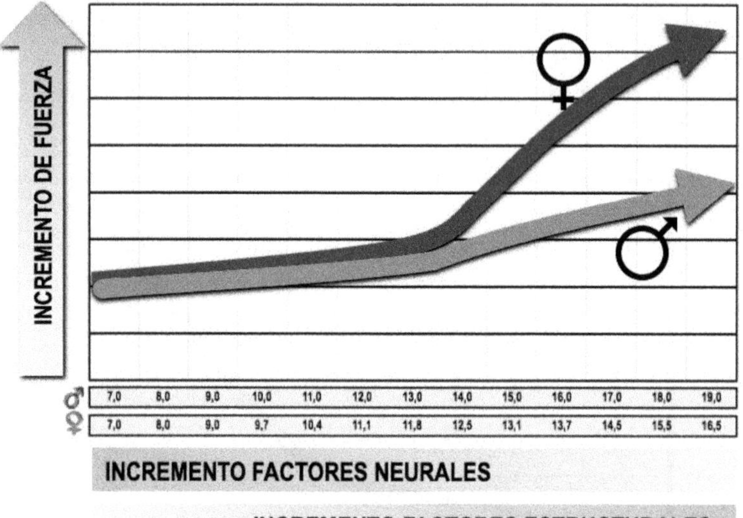

Figura 3. 12.- Tendencias aproximadas en el incremento de fuerza en chicos y chicas a lo largo de las etapas de desarrollo. En las primeras etapas la fuerza se incrementa fundamentalmente por influencia de factores nerviosos y, a partir de la pubertad, el aumento es responsabilidad la hipertrofia. La inflexión, a partir de esta edad, es considerablemente superior en los varones.

3.4. LAS MANIFESTACIONES DE LA FUERZA Y SU EVOLUCIÓN.

En función de los factores tratados, la fuerza puede aparecer de diferentes maneras. Éstas manifestaciones son el resultado de la fuerza muscular producida por un "ciclo simple" de contracción muscular aislada bien con acortamiento longitudinal del músculo (concéntrica) o con elongación (excéntrica) (González Badillo et al, 2012).

En la bibliografía se pueden encontrar numerosas formas de clasificarla. Una de éstas ha sido propuesta por Carlo Vitori (1990), a partir de la cual, tratamos las características, evolución y entrenamiento, en las diferentes fases del desarrollo. (figura 3.13).

Figura 3. 13.- Manifestaciones de la fuerza según el modelo de Carlo Vitori (Vitori, 1990). Modificado.

El conocimiento de las formas de manifestarse la fuerza y su evolución a lo largo del proceso de desarrollo es un tanto irregular al existir momentos más dúctiles (fases sensibles) y otros menos permeables al entrenamiento (fases menos sensibles) y el entrenador-formador debe saber en qué momentos es más interesante entrenar en una u otra dirección.

Manifestaciones activas.

Se trata de formas de fuerza siempre con movimiento. La activación debe partir de una situación de inmovilidad total. Por ejemplo, una extensión de rodillas tras una posición de semiflexión estática. Partiendo de esta premisa, se distinguen dos tipos de manifestación: *fuerza máxima dinámica y fuerza rápida o explosiva.*

Fuerza máxima dinámica (FMD).

Se refiere a la mayor carga posible en un solo movimiento sin tener en cuenta el tiempo invertido. Viene siendo el más alto grado de fuerza que el sistema neuromuscular es capaz de generar, a partir de contracciones máximas (Martin et al, 2004).

Se trata de una capacidad compleja que depende de un conjunto de aspectos (Martin et al, 2004):

- Del aumento de la sección transversal del músculo.
- De la coordinación intra e intermuscular.
- De la reserva de energía del músculo (especialmente de fosfágenos).
- De la actividad muscular.
- De la capacidad contráctil del músculo.
- Del acoplamiento de la técnica con la aplicación de la fuerza.

La FMD ya puede ser comprobada en edades pre púberes aunque, existen discrepancias acerca de la posibilidad de realizar pruebas con una repetición máxima (1RM) en estas edades. En este sentido, existen opiniones sobre un posible riesgo al realizar esta prueba y aparecen otras que afirman que si el movimiento es bien controlado, dicho riesgo no existe .

Faigenburg et al, (2003) citan un estudio con 32 niñas y 64 niños en edades comprendidas entre 6,2 y 12,3 años. Cada uno de los individuos realizó una prueba de 1 repetición máxima (1 RM) consistente en un press de banca para el tren superior y 1RM para el tren inferior, consistente en un press de piernas en máquina especial para niños. Tras esas pruebas, no se comprobó ninguna lesión, lo que sugiere que tareas bien estructuradas, supervisadas con un control sobre la buena ejecución y un dominio de la técnica, la fuerza máxima dinámica, podría ser trabajada y evaluada en niños.

De todas formas, cabe incluir que, dada la gran reserva de adaptación que tienen los niños, la cuestión es si realmente serían necesarias este tipo pruebas o entrenamientos en estas edades ya que debido a esa reserva, los chicos aumentarán su FMD con cargas más bajas y con mayor número de repeticiones.

Para aclarar esto último, se puede poner el siguiente ejemplo: Un lanzador de peso o un halterófilo en edad adulta, para entrenar su FMD necesitará utilizar cargas máximas. Si solamente le obligamos a realizar series de 15 o 20 repeticiones, sin duda que su FMD, empeoraría. En cambio, si a un pre púber, le estimulamos con cargas medias y un número considerable de repeticiones, la experiencia nos confirma que con estas tareas también mejorará su fuerza máxima dinámica.

En este sentido (Vélez, 2008) recomienda para los niños, no utilizar cargas máximas ni en entrenamiento ni en test, dado que existe una alta correlación entre 1RM y pruebas de más número de repeticiones que conllevan menor riesgo. Para ello, este autor propone 2 fórmulas para entrenar la FMD en etapas previas a la adolescencia, las cuales, también son recomendadas por otros autores (figura 3.14).

En la figura, se exponen ambas fórmulas alternativas. La "x", en ambos casos, representa el número de repeticiones realizadas hasta el fallo. Para los niños, el fallo puede ser simplemente aquella repetición en la que la ejecución técnica comienza a deteriorarse, no permitiendo continuarse la tarea por decisión del entrenador. El entrenador debe adaptar lo programado a la capacidad del chico en el momento, unas veces bajando la carga u otras subiéndola. Actuando con este procedimiento, el efecto del entrenamiento no variará y se evitarán riesgos de lesiones (Vélez, 2008).

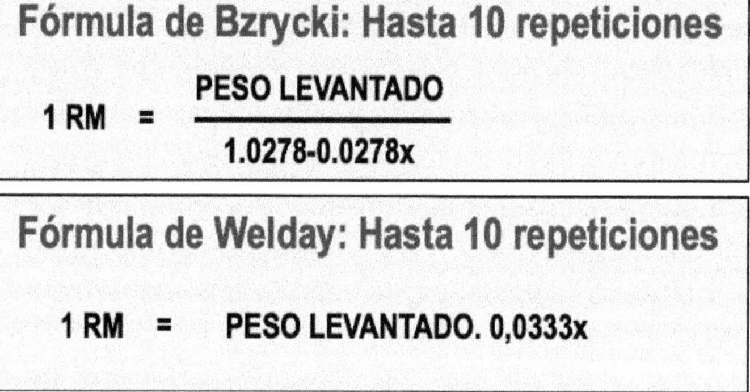

Figura 3. 14.- Dos fórmulas alternativas para entrenamiento de la fuerza máxima dinámica en niños en fases de desarrollo. Fuente: Vélez (2008).

Evolución de la FMD.

La FMD evoluciona a lo largo de las diferentes etapas de una manera irregular:

- Esta manifestación mejora ya en edad infantil, (Academia Americana de Pediatría, 1994). Siguiendo su línea, se sabe que el transcurso de las curvas de los valores promedio demuestran un aumento anual continuo y creciente para los niños pre púberes. Hasta esta edad las diferencias entre ambos sexos, apenas aparecen. Incluso, podríamos añadir en nuestra experiencia son frecuentes casos en los que hay niñas que superan a los niños a edades anteriores a los 10-11 años.
- Hasta el final de la pre pubertad, su desarrollo muestra un ascenso suave.
- Durante la pubertad el ascenso es muy acentuado con amplio periodo de crecimiento. Esto es atribuible a los procesos de maduración hormonal (testosterona y estrógenos) que influyen directamente en la hipertrofia. Aquí aparecen importantes diferencias entre ambos sexos.
- En las chicas también se observan las fases anteriores pero con un menor ascenso a partir de la pubertad.
- En la adolescencia aparece una aumento continuo pero ligeramente inferior a la anterior.
- A partir de la juventud y ya en edad adulta, en los varones el punto álgido de fuerza es entre los 20 y 30 años. Por el contrario, en las mujeres, éste se produce pasada la pubertad y ya entrada en la adolescencia.

Fuerza rápida o explosiva (FRE)

Se refiere a la ejecución de fuerza pero teniendo en cuanta la velocidad de ejecución que deberá ser siempre la mayor posible. Se parte, al igual que para la FMD desde una posición estática pero realizada en función del tiempo.

Hammet y Hey (2004) en un estudio realizado con 26 chicos y 12 chicas, comprendidos entre 13 y 15 años encontraron que con un entrenamiento basado en ejercicios balísticos, realizado durante 4 semanas, encontraron mejoras en aspectos neuronales relativos a la fuerza. Esto induce a pensar que, incluso en la edad de la pubertad, podrían ser mejorables las prestaciones neurales, por lo que se debería seguir insistiendo con estos estímulos aún en esta etapa, pese a que los beneficios pudieran no ser tan importantes como los que se podrían lograr en etapas anteriores.

Evolución de la fuerza rápida o explosiva.

La FRE aumenta de forma irregular, dependiendo de la edad (Giraldés, et al, 2004), y no lo hace precisamente paralela a la evolución de la fuerza máxima (Martin et al, 2004). De la misma forma, no es del todo demostrable si las mejoras se deben al entrenamiento o bien a otros factores relacionados con el propio desarrollo. Incluso, se ve altamente influenciado por la perfección del movimiento.

- En la fase prepuberal aumenta progresivamente en ambos sexos (Giraldés 1994). No obstante, puede haber dudas de esa progresión en la etapa infantil y la mejora pudiera ser debida a otros factores, fundamentalmente los de aspecto neuromuscular.
- A partir de la pubertad, se observa una más rápida subida en los varones, mientras que en las chicas, aún subiendo, el aumento es considerablemente menor.
- Al llegar a la adolescencia, se observa un estancamiento en hombres y mujeres, siendo más patente dicho estancamiento en las últimas (Giraldés, 2004).

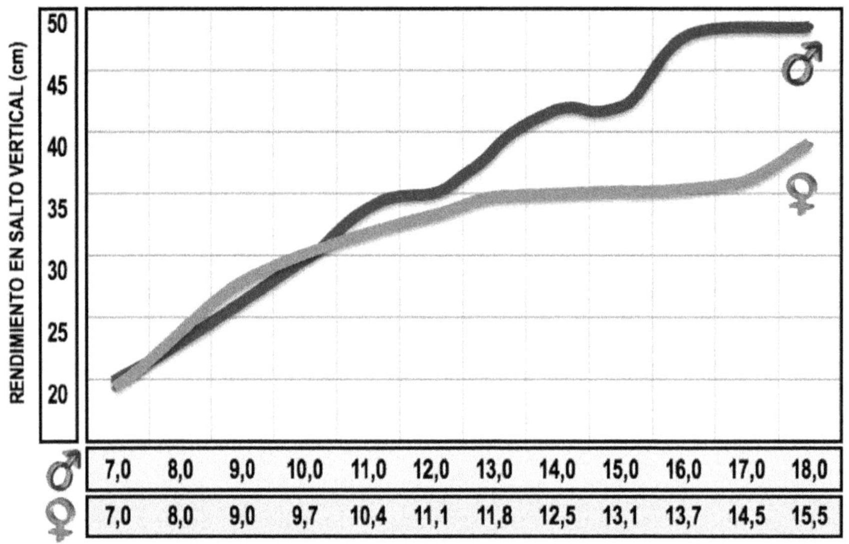

Figura 3. 15.- Rendimiento en salto vertical en función de edad y sexo.
Fuente: Martin et al. (2004).

Con respecto a su entrenamiento existen ciertas conclusiones que pueden ser de gran utilidad a la hora de diseñar las cargas:

- El éxito del entrenamiento no depende exclusivamente de la FRE ((Martin et al, 2004), pese a que en pruebas de fuerza explosiva, tal cual puede ser un salto, las mejoras obtenidas pueden ser influidas por efectos colaterales a dicha FRE.

- Las mejoras obtenidas por el entrenamiento son similares en los tres primeros años de trabajo (Diemman y Letzelter, 1987).
- Las mejoras son permanentes durante un tiempo importante. Esto indica que los efectos del entrenamiento, siempre que esté bien estructurado, pueden hacerse crónicos. Por ello, es interesante comenzar a trabajarlo ya desde edades tempranas. En consecuencia, los entrenamientos basados en saltos en condiciones adecuadas (caída en alto, pisos elásticos, caídas desde poca altura, etc.) y multilanzamientos con aparatos ligeros, serían no solo recomendables, serían necesarios ya desde edades tempranas.
- Para lograr estas mejoras es preciso entrenar la FRE entre dos y tres días por semana (Vélez, 2008).
- La capacidad de FRE correlaciona mucho menos con la fuerza máxima en etapas anteriores a la pubertad que la que puede observarse a partir de la adolescencia en adelante. Esto nos señala la posibilidad de entrenar esta manifestación desde antes de la pubertad, sin necesidad de incidir demasiado en la fuerza máxima.
- El entrenamiento de la FRE, en relación la coordinación, debe ser sistemático en el entrenamiento en púberes y etapas anteriores con el que se logran rendimientos desde edades muy tempranas.

Manifestaciones Reactivas.

Resultan del efecto producido por un "ciclo doble" de trabajo muscular, compuesto por un acortamiento precedido de un estiramiento. Por ejemplo, un salto precedido de una flexión de piernas, pero sin parada. En un principio, ante la flexión de piernas, se produce un estiramiento de los cuádriceps.

Basados en lo anterior, se distinguen dos tipos de manifestaciones basadas en el *ciclo estiramiento-acortamiento* (CEA):

Fuerza explosiva elástica.

Consistente en un *"CEA lento"* basada en un estiramiento previo (González Badillo y Gorostiaga, 2012) y se compone de tres fases:

1. ***Fase inicial.*** Durante el estiramiento en el que se tiene más tiempo para lograr mayores niveles de fuerza dado que al comenzar ya se dispone de una mayor tensión en el músculo.

2. ***Fase de frenado***. En la que se estira fuertemente la musculatura extensora previamente contraídas. El efecto es el de un muelle elástico. Esta fase deberá ser lo más corta posible en su duración.
3. ***Fase concéntrica.*** Inmediata contracción de los músculos con la liberación de la energía acumulada en la fase inicial mediante la trasformación

En resumen, la energía elástica que se genera en la fase inicial es liberada en la fase de contracción, transformándose en energía mecánica.

Fuerza explosiva reactiva.

Consiste en el trabajo muscular dentro del CEA que genera un aumento de energía/tiempo y que depende de la fuerza máxima, de la velocidad de creación de fuerza y de la capacidad de tensión reactiva de la estructura muscular (Martin et al, 2004).

Se trata de un *"CEA rápido"*. Tiene lugar como consecuencia de una activación excéntrica de las extremidades, con una amplitud de movimiento limitada y con la mayor velocidad posible de ejecución. Está basada en la entrada en acción del reflejo miotático (tratado anteriormente), con el que se logra la mayor velocidad de ejecución de la fuerza. Este mecanismo se produce solamente cuando el tiempo en el que se produce este mecanismo es inferior a los 200 milisegundos (Martín Acero, 1995).

Como uno de los máximos exponentes se encuentra la pliometría, con ejercicios de caída desde una altura determinada y la reacción refleja de impulso. Cuando se trata de chicos en edades en proceso de desarrollo, la caída debería ser muy poca (no más de 20 cm.).

Sobre la aplicación de la pliometría en edades jóvenes, el tema está un tanto controvertido ante la opinión de una parte de la bibliografía que defiende el riesgo que supone el impacto para el desarrollo óseo y las posibles repercusiones en el crecimiento.

Pero, en la actualidad, no conocemos estudios prospectivos sobre este tipo de entrenamiento de la fuerza pliométrica en niños, que haya sido completamente supervisado y bien diseñado y que haya provocado una causa – efecto sobre lesiones en las placas óseas de crecimiento.

En la actualidad, numerosos niños están experimentando los beneficios del entrenamiento pliométrico. Además de mejorar las destrezas físicas fundamentales y mejorar el rendimiento deportivo, la participación regular en un programa bien diseñado de entrenamiento pliométrico puede también reducir el riesgo de lesiones en los deportistas jóvenes (Faigenbaum, 2006).

Incluso, la tendencia reciente indica que el entrenamiento pliométrico, durante la infancia puede construir la base para las posteriores ganancias de fuerza y potencia muscular durante la adultez. Con la supervisión, correcta aplicación y progresión apropiada, la pliometría puede ser un componente adicional de gran valor en un programa bien diseñado para la mejora de la aptitud física de los niños que combinen estas tareas con entrenamientos de fuerza general, entrenamientos aeróbicos y de flexibilidad.

Con respecto a lo anterior, existen estudios que sugieren que el riesgo de lesión en las placas óseas de crecimiento en niños pre púberes es en realidad menor que el riesgo que pueden tener los chicos de más edad debido a que las placas óseas de crecimiento en los niños de menor edad pueden ser más fuertes y más resistentes a las fuerzas, (Micheli, 1988).

Resistencia de fuerza.

Un trabajo de fuerza puede estar basado en una contracción única o con numerosas contracciones. En este último caso se estará incidiendo en un componente de resistencia.

Esta manifestación Martin et al. (2004 la definen como *"la capacidad para mantener la mínima dimensión posible de los niveles de fuerza/energía en un nivel determinado de consumo de ATP"*.

Para ciertos autores, ésta no se trata de una manifestación. No obstante, aquí la tenemos en cuenta desde el punto de vista de que se trata de mantener un esfuerzo contráctil, bien sostenido o bien repetitivo, y que va a implicar a diferentes parámetros (metabolismo, tipo de fibras, etc.).

El entrenamiento de resistencia de fuerza es vital para dar la base a los pre púberes.

Si retomamos algunos de los conceptos tratados en otros capítulos se podrían relacionar algunas de las manifestaciones de la fuerza con la cualidad de resistencia. Cualquier tipo de fuerza, si se aumenta el tiempo de contracción o el número de repeticiones, se está aplicando simultáneamente la resistencia.

Según Bosco (2000) la fuerza se puede clasificar en función de la resistencia a vencer, la velocidad de contracción y *la duración del esfuerzo*. En lo que respecta a los niños y jóvenes este concepto también puede ser aplicado.

La resistencia de fuerza, está directamente implicada con la duración del esfuerzo o el número de repeticiones. En consecuencia, se encuentra relacionada con el metabolismo. Cuando los esfuerzos son máximos, la fuerza estaría más relacionada con los aspectos neuromusculares, mientras que, cuando se trata de resistencia de fuerza, se verían más implicados los mecanismos de producción y consumo de energía, o lo que es lo mismo, el metabolismo (figura 3.16).

Figura 3. 16.- Manifestaciones de la fuerza en relación con la duración del esfuerzo de acuerdo con el modelo de Bosco (Bosco, 2000). Modificado.

3.5. BENEFICIOS DEL ENTRENAMIENTO DE FUERZA EN ETAPAS DE DESARROLLO.

Actualmente existen numerosos estudios realizados por entidades solventes, (la Academia Americana de Pediatría, el Colegio Americano de Medicina del Deporte, la Asociación Nacional de Fuerza y Acondicionamiento, la Sociedad Ortopédica Americana de Medicina del Deporte, etc.) que aseguran beneficios, tanto para la salud como para el rendimiento, con el entrenamiento de fuerza en los niños y púberes (González, 2002) (Faigenburg y Micheli, 2016), (Kraemer y Fleco, 1993). De estos beneficios hemos recogido algunos de los más importantes.

El entrenamiento de fuerza mejora el rendimiento

Entre los efectos que facilita en entrenamiento de esta cualidad, con vistas al rendimiento deportivo en edades en proceso de desarrollo, cabe destacar los siguientes:

- Mejora de la condición física general.
- Aumento de la fuerza muscular general.
- Incremento de la resistencia muscular local.

- Mejora de la capacidad de rendimiento en el deporte y en las actividades recreacionales.
- Aumento de confianza en las propias capacidades y del rendimiento físico para cualquier modalidad deportiva.
- Mejora de la técnica y de la coordinación.
- Mayor activación de las unidades motrices.
- Mejoras del ciclo excitación-contracción.
- Mejoras en el ciclo tensión-relajación.
- Mejoras en la coordinación intermuscular.
- Mejoras en la coordinación intramuscular.
- Efectos de hipertrofia, desencadenados fundamentalmente a partir de la entrada en la edad puberal.
- Disminución de tejido graso en pos del tejido muscular. Este aspecto es especialmente indicado en las chicas, antes y durante la entrada en la pubertad por la problemática ya conocida de acumulación de tejido graso originada por los estrógenos.
- Mejoras en el metabolismo. Tras un trabajo de fuerza, el metabolismo se mantiene acelerado durante un tiempo, por lo que se queman más calorías, incluso en reposo.
- Mejoras en la sensibilidad a la insulina antes el sobrepeso (Añón, 2014).
- Fortalecimiento en la estructura de soporte (ligamentos, huesos y tendones), con la obtención de bases que permitirán soportar cargas mayores de todo tipo.
- Prevención contra lesiones. Cuantas menos interrupciones se produzcan en el entrenamiento, según el principio de la continuidad, mayores serán los beneficios en el rendimiento. En este sentido, existen muchos estudios indican que atletas jóvenes sometidos a entrenamientos correctos de fuerza, manifestaban menos lesiones y menor tiempo para la rehabilitación (Faigenburg y Micheli, 2016).

Por ello, los programas de entrenamiento de fuerza deberían contemplarse como una parte e importante de los planes de formación de los futuros deportistas.

El entrenamiento de fuerza favorece la salud.

Los beneficios del entrenamiento de fuerza en edades antes de la llegada a la juventud van más allá de la búsqueda del rendimiento deportivo.

Los datos disponibles hasta la fecha sugieren que el entrenamiento sistemático y bien controlado de fuerza en estas edades incide considerablemente de forma beneficiosa en la salud. Incluso, un adecuado entrenamiento de fuerza puede influir en aspectos psicológicos y de autoestima desde el momento en que el chico o la chica valoran su propia imagen fortalecida por la actividad física.

Sobre posibles perjuicios para el crecimiento, no hay evidencia científica que indique que el entrenamiento de la fuerza tendrá un efecto adverso sobre la salud y el crecimiento durante la infancia o adolescencia o la reducción eventual de la altura en la adultez (Mayer et al, 2005). En esta línea, es preciso eliminar temores tradicionales acerca de que el entrenamiento de la fuerza sería perjudicial para el desarrollo del esqueleto.

Los recelos sobre que el entrenamiento de la fuerza dañaría las placas de crecimiento de los jóvenes no son compatibles con recientes informes científicos y observaciones clínicas, que indican que el estrés mecánico colocado en el cartílago de crecimiento en desarrollo por los ejercicios de fuerza, o de la alta tensión provocada por deportes tales como el levantamiento de pesas, puede ser beneficiosa para la formación y crecimiento de los huesos (Añón, 2014).

Sobre la densidad de los huesos, el desarrollo equilibrado y armónico de la masa muscular, no solo repercute en cuestiones antropométricas y la obvia ganancia de fuerza. Existen numerosos informes que indican que la infancia puede ser el momento oportuno para aumentar la masa ósea, mejorando la estructura del hueso.

El incremento de la densidad mineral ósea resulta una excelente prevención de la osteopenia o de la osteoporosis del adulto mayor (Costa, 2014). Cabe añadir que existen estudios realizados en adultos, que indican que aquellos que practicaron entrenamiento de fuerza de forma sistemática durante a niñez, tenían más masa ósea (Bailey y McCulloch, 1990). Esto cobra vital importancia, especialmente para el futuro de las mujeres, (Álvarez et al, 2011). En general, la literatura sugiere que la niñez y la adolescencia son períodos clave para aumentar la densidad mineral de los huesos. En conclusión, se puede afirmar que las tareas basadas en cargas submáximas durante estas etapas de crecimiento puede predisponer al individuo mejoras en la salud ósea a largo plazo.

Consecuencias de un escaso entrenamiento de fuerza en los niños y pre púberes.

Es muy importante saber que el entrenamiento de fuerza, a cualquier edad y especialmente durante etapas de desarrollo, debe ser el adecuado. Éste podría llegar a ser perjudicial, tanto por defecto como por exceso. En referencia al defecto, Martin et al, (2004) describen algunas consecuencias ante un escaso entrenamiento de fuerza en edades tempranas.

- Flaccidez de la musculatura glútea.
- Flaccidez de la musculatura abdominal.
- Flaccidez de la musculatura de la espalda.
- Acortamiento de la musculatura pectoral.
- Acortamiento de la musculatura lumbar.

3.6. METODOLOGÍA DEL ENTRENAMIENTO DE FUERZA PARA ETAPAS EN PROCESO DE DESARROLLO.

Resulta de gran importancia conocer los momentos más importantes donde hay que introducir ciertos estímulos ya que es cuando mayores efectos adaptativos se van a producir (fases sensibles). Para ello, vamos a tratar dichas fases en relación con los ya tratados factores determinantes y manifestaciones de la fuerza.

3.6.1. Los niveles o estadios del entrenamiento de fuerza.

En otro capítulo se han tratado los niveles o estadios de desarrollo de las cualidades. En consecuencia, la fuerza también tiene sus niveles de desarrollo. Éstos, en principio estudiados para edades adultas, pueden adecuarse para el entrenamiento en edades tempranas.

Dichos niveles deben cubrir finalidades que no tienen por que coincidir con los correspondientes a la edad adulta. Igualmente, cabe la observación que se trata de estadios con vistas a un futuro deportista. Así pues, poniendo como ejemplo una construcción, para edades en proceso de desarrollo vamos a proponer los niveles o estadios entrenables para la fuerza: *nivel básico, nivel específico y nivel competitivo.*

Estadio de desarrollo básico de fuerza. "Los cimientos".

Tiene por objetivo el de sentar los fundamentos para que el deportista pueda tolerar las cargas de todo tipo a las que se tendrá que enfrentar en las edades de rendimiento deportivo.

Los objetivos son los mismos que se han indicado, con la diferencia de que los medios y métodos se aplicarán mediante tareas encaminadas hacia el desarrollo de la fuerza.

Como contenidos del entrenamiento de fuerza en este estadio, siempre de acuerdo con la edad y de las zonas entrenables en cada momento, se proponen:

- El entrenamiento de la fuerza rápida.
- El entrenamiento de la fuerza máxima mediante el estímulo de los factores neurales.
- Entrenamiento de la fuerza funcional o de construcción anatómica.
- Entrenamiento de la postura con la tonificación de los músculos responsables y las consiguientes correcciones. Igualmente se deben reforzar y corregir las posiciones fundamentales (de pie, en semi sentadilla, etc.).
- El entrenamiento de la resistencia de fuerza en las zonas aeróbicas extensiva y media.
- Entrenamiento de la resistencia de fuerza en la zona aláctica láctica.

Estadio de desarrollo específico de fuerza. "La estructura".

Debe cubrir objetivos específicos a largo plazo. Las tareas aunque sea con objetivos básicos, deben ir dirigidas hacia el gesto deportivo. Por ello, deben incidir en el fortalecimiento de los grupos musculares que intervendrán en la futura especialidad o grupos de especialidades deportivas.

Como finalidades del entrenamiento de fuerza en este estadio, siempre de acuerdo con la edad y de las zonas entrenables en cada momento, se proponen:

- Determinación de la o las zona o zonas donde se debe incidir en cada momento del desarrollo del joven deportista.
- Organización de las cadenas cinéticas.
- Adecuación de los ángulos articulares según las necesidades del modelo técnico.
- Velocidad de ejecución próxima a la que se necesitará para la competición.
- Aumento paulatino de las cargas siempre que no vaya en detrimento de alguno de los puntos anteriores.
- Combinación de contracciones excéntricas y concéntricas de forma secuencial (técnica).
- Frecuencia, número y duración de las cargas aplicadas.

Estadio de desarrollo competitivo de fuerza. "Los acabados"

- Al igual que sucede con otras cualidades, deberían postergarse hasta finales de la pubertad.
- Está basado en ejercicios de fuerza especial, con tareas encaminadas a la adquisición de la fuerza que se necesitar aplicar en la competición.

Resumiendo, la fuerza recomendable en edades previas a la pubertad debería *estar centrada en los estadios básico y específico* pero siempre con objetivos para estas edades y nunca pensando en lo que debería realizar como básico y específico un adulto entrenado.

3.6.2. Las fases más y menos sensibles para el entrenamiento de fuerza.

Una vez conocidas las características de los diferentes niveles de entrenamiento, consideramos relevante el conocer los momentos más idóneos para incidir o eludir diferentes tipos de cargas de fuerza. Esto pasa por conocer esos momentos que hemos visto que se conocen como fases más o menos sensibles.

Igual que sucede con cualquier otra cualidad o habilidad, uno de los aspectos que condicionan el momento en el que se debe iniciar el entrenamiento de fuerza, es durante tiempo en el que el organismo pasa por una fase de desarrollo ya que es cuando existe una especial predisposición para mejorarla. En este periodo de progreso es cuando la fuerza aumenta de manera natural, incluso, sin un entrenamiento especial de la misma. Este aumento, en muchos casos, se produce con mas rapidez que en cualquier otro momento de la vida de una persona (Viru 1996, Ramos y col. 1998), (Loko et al, 1996).

Una de las cuestiones más importantes es saber, no solo cuándo comenzar, sino cómo ajustar las cargas de entrenamiento al desarrollo evolutivo en cada momento.

Sobre su adquisición, ya desde edades muy tempranas se desarrollan patrones de fuerza naturales (trepar, reptar, correr, saltar, lanzar, etc.) por lo que desde el nacimiento, el niño va desarrollando su fuerza de forma natural (comenzará a reptar, cuando tenga la fuerza necesaria e igualmente se pondrá de pie cuando ya haya desarrollado la que se lo permita).

En lo que se refiere al entrenamiento, la cuestión sobre el momento de comenzar está aún muy debatida, ante el temor de incidir negativamente en la saludo del niño y pre púber. Por el contrario, la falta de actividad del tipo de correr, saltar, luchar, trepar, arrastrar, etc., puede provocar deficiencias a medio y largo plazo.

La teoría de las fases sensibles nos indica el momento más aconsejable para iniciar un entrenamiento serio y sistemático de la fuerza, aunque no se debe descartar que sea muy positivo empezar antes. De hecho, la estimulación adecuada de la mejora de esta cualidad, probablemente sea una de las formas de entrenamientos más controladas y eficaces que puedan hacer un niño o un joven.

El entrenamiento debería comenzar desde edades muy tempranas. Incluso, cabe la afirmación de que las otras cualidades, sobre todo la velocidad y la resistencia, deberían adquirirse en principio, a través del entrenamiento de ciertas manifestaciones de la fuerza, siempre que se haga mediante la aplicación de las cargas correctas para cada edad.

Sobre las fases mas sensibles, J. Loko et al.(1996) en un estudio realizado con jóvenes comprobaron que las edades de mayor aumento proporcional de la fuerza en hombres eran desde los 12 a los 17 años y en las mujeres entre los 10 y 13 años.

Pese las posibles controversias, deberíamos aceptar la realidad de no desaprovechar esos momentos en los que ciertas manifestaciones de la fuerza son más adquiribles, máxime, teniendo en cuenta que, pasado un tiempo, pueden haber disminuido las posibilidades de adquirir los niveles que serán necesarios para mejorar el rendimiento futuro.

No obstante, es preciso aclarar que esas fases sensibles no coinciden siempre con la evolución de factores y manifestaciones ya que son muy variables, por lo que hay que tratarlas de manera diferenciada.

Las fases más sensibles para los factores neurales.

Ya se ha apuntado que en los momentos en los que un órgano o sistema es más permeable para ser modificado mediante la estimulación, es mientras éste se encuentra en proceso de maduración. Todo esto sugiere que las posibilidades para incidir en procesos neurales deberán ser en fases anteriores a la pubertad ya que es aquí cuando va a madurar el sistema nervioso.

En consecuencia, debemos considerar hasta la llegada a la pubertad una fase sensible para estimular los procesos neurales (coordinación intra e inter muscular) y esto significa que los niños y los pre púberes deberían ser estimulados con tareas que busquen el objetivo de mejora de la fuerza rápida explosiva y de la fuerza elástica reactiva.

Pero aunque no se incida demasiado en manifestaciones de fuerza máxima que van a mejorar, incluso, a través de la resistencia de fuerza, es de vital importancia el aprendizaje de habilidades para utilizar las pesas, con aprendizaje de los movimientos básicos de halterofilia ya que, tal y como ya se ha visto en otro capítulo, el niño y pre púber también se encuentran en una fase sensible para la adquisición de habilidades.

Las fases más sensibles para los factores de hipertrofia.

También hemos visto que, a partir de la pubertad, se produce una eclosión de hormonas relacionadas con a madurez sexual. Igualmente se ha expuesto que estas hormonas están íntimamente relacionadas con el aumento de la masa muscular. Esto, también sugiere que será a partir de la entrada en la pubertad cuando el individuo entra en una fase sensible para estimular el aumento de la fuerza a través de la hipertrofia.

Por todo ello, las manifestaciones de fuerza máxima por hipertrofia deberán ser estimuladas al final de la fase puberal y durante la adolescencia.

Las fases más sensibles para los factores metabólicos.

Éstos ya han sido tratados en el capítulo dedicado a la resistencia. Así pues, sabemos que antes de la pubertad, existen posibilidades de incidir en la vía metabólica anaeróbica aláctica y en la aeróbica, con prioridad en la aeróbica lipolítica ya que la glucolítica está en parte limitada por la menor capacidad para almacenar glucógeno y porque los trabajos próximos al VO_2max, también se ha visto que es mejor aplazarlos para fases más avanzadas.

Esto nos indica que, antes de la pubertad, la incidencia sobre la resistencia de fuerza deberá ser prioritariamente en base a la resistencia de fuerza aeróbica lipolítica y a la resistencia de fuerza anaeróbica aláctica.

En cambio. Al entrar en la pubertad, también aparece una eclosión del metabolismo anaeróbico láctico con grandes posibilidades de generar energía a través de la glucólisis anaeróbica con la producción de lactato. En consecuencia, debería ser a partir de aquí que se debería incidir sobre la resistencia de fuerza anaeróbica láctica.

Aún a riesgo de caer en el reduccionismo y a modo de resumen, a continuación, se expone una aproximación sobre los momentos más idóneos para la programación de contenidos de entrenamiento para desarrollo de las manifestaciones de la fuerza. Se trata solamente de incidencia prioritaria, lo que no implica la supresión total de otros contenidos de entrenamiento.

3.6.3. Algunas orientaciones generales para el entrenamiento de fuerza durante las etapas de desarrollo.

Uno de los condicionantes a tener en cuenta para iniciar el entrenamiento de la fuerza, al igual que para cualquier otra cualidad o habilidad, es el momento en el que el organismo pase por una fase del desarrollo en la que exista una especial predisposición para mejorar la fuerza (González Badillo, 2002).

El entrenamiento de fuerza debe reunir una serie de objetivos prioritarios que cobran más importancia o menos en función de la etapa de desarrollo en la que se encuentre el deportista. Éstos, expresados de una manera general y sin tener en cuenta su grado de importancia en cada etapa son prioritariamente los siguientes:

- Alcanzar un desarrollo armónico con una correcta construcción anatómica.
- Conseguir una correcta postura, que permita soportar cargas sin riesgo de lesiones.
- Crear las bases que permitan, en su día, llegar al alto rendimiento.
- Prevenir lesiones. Ya se ha visto que la fuerza bien aplicada no lesiona sino que protege.
- Crear recursos suficientes que eviten posibles accidentes en la visa diaria.
- Rellenado de "lagunas". Con fortalecimiento previo de las zonas débiles del chico que serán las que pongan los límites. En otra parte ya hemos citado el ejemplo de la cadena, si ésta tiene un eslabón de papel, la resistencia de dicha cadena la marcará el eslabón de papel. Por consiguiente, será prioritario, "cambiar" ese eslabón , al menos, por uno de madera, para que la resistencia sea suficiente.
- Desarrollar las cualidades coordinativas y la técnica. El mantenimiento de la eficacia de un gesto deportivo, así como de su eficiencia, están condicionados por la cualidad de la fuerza. Así pues, si existen deficiencias en esta última, se verán afectadas las anteriores (figura 3.17).

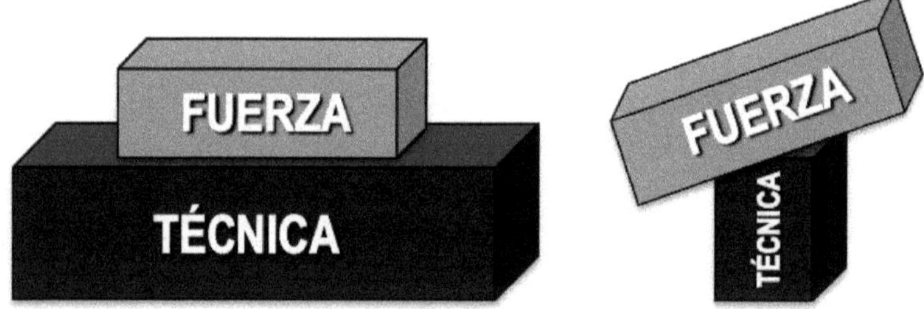

Figura 3. 17.- Sin una buena base con dominio de la técnica del movimiento, la fuerza no se sustenta y puede originar problemas.

- Mejorar la resistencia de fuerza a potencias adecuadas a cada edad.
- De manera general, respetar los principios del entrenamiento infantil, ya tratados en el volumen 1 de esta obra.
- Entrenar siempre en las mayores condiciones de seguridad.

Figura 3. 18.- Algunos objetivos prioritarios del entrenamiento de fuerza en edades previas a la adolescencia según García Manso (1996). Modificado.

Principales precauciones de seguridad a adoptar.

En relación con el punto anterior y siguiendo recomendaciones de la Academia Americana de Pediatría, (2001), los programas de entrenamiento de fuerza para pre adolescentes y adolescentes pueden ser seguros y eficaces si se sigue una técnica de entrenamiento, con una potencia apropiada y se guardan ciertas precauciones de seguridad:

- Los pre adolescentes deben tener las máximas precauciones con la halterofilia de competición, el levantamiento de pesas, el fisicoculturismo y los levantamientos máximos hasta que alcancen la madurez física y del esqueleto.
- Antes de empezar un programa formal de entrenamiento de fuerza se debe realizar una evaluación médica por un especialista familiarizado con los métodos de entrenamiento de fuerza así como con los riesgos y los beneficios en pre adolescentes y adolescentes.
- Debe coordinarse el acondicionamiento aeróbico con el entrenamiento de fuerza si el objetivo es el beneficio de la salud en general.

- Los programas de entrenamiento de fuerza deben incluir un calentamiento adecuado y un periodo de vuelta a la calma.
- Los ejercicios específicos del entrenamiento de fuerza deben aprenderse inicialmente sin carga o con carga muy ligera. Se pueden añadir cargas incrementales cuando se domina la técnica.
- El entrenamiento de potencia progresivo requiere la realización satisfactoria de 8 a 15 repeticiones sin gran dificultad antes de incrementar el peso o la resistencia.
- Los programas de fortalecimiento general deben dirigirse a todos los grandes grupos musculares y realizar el ejercicio a través del rango completo de movimiento.
- Debe evaluarse cualquier signo de lesión o de enfermedad relacionado con el entrenamiento de fuerza antes de continuar el entrenamiento.

3.7. ORIENTACIONES PARA EL ENTRENAMIENTO DE FUERZA BASADO EN ZONAS DE ENTRENAMIENTO O ÁREAS FUNCIONALES.

Fundamentándonos en todo lo expuesto, el entrenamiento de fuerza, durante las etapas de desarrollo aquí tratadas, puede plantearse adecuándolo a cada una de éstas a las zonas donde incidir en cada etapa.

Según los procesos evolutivos, y las necesidades metabólicas para cada una de las manifestaciones y las particularidades para ambos sexos, los trabajos pueden ser ubicados en las zonas de entrenamiento adaptadas para cada etapa. En las figuras 3.19 y 3.20 se exponen las características principales para los chicos y chicas, donde se ha contemplado la evolución aproximada de los factores determinantes de la fuerza, así como las fases más sensibles.

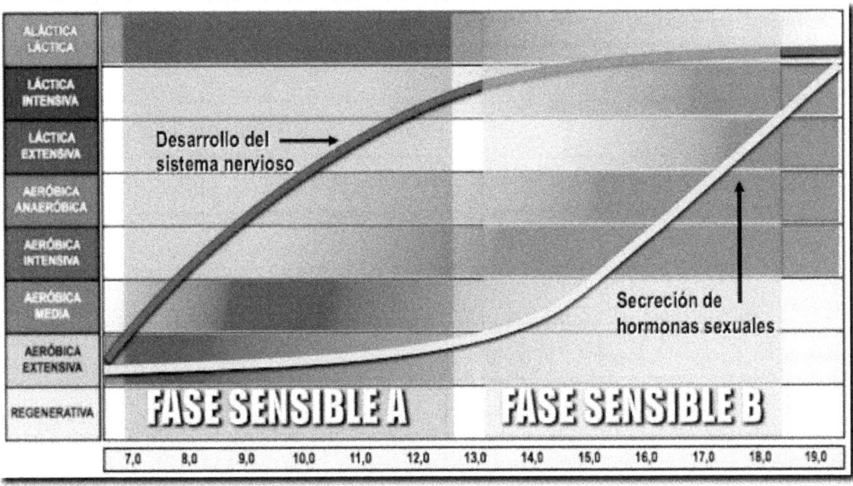

Figura 3. 19.- Aproximación de desarrollo de zonas referidas al metabolismo, desarrollo del sistema nervioso y dinámica de secreción de hormonas sexuales en los chicos. Como consecuencia, se exponen los momentos coincidentes con las fases más sensibles para desarrollo de diversas manifestaciones de la fuerza. Las partes más oscurecidas de las zonas, significan los momentos en los que resulta más importante la incidencia de estos contenidos.

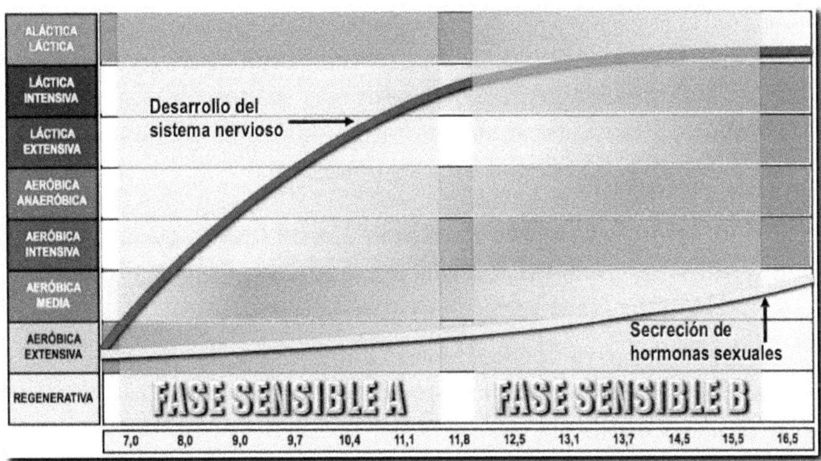

Figura 3. 20.- Aproximación de desarrollo de zonas referidas al metabolismo, desarrollo del sistema nervioso y dinámica de secreción de hormonas sexuales en las chicas. Como consecuencia, se exponen los momentos coincidentes con las fases más sensibles para desarrollo de diversas manifestaciones de la fuerza. En este caso, la fase sensible B es solamente para aspectos metabólicos ya que la secreción hormonal difiere de la de los chicos.

Además de lo tratado anteriormente, nuestra propuesta para el enfoque del entrenamiento, es añadir la ubicación de las cargas en zonas de entrenamiento. Estas zonas, pertenecen al modelo DIPER, dependiendo de la etapa en la que se encuentren los chicos, son diferentes (figura 3.21).

ZONAS | INFANCIA | PRE PUBERTAD | PUBERTAD | ADOLESC. | JUVENTUD

	Zona	Manifestaciones
8	ALÁCTICA LÁCTICA	Fuerza rápida; Fuerza reactiva; Fza max hipertr.
7	LÁCTICA INTENSIVA	Resistencia de fuerza
6	LÁCTICA EXTENSIVA	Resistencia de fuerza
5	AERÓBICA ANAERÓBICA	Resistencia de fuerza
4	AERÓBICA INTENSIVA	Resistencia de fuerza
3	AERÓBICA MEDIA	Resistencia de fuerza
2	AERÓBICA EXTENSIVA	Resistencia de fuerza
1	AERÓBICA REGENERATIVA	

6,0 6,5 7,0 7,5 8,0 8,5 9,0 9,5 10,0 10,5 11,0 11,5 12,0 12,5 13,0 13,5 14,0 14,5 15,0 15,5 16,0 16,5 17,0 17,5 18,0

6,0 6,5 7,0 7,5 8,0 8,5 9,0 9,5 10,0 10,5 11,0 11,5 12,0 12,5 13,0 13,5 14,0 14,5 15,0 15,5 16,0

Figura 3. 21.- Plano general, con las 8 zonas donde se han ubicado las diferentes manifestaciones de la fuerza, en relación con sus necesidades neurales y metabólicas, así como el grado de incidencia en función de las diferentes etapas (más oscurecido cuanto mayor es la incidencia recomendada).

En relación con las zonas, estableceremos directrices generales y orientaciones para las tres etapas. Las dos primeras se han agrupado dado que, con la consiguiente dosificación de las cargas, las características que influyen en los procesos adaptativos, son muy similares.

3.7.1. Orientaciones para el entrenamiento de fuerza en la etapa infantil y pre puberal. Edades aproximadas 7 a 13 años en chicos y 7 a 11 años en chicas.

El entrenamiento de fuerza debería comenzar a partir de los 7 – 8 años ya que los niños entran en una fase sensible para estimular manifestaciones de fuerza rápida y explosiva refleja.

Igualmente se puede comenzar a trabajar sobre la resistencia de fuerza en base a ejercicios de baja potencia y repetidos.

Los ejercicios, durante los primeros años, deberían estar encaminados hacia tareas de empujar, correr, traccionar, reptar, cuadrupedias, trepas, etc.

También deben introducirse ejercicios encaminados hacia la obtención de una postura correcta.

Las tareas deberán siempre que sea posible ser plateadas de forma jugada para hacerlas más motivantes.

Hasta llegada a la pubertad, no se aprecian diferencias entre chicos y chicas y no aparecen grandes incrementos de la fuerza en ninguno de los dos sexos. De todas formas, ya hemos visto que el incremento de fuerza se debe fundamentalmente a aspectos neurales. Por ello, es importante desarrollar tareas que busquen objetivos de aumentar estos factores.

Como recomendaciones tendríamos las tareas basadas en juegos de lucha, circuitos de estaciones, deportes colectivos, etc., pero siempre regulados en cuanto a tiempos de esfuerzo, recuperación, etc.

La carga deberá ser con el propio peso preferentemente y si se trata de manejo de móviles, estos deben ser lo suficientemente ligeros para que permitan ejecuciones correctas y no incidan negativamente en la velocidad de ejecución.

Las características en estas edades que pueden repercutir en el entrenamiento de la fuerza es que la musculatura de sostén es débil. Por ello se debe centrar una parte importante del trabajo en reforzar músculos de la columna vertebral, tronco, caderas y, en general, de todos los músculos responsables de mantener la postura correcta en todas las situaciones, tanto estáticas como dinámicas.

El aparato locomotor pasivo (huesos, articulaciones, etc.), es poco estable, motivo por el cual debe existir cierta precaución al aplicar las cargas. Es por ello que se deberían evitar los trabajos por parejas en los que haya que cargar con un compañero.

Por otra parte, hay que considerar que, aproximadamente hasta los 12 años, existe un **mejor desarrollo de la musculatura flexora** que la extensora (Hornillos, 2010), por lo que se deben intensificar los ejercicios que activen en mayor medida a los músculos extensores.

Consecuentemente, en estas edades se debe desarrollar la fuerza en las siguientes direcciones:

- Desarrollo armónico de todos los grupos musculares.
- Desarrollar la capacidad de producir fuerza en diferentes ejercicios de forma integrada, con la velocidad, la técnica y la resistencia adecuadas, pero con la idea central de que cuantos más movimientos se automaticen más base se adquirirá para un futuro.

La progresión debe dirigirse más hacia el aumento de la cantidad de entrenamiento que hacia la potencia.

Incidencias a nivel neuromuscular:

- *Fuerza rápida y explosiva.* Con ejercicios cortos y rápidos con el propio peso o con móviles ligeros, saltos con caída en alto para evitar impactos, etc.
- *Fuerza elástica reactiva.* Con ejercicios en base a saltos con caída desde poca altura, buscando la más rápida reacción. Lanzamientos con estiramiento previo y móviles muy ligeros, etc.
- Aprendizaje de las habilidades necesarias para el manejo de aparatos de halterofilia y movimientos básicos.

Incidencias a nivel metabólico.

- *Resistencia de fuerza aláctica.* Los esfuerzos anteriores, realizados siempre al máximo de velocidad posible pero con duración inferior a los 3-4 segundos y recuperaciones amplias.
- *Resistencia de fuerza aeróbica lipolítica.* Con esfuerzos muy repetitivos y potencias muy bajas. La velocidad de ejecución dependerá del número de repeticiones y de la duración de los esfuerzos.
- *El entrenamiento de la resistencia* de fuerza láctica resulta un tanto infructuosa dadas las limitaciones de la vía anaeróbica láctica en esta etapa.

Incidencias sobre la estructura:

- Resulta preferente la construcción de estructuras que permitan soportar las cargas venideras. Se trata de una mejora general de la condición física, con fortalecimiento de tendones, ligamentos y articulaciones.
- Buscar la correcta postura, el control corporal y el equilibrio.
- Introducción de ejercicios de trepa lucha reptaciones, etc.
- Dada la baja secreción de hormonas específicas, las tareas con objetivos de hipertrofia se encuentran en un segundo plano.

Las zonas de entrenamiento.

Para una mejor orientación, se presentan los planos DIPER con sus escalas aproximadas de medición (frecuencia cardiaca, VO_2, concentración de lactato en sangre orientaciones sobre el entrenamiento de fuerza para las dos primeras etapas de desarrollo que se contemplan en esta obra. (figuras 3.22 y 3.23).

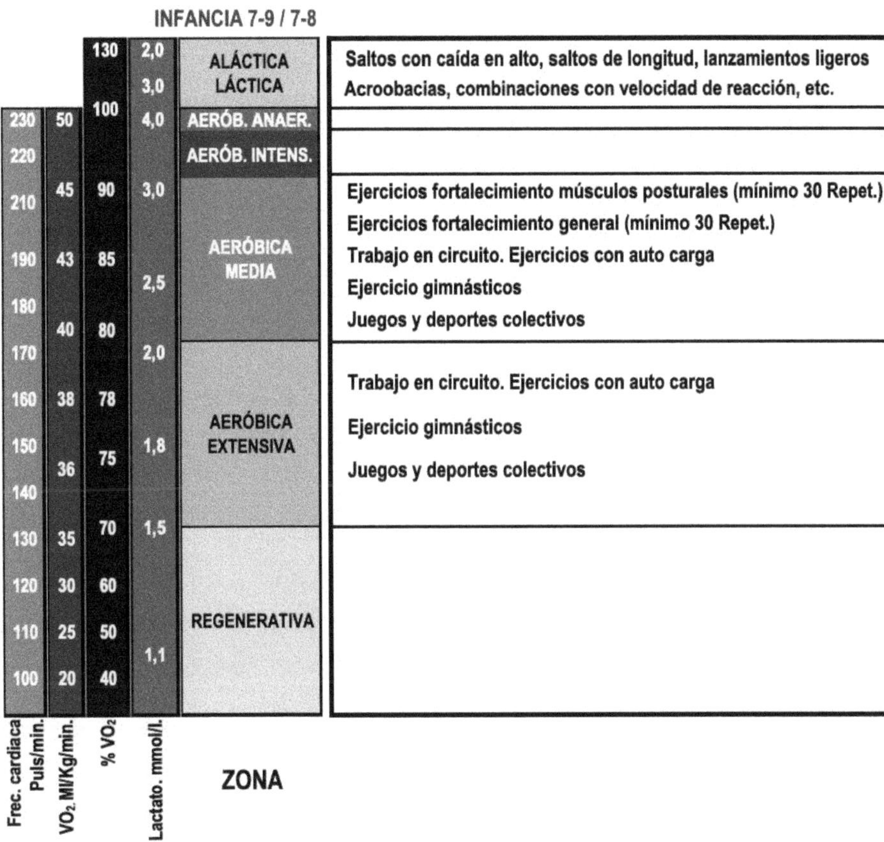

Figura 3. 22.- Plano con sus 8 zonas, adaptado a la etapa infantil con las 8 zonas y algunas orientaciones para el entrenamiento.

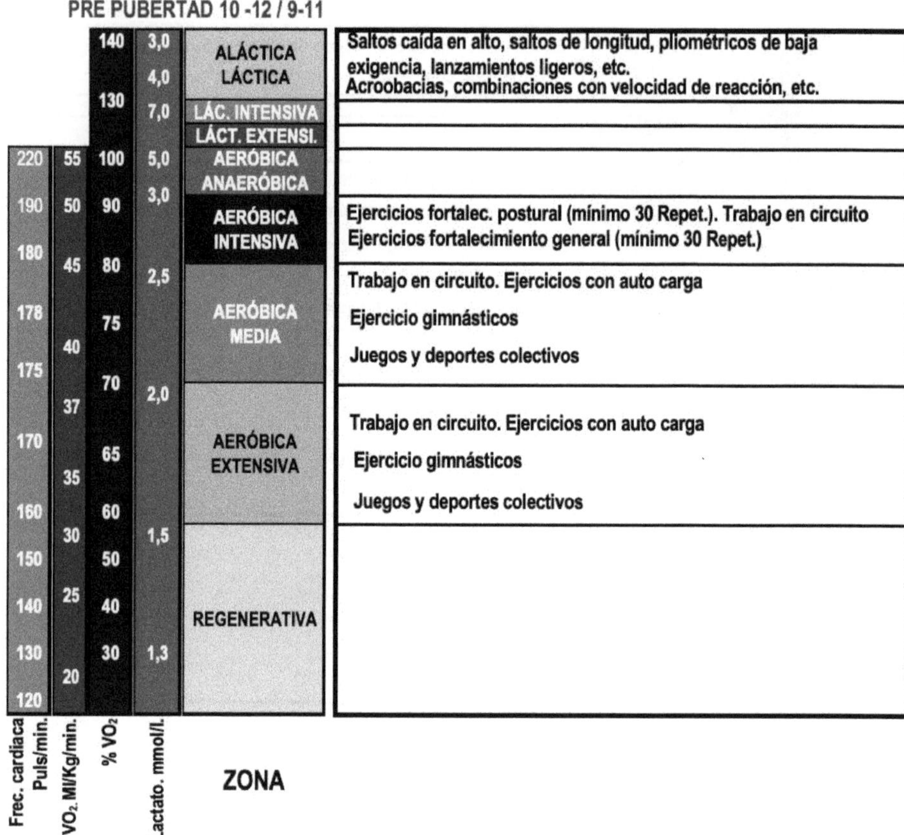

Figura 3. 23.- Plano con sus 8 zonas, adaptado a la etapa pre puberal con las 8 zonas y algunas orientaciones para el entrenamiento.

OBSERVACIONES CORRESPONDIENTES A CADA ZONA:

Zona 8. Anaeróbica aláctica láctica. Zona óptima

Siguiendo opiniones extendidas en la bibliografía (Nadori, 1997), (Martin et al,2004), (Vasconcelos, 2005), (Navarro et al, 2003), (Weineck, 2005), etc., en esta época son recomendables los trabajos encaminados hacia el entrenamiento de la fuerza rápida, buscando una mejora de la capacidad de aceleración, bien con movimientos acíclicos o cíclicos. Esto puede ser explicado porque la fuerza rápida requiere menos producción de testosterona (Hornillos, 2010).

Algunos trabajos recomendables que inciden en esta zona.

- Ejercicios de saltos aislados, preferiblemente con caída en alto para evitar el impacto de caída. Debe procurarse que varíen el tipo de salto y evitar ejercicios de saltos continuados que son más traumáticos, (segundos de triple, etc.).
- Ejercicios de lanzamientos, con móviles ligeros (balones medicinales de 2-3 Kg. máximo) y en todas las direcciones y posturas.
- Puestas en acción (arrancadas) desde parado o en movimiento en todas las direcciones y sentidos.
- Ejercicios de acrobacia combinados con gestos explosivos. Por ejemplo, tras una voltereta en colchoneta salto vertical después o salida de velocidad hacia atrás con dos o tres pasos, etc.

Algunas consideraciones sobre los saltos en profundidad en los niños en la edad pre puberal.

Hasta hace poco tiempo, se ha venido afirmando que los saltos pliométricos en edades pre puberales eran contraindicados. En la actualidad comienzan a aparecer algunos trabajos que inducen a pensar lo contrario.

Según algunos autores la pre pubertad puede ser en realidad el momento óptimo para implementar ciertos tipos de entrenamientos pliométricos, debido a que el sistema neuromuscular de los niños es en cierta medida "plástico" y puede adaptarse rápidamente al estrés impuesto por este tipo de entrenamientos (Faigenbaum. 2006).

Por otra parte, simplemente aplicando la lógica, es frecuente ver, sobre todo en el medio rural, cómo desde hace tiempo se sabe que hay niños que juegan a ver quien es capaz de tirarse al suelo desde la rama más alta de un árbol o desde mayor altura y, a saber, no se ha comprobado que estos niños, pasados los años, sean más débiles a nivel esquelético, se lesionen con mayor facilidad o, incluso, que hayan dejado de crecer.

Un creciente número de niños están experimentando los beneficios del entrenamiento pliométrico. Además de mejorar las destrezas físicas fundamentales y mejorar el rendimiento deportivo, la participación regular en un programa bien diseñado de entrenamiento pliométrico puede también reducir el riesgo de lesiones en los deportistas jóvenes. Aun más, el entrenamiento pliométrico durante la infancia adecuado puede construir la base para las posteriores ganancias de fuerza y potencia muscular durante la adultez. (Faigenbaum. 2006).

La pliometría se entiende fundamentalmente como saltos desde 60 cm o más pero en estas etapas se puede entrenar de otras muchas maneras, por ejemplo, con saltitos sobre bancos o con vallas de 15- 20 cm, etc. Por lo tanto, nosotros entendemos, estando de acuerdo con el anterior autor que la pliometría se puede y se debe trabajar en la etapa pre puberal siempre que se cumplan los siguientes preceptos, de los que ya hemos tratado algunos y que aquí presentamos como resumen:

- Tener un estricto control sobre la ejecución técnica.
- Procurar que las caídas sean en terrenos elásticos y no deslizantes.
- Realizar un calentamiento previo bien dirigido hacia los grupos musculares principales que deben entrar en acción, así como a la movilidad de ligamentos y articulaciones y tonificación de los músculos de sostén, especialmente los músculos de la cintura y de la espalda.
- Realizar los saltos de manera progresiva.
- Llevar una progresión paulatina sobre la técnica necesaria para realizar los saltos.
- Incluir ejercicios para el tren superior y para el tren inferior.
- Progresar a dos o tres series de 6 a 10 repeticiones dependiendo de las necesidades, objetivos y habilidades.
- Permitir la adecuada recuperación entre las series y los ejercicios. Ya se ha dicho que las recuperaciones para todos los ejercicios explosivos deben ser muy amplias.
- Dejar pasar entre dos y tres días mínimo hasta volver a realizar ejercicios pliométricos.

Zonas 7 y 6. Anaeróbica láctica intensiva y extensiva: Zonas inasequibles.

Ya se ha visto que estas zonas no son asequibles a esta edad. Por ello, no se plantea la incidencia en ninguna de las dos mediante ejercicios de fuerza.

Zona 5. Aeróbica-Anaeróbica o mixta: Zona inadecuada

A pesar que en esta etapa la zona es asequible, la incidencia en esta no es del todo recomendable por la fatiga que puede producir, así como por las deficiencias en el almacenaje de glucógeno. Por ello, no es conveniente su acceso en ningún caso (circuitos, ejercicios gimnásticos, carreras en cuesta, etc.). Estos mismos ejercicios son recomendables pero a potencias inferiores que incidan en las zonas aeróbicas más extensivas.

Zona 4. Aeróbica intensiva o glucolítica: Zona inadecuada

Por las mismas razones anteriores los ejercicios, a esta edad, deben ser dirigidos hacia otras zonas aeróbicas menos exigentes. No obstante, en la etapa pre púber, ya se pueden iniciar los trabajos de fuerza que incidan en esta zona siempre con las debidas precauciones de alternar con otras zonas los días siguientes.

Zonas 3 y 2. Aeróbica media y aeróbica extensiva: Zonas óptimas

Ya se han visto las razones por las cuales son recomendables los estímulos que incidan en estas zonas (tendencia a utilizar las grasas en ejercicios aeróbicas, escaso almacenamiento de glucógeno, etc.). Por ello, las cargas deben ser lo suficientemente repetitivas y de baja potencia para que, además de los objetivos de fuerza, cubran los objetivos de exigencia metabólica.

En estas zonas se debe trabajar con los objetivos de:

- Fortalecimiento de los músculos de la postura.
- Fortalecimiento muscular general, en su mayor proporción, e forma global, evitando en lo posible los más analíticos. Para ello se utiliza el trabajo en circuito, los ejercicios gimnásticos., etc. Preferiblemente deben realizarse de forma jugada (figura 3.24). Por ello, los juegos y deportes colectivos, tal y como se han descrito cuando se ha hablado de la resistencia, son muy recomendables por el aspecto motivacional.

Zona 1. Regenerativa: Zona óptima.

Esta zona, pese a ser óptima no es recomendable usarla para ejercicios de fuerza. La manera de recuperar tras un trabajo con exigencias de esta cualidad es a través de la flexibilidad, de la que se habla más adelante.

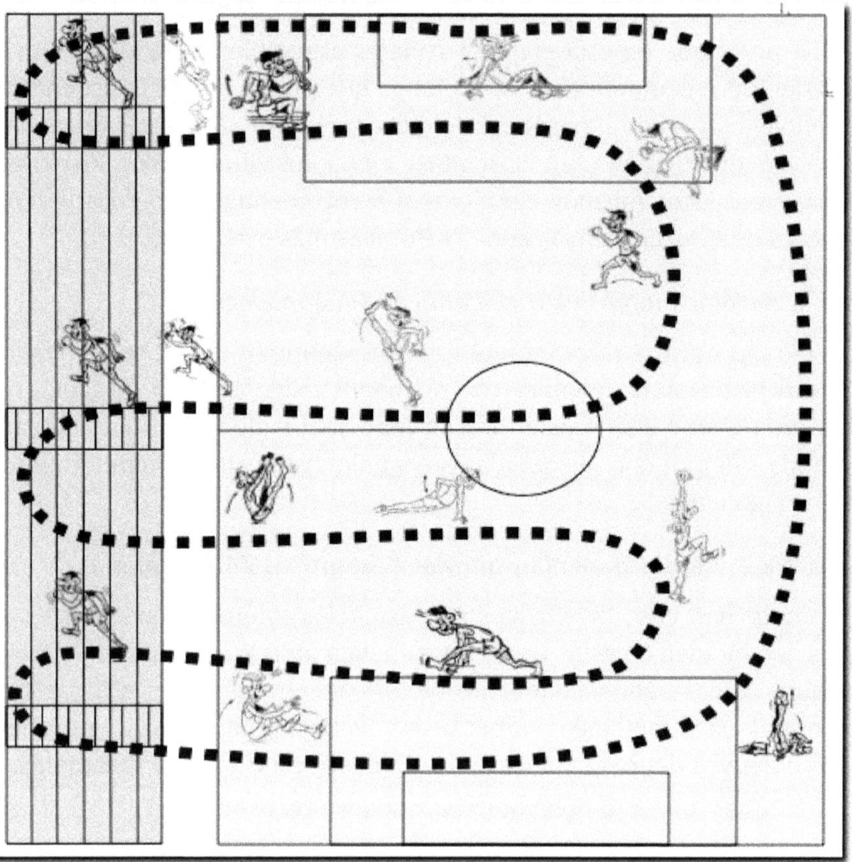

Figura 3. 24.- Un ejemplo de tarea de resistencia de fuerza aeróbica, consistente en un circuito con escaleras y el propio cuerpo, combinados con carrera.

3.7.2. Orientaciones para el entrenamiento de fuerza en la etapa puberal. Edades aproximadas 13-14 años en chicos y 12-13 años en chicas.

La pubertad resulta una edad clave en la que se producen numerosas irregularidades en el desarrollo con aceleraciones y retardos, por lo que las zonas de etapas anteriores se ven sustancialmente modificadas. En consecuencia, las incidencias que se pueden hacer a través de cargas de fuerza, también deben variar.

Incidencias a nivel neuromuscular:

- La fuerza máxima se incrementa de forma importante, por ello, se deberían ir aplicando trabajos con cargas más altas, buscando aumento de la fuerza máxima de manera más específica aunque con las consabidas precauciones.
- Mantenimiento de las tareas de fuerza rápida y explosiva. Con ejercicios cortos y rápidos con el propio peso y con ligero aumento de las cargas o con móviles de todo tipo, siempre que no se vea reducida la velocidad de ejecución.
- Mantenimiento de la fuerza elástica reactiva. Con algunos ejercicios pliométricos en base a saltos con aumento progresivo de la altura, buscando siempre la más rápida reacción. Lanzamientos con estiramiento previo y aumento progresivo del peso de los móviles.
- Mantenimiento y refuerzo de las habilidades adquiridas en la etapa anterior ya que existe riesgo de pérdidas debido al rápido crecimiento.

Incidencias a nivel metabólico.

- Resistencia de fuerza aláctica. Los esfuerzos anteriores, realizados siempre al máximo de velocidad posible, pero con duración ligeramente superior a la aplicada en la etapa anterior, pudiendo a llegar cada ejercicio a los 4-6 segundos y recuperaciones igualmente amplias.
- Resistencia de fuerza aeróbica. Se debe comenzar a introducir ejercicios que reclamen el metabolismo el aeróbico a potencias elevadas que reclamen el substrato del glucógeno. La velocidad de ejecución dependerá, igualmente, del número de repeticiones y de la duración de los esfuerzos.
- Resistencia de fuerza anaeróbica láctica. Se debe comenzar a introducir ejercicios que reclamen el metabolismo el láctico. Preferiblemente en base a la saturación del metabolismo aláctico. La propuesta sería la de comenzar por esfuerzos alácticos de corta duración, pero con recuperaciones incompletas, con el fin de deplecionar los depósitos de fosfocreatina y obligar la entrada del metabolismo del lactato. Los esfuerzos de más duración, sería preferible postergarlos a la etapa siguiente.
- Utilización de la resistencia de fuerza para la obtención de la resistencia. Para ello, dentro de la misma zona, aplicar primero resistencia de fuerza para ir pasando poco a poco a aplicar tareas de resistencia (figura 3.25).

Figura 3. 25.- Para potenciar la resistencia en cualquiera de las zonas es aconsejable hacerlo primero a través del trabajo de fuerza.

Incidencias sobre la estructura:

- Sigue teniendo gran importancia el refuerzo y construcción de todas las estructuras del aparato locomotor. En esta época comienza un rápido crecimiento que puede acarrear ciertos problemas. Es por ello que la construcción anatómica es imprescindible para soportar ese aumento las cargas del momento y las venideras.
- Mantenimiento de la correcta postura, el control corporal y el equilibrio.
- Mantenimiento de ejercicios de trepa lucha reptaciones, etc.
- Potenciación de la fuerza por factores de hipertrofia, especialmente, al finalizar esta etapa, aprovechando la fase sensible, merced a la eclosión del sistema hormonal con la gran secreción de hormonas inductoras del aumento de la masa muscular.

Por norma general Martin et al (2004), proponen las siguientes directrices para estas edades:

- Trabajar la fuerza en toda su complejidad.
- Aumentar la velocidad de ejecución mediante la aplicación de métodos de fuerza rápida.
- Estimular la coordinación intra e inter muscular.
- Comenzar a buscar una cierta hipertrofia muscular. No obstante, cuando trate de futuros especialistas en resistencia, dicha hipertrofia debe tener una limitación. Se debería buscar un mínimo para fortalecer todos los grupos musculares pero, teniendo presente que la hipertrofia per se, iría en detrimento del rendimiento en deportes de resistencia o en todos aquellos en los que se trate de desplazar el propio cuerpo.

- Buscar la ampliación del potencial energético de la musculatura en cualquiera de las zonas entrenables. Siempre es más aconsejable adquirir en principio la cualidad de resistencia a través del entrenamiento de la fuerza.

OBSERVACIONES CORRESPONDIENTES A CADA ZONA:

Presentamos el plano con sus escalas aproximadas de medición (frecuencia cardiaca, VO_2, concentración de lactato en sangre orientaciones sobre el entrenamiento de fuerza para la etapa correspondiente a la pubertad (figura 3.26).

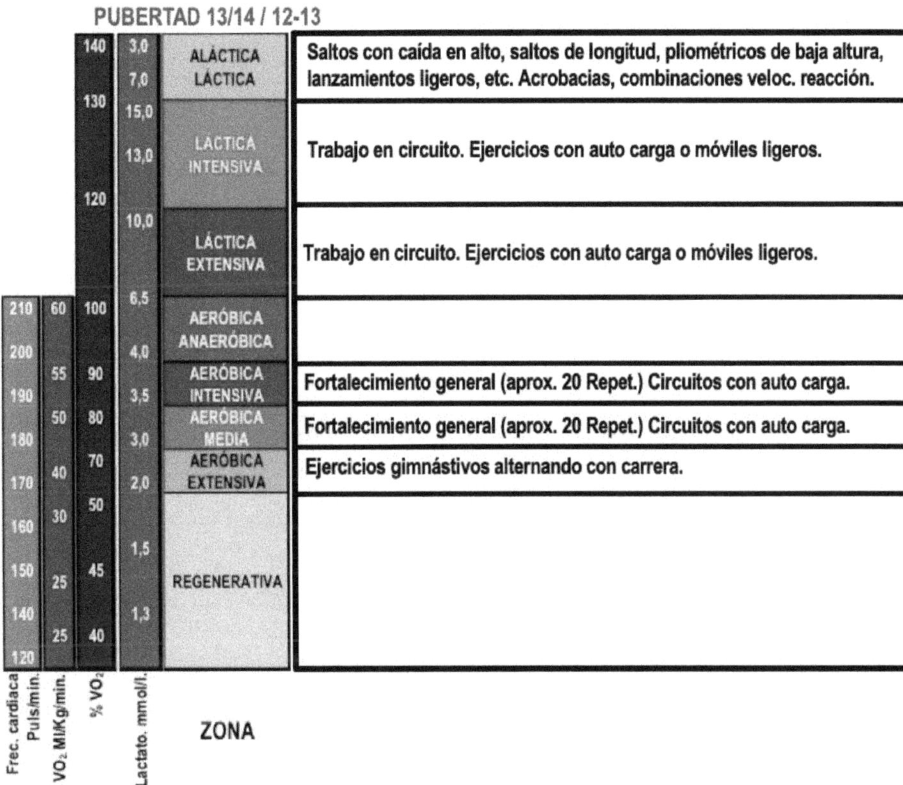

Figura 3.26.- Plano adaptado a etapa puberal con las 8 zonas y algunas orientaciones para el entrenamiento.

Zona 8. Anaeróbica aláctica láctica. Zona óptima

Se debe proseguir en la progresión de los ejercicios propuestos para las etapas anteriores con cargas ligeramente superiores.

Debe tratarse de no perder las capacidades coordinativas e incluso se puede comenzar a realizar algunos ejercicios técnicos globales con ligeras cargas.

Los móviles para lanzamientos pueden aumentar de peso siempre dentro de las posibilidades funcionales y de ejecución.

Se puede aumentar ligeramente la altura de las vallitas o bancos para realizar ejercicios pliométricos en suelos elásticos. No obstante, aún no son demasiado recomendables las caídas desde alturas superiores a 30-40 cm.

Zonas 7. Anaeróbica láctica intensiva: Zona óptima.

Esta zona que antes era difícilmente asequible, ahora se torna como óptima por las razones que se han dado anteriormente. Por ello, se recomiendan tareas de fuerza rápida que incidan ligeramente en el metabolismo del lactato. Son aconsejables los trabajos de carrera en cuesta con esfuerzos de potencia máxima repetidos y con recuperación incompleta para que saturando la zona aláctica, irrumpan en esta zona.

Por lo general, en esta zona es mas favorable la realización de ejercicios de fuerza de acuerdo con el modelo técnico de la especialidad y dejar los generales para la zona aláctica y para otras zonas aeróbicas.

Zona 6. Anaeróbica láctica extensiva: Zona óptima.

De la misma forma que la anterior, es preferible retrasar su incidencia para los finales de esta etapa y el principio de la siguiente.

No obstante, es más aconsejable realizar tareas de fuerza general tipo circuitos o gimnasia con las potencias necesarias y las recuperaciones para incidir en esta zona.

Zona 5. Aeróbica-Anaeróbica o mixta: Zona de precaución

En esta zona, aunque se puede, es preferible no incidir demasiado. En todo caso, si se hace, debería ser a base de ejercicios específicos de la especialidad o grupos de especialidades a los que se comience a dirigir al deportista (nadador nadando, corredor corriendo, ciclista pedaleando, etc.). Por ello, los ejercicios de fuerza, son preferible reservarlos para otras zonas más idóneas.

Zona 4. Aeróbica intensiva o glucolítica: Zona de precaución

En esta zona, a pesar de ser zona de precaución, las mejores posibilidades de incidir deberían ser a través del trabajo de fuerza, bien mediante ejercicios con el gesto técnico o bien ejercicios generales (circuitos, gimnasia, etc.).

Zona 3. Aeróbica media: Zona asequible

Zona reservada a la resistencia de fuerza de media exigencia. En ella se recomienda incidir con trabajos de resistencia con el modelo técnicos (corredores corriendo, etc.), alternando con ejercicios de fuerza de muchas repeticiones 30 más pudiendo ser de tipo global o analítico.

También se recomiendan trabajos en circuitos de estaciones o de entrenamiento total.

Un ejemplo: En las gradas de un polideportivo se establece un circuito con subidas y bajadas de gradas y de escaleras, alternando con ejercicios abdominales, lumbares, reptaciones, trepas, etc. El trabajo se puede realizar de forma fraccionada. Por ejemplo 10 repeticiones de 2 minutos con 3 minutos de pausa.

3.7.3. Orientaciones para el entrenamiento de fuerza en la etapa adolescente. Edades aproximadas 15 a 16 años en chicos y 13-14 años en chicas.

Al haberse definido las tendencias hacia unos grupos de especialidades es más aplicable el estadio de desarrollo específico de la fuerza de acuerdo con esas especialidades.

El joven deportista ya está capacitado para entrenar con cualquier tipo de esfuerzo y en cualquier zona, siempre guardando las proporciones con el adulto y respetando las directrices que se han dado (recuperaciones mayores, potencias y cargas más bajas, etc.). Por ello, el esquema de los adultos ya puede ser válido para estas edades y todas las zonas se consideran como óptimas con la particularidad que éstas vienen determinadas por la especialidad.

Aquí cabe ya, el entrenamiento de fuerza máxima con pesas y cargas de tipo medio, etc.

En esta etapa el deportista ya se ha perfilado y se ha definido hacia posibles grupos de especialidades. Por ello, las recomendaciones siguientes, deberán interpretarse en función de esa tendencia.

Incidencias a nivel neuromuscular:

- Mantenimiento de todas las prestaciones adquiridas en etapas anteriores, referentes a la fuerza explosiva elástica y continuidad en el progresivo aumento de cargas y recuperaciones totales.

- Mantenimiento y potenciación de la fuerza elástica reactiva, con aumento progresivo de la altura, siempre que no vaya en detrimento de la más rápida reacción con potenciación de entrenamientos pliométricos.
- La dinámica de lanzamientos será la misma que en etapas anteriores y aumentando el peso de los móviles.

Incidencias a nivel metabólico.

- Resistencia de fuerza aláctica. Misma dinámica que en la etapa anterior pero, dado el aumento de almacenaje de fosfocreatina, aumentar ligeramente el tiempo de esfuerzo de cada ejercicio o e número de repeticiones hasta llegar a esfuerzos de 6-8 segundos máximo y recuperaciones igualmente totales.
- Resistencia de fuerza aeróbica. Se sigue incidiendo en esfuerzos que se aproximen al VO2max y por encima del umbral anaeróbico. Los ejercicios se realizarán a modo fraccionado, de modo que los tiempos de esfuerzo, aunque repetidos, no deberán sobrepasar los 30 segundos.
- Resistencia de fuerza anaeróbica láctica. Se debe potenciar en esta etapa. Los ejercicios pueden ser más específicos y de mayor duración que en la etapa anterior. Se puede entrenar en dos direcciones:
    - Mediante ejercicios cortos y repetidos, saturando el metabolismo aláctico, tal y como se propone para la etapa anterior.
    - Inclusión ejercicios más prolongados que incidan desde un principio en esta vía metabólica, en base a esfuerzos entre 15 y 30 segundos, con pocas repeticiones (2-3) y recuperaciones amplias.

Incidencias sobre la estructura:

- Se debe seguir trabajando en la construcción anatómica previa, antes de introducir cargas máximas o submáximas
- La fuerza máxima se potencia especialmente a través del aumento de la masa muscular (hipertrofia).
- Existe una gran secreción de hormonas específicas, por ello las tareas con objetivos de hipertrofia cobran gran importancia, especialmente cuando el deportista se esté dirigiendo hacia especialidades donde la fuerza máxima pueda ser determinante del rendimiento.

Observaciones correspondientes a cada zona:

Presentamos el plano DIPER con sus escalas aproximadas de medición (frecuencia cardiaca, VO_2, concentración de lactato en sangre orientados hacia el entrenamiento de fuerza para la etapa correspondiente a la adolescencia (figura 3.27).

En esta etapa ya todas las zonas son asequibles y se pueden mantener las mismas directrices de las que se tendría para los adultos sin olvidar que la magnitud de las cargas, en lo referente al volumen y la frecuencia debe ser la adecuada (menos peso proporcional, mayores recuperaciones y menor volumen total de trabajo)

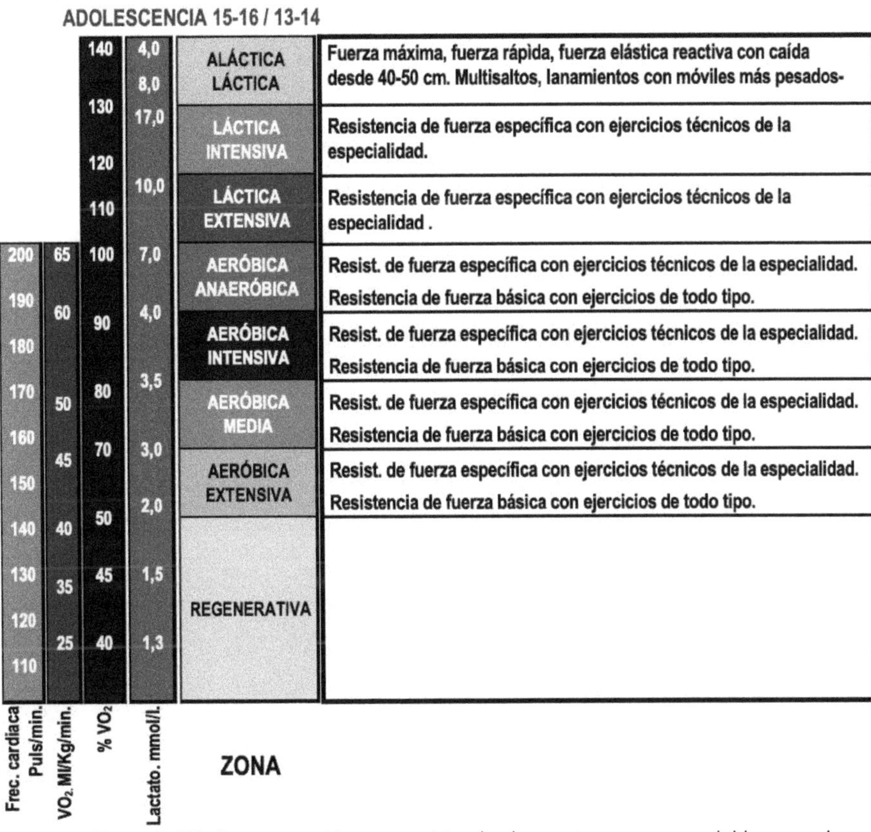

Figura 3. 27.- Representación esquemática de algunas tareas recomendables para el entrenamiento de fuerza en la etapa adolescente y sus zonas de incidencia.

CAPÍTULO 4

LA VELOCIDAD. EVOLUCIÓN Y TRATAMIENTO

La velocidad es una cualidad o conjunto de manifestaciones de otras que, en mayor o menor grado, se encuentra presente en una gran cantidad de especialidades deportivas.

Ésta reúne una serie de características que deben ser desarrolladas a edades tempranas, por lo que resulta determinante del futuro rendimiento deportivo, debiendo ser desarrollada en gran medida en las edades que se tratan en esta obra.

Viene determinada por unos componentes que deben ser conocidos para trabajarlos correctamente, al ser considerados como básicos para su desarrollo y son altamente influyentes en las diferentes formas en las que se puede manifestar.

Dichos componentes y manifestaciones, evolucionan de una manera particular y un tanto irregular a lo largo de las diferentes etapas de desarrollo. Por ello, es importante conocer esa evolución para saber cuáles son los momentos más idóneos en los que se deben estimular ya que, pasados estos periodos, los efectos del entrenamiento serán menores o, en ocasiones, nulos.

De la misma forma que sucede con otras cualidades, la velocidad, también puede presentarse desde el punto de vista de sus niveles o estadios de desarrollo básico, específico y competitivo, siendo el primero el que más debe predominar en las primeras etapas.

En este capítulo se tratan los puntos necesarios para poder diseñar los entrenamientos, terminando por unas directrices y orientaciones acerca de la magnitud de las cargas y sus características, aplicables a cada una de las etapas de desarrollo.

4.1. LA VELOCIDAD.

Todo movimiento requiere de un tiempo determinado de ejecución. Cuando éste se reduce al máximo, estamos hablando de un movimiento rápido o veloz, o lo que es lo mismo, que se realiza con velocidad. Esta cualidad, es la que permite realizar el movimiento en el menor tiempo posible.

Al referirse al deporte, Grosser (1991), la define como *"la capacidad de conseguir, basándose en procesos cognitivos, la máxima fuerza volitiva y funcionalidad del sistema neuro muscular, una rapidez máxima de reacción y de movimiento en determinadas condiciones establecidas"*.

En muchos deportes esta cualidad juega un papel más o menos determinante ya que una gran parte de éstos posee algún aspecto, tanto si se trata de velocidad física, psíquica o biológica. Sin embargo, existen otros en los que parecería quedar exenta, tal y cual serían (a priori) aquellos en los que predomina la resistencia. No obstante, incluso en éstas últimas, se aplica en un porcentaje de su máximo, por lo que puede estar presente. Por ello, aunque fuese solamente aplicando la lógica, su lográsemos subir el 100% de velocidad, cualquier porcentaje de esta cualidad, siempre sería mayor. Por consiguiente, en algunas especialidades la velocidad también debería ser tenida en cuenta en la programación de los entrenamientos.

Para ciertos autores, la velocidad no se trata de una cualidad pura a la que se pueda responsabilizar a un sistema determinado ya que no se trataría de una capacidad condicional concreta. Se trataría, más bien, de la manera de manifestarse de otras, especialmente de la fuerza.

Cualquier gesto veloz, está determinado por un componente de fuerza, un componente de flexibilidad o un componente de resistencia, fundamentalmente anaeróbica aláctica y un componente de técnica (figura 4.1).

Figura 4. 1.- Todo gesto veloz conlleva, en mayor o menor grado componentes de otras cualidades.

La rapidez.

La velocidad está basada en un elemento fundamental, tal cual es la rapidez (Martín Acero, 1995), entendida ésta, *como la característica que permite realizar un movimiento, libre de sobrecarga, de uno o más elementos del cuerpo y en el mínimo tiempo.* No obstante, este concepto quedaría un tanto incompleto ya que también existe rapidez cuando existen necesidades añadidas de fuerza tales como puede ser un lanzamiento, una salida de velocidad, etc. Pero también se precisa de la rapidez para realizar movimientos cíclicos a máxima velocidad o provocar una aceleración, incluso para tomar decisiones y ejecutarlas.

En este sentido aquí nos inclinamos por distinguir una serie de aspectos, que juntos configuran lo que Zatziorski (1989) denomina tiempo de ejecución y que se relacionan directamente con el tiempo de reacción y del que tratamos más adelante.

Sobre la rapidez de un gesto o acto motor rápido, Martín Acero (1995) distingue dos factores determinantes de la eficacia de acción:

- √ *Energéticos*. Referentes a la producción y utilización de energía, a través de la fuerza como elemento transmisor de ésta en los gestos específicos.
- √ *Informacionales*. Consistentes en la sensación y percepción del movimiento, el control, la regulación de la acción, la coordinación y la técnica.

Pero la rapidez puede conllevar procesos más complejos cuando las tomas de decisión son complejas. Por ejemplo, la que debe manifestarse en deportes de equipo en los que antes del movimiento, existen procesos muy elaborados que conllevan tiempos más largos.

La rapidez depende sobre manera del sistema nervioso en cualquiera de sus niveles (consciente, automático o reflejo), dependiendo de la complejidad de la reacción solicitada y de la mayor o menor complicación del estímulo que la provoca.

La funcionalidad de dicho sistema nervioso, posibilita que aparezcan diferencias individuales en el rendimiento. No obstante, dichas diferencias no son exclusivamente sexuales ya que las niñas se equiparán, por lo general, con los varones en las pruebas de rapidez pura.

En este sentido, conviene saber que el recién nacido ejecuta movimientos lentos y la diferenciación mediante la formación de fibras rápidas comienza a partir de los 2 – 3 años (Israel, 1976), (Hann, 1988). Esto sugiere que ya desde edades muy tempranas se podría influir en la mejora de la rapidez (Martin, 1982) mediante las actividades adecuadas a la edad.

4.2. FACTORES DETERMINANTES.

La velocidad supone una cualidad que puede tener un alto componente de complejidad al depender de un importante número de factores. Algunos de éstos son favorecedores y potenciadores del rendimiento, pero sus carencias pueden convertirse en limitantes.

Son muchos los autores que coinciden en que entre los factores más importantes de los que depende la velocidad se encuentran la elasticidad, la bioquímica, la fuerza de voluntad, la inervación, el dominio de la técnica, el tiempo de reacción, etc. De acuerdo con esto y basándonos en exposiciones de Martín, (2009) y Grosser (1992), podemos resumir estos factores en dos apartados (factores internos y factores externos).

4.2.1. Los factores internos y la herencia.

Son aquellos que vienen intrínsecos al individuo. Tienen un alto componente genético y potencial, de modo que algunos son poco o nada modificables a través de la estimulación (factores estables) mientras que otros son más susceptibles para producir efectos adaptativos (factores lábiles).

De los factores internos que influyen en la velocidad, muchos son hereditarios. En este sentido, algunos no son susceptibles de modificación (éstos son los factores hereditarios estables) pero existen otros en los que, mediante los estímulos adecuados pueden ser modificados y, por consiguiente, pueden ser entrenados (factores lábiles), especialmente en los momentos en los que aparecen las fases sensibles.

Los factores estables.

La antropometría. La longitud de las palancas. Para algunas manifestaciones puede resultar un factor limitante (frecuencia, velocidad de reacción, etc.), pero para otras, como puede ser la velocidad de desplazamiento, puede resultar un factor favorecedor.

El sexo y la edad. Hasta cierta edad, existen pocas diferencias en el rendimiento en velocidad entre ambos sexos. Esto es debido, tal y como ya hemos visto, a que no se aprecian grandes diferencias en cuanto a los factores neurales. En cambio, a partir de la entrada en la pubertad, en algunas manifestaciones, los chicos comienzan a superar claramente a las chicas, especialmente en aquellas que se ven más influenciadas por la fuerza. También debemos recordar que las prestaciones máximas tienen momentos de expansión (fases sensibles) y otras de estancamiento.

Los factores perceptivos. El gesto veloz suele venir precedido de un estímulo. Éste, ya hemos visto es percibido por los sentidos y, dependiendo de su procedencia puede ser de dos tipos: procedente del exterior o esterocepción o precedente del propio cuerpo o interocepción. En este aspecto es muy escasa la posibilidad de mejora. Desde que aparece el estímulo hasta que es percibido, transcurre un tiempo en el que poco se puede influir.

Los factores lábiles.

Se trata de aquellos en los que podemos influir en mayor o menor grado pero algunos son más modificables que otros.

Factores sensoriales, cognitivos y psíquicos.

- *La motivación.* Todo esfuerzo que conlleve velocidad o potencia máxima requiere una gran motivación previa. Si el sujeto va a realizar un esfuerzo límite de potencia o intensidad, por ejemplo, una carrera de 20 m, un salto o un lanzamiento, no puede iniciarlo sin una previa activación de su sistema nervioso. Por ello previo a la realización de cualquier tipo de esfuerzo que requiera de rapidez, el entrenador debe estimular al deportista para predisponerle a la ejecución de máxima exigencia.
- *La concentración y la atención selectiva.* La concentración es imprescindible para una reacción de cualquier tipo. Esta capacidad, recordamos que es parcialmente mejorable mediante la educación adecuada durante las etapas en proceso de desarrollo. Esto conlleva la necesidad de trabajar en este sentido en las etapas formativas. Por su parte, la *atención selectiva* igualmente es muy mejorable si se van introduciendo estímulos adecuados y progresivos, en función de las posibilidades del chico de acuerdo con su maduración.
- *La fuerza de voluntad.* El deportista debe concentrarse sobre el esfuerzo voluntario máximo para alcanzar la velocidad máxima. Esto implica una previa activación y una movilización máxima de todos los mecanismos relacionados, así como la dedicación al entrenamiento.

Las adaptaciones del sistema nervioso ante estímulos de rapidez, son mejorables a edades tempranas pero algunas manifestaciones relacionadas con la frecuencia, velocidad de transmisión e intensidad de los impulsos, tienen un alto componente genético, por lo que no resulta demasiado sencillo influir en su modificación. En este sentido, se puede decir que el velocista "nace", aunque mediante la repetición a velocidades máximas y a través del ajuste existe una ligera posibilidad de modificación ya que concurren algunas adaptaciones nerviosas que si que pueden ser aumentadas. Por ello también se puede concluir que, en una parte, "el velocista también se hace".

Las adaptaciones tempranas al entrenamiento de velocidad que se pueden provocar en el sistema nervioso pueden incrementar la regulación central de los músculos (control del cerebro) y realizar ciertas respuestas reflejas (Barros y Farias, 2002). Éstas parecen estar determinadas por un componente genético en una pequeña proporción y su formación se lleva a cabo ya en edades tempranas. Pero es muy importante tener en cuenta que tras unos primeros periodos de adaptación neuro muscular, los efectos de adaptación acaban estancándose (Hann, 1988).

En este sentido, Hammet y Willian (2013), en un trabajo realizado con alumnos de enseñanza secundaria, mediante un entrenamiento de 4 semanas con atletas (12 mujeres y 24 varones) en el que el grupo experimental estuvo sometido a entrenamientos balísticos, encontraron mejoras considerables a nivel neural en las primeras semanas y una mejora de la velocidad. A partir de este momento, las mejoras de velocidad fueron insignificantes.

En la figura 4.2 se expone una aproximación sobre la maduración y desarrollo de algunos de los componentes principales de los que depende la velocidad.

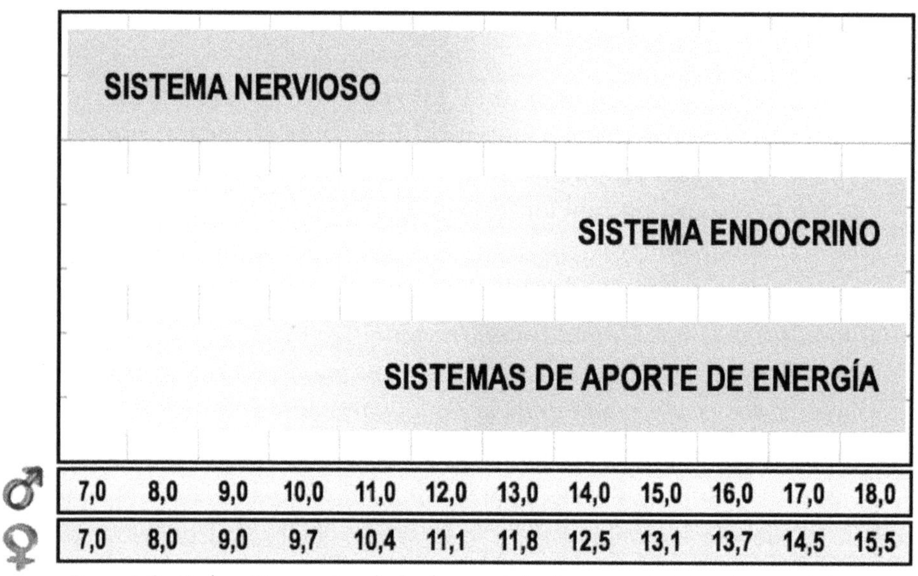

Figura 4. 2.- Maduración aproximada de algunos de los factores más determinantes de la velocidad en relación con la edad. La parte más oscurecida corresponde a los momentos de mayor posibilidad de estimular.

Entre las funciones más maleables y en las que es más fácil incidir podemos citar las siguientes:

La inervación. De este tema ya hemos hablado otro capítulo. Una alta frecuencia de alternancia entre excitación y de inhibición y una cuidadosa selección y regulación de unidades motrices, hacen posible alcanzar una alta frecuencia de movimiento, al tiempo que se activan todos los mecanismos de fuerza rápida-explosiva o refleja que son determinantes en el movimiento rápido.

La transmisión. La mayor intensidad y frecuencia de los impulsos nerviosos provoca una mayor excitación de las fibras y una respuesta más rápida de éstas. Estos fenómenos se transmiten desde la neurona hasta la fibra con una velocidad de transmisión. En este sentido, no existen casos en los que coincidan buenos resultados de velocidad con una baja velocidad de transmisión nerviosa. Esta velocidad con la que se transmiten los impulsos está estrechamente relacionada con el tamaño de las neuronas y con las vainas de mielina (Weineck ,2005).

Los factores reactivos. Dependen esencialmente de la calidad del reflejo miotático (mecanismo ya tratado en el capítulo correspondiente a la fuerza).

La coordinación intramuscular. Tal y como ya se ha visto en el capítulo correspondiente a la fuerza, se compone de dos funciones: el reclutamiento y la sincronización de las unidades motrices. Cuanto mayor y más rápidas se produzcan estas dos funciones, mayor es la reacción y la velocidad con la que se produce el movimiento. Una elevada frecuencia de potenciales de las unidades motrices, favorece un mayor reclutamiento (Grosser, 1992).

El tiempo de reacción. Se conoce como el intervalo comprendido entre el momento en el que se produce el estímulo y la respuesta correspondiente a la acción mecánica. Este tiempo conlleva diferentes procesos que, aún teniendo una duración de fracciones de segundo, pueden ser determinantes en el rendimiento para algunas especialidades deportivas.

Estos procesos simplificados, conllevan un tiempo concreto cuya suma supone el tiempo total reacción que se pueden desglosar en los siguientes (figura 4.3):

- T1. *Aparición del estímulo*. El estímulo que va a provocar la reacción puede ser de diferente índole (visual, táctil, auditivo, etc.).
- T2. *Recepción del estímulo*. Éste es recibido a través de los sentidos.
- T3. *Transmisión por la vía aferente*. Una vez recibido, el estímulo es transmitido al nivel correspondiente del sistema nervioso para su proceso.
- T4. *Análisis*. Para la identificación del estímulo. La identificación supone un reconocimiento previo para reaccionar ante ésta.
- T5. *Elaboración de posibles respuestas*. Las respuestas pueden ser de diferente índole y muy diversas. Por ello, es preciso reconocerlas y disponer de una determinada gama de automatismos entre las que poder elegir.
- T6. *Elección de la respuesta correcta*. De toda esa gama se elige la más idónea. Estas respuestas pueden ser muy reducidas o únicas,

cuando se trata de reacciones simples o muy diversas si se trata de reacciones más complejas.

- T7. *Toma de decisión de ejecutarla*. Tras la elección es preciso tomar la decisión para ponerse en movimiento.
- T8. *Emisión de la orden*. Una vez tomada la decisión, esa orden es emitida.
- T9. *Transmisión al músculo por la vía eferente a través del nervio motor*. La orden transmitida, "viaja" por el nervio motor por vía eferente con dirección al músculo. Esto supone un tiempo de conducción que también tiene una importante influencia y en el que resulta dificultosa su modificación.
- T10. *Recepción del estímulo en el músculo*. El estímulo llega al músculo, a través de la placa motriz.
- T11. *Tiempo de latencia*. El músculo, tras recibir la orden necesita un tiempo hasta que se activa lo suficiente para producir la contracción. Para algunos autores como Martin et al (2004) este es uno de los factores más determinantes.
- T12. *Acción mecánica*. Por último, tras ser activado, el músculo se contrae y se produce el movimiento.

Reacción simple	Reacción compleja			
R. SIMPLE	REACCIÓN COMPLEJA	T1	Aparición del estímulo	POCO O NADA INFLUENCIABLES
R. SIMPLE	REACCIÓN COMPLEJA	T2	Recepción del estímulo	POCO O NADA INFLUENCIABLES
R. SIMPLE	REACCIÓN COMPLEJA	T3	Transmisión por vía aferente	POCO O NADA INFLUENCIABLES
	REACCIÓN COMPLEJA	T4	Análisis del estímulo	LIGERAMENTE INFLUENCIABLES
	REACCIÓN COMPLEJA	T5	Elaboración de la respuesta	LIGERAMENTE INFLUENCIABLES
	REACCIÓN COMPLEJA	T6	Elección de la respuesta correcta	LIGERAMENTE INFLUENCIABLES
	REACCIÓN COMPLEJA	T7	Toma de decisión	LIGERAMENTE INFLUENCIABLES
REACCIÓN SIMPLE	REACCIÓN COMPLEJA	T8	Emisión de la orden	LIGERAMENTE INFLUENCIABLES
REACCIÓN SIMPLE	REACCIÓN COMPLEJA	T9	Transmisión al músculo por vía eferente	POCO O NADA INFLUENCIABLES
REACCIÓN SIMPLE	REACCIÓN COMPLEJA	T10	Recepción en el músculo	POCO O NADA INFLUENCIABLES
REACCIÓN SIMPLE	REACCIÓN COMPLEJA	T11	Tiempo de latencia	POCO O NADA INFLUENCIABLES
REACCIÓN SIMPLE	REACCIÓN COMPLEJA	T12	Contracción muscular y acción mecánica	POCO O NADA INFLUENCIABLES

Figura 4. 3.- Desglose de tiempo invertidos desde el momento en el que aparece el estímulo hasta que se produce la acción mecánica y sus posibilidades de ser modificados mediante el entrenamiento

La relajación muscular. La capacidad de los músculos para relajarse y para permitir estirarse en los ejercicios de velocidad, es fundamental para una técnica perfecta y para una alta frecuencia de movimientos. No se puede obviar que para que un músculo se contraiga, debe haberse relajado previamente. Por ello, cobra tanta importancia la velocidad de contracción, como la velocidad de relajación.

La estabilidad de la habilidad y el dominio de la técnica. De la técnica también se ha hablado en otro capítulo. Un movimiento correctamente ejecutado, necesita menos tiempo que otro descoordinado o con inclusión de "movimientos parásitos" que puedan frenar, desviar o retardar los recorridos angulares. La técnica de ejecución debe garantizar una velocidad máxima de las acciones (Zhelyazcov, 2003). No obstante, ya hemos visto que la técnica debe ser bien dominada antes de proceder a la ejecución a velocidades máximas.

Los factores musculares y tendinosos. La acción muscular es determinante en la ejecución de movimientos a velocidades máximas. Ésta depende, a su vez, de una serie de factores (elásticos, bioquímicos, tipo de fibras, etc.):

- *La elasticidad.* Tratada en otro capítulo. Hace referencia a la capacidad para capitalizar sobre el tono muscular mediante el componente elástico del músculo, tiene aplicación en aquellos deportes que exigen una alta aceleración de arranque o un "ataque rápido" está fundamentada en a capacidad de complejo músculo-tendón para volver a su longitud tras haberse estirado previamente. La reacción se hace más rápida, cuanto más brusco sea el estiramiento.
- *La bioquímica y metabolismo.* La velocidad depende directamente de las reservas de energía de la musculatura implicada en el esfuerzo (ATP y fosfocreatina) y de su rapidez de movilización y restitución. En este caso, el metabolismo juega un rol importante ya que se trata de esfuerzos realizados a la máxima potencia por lo que la cantidad de ATP disponible, así como la de fosfocreatina, son determinantes.
- *El tipo de fibras. Proporción y especialización.* Ya hemos visto en otro capítulo que las fibras FtII son las responsables de los esfuerzos realizados a máxima potencia. Por consiguiente, el porcentaje de este tipo de fibras juega un papel concluyente de cualquier aspecto de la velocidad. En este sentido conviene recordar que, las fibras rápidas comienzan a formarse a partir de los 2-3 años de edad (Hann 1988). Por ello es importante crear estímulos que vayan en esa dirección desde edades muy tempranas.

- *La temperatura endógena.* De la misma forma que sucede con otras cualidades, un calentamiento correcto favorece al desarrollo de la velocidad. Éste, para ser realmente correcto debe tener un alto componente específico, por lo menos en la última parte del calentamiento, en la que se debe llevar una dinámica progresiva. Esto quiere decir que si se trata de un nadador, la última parte del calentamiento, deberá realizarla nadando, con el estilo en el que va a realizar la velocidad y terminando los últimos esfuerzos a potencias máximas. Igualmente, si se tratase de un corredor, los últimos esfuerzos deberán ser en carrera, terminando de la misma forma con ejercicios de carrera a potencias máximas, bien en forma de progresiones, con ritmo crecientes y acabando al máximo los últimos metros o bien de forma intervalada a ritmos uniformes pero cada uno más rápido que el anterior hasta realizar el último al máximo.

4.2.2. Factores externos y la influencia del medio.

Están directamente relacionados con las características de la carga y de las circunstancias en las que se encuentra el chico en el momento de la ejecución.

- *La potencia aplicada al movimiento.* En cualquiera de los casos en los que se apliquen esfuerzos de velocidad, ya hemos visto que las potencias deben ser máximas y con recuperaciones totales para permitir el restablecimiento de los fosfágenos y la recuperación del sistema nervioso.
- *La duración del esfuerzo.* Los esfuerzos deben ser inferiores a los 5-6 seg. o, incluso, menores a medida que e deportista es más joven.
- *La estructura del movimiento y la efectividad.* El tipo de movimiento requerido puede ser de dos tipos:
  - *General e inespecífico.* Cuando el objetivo sea el desarrollo de la capacidad a nivel básico.
  - *Específico.* Mediante le gesto deportivo que, previamente, deberá ser dominado técnicamente de forma previa, cuando se busque desarrollo de la velocidad específica.
- *Magnitud de la resistencia a vencer.* Sobre todo, en edades previas a la pubertad, deberán realizarse sin una resistencia adicional o, incluso, aligerando la del propio cuerpo (velocidad asistida).

- *La presión atmosférica y la temperatura ambiente (exógena).* Es sabido que la presión atmosférica, a media que disminuye, facilita el desplazamiento. Por ello, los trabajos realizados en altitud conllevan beneficios para el entrenamiento de la velocidad.
- Con respecto a la temperatura ambiente, la velocidad también se ve favorecida, no solo por la temperatura endógena. También se ve favorecida por la temperatura exterior. A temperaturas bajas, el músculo tiene mayores dificultades para realizar esfuerzos explosivos y corre mayores riesgos de lesión.

4.3. MANIFESTACIONES Y EVOLUCIÓN.

De forma similar a lo que ocurre con otras cualidades condicionales, la velocidad se encuentra influenciada por el desarrollo biológico y el crecimiento, pero también se encuentra influenciada por el potencial genético del sujeto. Para tratar el tema del entrenamiento, es importante conocer las formas en las que se puede presentar esta cualidad que conocemos como manifestaciones de la velocidad.

La velocidad puede manifestarse de muy diversas formas, en función de las prestaciones que puede ofrecer y las necesidades que conlleva. En la figura 4.4 se expone un diagrama de estas formas y sus circunstancias que se tratan a continuación. Al respecto, teniendo en cuenta que aquí tratamos de una cierta banda de edades, es muy importante conocer también cómo evolucionan, de forma natural, a lo largo de las diferentes etapas de desarrollo.

En la bibliografía aparecen diferentes terminologías a la hora de definir las formas en que se manifiesta la velocidad. Aquí vamos a utilizar una de ellas pero es preciso matizar que la denominación carece de importancia ya que lo importante es saber de qué se tratan y cómo evolucionan.

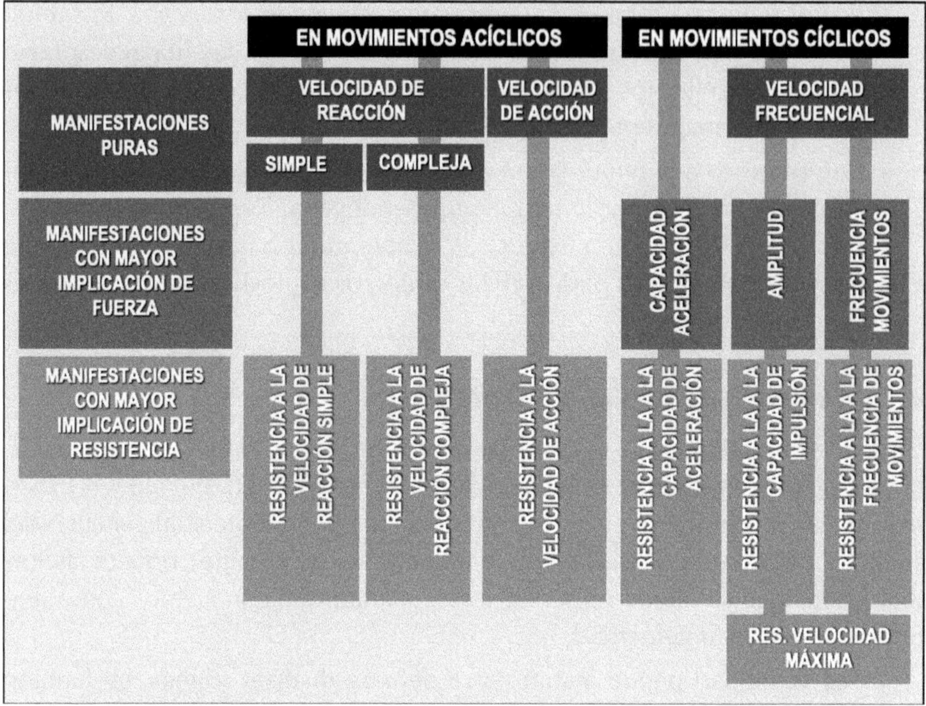

Figura 4. 4.- Manifestaciones de la velocidad en función de sus prestaciones y sus circunstancias.

4.3.1. La velocidad de reacción.

Hace referencia a la capacidad de actuar, frente a un estímulo determinado, en el menor tiempo posible. Martin et al. (2004) la definen como *"una condición de rendimiento psíquica y neuromuscular que hace posible la reacción a estímulos, signos y señales, en una velocidad determinada y con formas de movimiento eficaces"*.

Viene determinada por el tiempo que transcurre entre el inicio de un estímulo y el inicio de la respuesta solicitada al individuo, tiempo que depende de los siguientes factores:

- √ *La edad.* El tiempo de reacción es mayor entre los 18 y 25 años, pero ya a los 7 años, aunque de forma un tanto inespecífica, existe una alta velocidad de reacción.
- √ *La estatura.* Cuanto mayores son las palancas a mover, más largo es el tiempo de reacción.
- √ *Los factores psicológicos contextuales.* El grado de atención, la activación, el apetito, el sueño, el cansancio, la temperatura del cuerpo, la motivación, la disposición, etc. tienen influencia en esta manifestación.

√ *La práctica deportiva*. Las personas que practican deporte, a una misma edad, tienen un tiempo de reacción más corto que aquellas que no lo practican.

El tiempo total de reacción se compone de un cómputo de tiempos parciales que se contempló en la figura 4.3. De estos tiempos algunos son poco o nada influenciables (tiempos T1...T2 y T9...T12) para su reducción, mientras que otros se pueden acortar ligeramente a través de diferentes procedimientos (T4...T8). Estos procedimientos son de diferente orientación, pero son más influenciables mientras el sistema nervioso se encuentra en proceso de maduración, por lo que es muy importante incidir en ellos antes de la llegada a la pubertad.

La acción mecánica depende a su vez de factores coordinativos, especialmente intramusculares (sincronización y reclutamiento) y puede ser mejorada mediante los siguientes procedimientos:

- *A nivel general.* Mejorando la capacidad. Mediante ejercicios, lo más variados posibles, que obliguen a reaccionar ante diferentes estímulos asociados a cuantas más variadas situaciones.
- *A nivel específico.* Mejorando la ejecución técnica. Mediante el perfeccionamiento de los movimientos correspondientes a una determinada habilidad. La mejor técnica supone movimientos más eficaces, realizados en ausencia de movimientos "contaminantes" que, en todos los casos, aumenten el tiempo de ejecución.

Tipos de reacción.

Aún cayendo en el reduccionismo, podemos englobar la velocidad de reacción en dos formas: reacción simple y reacción compleja.

La reacción simple.

Se refiere al tiempo transcurrido entre un estímulo ya conocido y la respuesta, igualmente conocida.

Significa que siempre, ante un estímulo, solamente existe una respuesta válida. Por ejemplo, una salida de velocidad. El velocista, ante el disparo, solamente tiene una posibilidad de reacción válida que es la de empujar el taco retrasado. Cualquier otra respuesta es errónea, por lo que si previamente ha desarrollado la capacidad de reacción, mediante diferentes situaciones, estará en condiciones de especializar el movimiento y reducir el tiempo al máximo. Esta reacción conlleva los tiempos T1...T3 y T8... T12 expuestos en la figura 4.3.

Para su mejora, el procedimiento más idóneo consiste en el método de repeticiones. Se trata de repetir el gesto un gran número de veces para que, un movimiento que en principio puede resultar consciente, acabar en convertirlo en automático (el tema de los automatismos fue tratado en otro capítulo).

La reacción compleja.

En el ámbito deportivo es muy frecuente encontrarse con situaciones en las que el deportista debe reaccionar a diferentes tipos de estímulos (auditivos, visuales, kinestésicos, etc.) y reaccionar de diferentes formas. Esto significa que debe elegir entre diferentes tipos de respuestas posibles con el fin de utilizar la más idónea para alcanzar el éxito.

Esto conlleva más complicaciones ya que ante un estímulo pueden caber diferentes respuestas lo que comporta la totalidad de los tiempos expuestos en la figura 4.3 (T1...T12).

En otro capítulo ya se ha hablado de tres tipos de habilidades y la reacción puede ser con la aplicación de alguna de éstas. Por ello, dependiendo del estímulo, la reacción puede consistir en la respuesta, más o menos compleja, mediante una habilidad de tres tipos:

- *De forma cerrada.* Un estímulo una respuesta. Ante un estímulo, sugerir una respuesta, por ejemplo, cuando el entrenador levante la mano derecha, el chico debe correr hacia la derecha y cuando levanta la mano izquierda, el chico debe arrancar hacia la izquierda.
- *De forma semi abierta.* Un estímulo y varias respuestas. Ante un estímulo determinado dar posibilidades a diferentes respuestas.
- *De forma abierta.* Ante diferentes estímulos con total incertidumbre, reaccionar de forma libre tratando de tomar la decisión correcta. Para ello pueden ser muy útiles los deportes colectivos.

Evolución.

La velocidad de reacción se manifiesta desde muy temprana edad. Ya a edades muy prematuras se aprecian altos valores. Ésta aumenta, especialmente hasta el momento en el que madura el sistema nervioso.

Entre los 5 y los 7-8 años se han comprobado grandes mejoras y ésta sigue en aumento hasta la llegada a la pubertad, pero este fenómeno tiene lugar siempre y cuando la resistencia a vencer no sea elevada.

Hasta aproximadamente los 9 años el incremento es similar en chicos y chicas, no existiendo diferencias palpables entre ambos sexos (Grosser, 1992).

A partir de la pubertad (momento en el termina por madurar el sistema nervioso), tiende a estancarse en su desarrollo, por lo que resulta más complicada su entrenabilidad, siendo ya los valores alcanzados a lo largo de esta etapa, similares a los del adulto.

Algunos aspectos de esta manifestación son mejorables desde edades muy tempranas, como son los casos del tiempo de reacción. Por todo ello, hay que tener presente que antes de la llegada a la edad puberal, la velocidad de reacción es susceptible mejora y deberíamos considerar la franja entre los 9 y 12 años como una fase sensible para su desarrollo (Grosser, 1992).

4.3.2. La velocidad mental.

El fenómeno de reacción consistente en reacciones abiertas conlleva componentes complejos que requieren la intervención del nivel más alto del sistema nervioso. En este sentido podríamos hablar de la *velocidad mental.*

El acento se sitúa en las capacidades coordinativas y en las tomas de decisión. Se trata de un proceso muy complicado que puede determinar el éxito en algunas especialidades deportivas. En modo un tanto simplificado, implica todos los tiempos relacionados con las reacciones complejas abiertas.

Ya hemos visto que una parte de los tiempos parciales son muy poco mejorables al ser estimulados ya que tienen un alto componente genético. No obstante, si se incide en edades tempranas, hay otros que sí que pueden ser más mejorables. Estas mejoras son de muy corta duración, pero pueden llegar a ser determinantes del éxito.

Como consecuencia de la velocidad mental, nos encontramos con la posibilidad de anticipación. Esta capacidad, en el marco de los deportes acíclicos, hace referencia a la posibilidad de predecir un evento en el juego, que influye en los movimientos de un jugador en el partido o situaciones en particular (Moyano, 2013).

Por consiguiente, podríamos decir que la velocidad mental está relacionada con la capacidad de predecir los movimientos de los oponentes y del móvil o pelota, y a partir de esta información, desarrollar movimientos que sean favorables y posibiliten el dominio de la situación en general.

El deportista que es capaz de reducir los tiempos comprendidos entre el T4 y T8 de la figura 4.3, cobrará ventaja sobre aquél que los retrase aunque sea por fracciones de segundo.

En lo que respecta a la capacidad de anticipación, cabe hacerse alguna pregunta sobre las condiciones en las que se encuentran los deportistas, tales como la de si las condiciones que se dan en una competición son iguales para todos los contrincantes.

Las condiciones externas no son iguales para todos.

Es frecuente encontrarse con comentarios de entrenadores que, ante unas condiciones adversas, afirman que "éstas son iguales para todos". En este sentido, siguiendo a Bárbara Knapp, (Knapp, 1981), entendemos que no es así.

El deportista con mayor dominio de los tiempos T4 a T8 es capaz de adelantarse y predecir lo que va a suceder. Le basta con observar gestos del adversario para disponerse a responder antes de que aquel actúe. Por ejemplo, a la vista de esos gestos, un tenista, se desplaza para colocarse en el lugar a donde "adivina" que va a llegar la pelota, con lo que se podrá anticipar a su adversario. Pero ¿qué sucede si en el piso hay un bache y la trayectoria de la pelota se desvía tras botar? Sucederá que el tenista estará en desventaja con respecto a su adversario, menos dotado, que emplea más tiempo y espera a ver qué sucede para actuar. Por ello, este último podrá estar en mejores condiciones ante ese bote irregular. Consecuentemente, para que la velocidad mental pueda tener sus ventajas, las condiciones externas deberían ser las adecuadas y en las se reduzcan al máximo los posibles imprevistos.

Evolución.

La velocidad mental evoluciona con arreglo a la maduración del sistema nervioso pero puede ser mejorada también a partir de la pubertad. Para ello es preciso desarrollar la capacidad en las primeras etapas en base a la creación de la mayor cantidad de automatismos inespecíficos, proponiendo a los niños y pre púberes en una gran cantidad de situaciones abiertas y semi abiertas. Posteriormente tras haber creado esta amplia base, se estará en condiciones de mejorar la velocidad mental más específica y aplicada a una especialidad determinada, con introducción del gesto técnico.

4.3.3. La velocidad de acción o gestual.

Normalmente se entiende como la capacidad que permite realizar movimientos desarrollados, de forma aislada, contra bajas resistencias y ejecutadas a la máxima intensidad. Grosser (1992) la define como *"la capacidad de realizar movimientos acíclicos, como, por ejemplo, el golpeo en tenis, una acción es esgrima, el lanzamiento de un balón en balonmano, etc."*.

Consiste en movimientos aislados, basados en la capacidad para mover un segmento (mano, pierna) o una cadena cinética para ejecutar un movimiento o un conjunto de movimientos a la máxima velocidad, consiguiendo máxima eficacia y una mínima fatiga.

Dentro de ésta se pueden englobar todas las acciones que impliquen gestos rápidos acíclicos ya que existen importantes diferencias entre los movimientos rápidos acíclicos y cíclicos.

Al respecto, Moyano (2013) expone las diferencias entre una y otra, indicando que, si bien la velocidad cíclica depende, fundamentalmente, de dos factores (bioenergéticos y neuromusculares), en el caso de la velocidad en los deportes acíclicos y de conjunto, el formato es multifactorial y complejo. Esto es debido a que, por ejemplo, en deportes de asociación, la expresión de velocidad va a depender tanto de factores individuales como de factores colectivos.

Evolución.

La velocidad de acción también aumenta rápida y constantemente.

Ya a los 7-9 años se observan mejoras importantes de la velocidad de acción (Hötler, 1977).

Posteriormente, en varones de 10 a 13 años y en niñas de 10 a 12 años, La velocidad de movimientos aislados, con un componente reducido de fuerza, también aumenta rápida y constantemente. No obstante, en el caso de resistencias elevadas aún se comprueban cuotas de aumento reducidas antes de la pubertad (Farfel,1983). Esto sugiere que, antes de la llegada a la pubertad, la velocidad gestual habrá que entrenar esta manifestación con bajas resistencias, debiéndose postergar aquellas que conlleven mayores sobrecargas al final de la pubertad o a la adolescencia, cuando los chicos entran en fase sensible para mejorar la fuerza máxima.

4.3.4. La velocidad frecuencial.

Hace referencia al número de veces que se repite un gesto en relación al tiempo (García et al, 2003).

También se conoce como frecuencia de movimientos o coordinación-velocidad. Consistente en la posibilidad de repetir un movimiento cíclico en un mayor número de veces y en el menor tiempo posible.

Dependiendo de la especialidad podemos hablar de frecuencia de zancada, cuando nos referimos a un sprint, de frecuencia de pedaleo si hablamos de ciclismo, de frecuencia de batida-tracción al referirnos a natación, etc.

Obedece a una serie de factores ya descritos en otra parte de esta obra, debiéndose insistir en la capacidad de alternancia entre la contracción y la relajación.

Este fenómeno está fundamentado en la agilidad de los procesos nerviosos, es decir, en la velocidad con que se alterna un estado de excitación con otro inhibitorio (Zhelyazcov, 2001).

Evolución.

La frecuencia de movimientos ya es muy alta desde edades muy tempranas. Al depender en gran parte, del sistema nervioso, sigue una dinámica similar a la velocidad de reacción, es decir ya desde los 6 años o antes se aprecian mejorías hasta la entrada en la pubertad, momento de maduración del SN. En el niño de cinco a siete años ya se ha comprobado un rápido desarrollo de la frecuencia en los movimientos (Becerro, 2000).

Entre 7 y 9 años se observa un importante incremento que es similar en chicos y chicas, donde nos encontramos con un primer punto álgido (Martin et al, 2004), no existiendo diferencias palpables entre ambos sexos (Hötler, 1977), (Grosser,1992).

Luego baja la progresión, ligeramente alrededor de los 9-10 años en las chicas, siendo esta bajada ligeramente inferior en los chicos (Martin et al, 2004), fase en la que se alcanza la máxima frecuencia de toda la vida, con promedios en chicos de 4.44/seg por 4.0/seg en las chicas.

Esta manifestación se ve muy condicionada por el desarrollo y difícilmente puede mejorarse a partir de la pubertad. Al final de esta fase y durante la adolescencia, la frecuencia de paso puede disminuir ligeramente, pasando en los varones alrededor de 4.0 /seg, mientras que en las chicas se aprecian medias de 3.6 /seg (Becerro, 2000).

Sobre los datos anteriores, es conveniente hacer constar que pueden existir algunas diferencias, dependiendo de los autores que podrían deberse a las poblaciones estudiadas, a su grado de entrenamiento o, incluso, de su actitud. De todas formas, la mayoría coincide el hecho la coincidencia de muy altas frecuencias ya desde edades muy tempranas y que aumenta más o menos rápido hasta la entrada en la pubertad, momento en el que se estanca.

Por consiguiente, en la niñez y, sobre todo antes de la llegada a la pubertad, nos encontramos con una fase sensible para la velocidad frecuencial (Grosser, 1992). Esto debe hacer pensar a los entrenadores ya que este tipo de trabajos hay que iniciarlos muy pronto.

4.3.5. La velocidad de desplazamiento.

Hace referencia a la capacidad de desplazarse a lo largo de un espacio en el menor tiempo posible.

Desde un punto de vista biomecánico, se trata de una magnitud vectorial que describe cuantitativamente la variación del cambio de la posición de un móvil puntual (Muñoz, Andisco, 2007).

Desde el punto de vista de la física, la velocidad de desplazamiento viene dada por la relación entre el espacio recorrido y el tiempo invertido (V=S/T).

Desde el punto de vista del deporte, Hëgedus (1998) la define como *"la máxima capacidad de desplazamiento en la unidad de tiempo, sin ahorro de energía"*. En lo referente a los deportes cíclicos, para Weineck (1990), se trata de la capacidad de recorrer una distancia en el menor tiempo posible.

La velocidad de desplazamiento la consideramos siempre como máxima.

Debemos aclarar que, aquí, al hablar de la velocidad solamente nos referimos al 100% del máximo de posibilidades o superior. Por esto, cuando se trate de porcentajes inferiores (velocidad submáxima) ya no nos estaríamos refiriendo a esta manifestación.

Ésta manifestación, al igual que el resto tiene una capacidad (duración máxima) hasta que se detecta una disminución. En el caso de adultos la capacidad de mantenimiento de la misma, una vez conseguida, no se puede mantener más allá de 5 a 8 segundos que corresponderían con los metros recorridos entre los 30- 40 y los 80 (Lizaur et al, 1989) y depende directamente de dos factores: *frecuencia y amplitud de pasos*.

Sobre la frecuencia de los pasos.

Cuando se trata de especialidades cíclicas, tales como la carrera, también se conoce como frecuencia de zancadas y hace referencia a la capacidad del sujeto de desarrollar un número alto de pasos en un tiempo reducido a una potencia muy alta, pudiendo llegar a la máxima posible o cerca de ésta (Moyano, 2013).

Tal y como ya se ha visto, está condicionada por de la celeridad en la alternancia contracción-relajación de los músculos, siendo los factores neuromusculares los más protagonistas.

Fundamentalmente, depende los siguientes factores:

De la fuerza reactiva. Cuanto más rápido se impulsa, en menos tiempo se puede volver a repetir la impulsión. Esto conlleva la necesidad de reducir el tiempo de contacto con el suelo ante la misma cantidad de fuerza aplicada.

El tiempo de vuelo. Mientras el deportista no está en contacto con el suelo, no puede volver a impulsar. Por ello, es importante entrenar con ejercicios de corto recorrido que permitan realizar altas frecuencias.

El dominio de la técnica. Igualmente se ve afectada por la técnica del movimiento. Es importante la distribución adecuada de la fuerza, haciendo trabajar solamente a los músculos necesarios y en la dirección correcta, lo que permitirá reducir los tiempos de cada ciclo.

Sobre la amplitud de pasos.

Por amplitud entendemos la distancia entre dos apoyos sucesivos o de lo que conocemos como zancada (formada por un ciclo completo compuesto de dos pasos consecutivos).

Depende directamente, entre otros, de los siguientes factores:

- *De la fuerza aplicada.* Especialmente de la fuerza rápida explosiva y elástica. Cuanto mayor sea ésta (más fuerza aplicada en menos tiempo) mayor será la proyección del cuerpo hacia delante por reacción a la acción de impulsión.
- *De la flexibilidad.* En sus dos facetas de estiramiento acortamiento y de movilidad articular.
- *De la técnica igualmente.* Un movimiento realizado correctamente, permite dirigir mejor la fuerza y aplicar más cantidad en la dirección correcta.

Para mejor comprensión en la figura 4.5, se expone un sencillo mapa conceptual con las prestaciones requeridas para la velocidad de desplazamiento.

Figura 4. 5.- Estructura conceptual con algunos de los factores más determinantes de la velocidad de desplazamiento. La mejora de cualquiera de ellos derivará en su incremento.

La súper velocidad.

En la velocidad máxima de desplazamiento, si solamente se utilizan los medios propios, existe un límite en el que ya no se puede ir más veloz. Este límite viene condicionado, fundamentalmente, a nivel neuromuscular y que es conocido como la "barrera de velocidad". No obstante, utilizando la asistencia de medios externos, este límite puede ser rebasado (efecto conocido como la *súper velocidad*).

Se trata de una derivación de la velocidad máxima en la que el deportista se desplaza, gracias a alguna ayuda, a mayor velocidad de la que podría desplazarse por sus propios medios.

Esta velocidad máxima de desplazamiento puede aumentarse, mediante modificación de esos medios externos. Al respecto, existen multitud de estos medios y procedimientos para superar dicha barrera. De todas formas y, tratándose de niños y púberes, vamos a proponer fundamentalmente la carrera en pendiente suave. La velocidad en dicha pendiente (que no debería ser superior al 3-4%) obliga a correr más veloz, por lo que se ven estimulados los componentes neuromusculares. Hay que matizar que es muy importante que la angulación no supere este porcentaje ya que si se supera, se correría el riesgo de alterar la técnica, con entradas de talón y los consiguientes efectos de frenado.

Estos trabajos son recomendables a cualquier edad pero si se realizan durante las etapas en las que el sistema nervioso se encuentra en proceso de maduración, los efectos seguramente serían superiores.

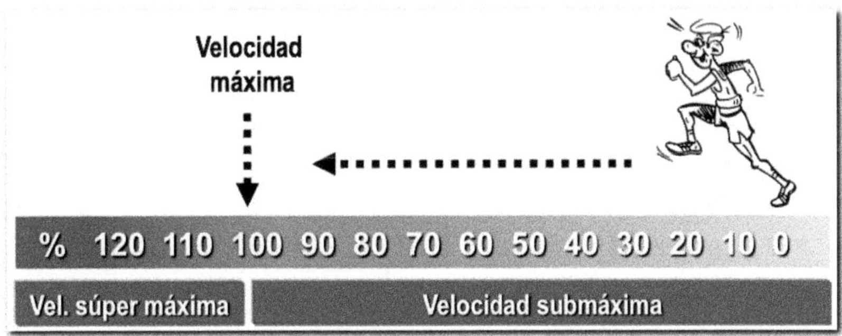

Figura 4. 6.- Porcentajes del máximo referentes a la velocidad de desplazamiento. La velocidad máxima se corresponde con el 100% o superior.

Evolución.

La velocidad de desplazamiento aumenta de forma ostensible y de forma geométrica conforme avanza el desarrollo. Se incrementa, de forma natural, hasta aproximadamente los 17 años (Grosser, 1992) pero puede seguir progresando merced al entrenamiento, especialmente a través de la fuerza específica.

Durante la etapa de la infancia, no se aprecian grandes diferencias entre ambos sexos, aunque se pueden presentan diferencias individuales desde el punto de vista cualitativo. Si se solicitan carreras lo más veloces posibles, comienzan a aparecer las grandes diferencias individuales a partir de la pubertad.

Durante la pre pubertad, a los 10 11 años, se alcanza un pico o "primer máximo" (Martin, 1982). Durante esta etapa, la velocidad de desplazamiento se equipara entre niños y niñas. Ya entrando en la pubertad se observa una nueva mejora (Hann, 1988) pero en los chicos se van alcanzando velocidades superiores, especialmente, debido al mayor incremento de la fuerza. Lo que repercute en el efecto amplitud.

De todas formas la dinámica de la evolución de la velocidad máxima, no nos sería demasiado útil con vistas a su entrenamiento si no desglosamos la evolución en base a los parámetros de la frecuencia y de la amplitud.

Antes de la pubertad es predominante la frecuencia sobre la amplitud por los siguientes motivos:

- Por el desarrollo y maduración del sistema nervioso.
- Porque existen deficiencias sobre ciertas manifestaciones de la fuerza.

Dado que el predominio es neuromuscular, la dinámica es bastante similar en ambos sexos, con la consiguiente anticipación de las chicas por su desarrollo biológico.

A partir de la pubertad, el incremento se produce especialmente por aumento de la amplitud en base a los siguientes parámetros:

- Por incremento de la fuerza. Tema ya tratado en el capítulo correspondiente.
- Por aumento de las palancas, debido a la aceleración del crecimiento en estatura.

Es por ese motivo (menor crecimiento y menor incremento de la fuerza) que en las chicas, la progresión en la velocidad de desplazamiento es menos pronunciada que en los chicos.

Como ilustración, en la tabla 4.1. se exponen datos referentes a la evolución a la frecuencia, amplitud y velocidad en relación a la edad y el sexo.

CHICOS				CHICAS			
EDAD	FRECUENCIA	AMPLITUD	VELOCIDAD	EDAD	FRECUENCIA	AMPLITUD	VELOCIDAD
Años	Pasos/seg.	Metros	m/seg	Años	Pasos/seg.	Metros	m/seg
3	3,86-5,18	0,650	2,54	3	3,77-5,30	0,694	2,600
4	4,00-5,18	0,884	3,52	4	3,92-5,10	0,746	2,920
5	4,08-5,00	0,968	4,00	5	3,92-510	0,942	3,680
6	4,16-4,80	1,061	4,39	6	3,95-606	1,010	3,970
7	4,08-4,90	1,045	4,24	7	3,96-505	0,970	3,910
8	4,27-4,68	1,264	5,40	8	3,92-510	1,025	4,300
9	4,25-4,70	1,143	4,91	9	3,92-5,10	1,240	4,840
10	4,44-4,50	1,270	5,64	10	4,00-500	1,260	5,100
11-12	4,21-4,65	1,494	6,28	11-12	3,97-503	1,485	5,93
13-14	4,08-4,90	1,668	6,28	13-14	3,94-507	1,540	5,09
15-16	4,00-5,00	1,712	6,86				

Tabla 4. 1.- Evolución de la velocidad en m/s, desglosada en los parámetros de frecuencia y amplitud de pasos, en relación con la edad y el sexo. Fuente: García Manso et al. (2003).

Todo lo anterior nos indica que antes de la pubertad habrá que centrarse, especialmente, en el entrenamiento de la frecuencia ya que todos los procesos neuromusculares se encuentran en fase sensible.

En la figura 4.7 se expone una aproximación sobre la evolución de la velocidad en chicos y chicas, así como de los parámetros de frecuencia y amplitud.

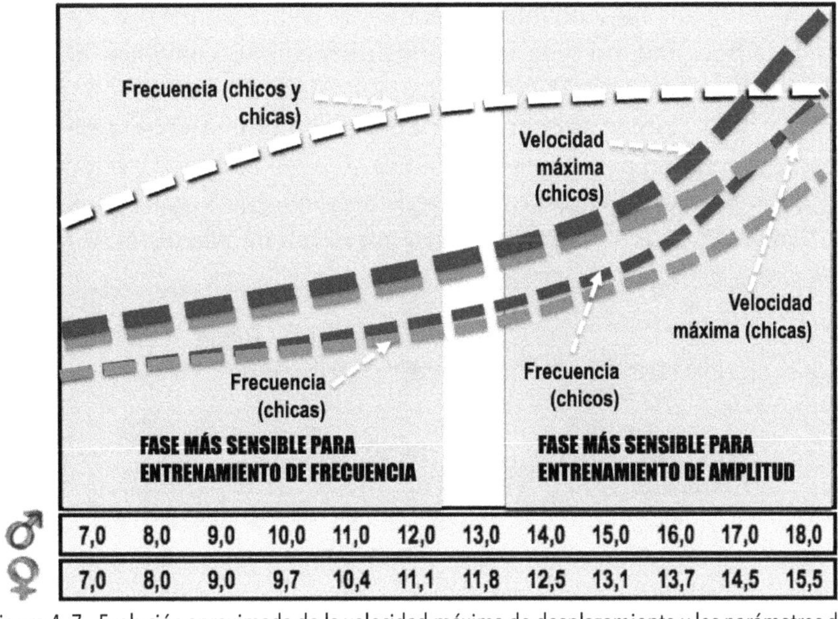

Figura 4. 7.- Evolución aproximada de la velocidad máxima de desplazamiento y los parámetros de frecuencia y amplitud, a lo largo del desarrollo y en función del sexo.

4.3.6. La capacidad de aceleración.

La aceleración supone la capacidad de aumentar una velocidad determinada en un tiempo establecido. Si nos referimos a la física, viene determinada por la fórmula $A=S/T^2$ (aceleración es igual al espacio recorrido, dividido por el cuadrado del tiempo invertido en recorrerlo) o según Martin et al (2004) que muestra la proporción (coeficiente) entre la variación de la velocidad y el tiempo necesario para ello.

Aceleración= (V2-V1)/(T2-T1).

Existen diversos factores que determinan la posibilidad de acelerar una velocidad (factores biomecánicos, musculares y nerviosos) que determinan igualmente la fuerza, la flexibilidad o la coordinación.

Depende, en gran parte, de la fuerza rápida, especialmente cuando se parte de posiciones estáticas hasta alcanzar la velocidad máxima de desplazamiento.

Evolución.

Dado que tiene una importante dependencia de la fuerza rápida y ésta, a su vez, necesita previamente de la fuerza máxima, en edades tempranas, la capacidad de aceleración es relativamente baja, incrementándose de forma ostensible a partir de la pubertad, debido a que también aumenta esa fuerza máxima.

Por ello, a la hora de intentar evaluar la velocidad máxima de un niño, antes de la pubertad, no sería recomendable medir ésta pariendo de posiciones estáticas ya que ésta deficiente capacidad de aceleración, no le permitirá acelerar en los primeros metros. Por consiguiente, una carrera de 40 o 50 metros, saliendo de parado, no nos indicará la realidad de la velocidad máxima del niño. Para que esta medición fuese más real, habría que hacerle salir "lanzado" unos 15 a 20 m antes y medir solamente 20 o 30 m. (figura 4.8).

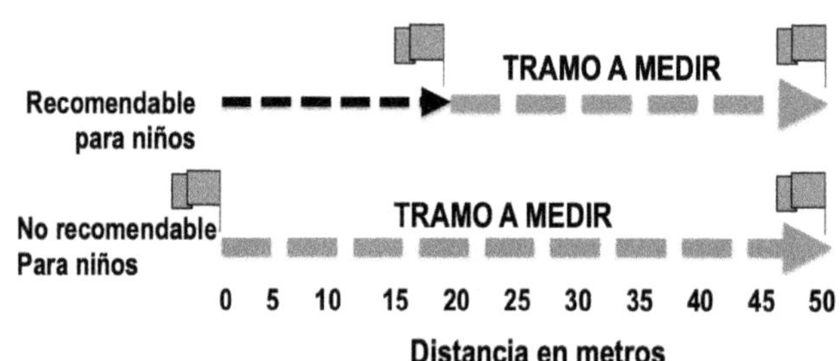

Figura 4. 8.- Debido a su deficiente capacidad de aceleración, a los pre púberes no se les debería exigir esfuerzos de velocidad máxima saliendo de posiciones estáticas. Es preferible dejar que se lancen unos 15-20 m. antes y medir desde que pasa por la primera referencia.

Durante la infancia y la pre pubertad, la capacidad de aceleración aumenta de forma suave, tal y como hemos apuntado, debido su dependencia de la fuerza. En cambio, al llegar a la pubertad se produce un incremento de la fuerza máxima y rápida explosiva (Grosser 1992), por lo que el chico y la chica entran en fase sensible para el entrenamiento de la capacidad de aceleración, lo que sugiere que, a partir de la pubertad, se estaría entrando en una fase más sensible para su potenciación.

4.3.7. La resistencia a la velocidad máxima.

Cuando el requerimiento de velocidad ha sobrepasado ciertos límites temporales, es la capacidad de resistencia la que viene a determinar que el deportista pueda seguir manteniendo un nivel máximo en la ejecución de una acción.

Grosser (1992) define la resistencia a la velocidad la como "la capacidad de resistencia frente a una decaída de velocidad a causa del cansancio frente a velocidades máximas de contracción".

En esencia se trata de la posibilidad de mantener una o varias de las manifestaciones anteriormente tratadas al 100% de su máxima potencia posible. Con la idea de aclarar conceptos, hay que reseñar que desde el momento en el que esa potencia comienza a descender, esa resistencia a la velocidad entraría en crisis y ya no estaríamos hablando de resistencia a la velocidad máxima.

No podemos olvidar que en la velocidad actúan, además de la rapidez y la técnica, la resistencia a esfuerzos de máxima potencia. Así pues, desde el punto de vista fisiológico, dependerá de forma predominante, de dos parámetros:

- *De los procesos metabólicos* relativos a la potencia anaeróbica aláctica y, en menor medida, de la potencia anaeróbica láctica y de las reservas de fosfágenos.
- *De la resistencia nerviosa* que permita mantener la frecuencia e intensidad de los impulsos.

La posibilidad de mantener esas prestaciones máximas es relativamente corta y solamente se podrá incrementar en unos 4 o 5 segundos. Un sujeto capaz de mantener su velocidad máxima 4-5 seg, podría llegar a mantenerla hasta los 8-10. Si pretendiese llegar hasta los 20 segundos, es patente que por fatiga, acabaría aplicando ya un porcentaje del 98-99% lo que ya no significaría su velocidad máxima sino una velocidad relativa (figura 4.9).

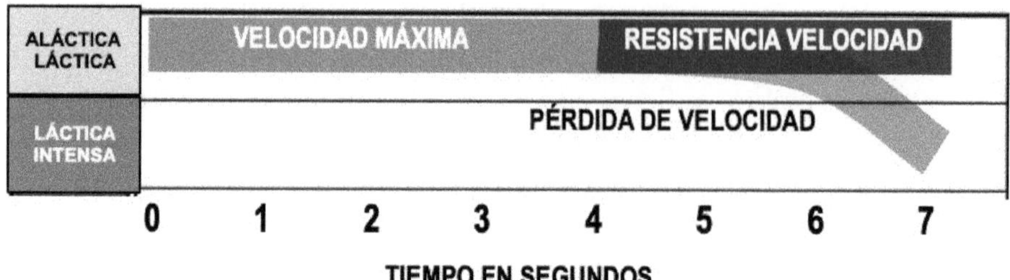

Figura 4. 9.- La resistencia a la velocidad es aquella que permite mantener una prestación máxima (100%) en el tiempo.

Esta manifestación, aún siendo poco prolongable, puede llegar a ser determinante del éxito en algunas especialidades. En este sentido, se expone la figura 4.10 En ella se puede apreciar cómo en dos carreras de 100 m, el atleta que más resistencia a la velocidad ha tenido es el que obtiene el triunfo.

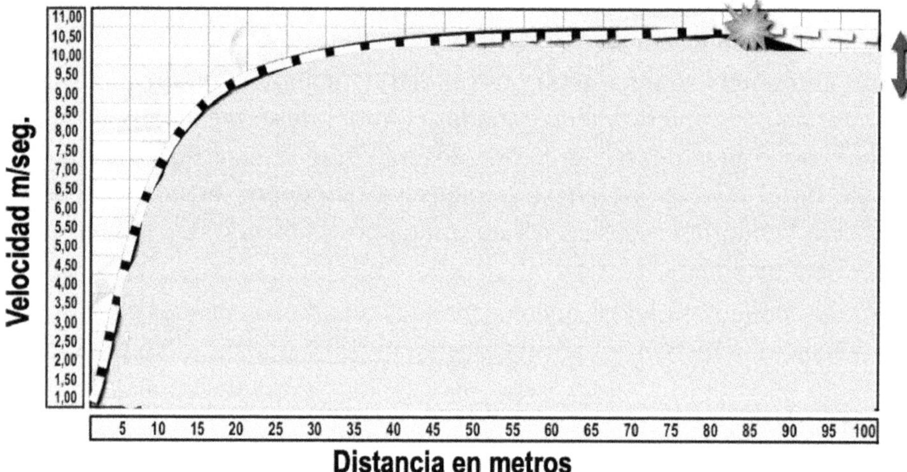

Figura 4. 10.- La resistencia a la velocidad puede ser determinante del éxito en algunas especialidades. En la figura se observan dos carreras de 100 metros lisos con idéntico perfil hasta los 85 m. A partir de aquí, uno de los corredores es capaz de mantener más la velocidad, o de perder menos, gracias a la resistencia, lo que le permite vencer.

La resistencia a la velocidad sostenida o fraccionada

La resistencia a la velocidad, no solamente deberíamos entenderla como la capacidad de mantener un esfuerzo máximo el mayor tiempo posible. También se trata de la posibilidad de repetir esfuerzos cortos un número determinado de veces. En algunos deportes, tales como pudieran ser los deportes de equipo, nos encontramos con que el rendimiento se alcanza mediante posibilidad de repetir sprints muy cortos. Por ello, también la resistencia a la velocidad tiene altos componentes específicos dependiendo de la especialidad (figura 4.11).

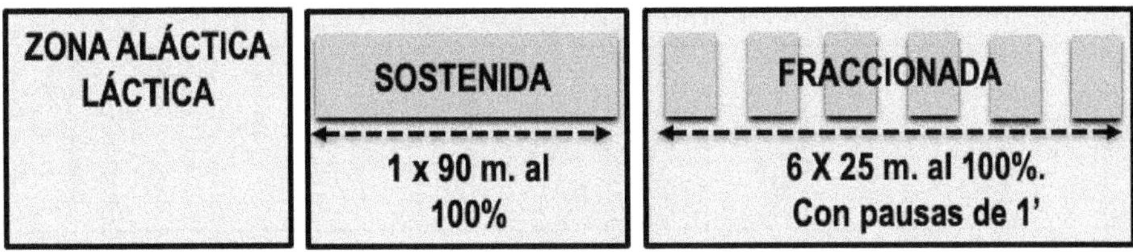

Figura 4. 11.- Dos formas de resistencia a la velocidad. Sostenida y fraccionada.

Evolución.

En el niño de 5 a 7 años o la resistencia anaeróbica aumenta muy poco (Becerro, 2000). Esta dinámica, ya hemos visto que se mantiene hasta la entrada a la pubertad. Pero también almacena menos cantidad de fosfocreatina. Por ello, la resistencia a la velocidad es deficiente hasta llegada a esta etapa

A partir de la pubertad, y dado que se "dispara" el metabolismo láctico, al tiempo que aumenta el almacenamiento de fosfocreatina en la musculatura a lo que hay que sumarle que, al final esta etapa, aumenta la fuerza máxima vemos que la resistencia a la velocidad aumenta considerablemente. Todo ello sugiere que, a lo largo de esta fase puberal, nos encontraríamos en una fase sensible para el entrenamiento de esta manifestación. Este incremento sigue aumentando durante la adolescencia.

En la figura 4.12 se expone una evolución aproximada de la resistencia a la velocidad en con arreglo a la edad.

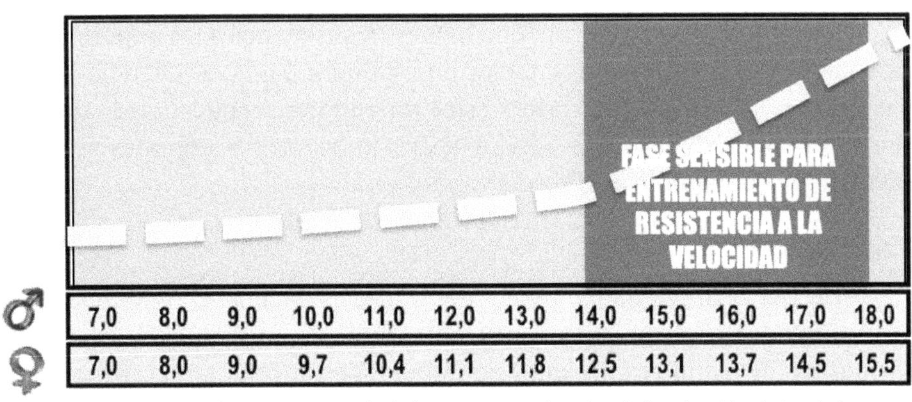

Figura 4. 12.- Evolución aproximada de la resistencia a la velocidad en función de la edad.

Para concluir el tema de las manifestaciones de la velocidad y a modo de resumen, se expone en la figura 4.13 en la que hemos contemplado una estimación de las necesidades y factores más determinantes de cada una de ellas.

MANIFESTACIÓN	FACTORES DETERMINANTES									
	Talento	Dominio técnica	Factores psicológicos Voluntad, motivación…	Anticipación	Activación neuronal. Sincronización reclutamiento.	Fuerza rápida y explosiva.	Fibras rápidas (FtII)	Flexibilidad	Vía anaeróbica aláctica. Fosfocreatina	Vía anaeróbica láctica. Glucógeno
Velocidad de reacción	●●	●●	●●●	●●●	●●●	●	●●●	●	●	●
Velocidad de acción	●●	●●●	●●●	●●	●●●	●●	●●●	●●	●●●	●
Velocidad frecuencial	●●●	●●●	●●●	●	●●●	●	●●●	●●●	●●●	●
Velocidad de desplazamiento	●●	●●●	●●●	●	●●●	●●●	●●●	●●●	●●●	●
Capacidad de aceleración	●	●●	●●	●	●●	●●●	●●●	●●●	●●●	●
Resistencia a la velocidad	●	●●	●●	●	●	●	●●●	●●	●●●	●●●

Figura 4. 13.- Manifestaciones de la velocidad y factores más determinantes.

4.4. EVALUACIÓN DE LA VELOCIDAD.

La posibilidad de evaluación de la velocidad, especialmente en edades en proceso de desarrollo, es un tanto compleja, ya que es susceptible de comprobación desde muy distintos puntos de vista.

Para ello existen medios muy exactos (células fotoeléctricas, plataformas de fuerza, etc.) pero, al mismo tiempo, resultan costosos, excesivamente sofisticados y, lo que es más importante, poco asequibles para la gran mayoría de los formadores deportivos que tienen en sus manos a los deportistas en las etapas de desarrollo que tratamos en esta obra. En consecuencia y dado que nuestro trabajo va dedicado a estos formadores y educadores, aquí vamos a proponer algunos que aunque sean tan exactos, si son más sencillos para hacerlos asequibles a todos.

¿Qué evaluar?

Tal vez aquí se encuentre la clave. En estas edades, el rendimiento no se encuentre entre los objetivos preferentes. Por ello, la evaluación en el sentido de medir dicho rendimiento no debería ser la prioritaria. Entendemos que, dado que estamos moviéndonos en una banda de edades, en las que lo importante es el desarrollo de capacidades y no del propio rendimiento puntual, las comprobaciones deberían ir en el sentido de medir los componentes, más que las manifestaciones específicas. Por poner un ejemplo aclaratorio, la velocidad de reacción, es mejor medirla de forma inespecífica que sobre una salida de velocidad.

Por ello, en estas edades, deberían evaluarse los componentes, más que la velocidad global ya que hay momentos en los que unos son más importantes que otros.

En este sentido, que hemos diseñado algunos medios y procedimientos que, si bien pueden no ser tan exactos, al menos que permitan una evaluación continua y fácil de aplicar en todo momento.

También hay que tener presente que aquí no nos van a preocupar demasiado las medias y los percentiles. Lo que va entendemos que debe prevalecer es la posibilidad de tener un seguimiento en el que lo más importante es ver la progresión individual de cada uno de los niños a los que haya que evaluar, independiente del puesto que ocuparía en un hipotético ranquin. Así pues, entendemos que la evaluación, bajo las condiciones expuestas, debería cubrir, fundamentalmente, los siguientes objetivos.

- Comprobar la evolución de los componentes de la velocidad.
- Comprobar la evolución de las manifestaciones de la velocidad de forma inespecífica.

En los apartados que siguen hemos incluido algunas propuestas sobre medios y procedimientos que puedan cubrir estos objetivos.

EVALUACIÓN DE LA VELOCIDAD DE REACCIÓN.

Al tratar las manifestaciones de la velocidad, ya hemos visto que el tiempo de reacción se compone de una serie de tiempos parciales (T1..T8 en a figura 4.3). Con la idea de simplificarlo para poder proceder a su medición y siguiendo a Martín Acero (2011), el tiempo de reacción de cualquier ejercicio, suele componerse de dos variables: tiempo de reacción (TR) y tiempo de movimiento (TM).

A su vez ya se ha visto que ese tiempo de reacción puede ser simple y complejo. Dado que medir la reacción compleja se presta a muchas variables que se podrían escapar al control, no vamos a inclinar por la medición del tiempo de reacción simple (TRS) en el que a un solo estímulo le corresponde una sola respuesta. No obstante, conviene tener presente que todas las pruebas que miden el TRS no específico son equivalentes y no dependen del tipo de señal ni del segmento que se pone en acción (Martin, 2011). Por ello, esta propuesta, podría cubrir una gran parte de las expectativas de evaluación para la velocidad de reacción en etapas de desarrollo.

Coger un bastón (figura 4.14).

Protocolo.

- Sentado de lado sobre una silla, apoyado el brazo más hábil hasta la muñeca sobre el respaldo, la palma de la mano hacia adentro, los dedos estirados, el pulgar separado y la vista fija en la mano.
- El controlador sostiene un bastón o una regla de unos 60 cm, calibrada en cm, hasta 1 cm de la palma. El extremo de la vara se encuentra alineada con el extremo inferior de la palma.
- El controlador hace una seña de pre aviso indicando que va a soltar la vara.
- Tras haberla soltado el controlador, el sujeto testado intenta agarrar la vara lo antes posible.
- Se mide la distancia entre el extremo inferior de la vara y la parte inferior de la mano.
- Se dan dos intentos y se valora el mejor.

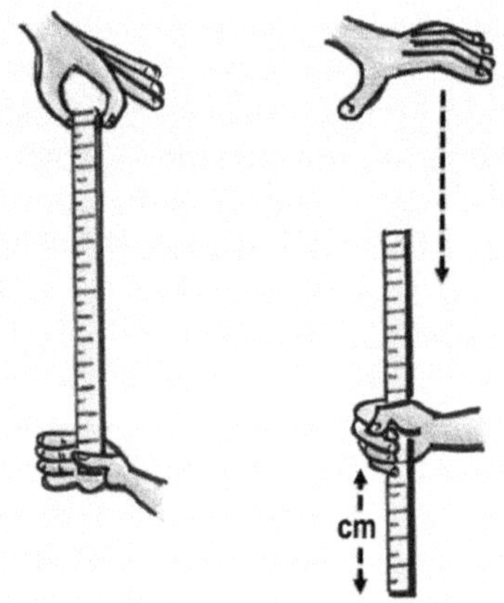

Figura 4. 14.- Representación de la prueba de "coger un bastón".

EVALUACIÓN DE LA VELOCIDAD GESTUAL O DE ACCIÓN.

Lanzamiento de una pelota de tenis (figura 4.15).

Se trata de utilizar un móvil muy ligero y que apenas produzca resistencia y permita ejecutar con la máxima velocidad.

Protocolo.

- Desde parado, en posición de sentado sobre una silla, con la espalda pegada al respaldo, con la idea de delimitar las palancas a mover.
- La pelota sujeta con la mano hábil y con el brazo extendido hacia atrás.
- Lanzar la pelota lo más lejos posible y medir la distancia desde las patas delanteras de la silla hasta el punto de caída de la pelota sin despegar la espalda del respaldo de la silla.
- Se dan dos intentos y se puntúa el mejor.

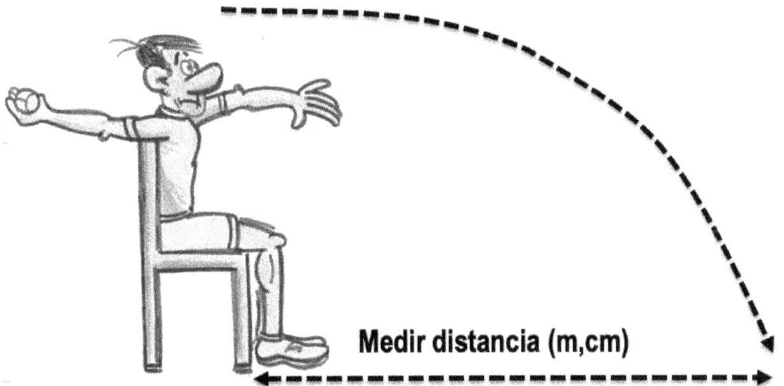

Figura 4. 15.- Lanzamiento de pelota de tenis.

EVALUACIÓN DE LA VELOCIDAD FRECUENCIAL.

La velocidad frecuencial a medir debería ser la inespecífica y con ella sucede algo similar a lo que hemos tratado sobre el tiempo de reacción.

Tocar dos círculos (figura 4.16).

Protocolo.

- De pie, delante de una mesa en la que se plantean dos círculos de 10 cm de diámetro y separados por 40 cm.
- Con la mano hábil, palma de la mano abierta y la otra mano atrás.
- Tocar con la totalidad de la palma en los círculos, alternando de uno a otro.
- Contar cuántos toques se dan en un tiempo de 5 segundos.
- El cronómetro se pone en marcha en el momento en el que inicia la acción el testado.
- Se dan tres intentos con 3 minutos de pausa.

- Sumar el total de toques en los tres intentos.

Figura 4. 16.- Prueba de tocar dos círculos.

EVALUACIÓN DE LA VELOCIDAD DE DESPLAZAMIENTO.

Carrera con amplitud limitada (figura 4.17).

La velocidad de desplazamiento, hemos visto que depende de dos factores: frecuencia y amplitud de pasos.

Sobre la primera, también hemos tratado que antes de la edad crítica de la pubertad, se encuentra en fases de desarrollo, mientras que la amplitud cuando crece más, es en el momento en el que se produce un importante incremento de la fuerza al final de la etapa puberal y en la adolescencia.

Por todo esto, si la frecuencia, es la principal responsable de la velocidad antes de la pubertad, es importante proceder a su medición.

El procedimiento es el de anular una de las variables (en este caso, la amplitud de los pasos).

Protocolo.

- Distancia a recorrer 30 m.
- Dividir la distancia en 30 tramos de 1 m señalizados con cintas adhesivas en el suelo. No se pueden utilizar picas o cualquier otro elemento que pueda rodar por el riesgo a caídas si se pisa alguno de ellos.

- El testado, de pie, en posición estática y con ambos pies apoyados tras la primera señal, sale por propia iniciativa sin que haya que darle una señal.
- Debe cubrir los 30 m en el menor tiempo posible y pisando entre las señales.
- Se cronometra el tiempo invertido. Desde que el deportista levanta al primer pie del suelo sujeto hasta que pisa tras la última señal.
- Hacer dos intentos con una pausa mínima de 8 minutos y anotar el mejor de ambos.

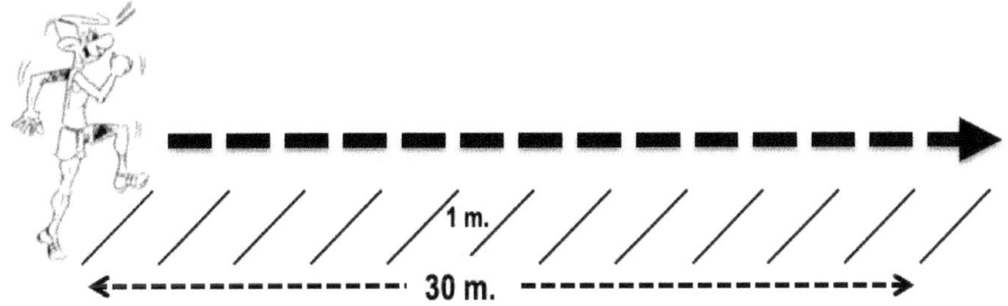

Figura 4.17.- Prueba de carrera con amplitud limitada.

EVALUACIÓN DE LA VELOCIDAD LANZADA (FIGURA 4.18).

Ya hemos visto que la capacidad de aceleración es un tanto deficiente antes de que se produzca el importante crecimiento de fuerza. Por ello, no se debe medir la velocidad con arrancadas desde posiciones estáticas, siendo preferible medirla una vez "lanzado" el deportista.

Protocolo.

- Se miden tres tramos de carrera de 20, 40 y 15 respectivamente.
- El controlador se sitúa a unos 40 m de la recta a medir.
- El testado sale por propia iniciativa y trata de alcanzar lo antes posible su máxima velocidad.
- En el momento que pasa por la primera señal, el controlador pone el cronómetro en marcha y lo parará en el momento en el que rebasa el tramo de velocidad.
- El último tramo de 15 m tiene como único objetivo el de facilitar el frenado del deportista.
- Realizar 2 intentos con mínimo 8 minutos de pausa y anotar el mejor.

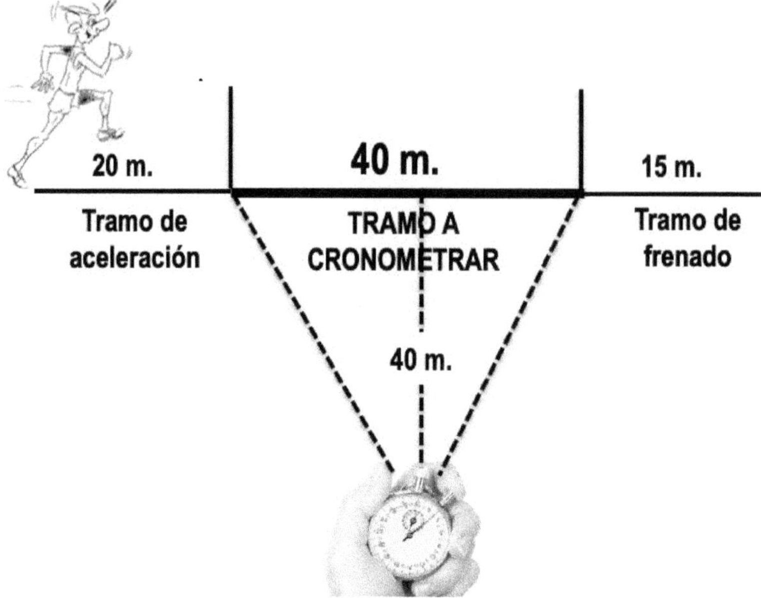

Figura 4. 18.- Prueba de velocidad lanzada.

EVALUACIÓN DE LA CAPACIDAD DE ACELERACIÓN.

Ya se ha venido viendo que la capacidad de aceleración es bastante deficiente mientras no haya aparecido el incremento de la fuerza, coincidiendo con la edad puberal avanzada. No obstante, aunque sea por el hecho de ver cómo va mejorando el chico, se puede evaluar desde edades muy tempranas ya que una parte de esta capacidad ya se manifiesta.

La carrera de 20 m (figura 4.19).

Aquí proponemos la cerrera de 20 m, consistente en recorrer esta distancia en el menor tiempo posible.

Protocolo.

- Es sujeto se coloca, de pie, ligeramente inclinado hacia delante, con las piernas ligeramente flexionadas y con el pie correspondiente a la pierna más fuerte adelantada, justo detrás de la línea de salida y el brazo contrario ligeramente adelantado.
- El deportista arranca cuando él decide, empujando con el pie retrasado.
- En el momento en el que ese pie despega del suelo, el controlador pone en marcha el cronómetro.

- Se para el cronómetro en el momento en el que el testado pasa por la línea de meta.
- Se anota el tiempo.
- Hacer dos intentos con 6-8 minutos de pausa y quedarse con el mejor de los dos.

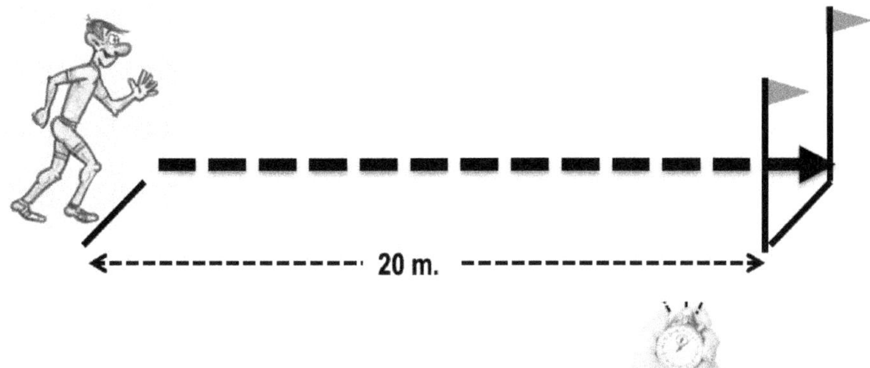

Figura 4. 19.- Prueba consistente en carrera de 20 m.

EVALUACIÓN DE LA RESISTENCIA A LA VELOCIDAD.

La resistencia a la velocidad, ya se ha visto que consiste en la capacidad para mantener una velocidad máxima durante el mayor tiempo posible.

También se ha visto que esta manifestación se puede mostrar mediante un esfuerzo de velocidad máxima prolongado, hasta que comienza a perderse o mediante un número de repeticiones, de duración breve (3-5 segundos) y con recuperaciones incompletas.

A la hora de evaluarla, dado que estamos tratando de edades en proceso de desarrollo, nos inclinaremos más por evaluar el segundo caso. Para ello, proponemos la prueba de 5 repeticiones de 40 m.

La prueba de 5 x 40 m (figura 4.20).

- En un tramo de 40 m. el deportista se coloca tras la línea de salida, de la misma forma descrita en la prueba anterior.
- Éste inicia la carrera cuando él decide y trata de recorrer el tramo completo de 40 m en el menor tiempo posible.
- El controlador pone en marcha el cronómetro siguiendo el procedimiento de la prueba anterior y lo parará en el momento en el que el testado rebasa la línea de llegada.
- Se anota el tiempo, mientras el chico recupera 2 minutos.
- El proceso se repite 5 veces.

- Para evaluar hay que sumar las décimas o segundos totales de pérdida con respecto al resultado de multiplicar por 5 el tiempo obtenido en la primera repetición.

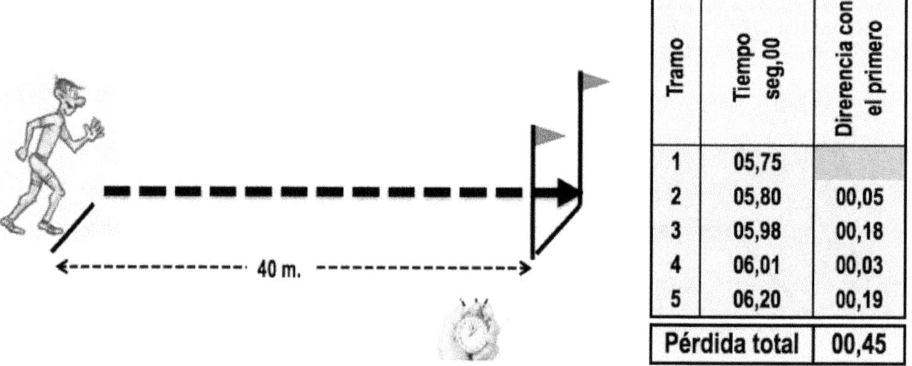

Tramo	Tiempo seg,00	Direrencia con el primero
1	05,75	
2	05,80	00,05
3	05,98	00,18
4	06,01	00,03
5	06,20	00,19
Pérdida total		00,45

Figura 4. 20.- La prueba de 5 x 40 hay que repetir el esfuerzo 5 veces con 2 minutos de pausa. A la izquierda el esquema de la prueba. A la derecha un ejemplo de valoración con la perdida total sumadas las diferencias.

4.5. LAS ZONAS O ÁREAS FUNCIONALES. INCIDENCIA DE LA VELOCIDAD.

La velocidad puede entenderse de diferentes formas. Aquí la hemos entendido como la forma de realizar cualquier acción en el menor tiempo posible. Como tal siempre se la va a concebir como máxima y, en consecuencia, va a exigir:

- La puesta en acción del sistema nervioso en su máxima exigencia de intensidad, frecuencia y velocidad de transmisión de impulsos.
- La máxima implicación de las fibras rápidas (Ft II).
- Las prestaciones del metabolismo anaeróbico aláctico y, en consecuencia:
  - La activación de las enzimas implicadas en el metabolismo aláctico.
  - La utilización de la fosfocreatina y el ATP de la musculatura.

Por todo ello, si se precisa ubicar cualquier tipo de esfuerzos que requieran de esas prestaciones en las zonas del plano DIPER, en todos los casos deberá ser en la zona aláctica láctica (figura 4.21).

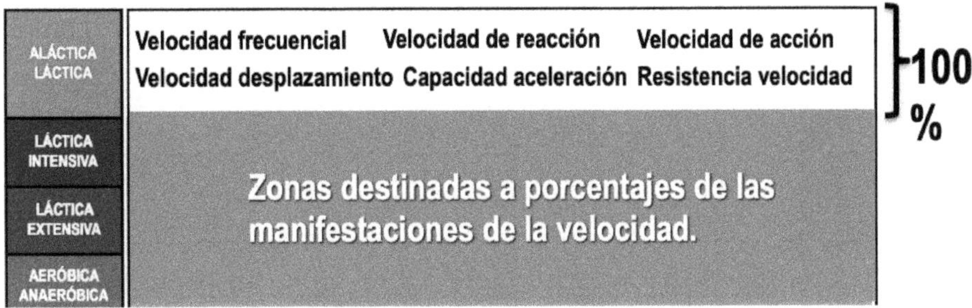

Figura 4. 21.- Ubicación de las manifestaciones de la velocidad en el plano DIPER. Todas se ubican en la zona aláctica láctica. En el momento que se baja del 100% de la potencia máxima, ya no se han considerado como velocidad y se irán ubicando en zonas de menor potencia.

Cualquiera de las zonas que se encuentran por debajo de ésta "alojan" esfuerzos relativos, es decir, con exigencias energía/tiempo inferior a ese 100% o, lo que es lo mismo, con potencias que resultan de diferentes porcentajes de las manifestaciones de velocidad.

De esta forma, a partir de la zona más alta (aláctica láctica) ya no la entendemos como velocidad.

Incluso, al hablar de resistencia a la velocidad, la entendemos como resistencia a la velocidad máxima y debería ubicarse también en la zona más alta.

Para aclarar esto último se propone el siguiente ejemplo: Un chico es capaz de mantener su velocidad máxima durante 4 segundos. Si a través del entrenamiento, se logra que sea capaz de mantenerla durante 7 segundos se habrá mejorado la resistencia a la velocidad máxima, pero todo el esfuerzo se habrá realizado en la zona aláctica. En cambio, si para mantener esos 7 segundos, tiene necesidad de disminuir la velocidad, habrá bajado al 98 o el 96% y el esfuerzo estará reclamando prestaciones que se dan en la zona láctica intensiva (figura 4.22).

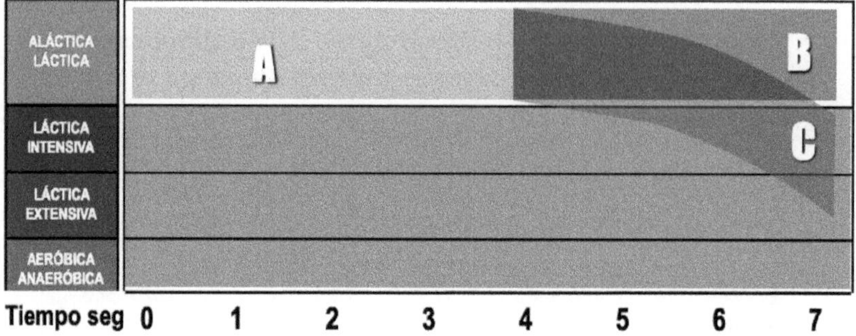

Figura 4. 22.- Ejemplo de dos tipos de esfuerzo de velocidad de dos atletas. Ambos parten de una velocidad máxima mantenida durante 4 seg (A). Tras el entrenamiento, uno de ellos es capaz de mantenerla hasta 7 seg. (B), mientras que el otro, la mantiene hasta los 5 seg y, a partir de aquí, comienza a perder potencia con lo que desciende su velocidad máxima, entrando en zona láctica intensiva, lo que conllevará efectos distintos y no podremos considerarlo ya como velocidad.

4.6. LOS NIVELES O ESTADIOS DE ENTRENAMIENTO DE LA VELOCIDAD.

Previo al planteamiento sobre el entrenamiento para el desarrollo de la velocidad, consideramos conveniente tratarla desde un punto de sus objetivos.

La velocidad, al igual que las otras cualidades, puede observarse desde el punto de vista de sus niveles o estadios de desarrollo, por lo que también vamos a distinguir los niveles *básico, específico y competitivo.*

Nivel o estadio de desarrollo básico de la velocidad. "Entrenando para entrenar".

Se basa en el aumento y mejora de componentes y prestaciones que determinan las manifestaciones que hemos venido tratando.

Características.

- Se busca la mejora de todos los componentes de la velocidad.
- Los trabajos son preferiblemente inespecíficos, sin tener en cuenta el gesto técnico correspondiente a alguna especialidad concreta.
- Las adaptaciones, en adultos, no mejoran el rendimiento. No obstante, en etapas de desarrollo, especialmente, antes de la pubertad, sí que pueden mejorarlo, dada la gran reserva de adaptación existente en estas edades.
- Se estimulan, de forma preferente las prestaciones neuromusculares y elásticas de la forma más variada posible.

Las manifestaciones a desarrollar prioritariamente, todas ellas sin provocadas en el mayor número de situaciones posibles son:

- La velocidad mental.
- La velocidad de reacción.
- La velocidad frecuencial. Con esfuerzos no superiores a los 4 – 5 seg.
- La velocidad de acción.
- La velocidad de desplazamiento. Con esfuerzos no superiores a los 4 – 5 seg.
- Capacidad de aceleración. Con esfuerzos no superiores a los 4 - 5 seg.

Nivel o estadio de desarrollo específico de la velocidad. "Entrenando para mejorar".

Se buscan mejoras con vistas al rendimiento, por lo que los contenidos de entrenamiento deben reunir las siguientes características.

- Las manifestaciones descritas en el nivel básico se desarrollan mediante el gesto técnico correspondiente a la especialidad. Esto implica un previo dominio de la técnica de ejecución.
- Se incorpora la manifestación de capacidad de la resistencia a la velocidad, igualmente, desarrollada con el gesto técnico de la especialidad (carrera para corredores, natación para nadadores, etc.). Esto, a su vez, implica los siguientes aspectos a tener en cuenta:
    - Se trata, del mantenimiento de las prestaciones a lo largo del tiempo.
    - Igualmente dependerá de la edad del deportista.
    - Este nivel debería postergarse hasta que el chico entre en la pubertad.
    - El aumento del tiempo de esfuerzos siempre debe venir determinado por el momento en el que se comienza a perder velocidad por fatiga.
    - Las distancias o tiempo deben ir en aumento hasta llegar a esfuerzos próximos a los 10 seg. en edad juvenil.

En la figura 4.23 se expone un esquema acerca de la incidencia correspondiente al nivel básico y la prolongación en el tiempo de esfuerzos mediante la resistencia a la velocidad en el nivel específico.

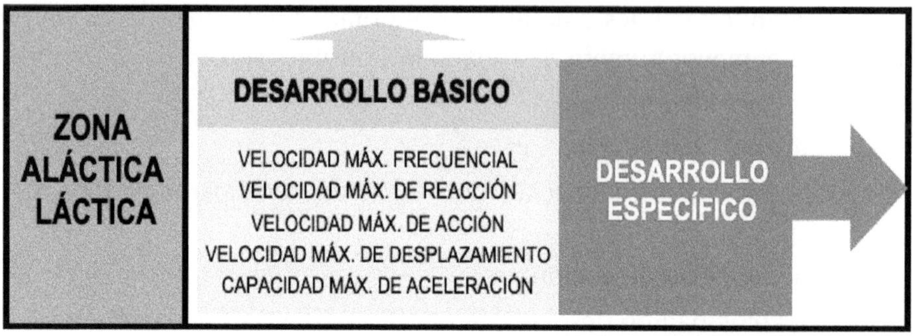

Figura 4. 23.- Representación de los niveles básico y específico de la velocidad. En los primeros años, la dirección del trabajo debe ser hacia la mejora de las manifestaciones en su nivel máximo (nivel o estadio de desarrollo básico). A partir de la pubertad debería trabajarse en ambos sentidos, hacia arriba mejorando las manifestaciones en su nivel máximo y en sentido hacia la capacidad con el objetivo de prolongar el tiempo máximo en el que se pueden mantener dichas manifestaciones (nivel o estadio de desarrollo específico).

Nivel o estadio de desarrollo competitivo de la velocidad. "Entrenando para competir".

Está basado, fundamentalmente en la reproducción de las situaciones que se darán en la competición. Esto implica los siguientes aspectos:

- Duración. Tiempo de esfuerzo próximo al que tendrá lugar en la competición.
- Técnica. Ejecución del movimiento (desplazamiento lineal, con cambios de dirección, etc.).
- Número de repeticiones. La competición puede ser de una sola repetición (por ejemplo, las carreras de velocidad) o varios (por ejemplo, los saltos en atletismo).
- Motivación y activación. Buscando la estimulación similar a la que se pueda dar en la competición.

Prioridades de aplicación en función del momento de desarrollo.

Para el entrenamiento de esta cualidad, es de suma importancia determinar los momentos y grado de incidencia de cada uno de los tres niveles a lo largo del tiempo en el que se produce el desarrollo.

Por ello, en las primeras etapas, en la que buscamos desarrollo de capacidades debe ser prioritario el nivel de desarrollo básico, para ir introduciendo el nivel específico y culminando por el nivel competitivo.

En la figura 4.24 se expone un esquema orientativo sobre la incidencia recomendable de los tres niveles de desarrollo.

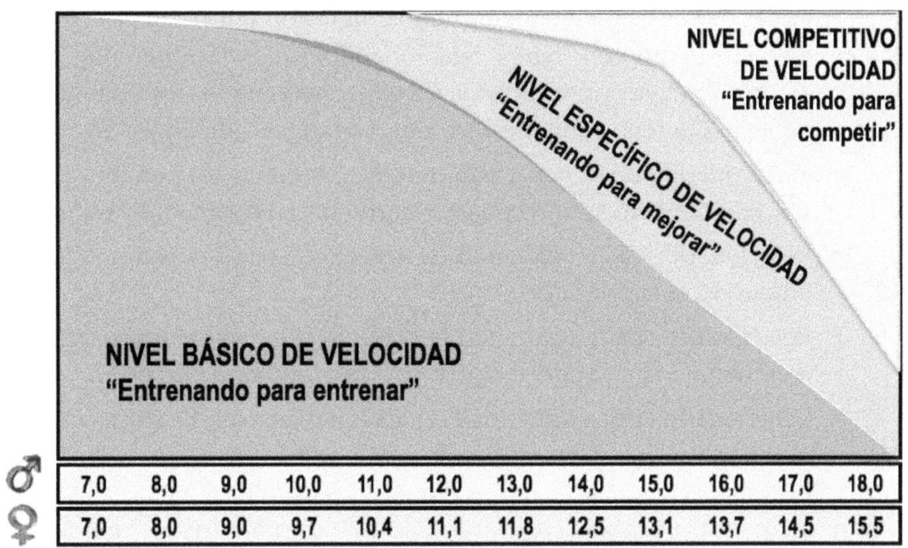

♂	7,0	8,0	9,0	10,0	11,0	12,0	13,0	14,0	15,0	16,0	17,0	18,0
♀	7,0	8,0	9,0	9,7	10,4	11,1	11,8	12,5	13,1	13,7	14,5	15,5

Figura 4. 24.- Orientación acerca de la importancia sobre la aplicación de los niveles o estadios de desarrollo de la velocidad en función de la edad.

A la vista de esta figura, puede caber la siguiente cuestión. Si el nivel competitivo no se introduce hasta etapas de desarrollo avanzadas, el niño y el pre púber ¿no debería competir? En este sentido ya hemos venido afirmando que el niño debería competir en todas las edades, siempre que el planteamiento de la competición sea el adecuado a su edad. Con esto, lejos de entrar en una contradicción, queremos hacer constar que el niño debe competir frecuentemente pero que lo que no deberá hacer es entrenar específicamente para la competición de forma concreta sino para mejorar sus capacidades. Por todo ello, durante este proceso no se debería excluir la competición sino potenciarla.

4.7. OBJETIVOS DE LA VELOCIDAD PARA LAS ETAPAS DE DESARROLLO.

Los objetivos de la velocidad mantienen cierta similitud para cualquier edad desde las primeras etapas hasta llegada la edad adulta, siempre guardando la proporcionalidad.

En todos los objetivos se debe tener presente el factor tiempo de los esfuerzos ya que, tal y como se ha apuntado, la duración de cada ejercicio debe ser menor cuanto menos avanzada está la edad.

Así pues, con estas salvedades, con la inclusión del concepto *"realización en el menor tiempo posible"* y relacionándolos con las diferentes manifestaciones, los objetivos prioritarios a alcanzar mediante el entrenamiento y de acuerdo a las diferentes manifestaciones, serían los siguientes:

- *Relacionado con la velocidad mental.* Ser capaz de percibir, procesar, decidir y ejecutar respuestas correctas ante diferentes estímulos.
- *Relacionado con la velocidad de reacción.* Lograr actuar ante un estímulo de cualquier tipo.
- *Relacionado con la velocidad frecuencial.* Realizar el mayor número de movimientos (cíclicos o acíclicos) en unidad de tiempo.
- Relacionado con la velocidad de acción o gestual. Realizar un gesto aislado.
- Relacionado con la velocidad de desplazamiento. Desplazarse por un espacio determinado.
- *Relacionado con la capacidad de aceleración.* Ser capaz de modificar la velocidad en un tiempo determinado.
- *Relacionado con la resistencia a la velocidad.* Ser capaz de mantener cualquiera de las manifestaciones el mayor tiempo posible.

Estos objetivos entrenamiento están dirigidos hacia la provocación de unas adaptaciones previas en diferentes campos:

Adaptaciones neuromusculares.

Son las más dificultosas y deben trabajarse en edades tempranas:

- Estimular las funciones neuromusculares, provocando demandas en las que se desarrollan en tiempos muy breves, con niveles de fuerza muy elevados y que se manifiestan a una velocidad muy alta.
- Insistir en la activación ciclo estiramiento acortamiento (CEA), que representa la actividad neuromuscular básica.
- Mejorar, en lo posible, la velocidad, intensidad y frecuencia de los impulsos nerviosos, mediante estímulos cortos y de máxima potencia.
- Mejorar las coordinaciones intramusculares (sincronización y reclutamiento), con incidencia en la mejora de las manifestaciones de la fuerza rápida explosiva y reactiva.

Adaptaciones musculares.

- Mejorar la fuerza rápida, elástica y reactiva.
- Mejorar la coordinación.

- Mejorar las habilidades específicas. La velocidad debe ser específica para una especialidad concreta. Por ello, debe incidirse en el gesto técnico concreto. Primero deberá construirse la estructura del movimiento para pasar, posteriormente, a su realización a velocidades máximas.
- Realizar acciones motrices combinadas con precisión y máxima velocidad.

Adaptaciones metabólicas.

- Mejorar las prestaciones de la vía anaeróbica aláctica con incidencia en aumento de estocaje de fosfocreatina y ATP libre.

Estos objetivos son más o menos alcanzables según el momento en que se encuentra el desarrollo del chico, por lo que el entrenador deberá ser consciente de en qué momento se debe actuar con mayor énfasis para aproximarse hacia uno u otro.

4.8. EVOLUCIÓN GENERAL DE LA VELOCIDAD Y MOMENTOS IDÓNEOS DE INCIDENCIA.

Hasta ahora hemos venido desglosando diferentes manifestaciones y componentes de la velocidad, pero es patente que existe una importante interacción de todas ellas. Con la idea de establecer una orientación del entrenamiento, a modo de resumen, exponemos una visión global sobre la evolución natural de la velocidad. Esto permitirá a los entrenadores identificar los momentos más idóneos en los que poder incidir con los estímulos adecuados, así como esos otros en los que deberían limitarse a mantener las adaptaciones ya adquiridas. Para ello, hemos diseñado la figura 4.25 en la que se pueden apreciar dichos momentos.

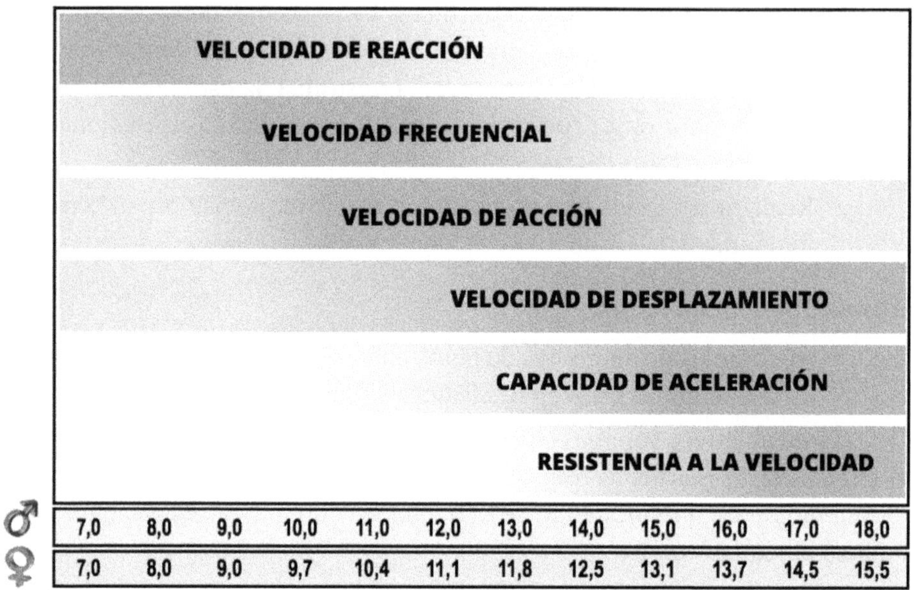

Figura 4. 25.- Momentos más importantes (más oscurecidos) en los que se debería incidir en la estimulación para el desarrollo de las manifestaciones de la velocidad, de acuerdo con la edad.

4.9. METODOLOGÍA PARA EL ENTRENAMIENTO DE LA VELOCIDAD. APLICACIÓN A LAS ETAPAS DE DESARROLLO.

Debemos tener presente que el futuro de un deportista en modalidades en las que predomina la velocidad pasa necesariamente por un trabajo específico desde edades muy tempranas, lo que nos obliga a no descuidar su preparación desde las primeras fases de su formación. Pero con esto no podemos obviar que, sea cual sea su futura especialidad, necesitará de un mínimo de velocidad por lo que en estas primeras etapas, el desarrollo de esta cualidad debe considerarse como uno de los prioritarios por una serie de razones:

- Salvo algunas especialidades de resistencia de larga duración, son pocas las disciplinas deportivas que se realicen plenamente sin un componente de velocidad.
- Una gran parte de los componentes determinantes de la velocidad solo pueden imprimirse durante las etapas de desarrollo y en edades muy tempranas. En este sentido, resulta imprescindible desarrollar estos componentes cuando el chico y la chica se encuentran en fases de maduración.

Pese a que vamos a tratar ciertas orientaciones particulares para el entrenamiento para cada manifestación, existen unos aspectos comunes para todas ellas. Igualmente, coexisten ciertos condicionantes que pueden interferir en las mejoras, por lo que ambos deben ser tenidos en cuenta en todo momento.

Aspectos a tener presentes.

- Tener siempre presente que estereotipos dinámicos para movimientos de máxima velocidad solo pueden generarse mediante tareas realizadas, igualmente, a máxima velocidad.
- Iniciar las cargas al inicio de la sesión de entrenamiento. Para un mejor desarrollo se sugiere la alternancia de cargas de este tipo, por lo que los sistemas estarán en mejores condiciones para recibir esos estímulos.
- Es conveniente el desarrollo de la fuerza rápida, elástica explosiva y reactiva.
- Aprovechar los primeros momentos de adaptación ya que pasado un plazo, las adaptaciones neurales tienden a estancarse, pasando a adaptaciones musculares. Esto sugiere que, a partir de la pubertad, sería recomendable alternar los estímulos tanto hacia el sistema nervioso como hacia la musculatura.
- Los ejercicios deben ser aprendidos y automatizados, de modo que durante su aplicación la atención esté dirigida exclusivamente hacia la ejecución veloz sin preocuparse de la ejecución técnica. De fijar la atención en esta última, disminuirá la velocidad. En consecuencia, previamente a la ejecución veloz, insistimos en que debería haberse consolidado la técnica.
- Los ejercicios no deben mantenerse más allá del momento en el que comienza a disminuir la velocidad, salvo que el objetivo sea el de mejorar su resistencia.
- En relación con la fuerza, el incremento potencial de la fuerza máxima, en combinación con ejercicios técnicos y coordinativos, aumenta en alto grado el rendimiento complejo de la velocidad. En consecuencia, incide positivamente en las capacidades "puras" de la velocidad (Grosser, 1992). Al respecto, hay que insistir en que los componentes referentes a esa fuerza máxima deberían estar centrados especialmente en los componentes neurales cuando estamos hablando de niños y pre púberes.
- Hasta entrada la pubertad, preferiblemente, no utilizar sobrecargas adicionales.
- Aprovechar los momentos del desarrollo en los que se pueden producir máximas adaptaciones (fases más sensibles).

Algunos condicionantes a tener en cuenta.

- La productividad mecánica disminuye rápidamente tras las primeras cargas. Esto refleja agotamiento de las reservas energéticas alácticas y del sistema nervioso según (Zhelyazkov, 2001).
- Un entrenamiento basado en velocidades submáximas implica a fibras de contracción lenta o intermedias, creando patrones de movimiento submáximos (Grosser, 1992). En consecuencia, un entrenamiento sistemático y demasiado extenso, realizado a potencias submáximas o medias, puede provocar pérdidas de velocidad.
- Recuperaciones escasas provocan fatiga, provocando el reclamo de la vía metabólica láctica, con la consecuente pérdida de velocidad.

Directrices generales para el entrenamiento.

- La potencia aplicada siempre debe ser máxima o supra máxima. (100% o superior asistida).
- La duración de los esfuerzos debe se muy corta. En edades en proceso de desarrollo, no debería superar los 5-6 segundos y este tiempo debe reducirse más a medida que la edad es menor.
- El número de repeticiones debe ser corto (no más de 5-6 repeticiones por serie).
- Los estímulos deben introducirse en total estado de descanso, tanto con el sistema nervioso recuperado y con el estocaje de ATP y fosfocreatina totalmente rellenados.
- Salvo para el caso de la resistencia a la velocidad, las pausas deben ser lo suficientemente amplias para permitir el rellenado de fosfocreatina y ATP y la recuperación del sistema nervioso (recuperación total).
- Prestar atención a la motivación ya que es un factor muy importante.
- Sobre los ejercicios y actividades. Existen infinidad de ejercicios que pueden cubrir los objetivos de mejorar las prestaciones de cualquiera de las manifestaciones. Por ello, no vamos a describirlos de forma concreta, sino que nos vamos a centrar en las características más adecuadas para cada una de dichas manifestaciones.

METODOLOGÍA PARA EL ENTRENAMIENTO DE LA VELOCIDAD DE REACCIÓN.

Ya hemos visto que esta manifestación se ve prácticamente determinada por aspectos neurales y que debe comenzar a estimularse desde edades muy tempranas.

Se deben ir introduciendo estímulos, de forma progresiva y de acuerdo a las posibilidades del niño, en función de su maduración, partiendo de situaciones sencillas y, a medida que se dominan ir pasando a posiciones complejas con aumento de variables.

A lo largo del proceso de desarrollo, el orden secuencial recomendable de situaciones a introducir debería ser el siguiente:

1. Situaciones *simples o cerradas.* Lo más variadas posibles, pero siempre con la condición de que a un estímulo le corresponde una respuesta única.

Procedimientos:

- *Método de repeticiones inespecíficas.* Con el gesto simple, con objetivo de mejorar los factores neurales. Este procedimiento está basado movimientos muy sencillos con incidencia en los factores perceptivos y reacciones ya conocidas. Por ejemplo, a una señal, mover un brazo.
- *Método de repeticiones específicas.* Con el gesto global, con objetivo de mejorar la técnica del movimiento. A base de la repetición de los ejercicios para reducir los tiempos. Se basa en la posibilidad de transformar los movimientos conscientes, en movimientos automáticos.
- *Perfeccionamiento del gesto de forma analítica.* Desglosando el movimiento global en partes y tratando de reducir los tiempos de ejecución de cada una de las partes, siempre ejecutado a máxima velocidad.
- *Vuelta al gesto global.* Una vez automatizado el movimiento, proceder a la ejecución global a máxima velocidad.

2. Situaciones *complejas semi abiertas*. De modo que ante un mismo estímulo caben diferentes respuestas.

Procedimientos:

- Indicando el estímulo previo. Que debe ser conocido.

3. Situaciones *complejas abiertas*. Estas situaciones estimulan también la *velocidad mental.* Se componen de aquellas que en la que, a diferentes estímulos, corresponden diferentes respuestas.

Procedimientos:

- Poniendo al chico en las situaciones más variadas posibles. Son muy útiles los juegos colectivos.
- *Desarrollo de la capacidad de percepción.* Fijando la atención en los estímulos, con seguimiento de trayectorias de móviles y complicando la situación mediante aumento del número de móviles, etc.

En la figura 4.26 se expone una propuesta secuencial con vistas a la mejora de la velocidad de reacción a lo largo de las etapas de desarrollo.

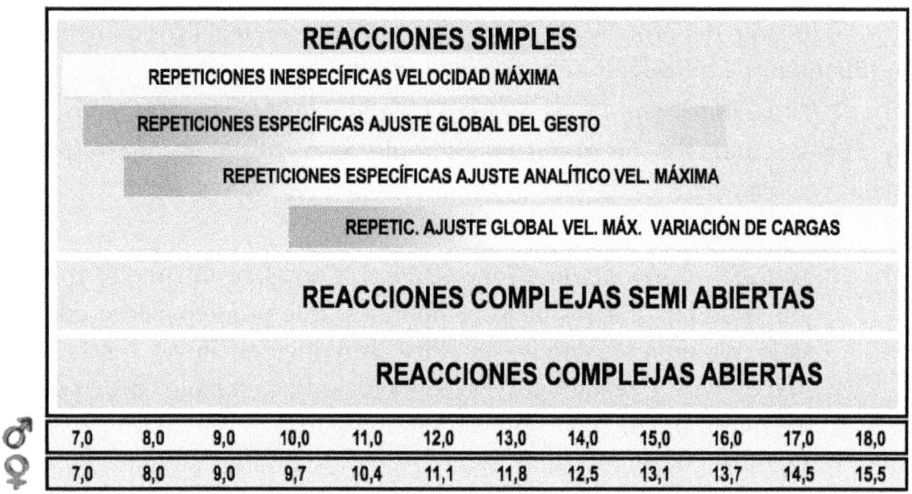

Figura 4. 26.- Grado aproximado de incidencia recomendable para la mejorar de la velocidad de reacción en sus diferentes aspectos, en función de la edad. En la parte superior, correspondiente a las reacciones simples, la mayor incidencia coincide con más claro.

METODOLOGÍA ELEMENTAL PARA EL ENTRENAMIENTO DE LA VELOCIDAD GESTUAL.

En general, necesita de aplicaciones de fuerza inferiores al 30% de la fuerza máxima (Grosser, 1992). El entrenamiento de la velocidad de movimientos acíclicos va unido al nivel de dominio de las técnicas de cada modalidad deportiva y de la experiencia necesaria para abordar planteamientos tácticos individuales o colectivos.

- Las basaremos especialmente en actividades de saltos y lanzamientos.
- Existe una condición indispensable en primeras etapas, consistente en evitar sobrecargas.
- Utilizar móviles ligeros en los lanzamientos.
- Utilizar exclusivamente el peso corporal en los saltos.

- Cuando se realicen ejercicios asimétricos (con un brazo o una pierna) realizar por ambos lados.

Para la mejora y perfeccionamiento, es factible el método analítico. Por ello, se propone el siguiente orden (figura 4.27).

1- Aprendizaje de la habilidad de forma correcta.
2- Ejecución global del gesto a máxima velocidad.
3- Perfeccionamiento de forma analítica a máxima velocidad.
4- Volver al gesto global a máxima velocidad.
5- Pasada la pubertad se puede comenzar a aumentar la resistencia (sobrecarga).

Figura 4. 27.- Orden secuencial de incidencia en contenidos de entrenamiento para la mejora de la velocidad de acción. La mayor incidencia corresponde al color más claro.

METODOLOGÍA ELEMENTAL PARA EL ENTRENAMIENTO DE LA VELOCIDAD DE DESPLAZAMIENTO.

La velocidad de desplazamiento, en muchas especialidades, es una de las manifestaciones de mayor importancia para el rendimiento futuro.

La hemos considerado como aquella que permite desplazarse a lo largo de un espacio, en el mínimo tiempo. No obstante, hay que añadir que precisa de un matiz, ya que solamente podríamos considerar aquella en la cual el deportista se desplaza por sus propios medios (carrera, natación, etc.) ya que existen otras modalidades, en las cuales, existen medios que la pueden condicionar (ciclismo, patinaje, esquí, etc.) en las que la tecnología puede proporcionar variables que se pudieran quedar fuera de control. En este sentido, solamente nos vamos a ocupar de las primeras.

La velocidad de desplazamiento hemos tratado que depende de la frecuencia y de la amplitud de los movimientos. Esto implica que, en ciertos momentos, será preferible trabajarlas por separado y en otros, de una manera conjunta.

Orientaciones para la mejora de la frecuencia.

- Ejercicios cíclicos inespecíficos con cualquier segmento del cuerpo.
- Ejercicios cíclicos específicos. Con gestos adecuados a la especialidad. Para ello, debe reducirse la amplitud del movimiento (por ejemplo, correr con zancadas cortas (figura 4.28) o pedalear "en vacío".

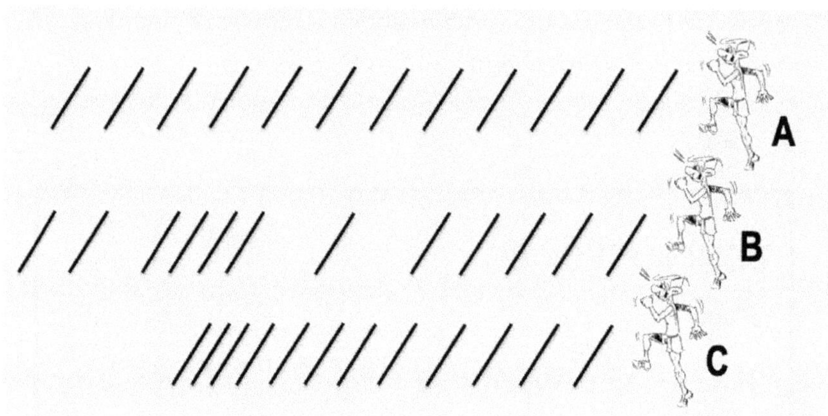

Figura 4. 28.- Ejemplo de tres tareas para mejora de la frecuencia para carreras. A).- Pasos cortos uniformes. B).- Pasos a diferentes distancias. C).- Pasos progresivamente más cortos.

Orientaciones para la mejora de la amplitud.

- Ejercicios cíclicos con aumento de la aplicación de fuerza explosiva y elástica.
- En general, trabajos de fuerza máxima explosiva y elástica. Los primeros aplicables preferentemente a partir de la edad puberal.
- Ejercicios con paso de frecuencia a amplitud (figura 4.29).

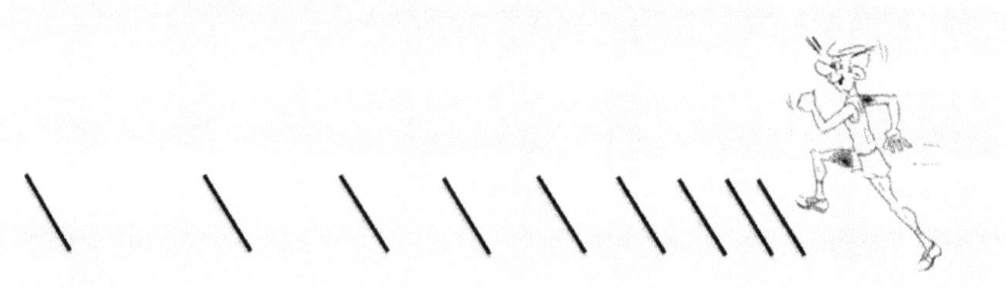

Figura 4. 29.- Ejemplo de tarea para mejorar la amplitud, mediante progresión en la longitud de los pasos.

Orientaciones para la mejora global.

- Carrera de 30- 40 m. con salida lanzada.

METODOLOGÍA ELEMENTAL PARA EL ENTRENAMIENTO DE LA CAPACIDAD DE ACELERACIÓN.

Uno de los factores más determinantes de la capacidad de aceleración versa en la fuerza rápida explosiva y elástica. Es por ello, que su entrenamiento supondrá un elemento importante a la hora de tratar de mejorarla.

El problema, tal y como ya hemos visto, versa en que éstas dependen previamente de la fuerza máxima, y ésta, cuando aumenta de forma más ostensible es durante el último tramo de la edad puberal. Por ello, hay que tener en cuenta estas premisas a la hora de tratar de desarrollar esta manifestación.

Orientaciones de incidencia para la mejora (figura 4.30).

- Trabajo de fuerza elástica y rápida explosiva. Desde la infancia de forma inespecífica y con gran variedad de movimientos.
- Trabajo de fuerza elástica y rápida y explosiva. Específico. Mediante los movimientos ajustados a la técnica de cada especialidad.
- Trabajo de fuerza máxima. A partir de la pubertad.
- Arrancadas desde parado inespecíficas en tiempos de 3 a 5 seg.
- Arrancadas específicas con el gesto técnico en tiempos de 3 a 5 seg.
- Trabajo de multisaltos, primero en cuesta y, más adelante, en terreno llano.
- Cambios de ritmo con aceleraciones y deceleraciones.

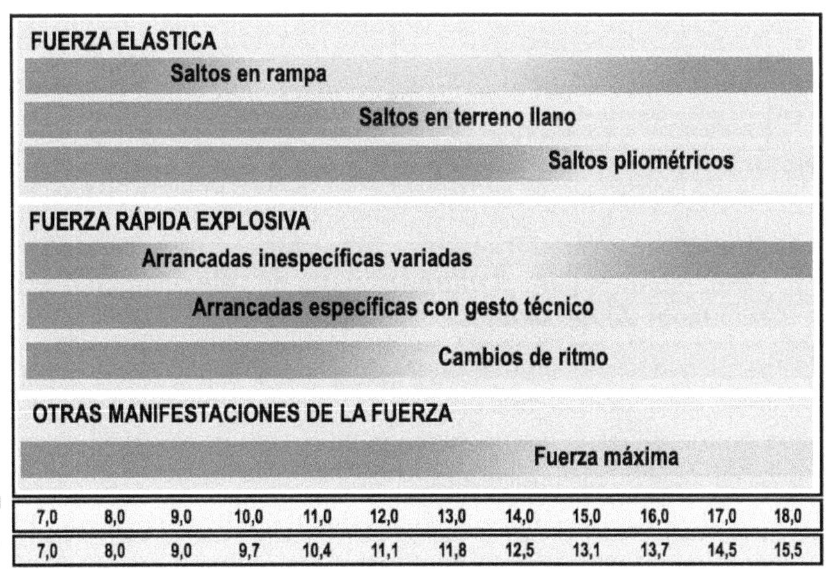

Figura 4. 30.- Manifestaciones de la fuerza y contenidos de entrenamiento para mejora de la capacidad de aceleración más aconsejables en relación con la edad.

METODOLOGÍA ELEMENTAL PARA EL ENTRENAMIENTO DE LA RESISTENCIA A LA VELOCIDAD.

Para mantener cualquiera de las manifestaciones, durante el mayor tiempo posible es preciso incidir en dos direcciones:

- Hacia una mayor resistencia del sistema nervioso para que pueda mantener la intensidad y la frecuencia de los impulsos.
- Hacia un mayor almacenamiento de ATP y Fosfocreatina.

Para su mejora tendríamos dos posibilidades:

- Prolongar, progresivamente, el esfuerzo algunos segundos, incluso, aunque se tenga que bajar del 100% del máximo. El procedimiento se basa en la puesta en crisis la capacidad, de esta forma, tras las consiguientes supercompensaciones, irá aumentando la capacidad (figura 4.31).
- Fraccionar el trabajo en series de repeticiones con recuperaciones incompletas con el objetivo de agotar parcialmente las reservas de ATP y fosfocreatina. Igualmente, tras las consiguientes adaptaciones, el estoc irá aumentando paulatinamente.

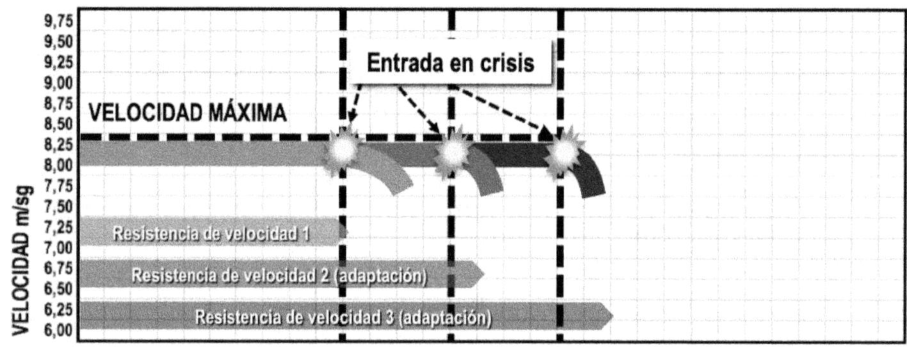

Figura 4. 31.- Representación del procedimiento para aumentar la resistencia a la velocidad en base a la paulatina prolongación de los esfuerzos.

4.9.1. Orientaciones para el entrenamiento de velocidad en función de las etapas de desarrollo.

Pese a que ya se han dado unas normas y generalidades sobre el entrenamiento de velocidad, nos quedaría dar una pequeña orientación acerca de la magnitud de las cargas recomendable para cada una de las etapas, así como las características principales.

En la figura 4.32 hemos tratado de sintetizar dicha magnitud. Hay que decir que las cifras expuestas no suponen leyes rigurosas sino, más bien, una aproximación con la idea de facilitar la labor de los entrenadores que tienen a su cargo deportistas en las edades que aquí tratamos.

ETAPA	MANIFESTACIÓN	GRADO DE IMPORTANCIA	PROCEDIMIENTOS					
			TIEMPO DE ESFUERZO	Nº REPETICIONES POR SERIE	Nº DE SERIES	RECUPERACIÓN REPETICIONES.	RESUPERACIÓN ENTRE SERIES.	OBSERVACIONES
NIÑEZ	Velocid. Reacción.	OOOOO	<1"	6-7	3-5	30"-1'	5'	Variedad de gestos.
6-8 Chicos y	Velocid. Acción.	O	<1"	6-7	3-5	30"-1'	5'	Variedad de gestos.
chicas	Velocid. Frecuencial.	OOOO	3"-4"	3-4	3-4	2'	5'	Variedad de gestos.
	Velocid. Desplazamiento.	O	3"-4"	3-4	3-4	4'	6-8'	Salida lanzada.
	Capacidad Aceleración.	--------	--------	--------	--------	--------	--------	--------
	Resistencia a la velocid.	--------	--------	--------	--------	--------	--------	--------
INFANCIA	Velocid. Reacción.	OOOOO	<1"	8-9	3-5	30"	5'	Variedad de gestos.
9-12 Chicos	Velocid. Acción.	OOO	<1"	8-9	3-5	30"	5'	Variedad de gestos.
9-11 Chicas	Velocid. Frecuencial.	OOOOO	4"-5"	4-5	4-5	2'	5'	Variedad y específico
	Velocid. Desplazamiento.	OOO	4"-5"	4-5	4-5	3'	5'-6'	Salida lanzada
	Capacidad Aceleración.	O	4"-5"	3-4	3-4	4'	5'-6'	Variedad y específico
	Resistencia a la velocid.	--------	--------	--------	--------	--------	--------	--------
PUBERTAD	Velocid. Reacción.	OOO	<1"	10-12	3-5	30"	4'	Específico
13-14 Chicos	Velocid. Acción.	OOOO	<1"	10-12	3-5	30"	4'	Específico
12-13 Chicas	Velocid. Frecuencial.	OO	5"-6"	5-6	5-6	1'-2'	4'	Específico
	Velocid. Desplazamiento.	OOOOO	5"-6"	5-6	5-6	3'	4'-5'	Salida parado
	Capacidad Aceleración.	OOO	5"-6"	5-6	4-5	4'	5'	Específico
	Resistencia a la velocid.	OOO	4"-5"	5-6	3-4	8'	5'	Específico
ADOLESCENCIA	Velocid. Reacción.	O	<1"	10-12	4-5	30"	4'	Específico
15-16 Chicos	Velocid. Acción.	OOOOO	<1"	10-12	4-5	30"	4'	Específico
14-15 Chicas	Velocid. Frecuencial.	OO	5"-6"	5-6	6-7	1'-2'	4'	Específico
	Velocid. Desplazamiento.	OOOOO	5"-6"	5-6	6-7	3'	4'-5'	Salida parado
	Capacidad Aceleración.	OOOOO	5"-6"	5-6	5-6	4'	5'	Específico
	Resistencia a la velocid.	OOOOO	4"-5"	5-6	4-5	8'	5'	Específico
			8"-12"	1	1-2	10'	5'	Específico

Figura 4. 32.- Aproximación acerca de la magnitud de las cargas recomendadas para el desarrollo de las manifestaciones de la velocidad, para cada una de las etapas de desarrollo.

CAPÍTULO 5

LA FLEXIBILIDAD. EVOLUCIÓN Y TRATAMIENTO

La flexibilidad viene siendo una cualidad que se hace notar, tanto por defecto como por exceso. Podríamos decir que se trata de una capacidad de apoyo que favorece el rendimiento de otras. En este sentido colabora con aquellas, bien potenciando sus prestaciones o bien acelerando los procesos de recuperación y regeneración.

En este capítulo, tratamos una serie de generalidades referentes a sus diferentes aspectos o manifestaciones (elasticidad, movilidad, plasticidad, etc.).

La flexibilidad tiene su importancia ya que ofrece una serie de ventajas, tanto con vistas a la salud como para el rendimiento futuro. No obstante, si no se trabaja de forma adecuada, también puede ocasionar desventajas y perjuicios. Por ello es preciso conocer, tanto unos como otros, para potenciar los primeros y evitar en lo posible los segundos.

Aquí presentamos, una serie de fundamentos relativos a sus componentes y funciones que nos ayuden a comprenderla para pasar, más adelante a su tratamiento.

Como todas las cualidades y capacidades, la flexibilidad evoluciona a lo largo de las etapas de desarrollo y su conocimiento, nos ayudará a introducir los estímulos adecuados en cada momento. Para ello, aquí exponemos una metodología, basada, primero en el conocimiento de los principales métodos para el desarrollo de esta cualidad para, posteriormente, tratar de su aplicación prioritaria en cada atapa de desarrollo.

Como para el resto de las cualidades condicionales, hemos desglosado el entrenamiento en niveles o estadios de desarrollo (básico, específico, competitivo y regenerativo).

Por último, establecemos una serie de directrices y orientaciones del entrenamiento más adecuadas a cada una de las etapas.

5.1. LA FLEXIBILIDAD.

En muchas ocasiones, el deporte precisa de esa máxima amplitud de los arcos articulares y resultaría muy difícil alcanzar un alto rendimiento si no se dispone de un buen nivel de esta cualidad en los grupos musculares y articulaciones que intervienen en el gesto deportivo. Cuando hablamos de flexibilidad, nos referimos a los mayores arcos de movimiento posibles en las articulaciones implicadas (Dantas, 2001).

Etimológicamente, la palabra flexibilidad proviene de los términos latinos *"fléctere"* (curvar) y *"bilix"* (capacidad).

Esta cualidad puede definirse como *"la capacidad física de amplitud de movimientos de una sola articulación o de una serie de articulaciones"* (Arregui et al, 2001). Puede ser entendida como una cualidad psicomotriz compleja, cuya función primordial es la de reducir la resistencia que tienen los tejidos para la amplitud de movimiento y es la composición de las estructuras limitantes de cada articulación y para cada movimiento del aparato locomotor, la que determinará su metodología específica para su aplicación (Di Santo, 1997).

Se trata de un complejo en el que se engloban diferentes capacidades, estando muy relacionada con la fuerza ya que afecta directamente al aparato locomotor (músculos, tendones, ligamentos y articulaciones).

En el ámbito del deporte esta cualidad se asocia a diferentes aspectos (movilidad articular, laxitud músculo ligamentosa, tono muscular y relajación, elasticidad, capacidad del sistema músculo tendón para recuperar su longitud tras un estiramiento, etc.). Mediante el trabajo sistemático de éstos, el deportista estará en mejores condiciones de realizar movimientos con la mayor amplitud, eficacia y seguridad. En este sentido, cabe añadir que no todas las especialidades requieren de la misma flexibilidad, por lo que ésta deberá ser específica al buscar un rendimiento. Igualmente, conviene tener en cuenta que se puede dar el caso de que la flexibilidad requerida para una especialidad deportiva podría provocar transferencias negativas en otras especialidades.

Esta cualidad hace referencia el rango de movimiento de una articulación o conjunto de articulaciones y viene siendo un aspecto importante de cualquier programa de entrenamiento deportivo, cuando implica cualquier grado de movimiento.

Además, reduce el riesgo de lesiones, tanto agudas como crónicas, con lo que ofrece beneficios en el entrenamiento o la competición, siempre que su utilización sea la correcta. Incluso, puede estimular a los deportistas para que se mantengan concentrados en la tarea que están realizando (Hedrick, 2007).

La flexibilidad viene resultando una cualidad que debe aplicarse de *forma ajustada* a las necesidades y a los objetivos ya que se hace notar, tanto por defecto como por exceso. Cabe añadir que una única forma de aplicarla en todas las circunstancias y para todo el aparato locomotor, de forma indiscriminada, resultaría un error didáctico que podría derivar en ineficacia o en posibles lesiones.

La realización sistemática de rutinas de estiramiento es una práctica muy común en los programas deportivos con el fin de mejorar la amplitud de movimiento de una articulación o conjunto de articulaciones. Además, los estiramientos parecen ser un medio muy indicado para el cuidado, la prevención y el mantenimiento de las cualidades físicas de cada individuo o para su desarrollo.

5.2. FUNDAMENTOS DE LA FLEXIBILIDAD.

Los tiempos dedicados a su desarrollo dependen de las circunstancias en las ésta es requerida. De hecho, una cosa son los ejercicios de flexibilidad destinados a la entrada en calor o de la vuelta a la calma, y otra son las sesiones especiales para la mejora de esta cualidad.

Lamentablemente (o por suerte, según como se vea) la flexibilidad es la capacidad motriz que más tiempo tarda en incrementarse y la que más rápido retorna a los niveles de partida cuando se deja de trabajar.

Aún a riesgo de caer en el reduccionismo y siguiendo a (Di Santo, 1997), podemos clasificar tres posibilidades de actuación a la hora de tratar esta cualidad: *sobre el tejido contráctil (músculo) sobre el tejido elástico (tendón) y sobre el complejo capsular y ligamentoso.*

Actuaciones sobre el complejo músculo – tendón.

Afecta al sistema neuromuscular, especialmente a los factores de inhibición neuronal y a la estructura dentro y fuera del sarcómero. Como consecuencia involucra a las propiedades de la fibra muscular en dos de sus propiedades:

- √ *A la capacidad reactiva* por lo que se ven implicados los factores componentes del ciclo estiramiento acortamiento (CEA) (ya tratado en capítulos anteriores).
- √ *Afectando a las propiedades no contráctiles de la* fibra (bandas Z, sarcolema, aponeurosis, etc.) o a otras contráctiles (actina y miosina).

Con respecto, a las últimas, el autor anteriormente citado, distingue tres tipos de interconexiones: **entre filamentos de miosina entre sí, entre filamentos de actina y miosina y entre filamentos de actina entre sí**.

Las dos primeras no son extensibles y solamente serían extensibles las interconexiones de actina ya que ésta es en la que se percibe un componente elástico ante un fenómeno de estiramiento.

El sarcómero puede ser estirado hasta un 120% de su longitud normal. Pero esto no se debe al alargamiento de los filamentos de miosina o actina (estos no se modifican en su longitud). El alargamiento es causado por el deslizamiento de los filamentos en forma paralela. Este alargamiento del sarcómero resulta funcional mientras no se rompan los puentes cruzados.

En la figura 5.1 se expone un esquema de diferentes grados de estiramiento de un sarcómero. En la parte inferior estaría un sarcómero forzado en exceso de estiramiento, con pérdida de funcionalidad al haberse roto los puentes cruzados entre la actina y la miosina.

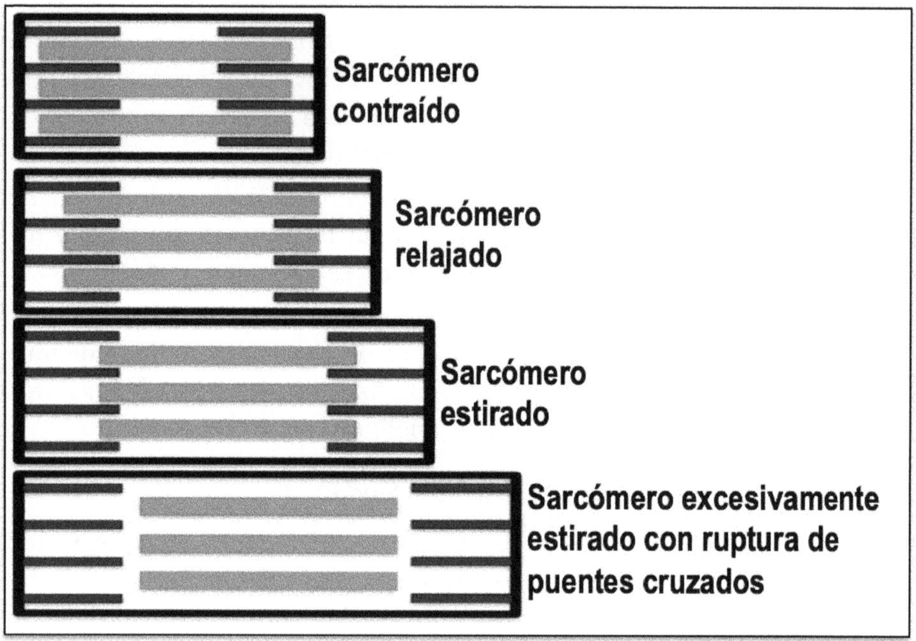

Figura 5. 1.- El sarcómero puede extenderse hasta un límite fisiológico mientras no se rompan los puentes cruzados entre la actina y la miosina.

Algunas observaciones sobre los efectos en el complejo músculo – tendón:

- La flexibilidad no asistida se desarrolla de 1,5 a 2 veces más lentamente que la flexibilidad asistida.
- La facilitación para el estiramiento se ve favorecida si previamente se ha provocado un mecanismo de relajación.
- Los ejercicios que implican varios efectos reflejos suelen ser más efectivos que aquellos que solamente provocan uno.
- Cuando se trata de contracciones isométricas (sin movimiento) pero máximas, éstas no provocan inhibición de los mecanismos neuromusculares. No obstante, sí que parece que son provocados cuando se trata de contracciones, igualmente isométricas menos intensas.

- Cuando se aplican reflejos distintos de forma sucesiva, se provocan mayores efectos de relajación.

Actuaciones sobre los complejos capsulares y ligamentosos.

Afectan prioritariamente al tejido conectivo (fibra de colágeno). En este caso, la adquisición de la flexibilidad no se logra con la misma rapidez en todas las articulaciones.

Actuaciones combinadas sobre todos los elementos.

Mediante una inhibición previa de la resistencia del músculo y tendón y posteriormente procediendo a la elongación.

En la inhibición, resultan más efectivos los procedimientos que implican una contracción previa. En otras palabras, se produce más relajación favorecedora del estiramiento si mediante una contracción previa se han agotado los mecanismos de defensa ante el estiramiento. De esta manera se inhiben las limitaciones previas.

5.3. FACTORES DE LA FLEXIBILIDAD.

La flexibilidad es un tanto compleja por lo que debe ser estudiada según sea su manifestación y los componentes que las afectan. Por ello se deben distinguir diferentes componentes:

- √ *Movilidad articular:* Propiedad que poseen las articulaciones de realizar determinados tipos de movimiento, dependiendo de su estructura morfológica.
- √ *Elasticidad muscular:* Propiedad que poseen algunos componentes musculares para deformarse por influencia de una fuerza externa, aumentando su extensión longitudinal y retornando a su forma original cuando cesa la acción.
- √ *Plasticidad:* Propiedad que poseen algunos componentes de los músculos y articulaciones de tomar formas diferentes a las originales, por efecto de fuerzas externas y permanecer así después de cesada la fuerza deformante.
- √ *Maleabilidad:* Propiedad de la piel de ser plegada repetidamente, con facilidad, retomando a su apariencia anterior al retornar a la posición original.

De los factores que la determinan, cabe decir que algunos son favorecedores y, por el contrario, nos encontramos con otros que la limitan.

5.3.1. Factores favorecedores y limitantes.

La flexibilidad se ve afectada por una cantidad importante de factores que se pueden clasificar en internos, algunos de ellos, derivados del factor hereditario y externos que se ven influidos por el medio exterior (figura 5.2).

Figura 5. 2.- Principales factores que determinan la flexibilidad.

FACTORES INTERNOS.

Son aquellos que afectan desde el propio cuerpo. Algunos de ellos son más fáciles de estimular ya que dependen de la actividad, pero otros apenas se pueden modificar al tener un alto componente de origen genético. Entre los factores internos encontramos los siguientes, aunque lógicamente, en el entrenamiento solamente podemos ocuparnos de aquellos que pueden ser más influenciables.

El tipo de articulación.

Las articulaciones conocidas, de acuerdo con su grado de movilización. Se pueden clasificar en tres categorías:

- *Sinartrosis.* Se trata de articulaciones sin movimiento. En este apartado encontramos, por ejemplo, las articulaciones de los huesos del cráneo.
- *Anfiartrosis.* Son articulaciones de escaso movimiento. Por ejemplo, la rodilla o el codo que solamente tienen el recorrido de flexión y extensión.

- *Diartrosis*. Son aquellas que poseen máxima amplitud de movimientos (hombro, cadera, etc.).

La estructura ósea.

La formación de los huesos también tiene influencia. Especialmente en edades de desarrollo los huesos son más flexibles. De hecho, sabemos que, mientras el hueso está en proceso de crecimiento en edades tempranas, las fracturas son "en tallo verde" (figura 5.3).

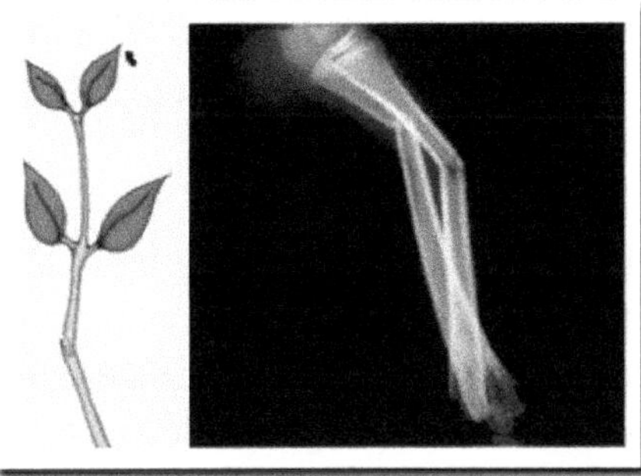

Figura 5. 3.- Fractura en "tallo verde" típica frecuente en edades de crecimiento. El hueso se astilla sin llegar a fracturarse por completo debido a que posee un cierto grado de flexibilidad.

El tejido graso.

El exceso de tejido adiposo alrededor de una articulación puede limitar su movilidad. En estos casos sería preciso un trabajo en el que debería participar un experto en nutrición junto con el propio entrenador.

Capacidad de relajación.

Altamente influenciada por el sistema neuromuscular. Previamente al estiramiento es necesario provocar su relajación. Por las razones constantemente expuestas, relacionadas con la maduración del sistema nervioso, esta capacidad debe ser entrenada, preferentemente, antes de la pubertad.

Temperatura del músculo.

De la misma forma que sucede con cualquier otro material, un musculo frío es menos extensible que si tiene más temperatura, de aquí la importancia que tiene un calentamiento previo.

La flexibilidad durante el calentamiento tiene por objetivo el de dotar al músculo de la extensibilidad y elasticidad precisas para responder a las exigencias de los ejercicios sin riesgos de lesiones. Antes de realizar estiramientos se debe aumentar la temperatura de los músculos implicados mediante una activación cardiovascular y movilidad articular.

Elasticidad músculo-tendón y del tejido conjuntivo.

La capacidad de estiramiento del complejo músculo tendón, tiene un límite. A partir éste, se pueden producir desde distensiones hasta roturas fibrilares de distinto grado. Los elementos de contracción de los músculos son capaces de aumentar su longitud en un 30-40 e incluso 50% respecto a la longitud en estado de reposo, creando así las condiciones para ejecutar los movimientos con gran amplitud.

En lo que respecta a la capacidad de estiramiento del tejido conjuntivo (ligamentos, tendones, etc.) depende de la correlación e interacción de las fibras conjuntivas (colágeno y elásticas) (Procopio, 2006).

La masa muscular.

Esta puede resultar un factor limitante, cuando la musculatura está muy hipertrofiada. En ciertos casos, puede llegar a impedir un rango de movimiento completo. Esto se da solo en aquellas personas que desarrollan la musculatura en forma desmedida como puede ser el caso de los culturistas de alto nivel. Éste, lógicamente no es el caso de las edades que tratamos en esta obra (figura 5.4).

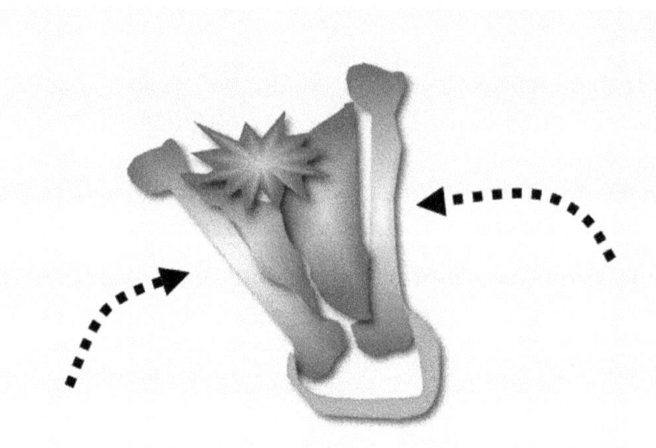

Figura 5. 4.- Cuando los músculos están excesivamente hipertrofiados pueden limitar la movilidad al tropezar unos con otros.

El nivel de desarrollo de la fuerza.

A mayor nivel de fuerza, mayor es el tono muscular. Esto es más apreciable a partir de la edad de la pubertad, donde aumenta considerablemente la fuerza y, en contraposición se ve afectada la flexibilidad.

Factores externos.

Se trata de fenómenos que provienen del exterior y que no son influenciables a través del entrenamiento, pero que deben ser muy tenidos en cuenta a la hora de diseñar actividades encaminados al desarrollo de esta cualidad.

Temperatura ambiental.

La flexibilidad se incrementa con el calor y se reduce con temperaturas bajas. De la misma forma que influye un buen calentamiento, la temperatura externa, también favorece el entrenamiento. Un músculo se vuelve más extensible a una temperatura de más de 20° C que si se trabaja a 0° C. Por ello, a ser posible, habría que buscar momentos de mayor calor para realizar estas actividades.

Hora del día.

Recién levantado el cuerpo se encuentra más anquilosado. A medida que aumenta le tiempo de vigilia, el aparato muscular y ligamentoso se va volviendo más maleable. En este sentido, se deberían evitar ejercicios de estiramiento al levantarse, al menos si se trata de estiramientos forzados.

Edad.

Está comprobado que la flexibilidad tiene una alta relación con la edad y el crecimiento. Investigaciones han encontrado que los niños de colegios primarios son menos flexibles a medida que crecen, alcanzando un punto determinado entre los 10 y los 12 años. La flexibilidad normalmente mejora a partir de este punto, pero nunca se vuelve a obtener el nivel alcanzado en la niñez.

El sexo.

La realidad confirma que las mujeres son más flexibles que los hombres. Se ha observado que las niñas que se encuentran en la edad de colegio primario son superiores a los niños respecto de la flexibilidad, y es probable que esta diferencia se mantenga durante la vida adulta (Hedrick, 2007).

La herencia.

Influye en la mayoría de los factores anteriores pero merece que la tratemos aparte por la trascendencia que tiene sobre la cualidad que tratamos ya que ejerce una gran influencia. Es frecuente encontrarse con personas adultas que no practican actividad física que poseen buena flexibilidad, tanto a nivel muscular como a nivel articular y que, en muchos casos, superan a la que poseen deportistas entrenados, lo que sugiere el gran componente hereditario. Existen individuos que son genéticamente más propensos a la rigidez muscular y, por el contrario, hay otros que son más proclives a la laxitud.

Existen otro tipo de factores que influyen en la flexibilidad. Entre ellos se encuentra el estado de estrés, el dolor que activa las neuronas gamma, el tiempo de inmovilización tras una lesión, etc.

En conclusión, es preciso tener en consideración todos estos factores a la hora de programar sesiones específicas para desarrollo de la flexibilidad, a cualquier edad, al tiempo que se deben tener en cuenta las características individuales, así como los objetivos deportivos.

5.4. IMPORTANCIA DE LA FLEXIBILIDAD.

La flexibilidad tiene su rol de importancia, siempre dependiendo del objetivo. Para ello es preciso conocer los efectos que se pueden provocar, así como los beneficios o perjuicios según sea la metodología que apliquemos.

El entrenamiento de la flexibilidad produce efectos en distintos ámbitos (salud, rendimiento, aplicaciones a la vida diaria, etc.).

En la bibliografía se encuentran numerosos trabajos referentes a los efectos tras la aplicación de programas de estiramiento aplicados a deportistas que indican importantes mejoras en la extensibilidad de cualquier músculo que haya sido entrenado en estiramientos y del rango de movimiento de cualquier articulación que haya sido sometida a actividades de movilización (Ayala, 2012). En este sentido, sabemos que los jóvenes que practican asiduamente actividad física son poseedores de una mejor flexibilidad que los no practicantes (Arregui y Martínez, 2001).

Entre los principales efectos que se pueden producir mediante este tipo de actividades podemos citar los siguientes:

- Aumento de la temperatura de la musculatura.
- Disminución del dolor.
- Aumento del rango de movimiento de las articulaciones.
- Aumento de la tolerancia al estiramiento.
- Favorecimiento de la vuelta a la calma y de la recuperación del organismo tras un esfuerzo exigente.
- Profilaxis ante el riesgo de lesiones.
- Mejora del rendimiento, sobre todo en deportes que precisen rangos de movimiento elevados (gimnasia, atletismo, artes marciales, etc.).

5.4.1. Ventajas y beneficios.

Los beneficios que puede producir un trabajo sistemático y bien estructurado de flexibilidad, son numerosos. Para ello, de acuerdo con Di Santo (1997), vamos a clasificarlos en dos ámbitos: *en relación con la salud* y *en relación con el rendimiento deportivo.*

VENTAJAS RELACIONADAS CON LA SALUD.

En esta obra debemos insistir en la potenciación de la salud ya que ésta supone uno de los objetivos prioritarios en el proceso de formación a largo plazo. Por ello, este aspecto que para el rendimiento podría ocupar un segundo plano, cuando se trata de etapas en proceso de desarrollo, cobra un rol sumamente importante.

Beneficios en la función respiratoria.

En lo que respecta al aparato respiratorio, hay que constatar que la respiración va más allá de la simple actividad encaminada al intercambio gaseoso. Tiene influencia a nivel psicológico (según cómo nos encontremos, así respiramos). Ante situaciones estresantes, tanto físicas como mentales, respiramos de forma diferente a la que lo hacemos en estado de relajación y tranquilidad.

La respiración también repercute en otros órganos tales como el aparato digestivo, aparato circulatorio, etc. Incluso, influye en actividades intelectuales y emotivas. Basta con observar cómo las técnicas de relajación incluyen la respiración entre los factores más importantes.

Esta función se encuentra muy influenciada por la flexibilidad. No podemos obviar que los músculos implicados (diafragma e intercostales), si son más o menos extensibles y son susceptibles de contracción y relajación. Por ello si son lo suficientemente flexibles, aumentarán la función ventilatoria. De aquí la importancia que debe cobrar la función respiratoria en niños y jóvenes con vistas a la salud. Es por ello que habrá que incluir actividades encaminadas hacia la mejora de la flexibilidad de los músculos respiratorios y la flexibilidad de la caja torácica para mejorar su capacidad de expansión y reducción.

A lo anterior debemos incluir que la flexibilidad también influye en la fuerza. Por ello, si los músculos respiratorios se tornan más elásticos, también se verá ayudada positivamente la respiración, tal y como se ha visto ya en otros capítulos.

Beneficios sobre el aparato circulatorio.

Una alta tensión muscular eleva la presión arterial, obstruyendo la circulación. Esto supone una dificultad para que lleguen el oxígeno y nutrientes a los músculos, así como la posibilidad de evacuación de elementos de desecho producto del catabolismo *(Procopio, 2006)*. Mediante un proceso de estiramiento muscular adecuado, se produce una mayor relajación del músculo en reposo, por lo que la circulación se verá favorecida.

Beneficios sobre las articulaciones.

Los trabajos de movilidad articular suaves, progresivos y adecuados, contribuyen decisivamente a la salud integral de algunas estructuras articulares de gran importancia, entre ellas la membrana sinovial y el cartílago articular (Di Santo, 1997).

La movilidad articular estimula las glándulas sinoviales para que produzcan una cantidad superior de este líquido (Cianti, 1991). Por otra parte, la inactividad articular afecta la funcionalidad de la membrana sinovial y, ante una disminución de este líquido aumenta la fricción, disminuyendo la salud de la articulación. Por todo ello, los trabajos de movilidad articular constituyen el estímulo adecuado para promover la circulación de líquidos y nutrientes hacia el cartílago articular.

En definitiva, la funcionalidad de la articulación, se ve favorecida con la ejecución de ejercicios de movilidad, reduciendo el riesgo ante posibles degeneraciones articulares crónicas a medio y largo plazo.

Beneficios sobre la musculatura.

El conjunto de los elementos que forman el músculo se ve beneficiado a través de un programa de ejercicios de estiramiento y movilidad articular, al conservar la elasticidad natural de todos sus componentes.

Los trabajos de flexibilidad estimulan la funcionalidad de los receptores propioceptivos, activan las vías de conducción nerviosa aferente y eferente por desencadenamiento de reflejos inhibitorios y excitatorios, viéndose favorecida la actividad del sistema neuromuscular en su totalidad (Di Santo, 1997).

El ejercicio de estiramiento muscular también contribuye a la relajación (Weineck, 1994), (Cianti, 1991).

Según Di Santo (1997) esta relajación es un fenómeno complejo que depende principalmente de dos tipos de factores:

- Centrales: voluntarios, conscientes.

- Periféricos: reflejos, involuntarios.

Según el autor, el estiramiento muscular contribuye directamente a los factores periféricos, para lo cual propone dos posibilidades:

- Los estiramientos controlados estimulan un conjunto de receptores propioceptivos localizados en diferentes tejidos, desencadenando procesos inhibitorios que contribuyen a atenuar o suprimir la activad gama que se encarga de regular, entre otros factores, los efectos del dolor.
- Los ejercicios de ejecución rápida o intensa, por lo general, no contribuyen a la relajación neuromuscular.

BENEFICIOS SOBRE LA PROLONGACIÓN DE LA VIDA DEL APARATO LOCOMOTOR.

Tanto el aparato motor pasivo (cápsula articular, ligamentos, huesos, cartílagos articulares, etc.) como el activo (músculos y tendones), van sufriendo procesos degenerativos naturales a lo largo de la vida. Estos procesos tienen un ritmo de aparición dependiendo de factores genéticos y medio ambientales. Sobre los primeros no es posible incidir lo suficiente, pero sí que se puede influir en los segundos. Entre éstos últimos se encuentra la calcificación de la cápsula articular (Cianti, 1991), la reducción de la retención de agua por parte del tejido conectivo, con el consecuente incremento de su fragilidad, etc. Mediante ejercicios movilidad articular y extensión muscular se puede retardar la aparición y acentuación estos procesos.

Beneficios sobre la reducción del estrés.

A menudo, tanto jóvenes como adultos se ven sometidos a experiencias que son percibidas por el organismo como estresantes. Ante esas agresiones, tanto físicas como psicológicas, el organismo se ve afectado. En consecuencia, puede reaccionar mediante contracción o aumento del tono muscular pudiendo llegar a volverse crónicos.

Esos efectos negativos pueden ser reducidos o suprimidos mediante trabajo de movilidad articular y estiramiento muscular suaves y progresivos.

Beneficios sobre el ajuste de la postura y sobre el esquema corporal.

Uno de los objetivos del estiramiento muscular es el de combatir las tensiones residuales debidas al exceso de actividad física en el mantenimiento de la postura (Le Boulch,1989). Entre los efectos de los ejercicios de extensión muscular existe el de beneficiar el ajuste postural.

Éste es de gran relevancia especialmente en fases en proceso de desarrollo y no es muy tenido en cuenta en los programas de Educación Física pero debería incluirse en el currículum con vistas a una mejor salud a largo plazo.

La postura humana depende de una armónica interacción de reflejos relacionados con el equilibrio. En éstos, actúa como regulador el sistema muscular y, en consecuencia, uno de los fenómenos que caracteriza el ajuste de la postura vendrá determinada por una correcta distribución de la actividad muscular y aquí entra también la influencia de la flexibilidad.

Por todo ello, unos estiramientos correctos pueden contribuir a compensar las alteraciones desproporcionadas en la distribución de la postura. Éstos facilitan a los músculos la recuperación de su longitud y tono normales, así como las normales propiedades elásticas y plásticas de su tejido conectivo

Beneficios sobre la reducción de dolores musculares.

En especial se pueden citar las molestias relativas a la zona lumbar. Muchas de ellas provienen de la presión sobre el nervio ciático, provocada por exceso tensión en los músculos de alrededor. Así como por el acortamiento del músculo psoas.

Un buen trabajo de movilizaciones en la articulación de la cadera y de la zona lumbar, junto con una actividad de estiramiento controlada sobre la musculatura (intervertebrales, piramidal, glúteos, psoas, etc.), contribuye en la prevención o alivio de estas molestias y este razonamiento es extensivo para cualquier otro segmento corporal.

VENTAJAS RELACIONADAS CON EL RENDIMIENTO DEPORTIVO.

Beneficios en relación con la fuerza.

Es conocido que un músculo flexible puede ejercer más fuerza que otro en el que su capacidad de elasticidad sea menor (Grosser, 1983), (Platonov, 1991). En el capítulo correspondiente a la fuerza ya hemos visto que se ejerce más fuerza tras un estiramiento. Por consiguiente, a mayor capacidad elástica (no solo de estiramiento, sino de la capacidad de recuperar su extensión tras el estiramiento), mayor será la fuerza que pueda ejercer, especialmente si hablamos de fuerza rápida o reactiva. Por todo ello, se puede deducir que un entrenamiento de extensión contracción de un músculo, favorecerá su capacidad para ejercer fuerza.

Beneficios en relación con la velocidad.

Un músculo elástico (que no solo extensible), también es capaz de reaccionar más rápido ante un estiramiento (Weineck, 1994), (Dantas, 1991). En otra parte de esta obra se ha tratado el ciclo estiramiento – acortamiento

(CEA) y éste se ve favorecido ante la elasticidad muscular. Pero también hay que añadir que la velocidad también se ve favorecida por la amplitud del movimiento, la cual, a su vez, depende del recorrido de las articulaciones y la capacidad de estiramiento muscular.

La velocidad, también se ve relacionada con la capacidad de salto. Por ello, también podemos deducir que la saltabilidad también se ve beneficiada con un trabajo óptimo de flexibilidad ya que también está íntimamente relacionada con el CEA.

Beneficios en relación con la resistencia.

Este aspecto se ve muy relacionado con la economía del esfuerzo que ya se ha tratado en otro capitulo. Cuanta menos energía se utilice para realizar un ejercicio, mayor resulta la capacidad para mantenerlo en el tiempo o aumentar el número de repeticiones. Este fenómeno es mayor, cuanto más amplio debe ser el gesto deportivo. Por ejemplo, la natación que exige extensos recorridos angulares, precisa de más flexibilidad que una carrera continua en la que la zancada es un tanto reducida. De todas formas, incluso para este último caso, siempre será recomendable disponer de un margen suficiente de amplitud que no quedarse a medio recorrido.

Beneficios en relación con la economía del esfuerzo.

Al ejecutarse cualquier tipo de movimiento, los músculos emplean una cantidad de energía y una parte de ésta se aplica para vencer ciertas resistencias que ofrecen los tejidos (fricción, tensión resistencia al estiramiento, etc.). La lógica nos sugiere que un músculo capaz de relajarse, disminuirá esas resistencias. Consecuentemente, si la flexibilidad contribuye a una mayor relajación del músculo, ésta también ofrecerá beneficios en la economía. Este efecto es válido tanto para músculos agonistas como para los antagonistas.

Con respecto a los primeros, a menor energía utilizada en la deformación de los elementos plásticos y elásticos, tanto de músculos como de elementos capsulares y ligamentosos de la articulación implicada, menor será la utilización de energía para el ejercicio.

En lo que concierne a los músculos antagonistas, sabemos que ejercen una acción de frenado por contracción excéntrica que también demanda un notable gasto energético extra. Pero hemos visto que el entrenamiento de estiramientos favorece la relajación neuromuscular, con lo que también la flexibilidad contribuye al ahorro de energía en estos músculos, contribuyendo en una mayor resistencia.

Cabe insistir sobre la importancia de estos ejercicios de estiramiento en edades en las que el sistema nervioso se encuentra en proceso de maduración.

Beneficios en la mejora y adquisición de habilidades y de la técnica.

El gesto deportivo se torna más eficaz y más eficiente cuando se realiza de forma más relajada. Como la flexibilidad favorece la relajación, también favorecerá el perfeccionamiento del gesto deportivo. En sentido contrario, cando la flexibilidad es insuficiente, este efecto puede interferir la ejecución de un movimiento. Es fácil comprobar cómo los deportistas más "rígidos" tienen mayores dificultades para ejecutar habilidades que aquellos que poseen mayor flexibilidad.

La adquisición del gesto deportivo puede verse perjudicada por diferentes motivos:

- √ Por motivos de información. Por defectuosa emisión por parte del entrenador o por defectuosa percepción e interpretación por parte del deportista.
- √ Por deficiencias relacionadas con la técnica. Cuando el chico manifiesta dificultades en la ejecución.
- √ Por motivos de condición física. Cuando el chico no dispone de la suficiente capacidad física condicional para la ejecución.

En lo que compete a la flexibilidad, ésta se encuentra presente en las dos últimas, por lo que es importante que, al menos en esta faceta, no existan esas carencias.

Beneficios sobre la prevención de lesiones.

Muchos autores pueden considerar este concepto un tanto controvertido. Lo justifican por una insuficiente fundamentación científica y escasos estudios experimentales. De todas formas, si es cierto que faltan más estudios concluyentes, lo incuestionable es que no resulta sencillo someter a grupos de niños a sobrecargas en flexibilidad para comprobar si se lesionan, lo cual estaría en contraposición con todo contenido ético y moral.

Existe la evidencia, no experimental, que sugiere la idea del efecto beneficioso de un buen desarrollo de la flexibilidad y los ejercicios de estiramiento sobre la reducción del riesgo de lesiones durante la actividad deportiva (Di Santo, 1997). Por nuestra parte, basándonos en propias experiencias, estaríamos en condiciones de proponer trabajos de flexibilidad adecuados, tanto en calentamientos como en la parte principal de la sesión o en la vuelta a la calma.

En el deporte existen *lesiones agudas*, del tipo de desgarros o distensiones. Éstas suelen sobrevenir de acciones diferentes (puestas en acción y frenados explosivos, aceleraciones, cambios de dirección, saltos, remates, extensiones explosivas, etc., que exigen a la musculatura y a las articulaciones. Esto requiere, una gran cantidad de energía y una gran maleabilidad y deformidad de los componentes plásticos y elásticos que pueden provocar diferentes tipos de lesiones.

En este sentido, hay autores que afirman que un correcto entrenamiento de la flexibilidad que mejore la elasticidad, la plasticidad y la capacidad de deformación de los componentes implicados, colabora en la prevención de este tipo lesiones, especialmente aquellas de tipo agudo que supongan distensiones o desgarros. (Grosser, 1985), (Giraldés, 1985). Incluso un buen desarrollo de la flexibilidad, también pude contribuir a la prevención de lesiones más duraderas o, incluso crónicas (Weineck, 1988). No obstante, para que surjan esos efectos preventivos, la intensidad de los ejercicios debe ser moderada, evitando la sensación de dolor ya que con el dolor entran en acción las neuronas gamma que sabemos que activan mecanismos de defensa con bloqueo ante el estiramiento.

Beneficios sobre la recuperación tras el esfuerzo.

Un músculo fatigado y con dificultades para ser estirado a ciertos límites, corre mayores riesgos. Uno de los aspectos que más influyen el proceso de recuperación muscular acontece con la recuperación del tono deteriorado tras el esfuerzo. Éste puede haber aumentado (por ejemplo tras un entrenamiento de fuerza o de velocidad) o disminuido, tras un entrenamiento prolongado aeróbico. Al respecto, la flexibilidad correctamente trabajada con alguno de los métodos de desarrollo que se explican más adelante, favorecerá y acelerará la vuelta al tono normal de reposo.

Con respecto a la movilidad articular, también se ve favorecida la recuperación, Sobre todo si se trata de esfuerzos de resistencia prolongados, en los que las articulaciones terminan un tanto rígidas. Un trabajo de movilización en las articulaciones más afectadas, en la fase de vuelta a la calma, también favorecerá la recuperación.

Con todo lo anterior, es importante que el entrenador tenga claro el método de entrenamiento de flexibilidad a aplicar en cada momento, que dependerá del tipo de esfuerzo realzado en la sesión y el tipo de fatiga originado.

Beneficios en procesos de recuperación de los tejidos lesionados.

Diferentes autores insisten en que los ejercicios de estiramiento si no fuerzan en exceso, tras recuperada la lesión (no antes), contribuyen también a acelerar los procesos de regeneración de los tejidos tras una lesión. La extensión muscular ayuda a que el proceso de cicatrización no siga un patrón espacial desordenado que, a posteriori, dificulte el deslizamiento de las fibras y miofbrillas (Amorín y Moranis, 1987). Según estos autores, si la flexibilidad estaba bien desarrollada previamente a la aparición de la lesión, el deportista estará en mejores condiciones para recuperar.

Por su parte, Bryant (1997), citado por Di Santo (1991) afirma que las adherencias y cicatrices probablemente estén relacionadas con una continua producción de colágeno. Si la velocidad de interrupción excede a la de producción, la cicatriz se hace más blanda y menos voluminosa, favoreciendo la recuperación de los tejidos. Por el contrario, si la velocidad de producción es superior a la interrupción, sucede lo contrario.

Beneficios sobre la disminución de las molestias musculares.

Existen dos tipos de dolor asociados a la actividad muscular: El dolor agudo o inmediato que aparece tras el esfuerzo y el dolor diferido que no aparece hasta pasadas las 24-48 horas tras el esfuerzo (Di Santo, 1997). Este mismo autor, citando diferentes trabajos, sugiere que el estiramiento, se muestra efectivo en la reducción de los dos tipos de dolores musculares.

No obstante, hay que resaltar que para que se cumpla este fenómeno, el ejercicio de estiramiento debe ser gradual y bien dosificado. De lo contrario se podría dar en el efecto contrario y provocar dolor en lugar de aliviarlo. Por ello, se deben evitar estiramientos bruscos tras haber sometido al músculo a cargas altamente estresantes.

5.4.2. Desventajas y perjuicios.

La flexibilidad bien programada puede resultar tanto beneficiosa. Pero si no está bien planteada puede producir perjuicios tanto para la salud como para el rendimiento en el deporte y este hecho se produce tanto si es aplicada por defecto como si es por exceso.

Estos perjuicios pueden afectar a diferentes funciones (inestabilidad, desequilibrios, desproporciones segmentarias, baja excitación neuromuscular, etc.).

Diversos autores y técnicos sugieren que una flexibilidad excesiva en ciertas articulaciones puede derivar en un riesgo tan significativo como una insuficiente. De todas formas esta generalidad debería ser matizada ya que no todas las articulaciones sufren por igual esos excesos o faltas y esto no solo afecta a las articulaciones, también repercute a según qué movimientos y a qué especialidad nos estemos refiriendo.

De todas formas, con vistas a la salud y el rendimiento futuro de nuestros deportistas, consideramos de vital importancia tratar los problemas derivados del exceso de flexibilidad, por lo que vamos a tratarlos seguidamente.

Problemas derivados por desequilibrios por desproporciones segmentarias.

La flexibilidad favorece la prevención de lesiones, especialmente en músculos y tendones, pero un exceso en esta cualidad, puede producir desequilibrios entre agonistas y antagonistas así como en sinergistas que pueden derivar en lesiones.

El estiramiento del sarcómero tiene un límite. Cuando un sarcómero es estirado hasta el punto de ruptura, puede alcanzar una longitud aproximada de 3,60 micras, pero si nos excedemos hasta esa ruptura se produce la lesión. Lo ideal seria un estiramiento sarcómero hasta donde pueda mantenerse un puente cruzado entre la actina y la miosina con una longitud de 3,50 micras (Di Santo, 1998).

Sobre los posibles desequilibrios, son numerosos los casos deportistas que inciden sobre los estiramientos de los músculos agonistas y obvian los antagonistas, provocando esas descompensaciones. La consecuencia es que otros grupos musculares deben entrar a responsabilizarse de aquellos a los que les "tocaba" actuar, siendo sometidos a sobre exigencias, con el consiguiente riesgo de lesionarse.

Por poner un ejemplo, si se estiran solo los flexores plantares del tobillo (gemelos y sóleo, así como los músculos plantares del pie) pero apenas se hace sobre los flexores dorsales de la articulación. Esto puede derivar en sobrecargas que induzcan a lesiones del tipo de tendinitis, periostitis, etc.

Problemas derivados por baja excitabilidad neuromuscular.

Estimulando especialmente en los receptores desencadenantes de la inhibición, se corre el riesgo, al no disminuir la resistencia al estiramiento, cuando se trata de estiramientos balísticos, que aparezcan riesgos de distensiones o roturas fibrilares. Pero también se puede producir una disminución de la velocidad de contracción tras el estiramiento, afectando directamente al CEA, con la consiguiente bajada de rendimiento.

Problemas derivados por inestabilidad articular.

Una laxitud excesiva de cápsula y ligamentos, aumenta el riesgo. A mayor distensión de los ligamentos, mayor será la probabilidad de dislocación de la articulación. Un ligamento que no dispone de componente contráctil, cuando es estirado, no recupera su dimensión anterior (Di Santo, 1997). Los entrenadores, deberían tener claro que la flexibilidad deberá ir dirigida al estiramiento de las aponeurosis del músculo, pero debería evitarse aquella que pueda distender los ligamentos articulares.

Cuando el factor limitante principal de la amplitud de movimiento en la articulación esta constituido por la cápsula articular y los ligamentos, su deformación por empleo de ejercicios de estiramientos no sería recomendable (por ejemplo, la articulación de la rodilla). Por otro lado, cuando el factor limitante proviene de los componentes musculares, éstos sí que requieren del trabajo de flexibilidad ya que su defecto puede ser origen de lesión, tal y como se ha visto.

Como consecuencia, es preciso un estudio previo sobre la flexibilidad específica que precisa una especialidad deportiva, teniendo en cuenta los gestos técnicos y la velocidad de ejecución.

Igualmente, cuando se trata de deportistas excesivamente laxos, las articulaciones principales necesitarán de un trabajo específico de fuerza en los músculos que permita reforzar y prevenir la posible inestabilidad de esas articulaciones. De esta manera, el sistema muscular actuará como protector, estabilizador y amortiguador.

Problemas derivados de la edad.

De forma natural, a medida que avanza la edad de una persona y siempre teniendo en cuenta las oscilaciones que puedan aparecer en las estadísticas sobre promedios, los niveles de flexibilidad van disminuyendo por lo general. Igualmente, cuanto más avanzada es la edad, más cuesta incrementarlos (Arregui y Martínez, 2001).

5.5. EVOLUCIÓN DE LA FLEXIBILIDAD.

La flexibilidad, al igual que el resto de las cualidades, prospera de una forma particular. Los pre púberes, poseen una flexibilidad elevada a causa de que todavía el aparato locomotor no esta consolidado y, hasta esta etapa, los chicos disponen de una extraordinaria movilidad articular. Hasta aproximadamente a los 10 años, se suelen conservar los niveles de flexibilidad y la movilidad articular muy desarrollada.

Pero la flexibilidad, en algunas de sus parcelas, a excepción del componente de elasticidad, va descendiendo de forma natural a medida que avanza la edad. Basta con observar la facilidad que tienen los bebés para doblarse, llevarse un pie a la boca o cualquier otro movimiento que sería imposible a los 15 años si no se hubiese mantenido un alto trabajo mantenido a lo largo de los años.

La razón principal de esta disminución se debe a determinados cambios fisiológicos que tienen lugar a nivel del tejido conectivo que, al menos en una parte, viene relacionada con la deshidratación progresiva del organismo (Procopio, 2006), al tiempo que se incrementa el tono muscular y la fuerza.

De todas formas, existen discrepancias entres diversos autores en cuanto a la influencia del crecimiento y de la edad en la flexibilidad ya que las correlaciones entre medidas antropométricas y flexibilidad y entre edad y flexibilidad difieren según los distintos estudios. Estas diferencias aún son más significativas desde el momento en que muchos de los estudios están realizados con poblaciones diferentes, (edad, sexo, etc.), o bien porque las evaluaciones se han hecho con diferentes articulaciones, incluso, con grupos con diferente grado de entrenamiento.

Aparentemente, el estiramiento estimula la producción de lubricantes entre las fibras de tejido conectivo y previene la formación de adherencias. Por dicha causa se cree que el ejercicio y entrenamiento de la flexibilidad podría reducir, en parte, la perdida de esta cualidad física que se provoca por el proceso de envejecimiento.

5.5.1. Fases más o menos sensibles.

En este sentido existen períodos en los que la entrenabilidad de esta capacidad es óptima y su desaprovechamiento, puede constituir un grave error que llegaría a ser irreversible en una gran proporción.

Como resumen y en consecuencia de todos los beneficios y efectos citados, podemos concluir sobre la necesidad de un amplio y adecuado desarrollo de la flexibilidad a cualquier edad. De todas formas, cabe añadir que en las edades en proceso de desarrollo, especialmente hasta la entrada en la pubertad, son momentos en los que cobra vital importancia su entrenamiento en todos sus componentes. Por ello, sugerimos que podría existir una fase sensible antes de la entrada en la pubertad, lo que se puede justificar por una serie de razones.

- Porque los factores neuromusculares dependen del sistema nervioso y éste se encuentra en proceso de maduración (fase sensible) y es más fácil incidir antes de la llegada a la fase puberal que es cuando termina de madurar.

- Porque aún no ha desarrollado una proporción grande de su fuerza máxima potencial, con lo que su tono muscular más bajo puede favorecer los efectos de estiramiento.
- Porque al encontrarse en fases sensibles para adquisición de habilidades, éstas se ven favorecidas si disponen de una buena flexibilidad.

En la figura 5.5 se expone una evolución aproximada de los componentes de la flexibilidad, a lo largo de las etapas de desarrollo. Ésta sugiere la necesidad de trabajarla, de forma sistemática, antes de la entrada en la edad puberal.

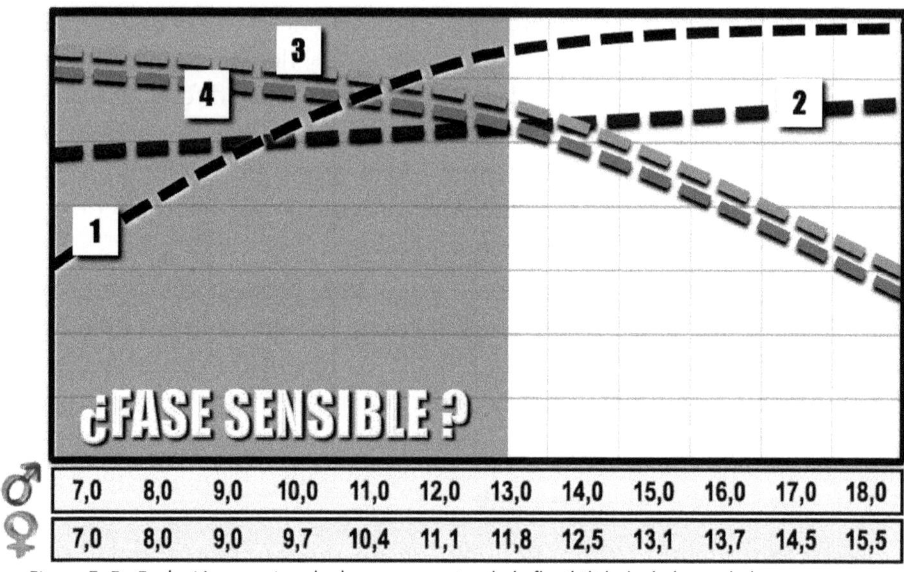

Figura 5. 5.- Evolución aproximada de componentes de la flexibilidad a lo largo de las etapas en proceso de desarrollo. Si bien no existe una fase sensible destacable y la flexibilidad debe entrenarse durante toda la vida, si que se aprecian etapas en las que su entrenamiento debe cobrar vital importancia.

5.6. METODOLOGÍA PARA EL ENTRENAMIENTO DE LA FLEXIBILIDAD.

Partimos desde el principio de que se trata de una cualidad que tiene un grado justo y que se hace notar, tanto cuando es insuficiente, como cuando es excesiva. El rendimiento exige un nivel óptimo de esta cualidad para cada especialidad y para cada individuo y esto depende de las exigencias que la práctica impondrá a los diferentes componentes del aparato locomotor (ligamentos, articulaciones, músculos y demás estructuras implicadas).

Pero una flexibilidad superior a la que se precisa, aparte de no suponer la mejora del rendimiento ni la disminución del riesgo de lesión muscular puede potenciar la posibilidad de dislocaciones o distensiones (Dantas, 2001).

Las respuestas y adaptaciones al entrenamiento de la flexibilidad son peculiares a lo largo de la vida de del individuo, debiendo entrenarse basándose en unas normas y teniendo en cuanta algunos puntos:

- No tienen por qué estirarse por igual todos los grupos musculares. De una forma general, el objetivo de los estiramientos es alcanzar y mantener el grado óptimo específico de movilidad articular y de extensibilidad de las estructuras músculo-tendinosas en relación las necesidades. La consecución de este objetivo puede estar condicionado por factores estructurales (grupo muscular tónico o fásico, grado de rigidez extensibilidad del mismo, estado del tejido conectivo, edad, género, herencia, etc.), factores mecánicos (tipo de estiramiento que se realiza y la mayor o menor influencia de los reflejos (León, 2013).
- Los estiramientos, excesivamente bruscos, inducen la activación del reflejo miotático, con lo que el músculo se contrae oponiéndose al estiramiento su correcto entrenamiento. Esto significa que si pretendemos estirar un músculo, es interesante neutralizar el efecto del reflejo miotático previamente.
- Los estiramientos excesivos, en los que se origine un dolor importante, activan la función de las neuronas gamma que también provocan contracción muscular como mecanismo de defensa, oponiéndose igualmente al estiramiento. En estos casos en los que aparezca dolor se debería interrumpir el entrenamiento de la flexibilidad.
- La técnica combinada de tensión muscular – relajación – extensión resulta más efectiva para la mejora de la flexibilidad.
- La técnica de estiramiento combinada con contracción, comparada con la movilización pasiva, es más efectiva para lograr un rápido aumento de la capacidad de estiramiento de un músculo.
- La intensidad de los estiramientos debe ser moderada para evitar daños estructurales en las miofibrillas y una pérdida de eficacia contráctil. Si se mantiene esta intensidad, a medio plazo pueden aparecer cicatrices internas que acaban degenerando en tejido fibroso, con la consiguiente pérdida de capacidad elástica y de estiramiento.

- Durante una sesión específica para desarrollo de esta cualidad, el orden de ejecución de los ejercicios tiene también su importancia, por lo se debe elegir cuidadosamente su secuenciación.
- No se debe intentar el desarrollo de la flexibilidad en condiciones de fatiga local o general, puesto que las probabilidades de riesgo de lesión se multiplican con el cansancio. No obstante, en estas circunstancias, se pueden utilizar los estiramientos, sin forzar y con finalidad de recuperación. En cualquier caso, cuando se trata de estado extremo de fatiga, no se debería trabajar la flexibilidad llegando al máximo del estiramiento.
- Los estiramientos siempre deben realizarse tras una buena entrada en calor con el fin de que la musculatura aumente su temperatura interna ya que un músculo frío tiene mayores dificultades para su estiramiento.
- El músculo también es más susceptible al estiramiento cuando está relajado. Por ello, es importante relajarse lo máximo posible antes y durante el ejercicio. Es importante relajar todas las partes tensas del cuerpo previamente.
- La flexibilidad debería trabajarse muy frecuentemente (mínimo 3 días por semana y dos veces al día).
- Los ejercicios unilaterales deben realizarse de forma que afecten a ambos lados. Aunque se trate de un trabajo específico, por ejemplo, en una posición de pase de vallas y aunque el deportista las pase siempre atacando con la misma pierna, deberá trabajarlo en ambas partes.
- Las sensaciones cobran suma importancia. El individuo, a través de su propia experiencia, debe saber el punto óptimo de estiramiento que le beneficia sin quedarse corto con escasos beneficios o pasarse y provocar lesiones.
- Los músculos y articulaciones, deben trabajarse en diferentes ángulos con cierta frecuencia. Deberíamos realizar una variedad de ejercicios para cada grupo muscular.
- El tiempo de mantenimiento del estiramiento depende de la metodología, no obstante, hay un tiempo mínimo para neutralizar los efectos de anti tracción o anti estiramiento. Por ello, se recomienda un mínimo de 30 segundos.

- Se deben realizar ejercicios de estiramiento antes, durante y después de una sesión de entrenamiento, especialmente en el caso de haber incidido en la fuerza.
- Evitar bloquear la respiración durante los ejercicios para evitar un aumento de la presión arterial, y aprovechar el momento de la espiración para insistir en el estiramiento.
- Efectuar estiramientos suaves, antes de comenzar a realizar estiramientos forzados para acostumbrar al músculo y evitar el ya mencionado reflejo miotático.
- Se recomienda comenzar siempre por las partes que poseen peor flexibilidad ya que pueden suponer las mayores limitaciones en el movimiento.
- Dado que esta cualidad, bien trabajada, produce beneficios para el rendimiento, deberían supervisarse sus sesiones de entrenamiento, de la misma forma con la que se haría para sesiones con otros objetivos.
- En líneas generales, el diseño y planificación deben estar orientados a mantener unos valores aceptables y funcionales de amplitud de movimiento.

Figura 5. 6.- Algunos ejercicios para desarrollo de la flexibilidad.

5.6.1. La importancia del calentamiento para la flexibilidad.

Con destino al calentamiento para cualquier especialidad, el tiempo dedicado a la movilidad articular y al estiramiento muscular no debería ser inferior a los 15 minutos ni tampoco superior a los 30, puesto que solamente se trata de un recurso, (Di Santo, 1997). Con respecto a la fase de vuelta a la calma, este mismo autor recomienda tiempos comprendidos entre 10 y 20 minutos.

El estiramiento pronunciado de un músculo frío puede originar lesiones importantes y un adecuado calentamiento supone un factor favorecedor para el desarrollo de la flexibilidad.

Tras el aumento de la temperatura local se reduce la rigidez y se incrementa la extensibilidad. El colágeno, al ser calentado, aumenta su maleabilidad, su tolerancia al estiramiento y reduce el riesgo de lesiones estructurales.

La entrada en calor para trabajar esta cualidad, no basta con basarla en estiramientos per se ya que, por si mismos, no aumentan la temperatura del músculo suficientemente para mejorar la capacidad como para soportar ejercicios altamente exigentes (Dantas, 2001). Por ello, habrá que utilizar otros procedimientos previos para tratar de aumentar la temperatura del músculo.

En resumen, la entrada en calor favorece la temperatura de los tejidos y para ello, son más recomendables los ejercicios de flexibilidad dinámicos. Este tipo de ejercicios producen los siguientes efectos fisiológicos:

- Incremento en la temperatura de los músculos que están siendo activados durante la entrada en calor. El aumento en la temperatura hace que estos se contraigan más fuertemente y se relajen más rápidamente. Esto es debido principalmente a la fricción de los filamentos de actina y miosina durante la contracción muscular.
- A nivel hemodinámico, a medida que circula más y más rápida la sangre, a través de los músculos, se incrementa su temperatura y esto provoca la dilatación y apertura de los vasos sanguíneos intramusculares. Es un hecho establecido que a medida que se incrementa la temperatura de la sangre, la cantidad de oxígeno que contiene se reduce (especialmente a las presiones parciales del músculo). Esto hace que haya una mayor disponibilidad de este elemento para los músculos activos (Hedrick, 2007).
- El aumento de temperatura provoca la disminución de la viscosidad de músculos, tendones y ligamentos, lo que permite incrementar el recorrido de las articulaciones implicadas en el movimiento.

Tipos de entrada en calor con vistas al entrenamiento de flexibilidad.

Siguiendo a Hedrick, (2007) y con vistas al trabajo de flexibilidad, se pueden distinguir tres tipos de entrada en calor y que se plantean, de menor a mayor efectividad:

√ *Entrada en calor pasiva*. Implica métodos tales como duchas calientes, almohadillas de calor, sauna, masajes, etc. Ésta no sería la más recomendable ya que la mayoría de trabajos demuestran que ésta no provoca el suficiente incremento de temperatura interna deseada en los tejidos.

√ *Entrada en calor general.* Basada en ejercicios básicos que implican el movimiento de los grupos musculares principales, por ejemplo trotar, pedalear o saltar una cuerda, etc. Dado que con estas actividades se activan grandes masas musculares, la entrada en calor activa es más efectiva en la temperatura interna, que si se realiza de forma pasiva.

√ *Entrada en calor específica.* Incluye movimientos que son una parte real de la actividad deportiva, por ejemplo, cuando se va a realizar un trabajo de fuerza máxima con flexión de piernas, la entrada en calor específica no solo se trata de incrementar la temperatura de los tejidos. También se debe ensayar la actividad que se va a realizar, en cuyo caso, sería calentar mediante ese mismo ejercicio pero con cargas progresivas, permitiendo que las destrezas complejas se integren de mejor forma. La lógica y la experiencia confirma que con vistas al rendimiento deportivo, la entrada en calor específica, se muestra como la más efectiva.

5.6.2. Métodos para el entrenamiento de la flexibilidad.

No todos los estiramientos se realizan de la misma manera o persiguen el mismo objetivo. En función de las necesidades (terapéuticas, de calentamiento, de vuelta a la calma, de potenciación del rendimiento, etc.), se pueden o se deben aplicar técnicas específicas y diferenciadas. Por ello, es importante que, entrenadores y formadores conozcan las características, las ventajas e inconvenientes de cada una de dichas técnicas de estiramiento existentes.

Hay que añadir que la terminología que encontramos en literatura, en la que se describen técnicas de estiramiento, es un tanto confusa a la hora de describir un mismo procedimiento de estiramiento.

Hedrick, (2007), por poner un ejemplo, distingue dos términos relacionados con el estiramiento: *elástico y plástico.*

- El **estiramiento plástico**. Es aquél en el que la elongación que ocurre durante un estiramiento se mantiene, incluso luego de eliminar la carga.
- El **estiramiento elástico**. Por el contrario, implica una acción de resorte en la que el tejido conectivo, luego de sufrir un alargamiento durante el estiramiento, recupera su longitud normal al eliminarse la carga. Como resultado, el estiramiento elástico es una condición temporal que desaparece tras haberse realizado el ejercicio.

El músculo solo tiene propiedades elásticas. Sin embargo, los ligamentos y los tendones tienen propiedades tanto elásticas como plásticas. Cuando el tejido conectivo es estirado, parte de la elongación ocurre en los elementos elásticos y parte en los elementos plásticos del tejido. Cuando se elimina el estiramiento, la deformación elástica se deshace, pero la deformación plástica se mantiene.

En la bibliografía, se encuentran diferentes clasificaciones de la flexibilidad, casi tantas como autores. En este sentido, aquí hemos tratado de recoger y sintetizar algunas de ellas, especialmente, basándonos en la funcionalidad (figura 5.7).

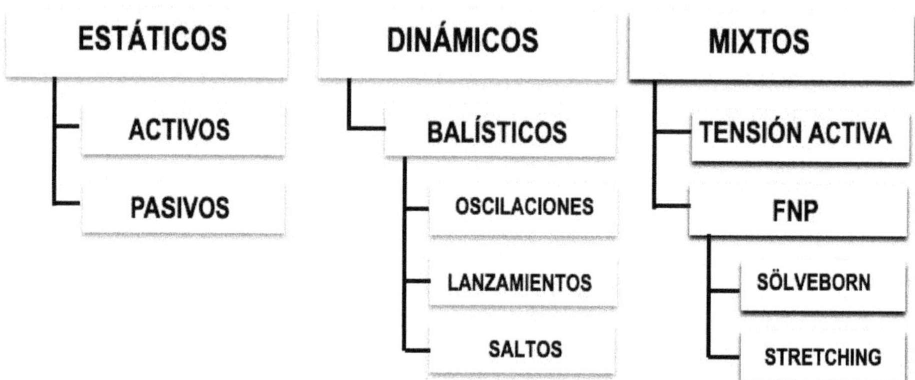

Figura 5. 7.- Propuesta de clasificación de métodos para desarrollo de la flexibilidad.

Sobre los diferentes métodos y técnicas que se van a describir, todos ofrecen ventajas e inconvenientes, pero no existen suficientes estudios que permitan inclinarse, a ciencia cierta, por cuál resulta más eficaz y en qué momento se debe aplicar con más insistencia ya que no existen suficientes evidencias comparativas que indiquen cuál es más recomendable en cada circunstancia (Ayala, 2012).

Por otra parte, está demostrado que todas las técnicas y métodos hacen mejorar la flexibilidad y pueden convertirla en crónica a medio plazo. Para ello, lo más recomendables sería aplicar combinaciones de todos, especialmente cuando se trata de objetivos de rendimiento deportivo y máxime cando estamos tratando de chicos en pleno proceso de desarrollo.

5.6.2.1. Métodos estáticos.

Los estiramientos estáticos se caracterizan por su ausencia de movimiento. La elongación de los tejidos se produce con gran lentitud, sobre la base de una posición que es mantenida, lo que supone una mayor protección para los tejidos blandos.

Es quizás el método más utilizado para incrementar la capacidad de estiramiento. Implica el estiramiento pasivo hasta una posición casi máxima y el mantenimiento de la posición durante un extenso período de tiempo (15-30 segundos) (Ayala et al, 2012), tiempo mínimo que se supone necesario para anular la activación de reflejo miotático. No obstante, hay autores que sugieren plazos mayores (hasta 2 minutos) sobre todo si trata de músculos más rígidos como puede ser el psoas.

Estos métodos deberían realizarse sin dolor, extendiendo de manera lenta y solo hasta el límite en el que pueden aparecer molestias, para así evitar la acción de las neuronas gamma, que como ya hemos citado, también provocan la reacción contráctil como mecanismo de protección.

El estiramiento estático, si se mantiene lo suficiente en su extensión, acaba por anular el mecanismo de defensa del reflejo miotático, al anular la acción del huso muscular, tanto para músculos agonistas como antagonistas, y activando la función de los husos tendinosos, permitiendo la relajación muscular y favoreciendo dicho estiramiento (Sölveborn, 1984). Como precaución añadida, conviene tener en cuenta que, de no ocurrir los efectos anteriores, debería reducirse la amplitud del estiramiento (Hedrick, 2007).

LOS HUSOS TENDINOSOS.

Son de constitución más simple que los husos musculares y se ubican generalmente en la zona de transición entre músculo y tendón.

Éstos intervienen tanto en la extensión activa como en la pasiva pero su umbral de excitación es mayor que en los husos musculares. Esto implica que para alcanzar su actividad se precisa una tensión mayor y más prolongada y se logra mediante una fuerte contracción muscular isométrica dilatada.

Cuando la extensión muscular alcanza un umbral determinado, la tensión muscular de protección, transmitida por el huso muscular, cesa de forma repentina, permitiendo la relajación de los músculos y favoreciendo su estiramiento. A este efecto se le suma la acción de los husos tendinosos que protegen tanto al músculo como a las inserciones. A este último efecto, se le ha denominado como *reflejo de tracción inversa o reflejo anti miotático* (Sölveborn, 1984).

A la adición de los dos efectos anteriores (huso muscular y huso tendinoso), el anterior autor lo ha denominado como *"auto inhibición* o *inhibición autógena"* ya que produce el efecto de frenado total de la contracción muscular (figura 5.8).

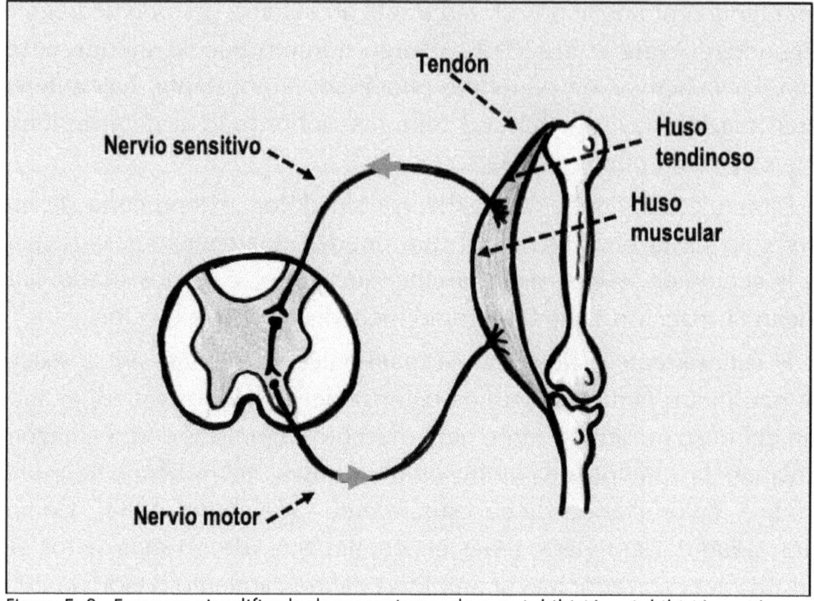

Figura 5. 8.- Esquema simplificado de mecanismos de auto inhibición o inhibición autógena según modelo de Sölveborn (1984).

En la figura 5.9 se expone una aclaración acerca de las acciones del huso muscular que se opone al estiramiento y tras su agotamiento por el mantenimiento del estiramiento, acaba cesando. Posteriormente, tras ese mantenimiento del estiramiento, se acaba activando el huso tendinoso, con lo que se favorece el estiramiento.

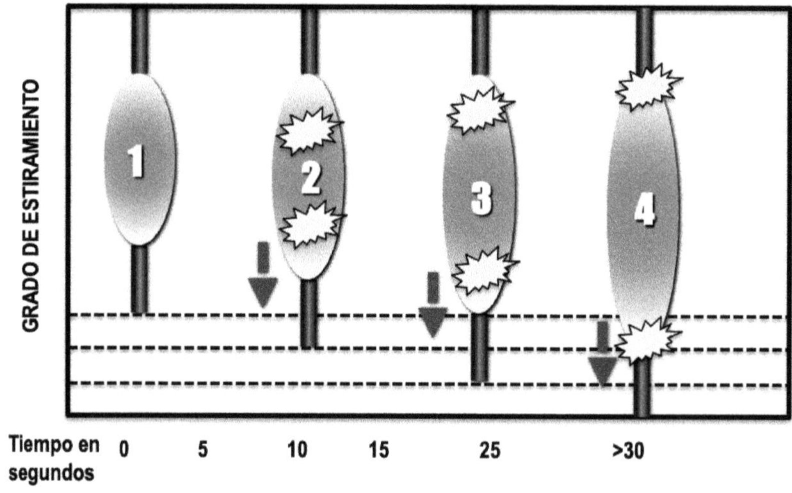

Figura 5.9.- Tras un estiramiento prolongado (2), se desactiva el efecto del huso muscular, con el bloqueo del estiramiento (3), y se acaba activando el efecto del huso tendinoso, favoreciendo el estiramiento (4).

Numerosos autores sugieren la gran importancia que tienen estos métodos como parte del entrenamiento deportivo o de la medicina del deporte, proponiéndolos como los más sencillos para incrementar la capacidad de estiramiento del músculo.

No obstante, consideramos que estos métodos deberían combinarse con otros dinámicos ya que, esas opiniones acerca de si estos métodos son los más efectivos para mejorar la capacidad de estiramiento, entendemos que deberían matizarse. Hay otros autores que no han encontrado diferencias entre los efectos obtenidos a través de métodos estáticos o dinámicos. Ayala et al, (2012), en una revisión, bibliográfica, comprobaron que en la mayoría de los trabajos estudiados, no se encontraron diferencias significativas entre este método y otros en los que se incluía movimiento.

Dentro de esta técnica de estiramiento se pueden distinguir dos modalidades (figura 5.10): *estiramiento estático activo y estiramiento estático pasivo.*

EL ESTIRAMIENTO ESTÁTICO ACTIVO

Esta variante tiene lugar cuando el deportista debe mantener la posición de estiramiento máximo gracias a la activación isométrica de la musculatura agonista al movimiento, lo cual permite una mejora en la coordinación muscular agonista-antagonista.

Ventajas del método estático activo.

- Al ser individual, permite mayor control.
- El entrenador tiene la posibilidad de moverse de un lado al otro del gimnasio e ir corrigiendo los posibles errores.

Desventajas del estiramiento estático activo.

- Al ser un ejercicio individual, no favorece la integración y solidaridad entre los deportistas.
- Resulta poco motivante. Esto es importante a tener en cuenta cuando se trata de niños.

EL ESTIRAMIENTO ESTÁTICO PASIVO

La fuerza que ejerce el estiramiento, es exterior al individuo. Puede ser como consecuencia de la gravedad, ejercida por otra persona, por un artefacto, etc. El individuo no participa activamente en el momento del estiramiento, limitándose a relajar su musculatura y permitir que se produzca el estiramiento.

Ventajas del estiramiento estático pasivo.

- Los chicos aprenden las correctas ejecuciones de los ejercicios y luego corrigen a sus pares.
- Al ser un ejercicio asistido (por ejemplo, por parejas), es más motivante y menos monótono.
- Si se realiza de forma suave y lentamente, no se produce el reflejo miotático.

Desventajas del estiramiento estático pasivo.

- En ciertos casos el entrenamiento pasivo puede resultar doloroso.
- Este tipo de técnica requiere más tiempo, al necesitar varias series con sus respectivos descansos.
- El control es más difícil ya que depende de las acciones de la fuerza externa y de las propias sensaciones que deben ser transmitidas en el caso de que sea otra persona la que colabora con el estiramiento. Por estas razones, esta variante no sería la más recomendable en edades tempranas.

Figura 5. 10.- Ejemplo de dos variantes del método estático para estiramiento de los músculos isquio tibiales. A la izquierda: Estiramiento estático activo, en el cual, es el propio individuo el que realiza el estiramiento. A la derecha: Estiramiento estático pasivo, en el que el estiramiento es realizado por una fuerza externa, en este caso, la ejercida por un compañero.

5.6.2.2. Métodos dinámicos.

El estiramiento dinámico implica movimiento. Más que un método, podemos conceptuarlo como un conjunto de métodos que tienen en común el movimiento. Según sea éste, podemos establecer otros métodos como variantes.

Este conjunto de métodos ha experimentado un gran impulso en la actualidad. En su metodología, el estiramiento del músculo agonista es favorecido por la contracción del antagonista. Por ejemplo, en el lanzamiento de una pierna hacia arriba, para que se estiren los músculos posteriores del muslo (bíceps, semitendinoso, semimembranoso, etc.) es precisa la contracción de los elevadores del muslo (cuádriceps, glúteo menor, etc.). En resumen, la activación de la musculatura antagonista al estiramiento causa la elongación de la musculatura agonista a través de la inhibición recíproca.

Ayala (2012) indica los siguientes efectos de este conjunto de métodos:

- √ El estiramiento dinámico incrementa la temperatura debido al trabajo muscular, lo que permite una mayor y más eficaz contracción muscular, con incremento de la velocidad de transmisión de impulsos nerviosos.
- √ La realización este tipo de estiramientos, tras el ejercicio aumenta el flujo sanguíneo, con todos los beneficios que conlleva para el rendimiento y la recuperación.

La flexibilidad dinámica es más efectiva con vistas al rendimiento, ya que mantiene mayor especificidad y se puede aplicar mediante movimientos que exige el gesto deportivo, incluso, a la velocidad que se debe realizar el movimiento en competición.

El estiramiento dinámico está basado en ejercicios funcionales que utilizan movimientos específicos del deporte para preparar al cuerpo para la actividad. Los programas de flexibilidad dinámica son desarrollados analizando los ejercicios asociados con la actividad deportiva y desarrollando ejercicios que mejoren la flexibilidad y el equilibrio basados en estos movimientos (Hedrick, 2007).

Estos ejercicios estimulan los procesos neuromusculares. Por ello es de gran trascendencia su inclusión en los programas, ya desde edades muy tempranas (no olvidemos que es cuando el sistema nervioso es más dúctil ante estos estímulos).

Ventajas del estiramiento dinámico

- Es un ejercicio integrador, ya que puede realizarse en grupo en el que todos los individuos realizarían los ejercicios al unísono.
- Favorece el desarrollo de la flexibilidad dinámica.
- Es más motivador y menos aburrido que los estiramientos estáticos.

Desventajas del estiramiento dinámico

- No se produce adaptación del tejido conectivo de sostén, ya que se producen movimientos veloces y pueden no dejar tiempo para que se produzcan.
- Aumenta el riego de lesiones.
- Provoca la acción bloqueante del reflejo miotático.

LOS MÉTODOS BALÍSTICOS.

Suponen la ejecución de movimientos rítmicos en los que se produce un gran estiramiento del músculo. La articulación debe llegar a su máximo recorrido, provocado bien por una fuerza externa o bien por acción de los músculos antagonistas.

Pueden aparecer algunos aspectos negativos de este tiempo de estiramientos, por ejemplo, que el incremento en la flexibilidad se alcanza a través de una serie de empujes y tirones sobre el tejido, el cual, ofrecerá resistencia o que debido a que los movimientos son realizados a altas velocidades, el grado de estiramiento y la fuerza aplicada para inducir el estiramiento son difícilmente controlables.

En este método caben variantes: (oscilaciones, rebotes y lanzamientos).

- *Oscilaciones*. El músculo llega a su máxima extensión. Una vez llegado a ese punto, se repite el movimiento siempre llegando al límite.
- *Rebotes*. Se trata de un movimiento rápido, en el cual una parte del cuerpo es puesta en movimiento creando un impulso que mantiene el movimiento a través de todo el recorrido hasta que el músculo alcanza su límite de estiramiento.
- *Lanzamientos*. Tal como su nombre indica, consiste en lanzar una extremidad hasta que ésta alcance su máximo recorrido. El impulso es realizado por acción de los músculos agonistas (figura 5.11).

Figura 5. 11.- Ejemplo de un movimiento balístico, la pierna sube por acción brusca de los músculos flexores de la cadera (agonistas), estirándose los flexores de la rodilla (antagonistas).

El método balístico, como otros métodos, reúne ventajas e inconvenientes si lo comparamos con los métodos estáticos.

Entre las ventajas de estas técnicas, se sugieren las siguientes:

- Existe reproductibilidad del gesto técnico, con facilitación del reflejo de estiramiento (CEA) (Ayala, 2012), provocado por la alta velocidad del movimiento. La mayoría de las especialidades deportivas precisa de estiramientos a alta velocidad. Por consiguiente, este método puede incidir de forma muy importante en la especificidad del entrenamiento. Para ello, los movimientos deben corresponderse con los que se realizan en el gesto técnico.
- Incrementa la flexibilidad activa.

Existen, por otra parte, algunos inconvenientes que deben tenerse en cuenta:

- Son un tanto complejos, por lo que aparecen dificultades para regular el movimiento.
- Pueden aparecer riesgos de lesiones.
- Existe riesgo de exceder los límites de extensibilidad de los tejidos implicados.
- Se requiere importante gasto energético.

- Se corre riesgo de Inflamación muscular, la cual no se observa con el estiramiento estático.
- Se activan los reflejos de estiramiento (reflejo miotático).

Por todo ello, deberían adoptarse ciertas precauciones. Acerca de éstas, el entrenador debería tener en cuenta que debe haber continuidad de este trabajo. Solo la labor continuada impediría la unión de moléculas de colágeno, provocadas por excesiva y rápida tracción.

Con una frecuencia semanal de estiramientos balísticos, incluidos en 5 sesiones, con un volumen total por sesión y grupo muscular de 15 a 30 repeticiones puede ser eficaz para la mejora crónica de la flexibilidad (Ayala, 2012).

5.6.2.3. Métodos mixtos.

Engloban un grupo de métodos que combinan el estiramiento con la contracción. Se aplican cando se pretende combinar estos dos tipos de acciones. Entre estos métodos encontramos el método de tensión activa y el FNP con sus variables.

EL MÉTODO DE TENSIÓN ACTIVA.

Esta metodología, está muy relacionada con el estiramiento activo ya que implica movimiento.

Supone una acción conjunta de un estiramiento muscular y una contracción isométrica o excéntrica. Es recomendable cuando se pretenda involucrar a la parte no contráctil del aparato músculo-tendinoso.

En la figura 5.12 se puede apreciar un ejemplo de estiramiento de los flexores plantares. A la izquierda un estiramiento estático. En éste la parte extendida es la contráctil del músculo que resulta la más extensible y menos resistente al estiramiento. A la derecha, un estiramiento de los mismos grupos musculares con un método de tensión activa. Al tener el talón en el aire y bajar lentamente, el músculo se mantiene en tensión por lo que se obliga a estirarse al tendón.

Este método debería mantenerse un mínimo de 6 semanas, 4 veces al día y con una duración, mínima, de 30 seg. en cada estiramiento (Ayala, 2012).

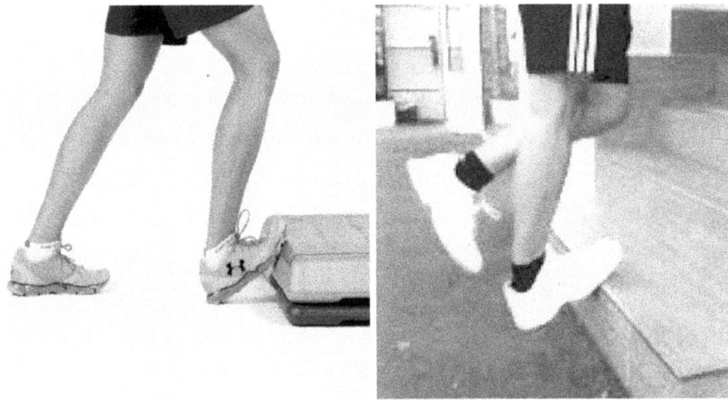

Figura 5. 12.- Ejemplo comparativo de dos técnicas para el estiramiento de los flexores plantares de la articulación del tobillo. A la izquierda: Estiramiento estático. En este caso es estirado principalmente el componente contráctil (músculo). A la derecha, técnica de tensión activa. Al bajar lentamente, el músculo se mantiene en tensión, por lo que es el tendón el estirado.

LOS MÉTODOS FNP.

Están siendo muy utilizados con objetivos terapéuticos y de rehabilitación.

Se trata de un conjunto de métodos que facilitan o potencian el mecanismo neuromuscular, mediante la estimulación de los propioceptores (Ayala, 2012). En este contexto, el autor propone distintas técnicas dependiendo de los objetivos principales a cubrir:

Técnicas de estiramiento:

Basadas en la mejora de la relajación muscular, provocadas por mecanismos reflejos inhibitorios para aumentar la amplitud de una articulación. Estos mecanismos se accionan mediante una contracción previa, con el fin de anular los mecanismos contrarios al estiramiento. Como ya se ha visto anteriormente, una contracción isométrica prolongada acaba anulando la acción del huso muscular (opuesto al estiramiento), al tiempo que se activa la acción del huso tendinoso (favorecedora).

Técnicas de refuerzo muscular:

Fundamentadas en la producción de un aumento del tono muscular para ciertos grupos musculares o cadenas musculares.

Esta técnica puede ser utilizada para aumentar la fuerza, la flexibilidad o, incluso, la coordinación intramuscular. Por lo general se emplean contracciones isométricas y desde aquí se produce un estiramiento pasivo. Se basa en realizar los siguientes pasos (figura 5.13):

1. Provocar una contracción isométrica y sin bajar la tensión, se procede a un estiramiento pasivo. Esto se mantiene alrededor de 6-8 segundos.
2. Relajación de la contracción durante 2-3 segundos.
3. La persona que provoca el estiramiento lleva la extremidad hasta el límite en el que la persona estirada comienza a notar tirantez o dolor. Aquí se mantiene la posición unos 20 seg, que sería el tiempo necesario para inhibir los mecanismos del reflejo miotático.
4. Seguidamente, bloqueando la salida de aire de los pulmones, provocar una contracción isométrica entre 7 y 15 seg (acción que estimula los reflejos de inhibición en los órganos tendinosos, con aumento de la relajación)
5. Seguidamente, se vuelve a pasar a la relajación, al tiempo que se deja salir el aire de los pulmones.
6. Una vez concluido el ciclo completo (estiramiento-contracción-relajación), se repite intentando aumentar el ángulo de estiramiento.

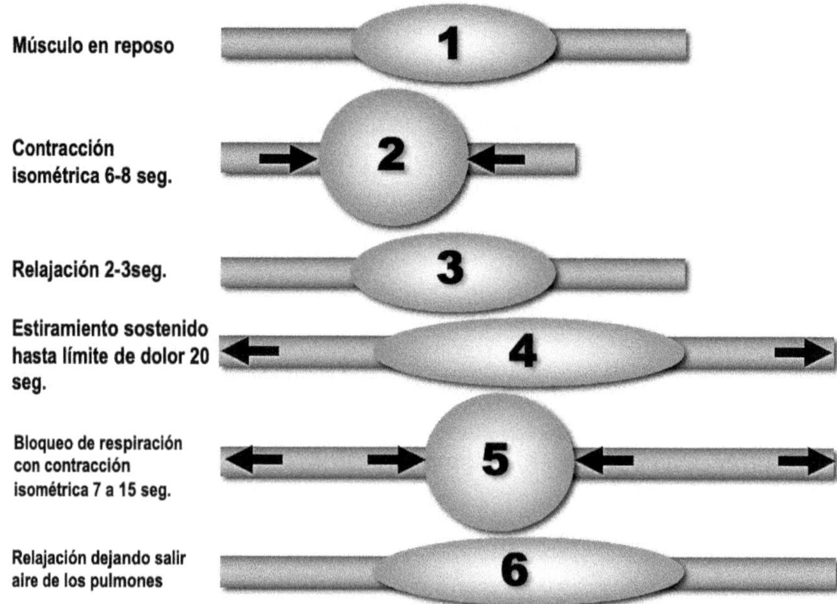

Figura 5. 13.- Proceso de estiramiento con técnica para refuerzo muscular con los pasos descritos.

Con vistas a la especificidad del entrenamiento, se deberían efectuar los estiramientos en las articulaciones que más intervienen en el movimiento deportivo concreto y en la dirección requerida.

Dentro de la metodología combinatoria de contracción, relajación y estiramiento, se puede encontrar diferentes variables. Entre ellas, consideramos interesantes el *método de Sölveborn* y el *Stretching*.

El método de Sölveborn (Sölveborn, 1984).

Consiste en los siguientes pasos:

1. Provocar la máxima extensión del músculo – tendón durante 20 segundos, con el objetivo de neutralizar el efecto del reflejo miotático.
2. Realizar una contracción isométrica del músculo que se pretende estirar, durante 6 segundos, tiempo que se considera se puede mantener una tensión máxima.
3. Finalmente se produce una contracción del músculo antagonista con el objetivo de activar el reflejo de inervación recíproca ya que cuando se contrae un músculo se provoca la relajación del opuesto.
4. Tras el ciclo anterior, se procede a una relajación.
5. Luego se repite el ciclo completo (estiramiento – contracción del músculo agonístico –relajación – contracción del músculo antagonista – relajación) hasta un total de tres veces.

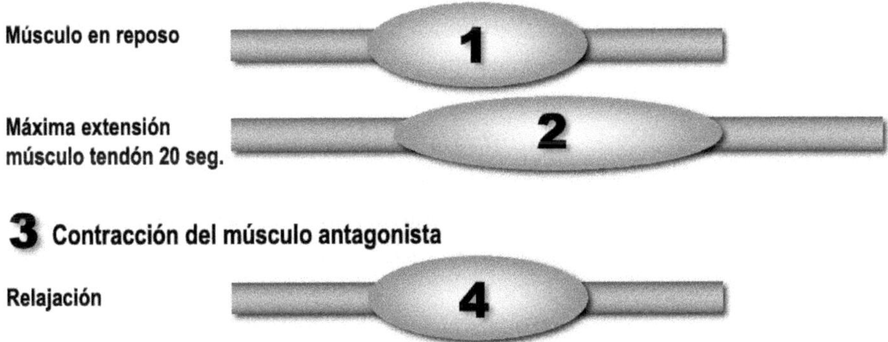

Figura 5. 14.- Proceso de estiramiento con técnica de Sölveborn.

El método de Stretching.

Consiste en una técnica de estiramiento en la que se establece inicialmente una contracción isométrica intensa, seguida de una relajación muscular y un estiramiento de duración que puede variar dependiendo de diferentes autores (figura 5.15).

De una manera general, consiste en los siguientes pasos:

1. Realizar un estiramiento máximo y estático alrededor de 20 segundos.
2. Relajación.
3. Avanzar en estiramiento otros 20 segundos (debería ser posible, tras el procedimiento anterior).
4. Repetir de nuevo otras 3 veces el ciclo completo.

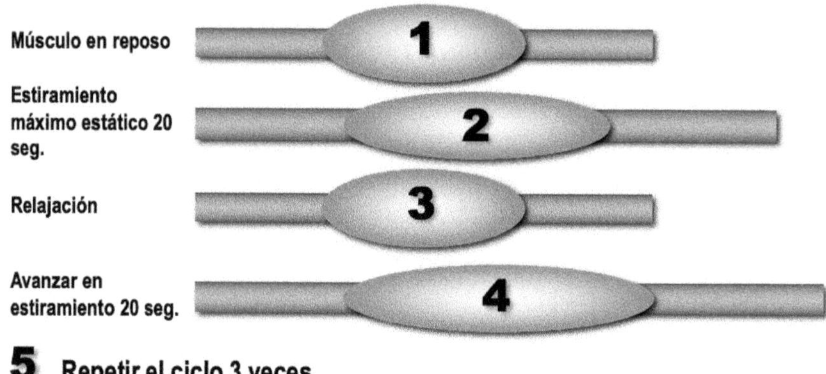

Figura 5. 15.- Protocolo de 5 pasos correspondiente al método de Stretching.

5.6.2.4. *Objetivos de la flexibilidad con vistas al rendimiento deportivo en etapas de desarrollo.*

Cuando se trata de rendimiento deportivo, previamente es necesario hablar de los objetivos que debe cubrir la flexibilidad. Éstos pueden englobarse en tres grupos: *preventivos, favorecedores y regenerativos.*

Objetivos preventivos.

Con la flexibilidad se pretende alcanzar una serie de objetivos duraderos que contribuyan al rendimiento deportivo de cualquier especialidad, Éstos los hemos clasificado en dos apartados: *Favorecedores del rendimiento y favorecedores de la recuperación.*

Objetivos favorecedores del rendimiento.

Con el fin de potenciar el rendimiento. Para ello también son recomendables prioritariamente los ejercicios de flexibilidad dinámicos, balísticos.

Se busca desarrollar la flexibilidad a través de las mejoras neuromusculares, como la extensibilidad y la elasticidad (varios de ellos mediante la optimización del CEA).

Objetivos prioritarios:

- Favorecer la ejecución de las técnicas deportivas.

- Posibilitar el desarrollo de otras capacidades, como la fuerza, la velocidad y la resistencia.
- Provocar un menor consumo energético.
- Optimizar la coordinación.
- Favorecer y acelerar la transición de la fase excéntrica a la concéntrica en la contracción muscular.
- Amplificar el pre estiramiento muscular, provocando un mayor nivel de fuerza explosiva y reactiva.
- Desarrollar al máximo la movilidad articular.
- Mejorar la capacidad mecánica de los músculos implicados.
- Lubrificar las articulaciones estimuladas (sólo con métodos dinámicos).
- Mantener la elasticidad muscular.
- Relajar los músculos rígidos y tensos, al descender el tono muscular.
- Prevenir las lesiones, ya que reduce el riesgo de sufrirlas. El hecho de no lesionarse, permite no interrumpir entrenamientos.

Objetivos favorecedores de la recuperación.

El hecho de ser más flexible no asegura una mejor recuperación, pero efectuar ejercicios de movilidad articular y estiramientos tras el entrenamiento favorece, entre otros procesos, el lavado del lactato y eliminación de los productos de desecho (Hornillos, 2012).

Con el fin de facilitar la recuperación, en general, se busca recuperar el tono muscular aumentado, causado por ejercicios intensos tales como la velocidad, los multisaltos, el trabajo de fuerza con cargas, etc., mejorando el riego sanguíneo y favoreciendo su recuperación.

Objetivos prioritarios:

- Acelerar los procesos de recuperación.
- Disminuir el estrés y la tensión emocional.
- Recuperar el tono muscular, tanto por exceso, como por defecto. Tras un entrenamiento muy exigente, el tono muscular puede haber subido en exceso. En ese caso, serían preferentes los estiramientos estáticos combinados con la relajación. En el caso de que tras una sesión de resistencia muy larga, es posible que el tono muscular haya descendido en exceso. En este caso, los métodos más recomendables serían los métodos activos que combinan

contracción con estiramiento, por ejemplo, los métodos FNP con cualquiera de sus variantes.

- Paliar el dolor originado por las agujetas del entrenamiento.

5.6.2.5. *Evaluación de la flexibilidad.*

La flexibilidad es específica de las articulaciones. Se debe señalar que es generalmente específica de la articulación que está siendo evaluada. Es posible tener un alto nivel de flexibilidad en una articulación y una limitación en otra. Por consiguiente, la realización de una única evaluación como medida de la flexibilidad general es un procedimiento que puede resultar un tanto sesgado (Hedrick, 2007) y será precisa una batería de pruebas en lugar de una sola. En este sentido, dichas baterías deberán ser específicas en función de los objetivos perseguidos. En la figura 5.16, a modo de ejemplo, se exponen algunas pruebas para evaluar esta cualidad.

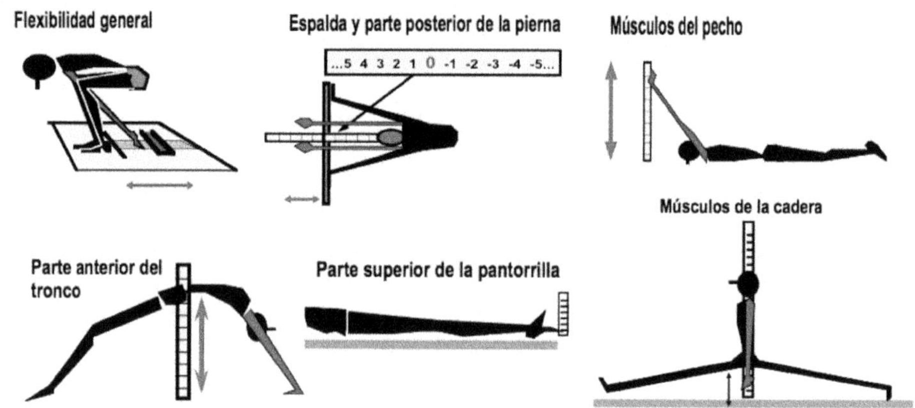

Figura 5. 16.- Algunos ejemplos de pruebas para evaluar la flexibilidad.

5.6.2.6. *Los niveles o estadios de desarrollo de la flexibilidad.*

En nuestra propuesta, la flexibilidad también tiene sus niveles o estadios de desarrollo que pueden ser distintos para cada especialidad deportiva.

En ese sentido, para poderlos identificar y aplicarlos a cada una de las modalidades, proponemos unas características para identificarlas. De esta forma, se puede proceder a aplicarlas en función de los objetivos. En este sentido distinguiremos cuatro niveles o estadios de desarrollo (García-Verdugo, 2018) y vamos a adaptarlos a los objetivos correspondientes a las edades en proceso de desarrollo. De acuerdo con lo que debe ser prioritario en estas etapas, el rendimiento pasaría a un segundo plano y el objetivo prioritario será el de desarrollar la cualidad en todas sus facetas (extensibilidad, relajación y movilidad).

Nivel básico. "Flexibilidad para entrenar".

Objetivos de entrenamiento.

- Prevenir posibles lesiones. Pese a que el niño corre menos riesgos si no nos propasamos, debe reforzarse la capacidad para evitar lesiones posteriores.
- Potenciar la base que permita realizar trabajos más específicos más adelante.

Orientaciones para contenidos.

- La flexibilidad se trabaja en todas las articulaciones, en todos los ángulos, en todas las direcciones y con variaciones de velocidad de ejecución.
- Debe buscarse el máximo recorrido angular en todas las articulaciones.
- El rendimiento deportivo carece de importancia.

Momentos más idóneos para su ejecución. En todas las sesiones de entrenamiento, es prioritario aplicarlo en las fases de calentamiento.

Métodos más utilizables.

- Métodos estáticos activos.
- Métodos dinámicos mixtos con combinaciones de contracción – estiramiento.

Nivel específico. "Flexibilidad para mejorar".

Objetivo principal de entrenamiento. Desarrollar la capacidad con vistas al rendimiento futuro.

Orientaciones para contenidos.

- La flexibilidad se entrena, prioritariamente, en las articulaciones que van a intervenir más en el gesto deportivo concreto.
- Los recorridos articulares deben realizarse en los ángulos y direcciones adaptados al gesto deportivo.
- La velocidad de ejecución aún no cobra la mayor importancia y debe priorizarse la ejecución técnica.

Momentos más idóneos para su ejecución. Los ejercicios deben aplicase, prioritariamente, en la fase principal de la sesión.

Métodos más utilizables. Métodos dinámicos, especialmente balísticos.

Nivel competitivo. "Flexibilidad para competir".

Objetivo principal de entrenamiento. Obtener el máximo rendimiento para la competición.

Orientaciones para contenidos.

- La flexibilidad se entrena, igualmente que en el nivel específico, en las articulaciones que van a intervenir más en el gesto deportivo, con los recorridos articulares en los ángulos y direcciones adaptados y ejecutados a la velocidad que se requerirá para la competición.
- Cobra vital importancia la técnica del movimiento.

Momentos más idóneos para su ejecución. Fase principal de la sesión.

Métodos más utilizables. Métodos dinámicos, especialmente balísticos.

Nivel Regenerativo. "Flexibilidad para recuperar".

Objetivo principal de entrenamiento. Favorecer y acelerar la recuperación.

Orientaciones para contenidos.

- La flexibilidad se entrena, de forma lenta para evitar la actividad del reflejo miotático.
- Cobra vital importancia la relajación.

Momentos más idóneos para su ejecución: Fase de vuelta a la calma, al terminar la sesión.

Métodos más utilizables.

- Métodos estáticos activos o pasivos.
- Métodos mixtos: FNP o variantes.

NIVEL BÁSICO DE FLEXIBILIDAD	NIVEL ESPECÍFICO Y COMPETITIVO DE FLEXIBILIDAD	NIVEL REGENERATIVO DE FLEXIBILIDAD
MÉTODOS PRIORITARIOS Estáticos activos Dinámicos	MÉTODOS PRIORITARIOS Dinámicos balísticos	MÉTODOS PRIORITARIOS Estáticos activos y pasivos. Mixtos. FNP y variantes (1)
CALENTAMIENTO	PARTE PRINCIPAL	VUELTA A LA CALMA

Figura 5. 17.- Propuesta para el entrenamiento de flexibilidad durante una sesión estándar. (1). Los métodos FNP se reservan preferentemente para edades a partir de la adolescencia.

5.6.3. Orientaciones para el desarrollo de la flexibilidad en etapas de desarrollo.

En el caso de la flexibilidad, se trata de un proceso a largo plazo que debe acabar cronificándose. Requiere especial atención, fundamentalmente debido a la necesidad de determinar, desde un principio, las prestaciones que deberá dar esta cualidad para establecer los objetivos sobre los que operar a medio y largo plazo.

ETAPA INFANTIL Y PRE PUBERAL. EDAD APROXIMADA 6 A 12 AÑOS EN CHICOS Y 6 A 11 AÑOS EN CHICAS.

Antes de la pubertad, con vistas a mejorar la capacidad de rendimiento motor y la prevención de lesiones, la importancia de un entrenamiento de movilidad no tiene tanta trascendencia como la que acontece más adelante. Esto es debido a que los niños tienen mayor elasticidad y capacidad de estiramiento, con lo que pueden realizar saltos, carreras, etc., prácticamente sin una preparación específica y sin que exista un importante riesgo de lesiones, siempre que estos ejercicios sean proporcionados a su edad. (Weineck 1994).

El entrenamiento debe diseñarse, especialmente, para efectuar una prevención de desequilibrios musculares a largo plazo.

Ya hemos visto que la movilidad articular es la única capacidad que alcanza sus valores máximos en esta etapa. Por consiguiente, es preciso trabajarla desde estas edades e, incluso antes, y de la forma más variada posible.

No obstante, debemos tener presente que en la primera fase de esta etapa (6 a 9 años aproximadamente), pueden existir ciertas contradicciones tales como la capacidad de flexión de ciertas articulaciones (coxo femoral, escapulo humeral y de la columna vertebral) que se encuentran en proceso de crecimiento. Por ello, hay que tener precauciones con la magnitud de las cargas ya que un abuso en el trabajo de movilidad podría perjudicar un aparato locomotor que se muestra relativamente inestable (Di Santo, 1997). En este sentido, la flexibilidad de la columna vertebral, de la articulación coxo -femoral y escapular sólo aumenta en la dirección en que es trabajada. Por esta razón el trabajo principal hay que hacerlo en esta fase ya que, más adelante, no se podrán obtener mejoras tan acusadas, sino tan sólo mantener el nivel adquirido (Zaciorskij, 1966).

También debemos tener presente que, al final de esta etapa, ya se pueden presentar niños con un desarrollo acelerado, en los que se puede observar un cierto retroceso especialmente en la movilidad, tal y como se va a presentar en la siguiente etapa.

Durante esta fase, la flexibilidad *debe trabajarse prioritariamente en su nivel de desarrollo básico*. Es decir, muy variado, con máximos ángulos y en todas direcciones, con ejercicios activos en base a circunducciones, torsiones, vaivenes, lanzamientos, giros, flexiones, extensiones, etc., al tiempo que se incluyen ejercicios calmantes, de relajación y descontracción en el transcurso de las recuperaciones. El fin prioritario de este trabajo polivalente es el de *compensar los desequilibrios* musculares.

La flexibilidad deberá trabajarse en la mayoría de las sesiones aplicando entre 3 y 4 series para cada ejercicio, con unas 15 a 20 repeticiones por serie y procurando un aumento progresivo de la amplitud hasta llegar a la máxima en la última serie.

Debe insistirse en el control del movimiento para evitar posibles lesiones, aprovechando la gran disponibilidad a esta edad para el aprendizaje de todo tipo de ejercicios.

Con vistas a un futuro rendimiento, ya se puede introducir un entrenamiento específico de la flexibilidad pero respetando un marco en el cual la especificidad no vaya en detrimento del desarrollo general, evitando una errónea mejora unilateral y el riesgo de sobrecargar algunas articulaciones (Weinek 1988). En este sentido, también debe incluirse una parte en su nivel específico, consistentes movimientos balísticos *para estimular todos los mecanismos neuromusculares que se encuentran en fase sensible*.

Durante la entrada en calor se deben ir aumentando progresivamente los niveles de amplitud articular hasta llegar a los que se van a alcanzar en el transcurso de las sesiones especiales o en la parte principal de la sesión.

Como recomendación añadida, habría que tener cuidado (incluso evitar) ejercicios por parejas ya que el ejercitado puede perder el control de su propio movimiento al ser forzado por el compañero.

De todas formas, se trata de una etapa en la que, pese a las necesarias precauciones, el chico se encuentra en una fase sensible para el desarrollo de la flexibilidad y son numerosos autores los que coinciden en afirmar que se trata de la edad óptima para el perfeccionamiento de esta cualidad (Heredia, 2013).

En lo posible, deberán diseñarse actividades lúdicas.

Sobre los métodos a utilizar, en estas etapas, los correspondientes a FNP, tienen escaso valor, entre otras razones, por su dificultad de control del ejercicio.

Etapa puberal. Edad aproximada 13-14 años en chicos y 12-13 años en chicas.

A esta edad, la movilidad articular comienza a sufrir un considerable retroceso, entre otras razones, causado por el aumento de la fuerza. Las posibilidades de perder movilidad articular aumentan en relación a las edades anteriores, por lo que se debería acentuar la atención a esta capacidad con el fin de paliar dicho retroceso.

Se trata de una etapa de la vida en donde, por un lado, resulta totalmente necesario entrenar la flexibilidad ya que una buena elasticidad muscular no perjudica el crecimiento longitudinal del hueso, y por el otro, los riesgos que esta actividad provoca pueden ser importantes.

La sensibilidad de los tejidos es directamente proporcional a la velocidad de su crecimiento y, en esta etapa, en la que comienza el "estirón", este efecto se acentúa.

Las modificaciones hormonales producen una disminución de la resistencia del aparato locomotor pasivo (Di Santo, 1997) (Weinek, 1998) y la capacidad de estiramiento del complejo músculo tendón puede no adaptarse a la velocidad de crecimiento longitudinal del hueso, con lo que la flexibilidad se puede ver deteriorada en ocasiones.

Aquí siguen corriendo cierto riesgo la articulación coxofemoral y, muy especialmente, la columna vertebral, debido al fuerte estirón del crecimiento y a la capacidad de soportar una carga por el cartílago del cuerpo vertebral. Si se sobrepasa la capacidad de carga de éstos, se corre el riesgo de una penetración del tejido conjuntivo discal en la estructura esponjosa del hueso del cuerpo vertebral. En consecuencia, es preciso, evitar cargas excesivas en torsión, en flexión y en híper flexión hacia atrás o lateralmente que podrían degenerar en lo que se conoce como enfermedad de Scheverman (espalda arqueada fija, con insuficiencia en el mantenimiento de la postura). (Di Santo, 1997).

También adquiere gran relevancia la prevención de alteraciones posturales, mediante una acometida continua sobre ciertos grupos musculares que suelen sufrir algunos acortamientos a lo largo de esta fase. Entre estos grupos musculares se encuentran los músculos pectorales, los isquiotibiales, los lumbares y el psoas iliaco, por lo que su estiramiento, con las debidas precauciones, requiere especial atención.

Con respecto al mantenimiento de la postura, ésta no depende solamente del tono muscular, también depende de ciertos niveles el sistema nervioso como regulador y, en una parte, del tejido conjuntivo. Aquí la flexibilidad juega un papel importante aunque no sea el único. Por ello, el entrenamiento de la flexibilidad, esta edad, aumenta la posibilidad de utilizar todos los métodos y técnicas para su desarrollo.

En consecuencia, aquí ya se pueden comenzar a utilizar métodos de FNP, con el objetivo de reducir la resistencia del sarcómero al estiramiento, pudiendo contribuir, además de al rendimiento, al control de la postura.

En lo que concierne al entrenamiento con vistas al rendimiento futuro, la flexibilidad deberá trabajarse en los *niveles básico y específico* en su mayor porcentaje pero ya se deberá incidir en una parte importante en el nivel competitivo, con la utilización de los métodos recomendables para cada nivel y para la especialidad o grupo de especialidades para las que se intuye que se dirige el púber.

ETAPA ADOLESCENTE. EDAD APROXIMADA 15-16 AÑOS EN CHICOS Y 14-15 AÑOS EN CHICAS.

En la etapa de la adolescencia, en pleno proceso del ensanchamiento, se van cerrando las líneas de crecimiento longitudinal, lo que permite soportar una mayor carga en el aparto motor pasivo. El aumento de fuerza muscular, como consecuencia de la eclosión hormonal, exige ejercicios destinados el entrenamiento de la flexibilidad para compensar el aumento de fuerza y tono muscular ya que ésta se pierde de modo natural y es preciso mantenerla.

En esta etapa, con vistas a cualquier tipo de entrenamiento, ya hemos visto que se puede considerar al joven deportista como un adulto, siempre teniendo en cuenta la reducción de la magnitud de las cargas correspondientes. Por ello, prácticamente todos los autores proponen para esta fase, la aplicación de todos los ejercicios, métodos y técnicas para desarrollo de la flexibilidad. No obstante, hay que tener en cuenta que cobran importancia los métodos pasivos, adaptados a la especialidad deportiva, así como los balísticos, ya en las fases de calentamiento, (Hornillos, 2012).

Con el objetivo de activar los mecanismos facilitadores del estiramiento, es importante crear los correspondientes automatismos (ya tratados en otro capítulo) para acelerar los procesos de relajación y neutralización de los mecanismos de defensa al estiramiento. Para ello, es preciso crear y mantener una rutina diaria de ejercicios correctamente ejecutados que respondan a las necesidades individuales y no buscar grandes variaciones.

En el entrenamiento se deben combinar los métodos dinámicos con los estáticos, tanto activos como pasivos, dependiendo de la individualidad y de la especialidad.

En esta etapa, se debe trabaja la flexibilidad en todos sus niveles con los siguientes objetivos:

- *En el nivel básico.* Con objetivos de mantenimiento de niveles adquiridos en etapas anteriores y preventivos
- *En el nivel específico y competitivo.* Con objetivos de mejora del rendimiento, debiendo trabajarse en los ángulos y velocidad de ejecución que requiere la especialidad deportiva.

Se debe ir aumentando la carga de forma progresiva, de la misma forma en la que se va a aumentar para cualquier otra cualidad condicional.

5.7. RESUMEN.

En general, la flexibilidad debe trabajarse en todas las etapas. Se trata, entonces, de administrar los grados de incidencia, enfatizando más en el nivel básico en etapas pre púberes e ir introduciendo más los niveles específico y competitivo en edades más avanzadas, especialmente, en el momento en el que ya se vaya comenzando a buscar rendimiento. En la figura 5.18 se expone una orientación de acuerdo a esos grados de incidencia propuestos en función de la edad.

Figura 5. 18.- Niveles de entrenamiento de la flexibilidad y grado aproximado de incidencia en función de las etapas de desarrollo.

CAPÍTULO 6

LA PLANIFICACIÓN A LARGO PLAZO. ESTRUCTURAS A TENER EN CUENTA EN ETAPAS DE DESARROLLO.

Para una planificación puede utilizarse un símil, tal cual podría ser un viaje.

En éste existe un lugar de partida, un itinerario y un punto de llegada. Si lo extrapolamos a la planificación deportiva, ésta también consta de un punto de partida, tal cual es el estado inicial de nuestro deportista, luego tendríamos un punto de llegada que podríamos asimilar como el objetivo final y un itinerario que se correspondería con el proceso de entrenamiento en el que va incluido el desarrollo natural del chico ya que se encuentra en ese proceso.

En el caso de los chicos que aquí se tratan, el proceso de planificación conlleva unas características diferentes a las que pudiera plantearse para un adulto entrenado. Al tratarse de tan largo plazo en lo que se busca es que el deportista pueda llegar a la edad adulta, en las mejores condiciones que le permitan alcanzar su máximo rendimiento. Por ello, se trata más bien de una declaración de intenciones y un día a día, ya que las condiciones del entrenamiento interrelacionan con el propio desarrollo y éste, como se ha visto, es difícilmente previsible.

Por todo ello, las estructuras son más sencillas y solo se deberían contemplar las de menor extensión, dejando para más adelante, cuando las cualidades físicas y psicológicas se vayan definiendo definitivamente.

6.1. LA PLANIFICACIÓN A LARGO PLAZO Y SUS ESTRUCTURAS.

La planificación implica alejarse, lo máximo posible de toda improvisación, organizando en la medida de lo posible y de forma ordenada, el devenir de los acontecimientos, al objeto de lograr unos fines, objetivos o metas, previamente determinados (Mestre,1997).

La planificación, cuando se trata de deportistas ya formados, está compuesta de una serie de estructuras que, tratadas de mayor a menor extensión pasan desde lo que supondría la vida deportiva hasta las actividades, las tareas y los ejercicios. Sus estructuras, recorridas de mayor a menor extensión son las que se describen seguidamente.

- *La vida deportiva*. Comprende el período de tiempo desde que el niño comienza a practicar en actividades deportivas hasta el momento de su retirada definitiva.

- *Los ciclos plurianuales*. Están compuestos por varias temporadas y se suelen hacer coincidir con períodos más largos tales como los periodos olímpicos en deportistas de alto rendimiento.
- *Las temporadas*. Coinciden con el calendario federativo. En líneas generales suelen contemplar uno o más períodos de competiciones.
- *Los macrociclos*. Abarcan varios mesociclos y suelen terminar con fases de competiciones objetivo. Por ejemplo, una temporada de invierno y otra de verano.
- *Los mesociclos*. Están formados por varios microciclos. Su duración depende del número de microciclos. Contemplan objetivos concretos de preparación (básica, específica, competitiva y regenerativa).
- *Los microciclos*. Son conjuntos de sesiones que mantienen la misma estructura. Suelen durar entre 5 y 10 días. No obstante, utilizaremos la semana, especialmente cuando tratamos de chicos y chicas en proceso de desarrollo con un horario escolar regulado.
- *Las sesiones de entrenamiento*. Son unidades básicas del entrenamiento. Están compuestas por varias actividades y ejercicios.
- *Las actividades y las tareas* y los ejercicios. Consisten en la ejecución tanto de carga como de regeneración que se realizan puntualmente en una sesión.

La planificación en etapas de desarrollo resulta más sencilla.

Dado que aquí tratamos edades en proceso de formación, esta obra no trata la planificación en profundidad ya que, aquí, este planteamiento resultaría un tanto utópico.

Cuando planificamos para chicos en edades comprendidas hasta la etapa puberal, hay que tener presente que los objetivos de entrenamiento prioritariamente son los de adquirir base *"entrenar para entrenar"*. En estas edades, también hemos visto que no se debe excluir la competición pero que ésta debe ser proporcionada y, cuando se trate de especialidades en las que predominan las cualidades condicionales, *no se debería entrenar con objetivos de competición* hasta llegada adolescencia. Por consiguiente, las actividades que se realizan deben ir dirigidas a crear esa base sólida que permita, en un futuro, tolerar las cargas físicas y psicológicas que conllevará la competición en el futuro.

En este sentido, al menos hasta la llegada a la adolescencia, las estructuras intermedias podrían obviarse y ya que el hecho de programar ciertas estas organizaciones, podría hacernos caer en la utopía y carecería de sentido.

Por todo ello, cuando se trata de las edades que tratamos en este libro, habría que centrarse, casi en exclusividad, en la vida deportiva (referida a sus inicios), los microciclos, las sesiones y las tareas (figura 6.1).

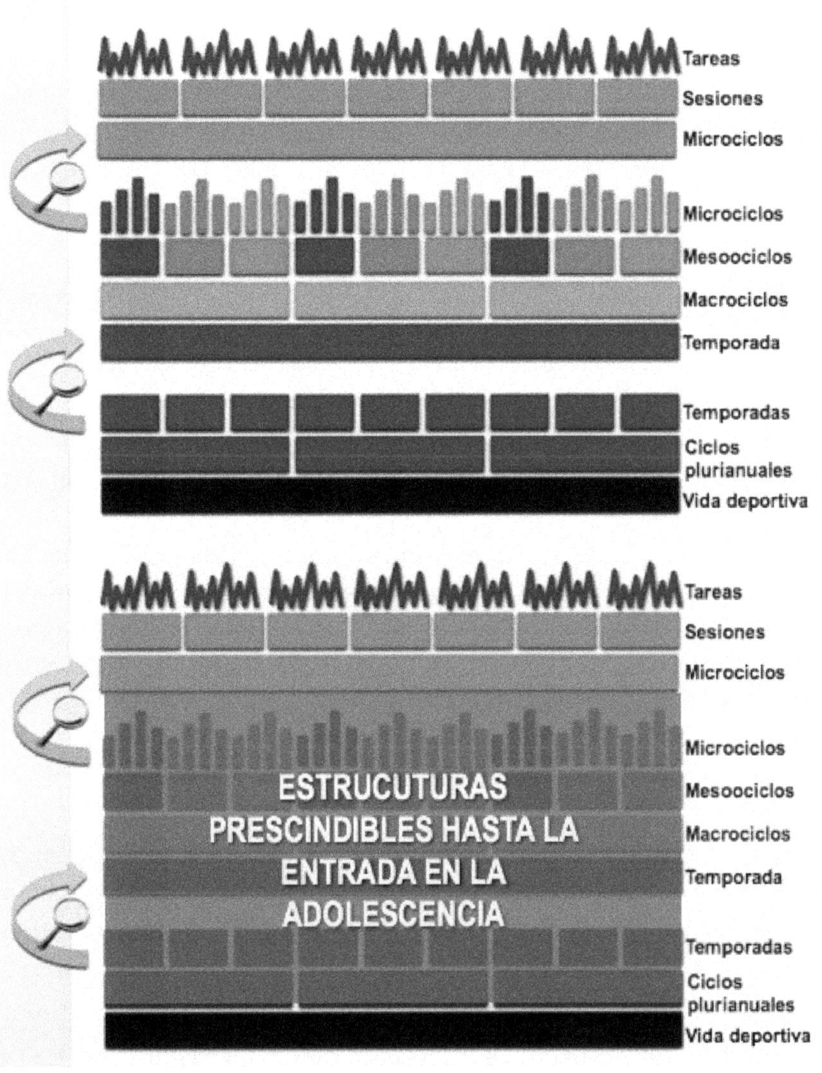

Figura 6. 1.- Estructuras de la planificación. Arriba: estructuración completa. Abajo: estructuras prescindibles hasta entrados en la etapa de la adolescencia.

6.1.1. La vida deportiva y los ciclos plurianuales. Una declaración de intenciones.

Comprende la etapa comprendida entre el momento en el que el chico comienza su actividad deportiva reglada hasta el momento en el que, definitivamente, abandona la práctica.

Un planteamiento a tan largo plazo, no es planificable en el sentido estricto de la palabra. Su planteamiento solo se trata de una intencionalidad en la que, tanto el entrenador como el resto del entorno del futuro deportista, deben procurar que éste transite por el itinerario adecuado. De este modo, si el chico *"vale, puede y quiere"*, que no se desvíe de ese camino y, en el caso de que, llegada la juventud, si decide dedicarse al deporte de forma profesional, se encuentre en todas las condiciones (físicas, funcionales y psicológicas) para afrontar el reto.

Para ello, deberá haber asumido todos los valores que se han ido citando en capítulos contemplados en el volumen 1 de esta obra, al tiempo que deberá haber ido adquiriendo todas las cualidades motrices y condicionales, de forma progresiva y de acuerdo a las directrices que se han venido citando.

Tal y como hemos apuntado, aquí vamos a tratar de las estructuras de menor extensión que son aquellas que se encuentran en la realizad del entrenamiento de los chicos. Dado que unas (las más extensas) están formadas por agrupaciones de otras (menos extensas), las trataremos en orden creciente en extensión. Así pues, nos vamos a ocupar, por este orden: las tareas, las sesiones y los microciclos.

6.1.2. Las tareas. Aplicaciones para cada etapa de desarrollo.

Las tareas, son conjuntos de actividades o ejercicios que se realizan en un momento determinado. Cuando se trata del entrenamiento, forman parte de una sesión y pueden clasificarse en función de diferentes puntos de vista (objetivos, ejecución, secuenciación, etc.).

Para una clasificación más clara y para su aplicación a las estructuras superiores, especialmente las sesiones (tratadas más adelante),vamos a clasificarlas, de acuerdo con sus objetivos. Así pues, distinguimos los siguientes tipos: *tareas con objetivos de calentamiento, de desarrollo y de vuelta a la calma* (García-Verdugo, 2019).

TAREAS DE ACTIVACIÓN O CALENTAMIENTO.

- Se realizan al principio de la sesión de entrenamiento, tienen por objetivo poner a los diferentes sistemas en condiciones de soportar y dar las prestaciones necesarias para soportar y asimilar las que se aplicarán a continuación.
- Han de realizarse de forma progresiva, comenzando por potencias bajas.
- En las tareas de calentamiento, es importante distinguir dos tipos: *tareas de calentamiento general y de calentamiento específico.*

Tareas de calentamiento general.

Al inicio, es recomendable que varíen poco de una sesión a otra y que se realicen de forma rutinaria para crear una inercia que "despierte" y ponga al organismo en condiciones de realizar y asimilar todo tipo de esfuerzos más exigentes.

La recomendación del orden secuencial de ejercicios en esta parte sería la siguiente:

- Movilización pasiva de las articulaciones que van a intervenir.
- Tonificación de la musculatura a la que se va a exigir más esfuerzo.
- Activación del aparato cardiovascular y respiratorio mediante ejercicios aeróbicos de baja potencia.
- Flexibilidad de la musculatura que más va a ser reclamada, mediante ejercicios dinámicos preferentemente.

Tareas de calentamiento específico.

Estas son más aplicables en etapas más avanzadas, precisamente, cuando ya se apliquen cargas en su nivel específico (avanzada la pubertad).

Están compuestas por ejercicios aplicados de forma progresiva, hasta llegar a las exigencias de los objetivos del entrenamiento a realizar. Los ejercicios han de ajustarse, además, a las exigencias técnicas que se llevarán a cabo.

Los ejercicios deben ir en el sentido de activar la fuerza específica y las exigencias metabólicas necesarias para la actividad principal que se va a realizar seguidamente.

TAREAS DE DESARROLLO.

Tienen el objetivo de inducir adaptaciones que mejoren alguna/as cualidad/es.

Se utilizan después de las tareas de calentamiento.

Deben incidir, de forma especial, sobre pocos contenidos de entrenamiento (mejores cargas selectivas que cargas complejas.

En función del nivel o estadio de desarrollo en el que se encuentre la preparación, deberán ajustarse a las directrices que requieren los niveles de desarrollo objetivo (*básico, específico o competitivo*).

De forma aproximativa, en función de su exigencia o desestabilización que infunden en el organismo, se pueden calificar en tres niveles de requerimiento:

- *Tareas medias.* Aunque producen adaptaciones, si se aplican de manera aislada pueden producir adaptaciones, pero no suficientes para ser transferidas al alto rendimiento deportivo (ARD). En cambio, son las más recomendables cuando se trata de etapas tales como la pubertad o anteriores.
- *Tareas altas.* Producen adaptaciones para el ARD. Estas ya no serían recomendables hasta la etapa de la adolescencia.
- *Tareas extremas.* En deportistas suficientemente entrenados producen máximas adaptaciones, aunque deben ser muy estudiadas y controladas. Igualmente han de espaciarse lo suficiente para no correr riesgos de fatiga crónica o sobre entrenamiento. Igualmente, éstas deberán aplazarse hasta muy avanzada la etapa de la adolescencia o, incluso, ya entrada la juventud.

TAREAS DE RECUPERACIÓN Y DE VUELTA A LA CALMA.

Por su impacto, no deben llegar al umbral de excitación.

Sus objetivos son los de favorecer y acelerar los procesos de recuperación y súper compensación y se aplican en diferentes momentos:

- *Entre series o repeticiones, durante la fase principal.* En este caso son directamente relacionadas con la densidad del entrenamiento ya que, cuanto menor sea su duración, mayor será la densidad o frecuencia y, consecuentemente, mayor será la exigencia al organismo.
- *Al final de una sesión de entrenamiento.* En este caso deben ser un poco más prolongadas, pero sin sobrepasar, en general, los 20 min ya que, si se prolongan en exceso, ya no producirán esos efectos, pudiendo incidir en ciertos grados de fatiga.
- *Entre sesiones.* Como sesión única. Buscando descansos activos tras una competición o tras un entrenamiento excesivamente exigente.

Sobre la exigencia de las tareas

Si nos referimos a la exigencia de las cargas que conllevan las tareas, podemos referirlas, a los límites del umbral de excitación y límite de la tolerancia (tratados en otro capítulo en el volumen 1). Estos límites son interesantes para calibrar, aunque de forma aproximada, el impacto que pueden tener todo tipo de tareas (figura 6.2.).

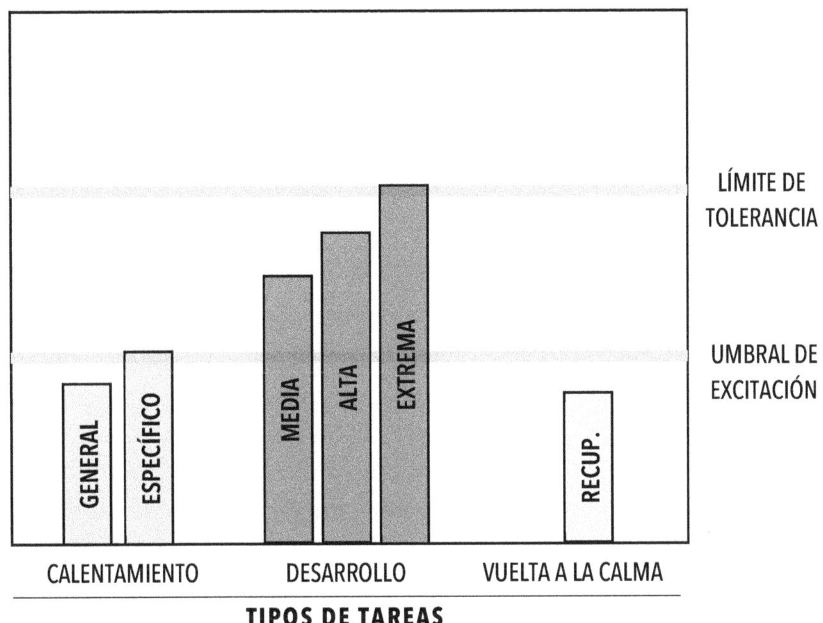

Figura 6. 2.- Tipos de tareas en función con la exigencia y de la incidencia en e organismo del deportista (García-Verdugo, 2019). Modificado.

Las tareas están compuestas por ejercicios

Dado que ambos conceptos pueden llevar a cierta confusión y con el fin de que se sepa a qué nos referimos, vamos a diferenciar lo que entendemos por tarea y por ejercicio.

Ejercicio. Según la Real Academia de la Lengua, existen diferentes definiciones de la palabra *ejercicio*. En lo referente al deporte, se entiende por ejercicio *"la acción de ejercitar o ejercitarse"*. Se trata de *"un conjunto de movimientos corporales que se realizan para mantener o mejorar la forma física"*.

Tarea. Ese mismo estamento define la palabra tarea como "trabajo que debe hacerse en un tiempo limitado".

Apoyándonos en estas definiciones, aquí vamos a entender que, *siempre que hablemos de tareas, nos estaremos refiriendo a uno o varios ejercicios*. (figura 6.3)

Figura 6. 3.- Ejemplo de una tarea consistente en circuito de 10 estaciones (ejercicios) (García-Verdugo, 2019).

6.1.3. Las sesiones. Aplicaciones para cada etapa de desarrollo.

Resultan el elemento básico del entrenamiento y están compuestas por tareas y ejercicios encaminados, todos ellos, a la consecución de un objetivo de entrenamiento concretos.

Para la elaboración de una sesión deben tenerse en cuenta una serie de puntos que varían en función de los objetivos propuestos. En este sentido, es importante tener en cuenta ciertos aspectos antes de proceder a su desarrollo, para ello, siguiendo a Navarro (2003) se podría responder a una serie de preguntas:

- *Para quién o quiénes se diseña la sesión.* Se refiere a las características de los chicos, atendiendo especialmente a su edad y grado de entrenamiento.
- *Cuántos.* Número de chicos que van a participar. De esto dependen las posibilidades de organización.
- *Cuándo.* Ubicación de la sesión dentro del microciclo. En este sentido también hay que contemplar las sesiones aplicadas anteriormente y, muy importante, los procesos de recuperación, así como las que se aplicarán posteriormente.
- *Dónde.* Referido al lugar donde se realizará la sesión. Gimnasio, cuestas, pista, piscina, etc. Es importante plantearse la temperatura (recordar las dificultades de los niños con la termorregulación). Igualmente, se debe tener presente que tareas basadas en ejercicios explosivos tienen contraindicaciones en temperaturas muy bajas y, por el contrario, tareas mayor duración, tienen su contraindicación a temperaturas elevadas.

- *Con qué*. Referido a medios y recursos, material necesario, etc. Debemos tener presente todos aquellos medos y recursos que se necesitaremos para el desarrollo de la sesión.
- *Cómo*. Elección de tareas y ejercicios a realizar en cada parte de la sesión. Hay que prever los contenidos y su forma de trabajarlos. Si contemplamos sesiones demasiado monótonas o repetitivas, es posible que el chico se aburra, lo que a la larga, puede derivar en una pérdida de aprovechamiento del trabajo.
- *Cuánto*. Tiempo disponible y duración prevista.
- *Para qué*. Hace referencia a los objetivos de desarrollo de la sesión. Supone aquello que queremos lograr mediante la práctica.

El entrenador debe plantearse los objetivos, en función de los cuales, podrá seleccionar los contenidos y las tareas, teniendo en cuenta los puntos anteriores. En este sentido es importante fijarse en una serie de aspectos relacionados con los objetivos de la sesión. Éstos deben ser pocos y bien definidos, al tiempo que deben tenerlos muy claros tanto el entrenador como el deportista.

Por ello, la capacidad de transmisión del primero resulta de gran importancia. Un deficiente planteamiento de objetivos puede derivar en problemas que deriven en el fracaso de la sesión. En este sentido deberán evitarse los siguientes errores:

- Pretender excesivos contenidos en una sola sesión puede provocar dispersión de la atención.
- Que el entrenador no tenga claro qué es lo que pretende conseguir en la sesión y con cada una de las tareas.

6.1.3.1. Tipos de sesiones en función de sus objetivos.

En la literatura podemos observar la existencia de clasificaciones más completas. No obstante, dadas las edades que tratamos y los objetivos que planeamos, nos vamos a referir a aquellos tipos de sesiones que deberían ser contemplados para las etapas evolutivas exclusivamente. Así pues, nos vamos a ajustar a las que se contemplan en la figura 6.4.

Figura 6. 4.- Diferentes tipos de sesiones en función de sus objetivos y que pueden resultar más aplicables a las etapas en proceso de desarrollo.

EN FUNCIÓN DE LAS TAREAS A DESARROLLAR.

Teniendo en cuenta el tipo de tareas podemos distinguir entre sesiones de *aprendizaje*, de *acondicionamiento, mixtas* y de *valuación y control.*

Sesiones de aprendizaje.

En los deportes en los que prevalece la ejecución técnica existe una gran variedad de estos elementos.

En muchas ocasiones es la creatividad la que se sobrepone a los diferentes estudios. Por ello, en los deportistas jóvenes que se encuentran en etapas anteriores a la pubertad, que es cuando hemos visto que acaba de madurar el sistema nervioso, debe priorizarse que éstos adquieran el mayor número de recursos de percepción, ajuste y ejecución (coordinativos, en general) así como un gran desarrollo de la creatividad.

Aquello hará que destaquen sobre otros deportistas que han incidido principalmente en estereotipos y que, al llegar a la madurez, se ven condicionados. (caso frecuente cuando se ha priorizado un gesto técnico sobre la adquisición de un gran número de automatismos).

En ciertos deportes, las tareas de aprendizaje se asocian frecuentemente con la preparación de nuevas combinaciones técnico - tácticas.

En muchas otras ocasiones, los nuevos aprendizajes vienen condicionados por las posibles modificaciones que vayan incorporando los reglamentos de competición.

Sesiones de acondicionamiento.

Tienen por objetivo mejorar alguna/as cualidad/es física/as. En estas, las tareas van encaminadas a mejorar la velocidad, la fuerza, la resistencia o la flexibilidad, en cualquiera de sus niveles. Al tratarse de chicos en proceso de desarrollo, *el nivel de desarrollo prioritario debe ser el básico* con la finalidad de adquirir los fundamentos que le permitan, poco a poco, llegar a tolerar las grandes cargas que tendrá que soportar en un futuro.

Sesiones mixtas.

Somos conscientes de que, si separamos las sesiones de aprendizaje de las de acondicionamiento, la asimilación es mejor. No obstante, si bajamos a la realidad, es raro que el niño disponga de suficiente tiempo para poder realizar suficientes sesiones por separado. Por ello, en muchas ocasiones es necesario agrupar ambos objetivos. En este sentido, sería preferible hablar de sesiones de mayor incidencia en el acondicionamiento o en factores de aprendizaje. Sea como sea, hay que recordar que el aprendizaje, para ser mejor asimilado debería ser lo último de la sesión para que no se interfiera en la formación de engramas (Nitsh et al,2002).

Sesiones de evaluación.

Las tareas se aplican con objetivo de comprobar el estado del deportista y de si se van cubriendo los objetivos.

Estas sesiones requieren bastante tiempo de preparación. No obstante, han de considerarse necesarias para poder obtener un feedback válido para el control del proceso.

El propósito de utilizar la evaluación, es brindarnos un amplio abanico de datos que nos permitan saber la situación actual y la dirección hacia la nos dirigimos con la preparación del joven deportista. En este sentido, la programación de las pruebas de evaluación debe contemplarse en los siguientes momentos:

- *Al comenzar el proceso.* Mediante una prueba inicial. Ésta permite conocer las aptitudes del chico, en el momento de comenzar el proceso de entrenamiento. A partir de estos resultados, estaríamos en disposición de plantear objetivos asequibles a corto y medio plazo.
- *Durante el proceso.* Test o pruebas intermedios. Se realizan varias veces, a lo largo del programa y permiten comprobar el progreso, saber si se van alcanzando los objetivos planteados o, en caso contrario, realizar las correcciones correspondientes para retomar el camino si se han producido desvíos.
- *Al finalizar el proceso.* Pruebas finales que permiten comprobar si se han alcanzado los objetivos principales.

De todas formas, hay que tener presente que existen complicaciones, difícilmente resueltas, ya que no es posible desglosar el progreso consecuente del entrenamiento en sí, del que aparece merced al propio desarrollo del niño (tema tratado en el volumen 1), especialmente en lo referente a la parte de acondicionamiento físico. No obstante, sí que puede ser más apreciable la progresión en lo que se refiere a los procesos de aprendizaje.

EN FUNCIÓN DE SU ORGANIZACIÓN.

Dependen del número de chicos implicados en la sesión. En este sentido distinguimos las *sesiones grupales y las individuales.*

Sesiones grupales.

Las sesiones pueden realizarse para grupos de deportistas, incluso cuando hablamos de deportes individuales (en otra parte de esta obra hemos tratado la importancia de las actividades en grupo a estas edades).

En el caso de tratarse de deportes individuales, las sesiones de grupo fomentan el espíritu colectivo para una motivación más elevada, además de ciertos valores, tales como el liderazgo, la facilitación de una mayor velocidad (en atletismo, ciclismo, remo, piragua), hay ejercicios que se pueden realizar en parejas, ejercicios de flexibilidad, etc.

Sesiones individuales.

Estas, bien sea para deportes individuales o colectivos, se adaptan mejor tanto al aprendizaje o perfeccionamiento de la técnica, como para la mejora de la condición física. No obstante, ya se ha tratado que son preferibles las anteriores.

EN FUNCIÓN DE LA MAGNITUD DEL ESFUERZO.

Desde el punto de vista metodológico, la carga de entrenamiento es sumamente importante, para facilitar el estímulo suficiente para la adaptación. De ahí que se considere de alto interés, para el diseño del entrenamiento del chico.

En estas sesiones se busca la mejora de alguna capacidad, bien sea condicional, técnica o táctica, bien de forma aislada o en conjunto.

Sesiones de desarrollo.

En función de esa magnitud Navarro (2006) distingue tres tipos: *de desarrollo medio, alto y extremo.* No obstante, en las edades en que nos desenvolvemos aquí, solamente nos inclinamos por las sesiones de desarrollo medio. Éstas últimas reúnen una serie de características:

- Las tareas predominantes son de desarrollo medio (figura 6.3).
- Nunca debe llegarse a la saturación las reservas de adaptación.
- Nunca debe llegarse a niveles de fatiga extremos.
- Debe darse suficiente tiempo para las recuperaciones entre ejercicios.
- Deben darse las condiciones para que el chico pueda llegar a la siguiente sesión en condiciones de asimilar las nuevas tareas.

Sesiones de mantenimiento.

Su objetivo es el de mantener las cualidades adquiridas. Sabemos que, para adquirir una cualidad, es preciso un nivel de exigencia determinado. No obstante, con una exigencia considerablemente más baja es posible mantener esas adaptaciones adquiridas.

Sesiones de recuperación.

Se utilizan tareas específicas y no específicas, en combinación con otros medios de recuperación (psicológico, nutricional, fisioterapéutico y farmacológico, etc.).

Su objetivo es el de volver al estado de equilibrio con el medio (homeostasis), reduciendo el tiempo de recuperación y permitiendo que se vuelvan a aplicar cargas importantes.

Los ejercicios que más se emplean en este tipo de sesiones lo forman el trabajo continuo aeróbico extensivo en pequeños volúmenes, los juegos deportivos y los ejercicios de estiramientos y relajación.

En este sentido, dado que hablamos de chicos en proceso de desarrollo, una de las mejores maneras es la de aplicar actividades lúdicas de baja exigencia física que podemos aprovechar para "hacer grupo" tales como visionado de vídeos, actividades grupales, juegos , etc.

EN FUNCIÓN DE LA ORIENTACIÓN.

Según la orientación de los componentes que integran el contenido del entrenamiento, las sesiones pueden dividirse en *selectivas y complejas.*

Sesiones selectivas.

Se trata de sesiones en las que predominan las tareas dirigidas hacia un componente seleccionado de preparación (alguna capacidad motriz, técnica de movimiento, etc.).

La característica principal es la alta concentración de un componente del entrenamiento. Esto supone menor dispersión y, consecuentemente, mayor impacto sobre alguno de los sistemas.

Lógicamente, predominan las tareas selectivas y, consecuentemente, es preciso tener muy en cuenta que, al incidir en una sola dirección, las cargas serán más concentradas, con el riesgo de saturación de la reserva actual de adaptación.

En este sentido, la programación de sesiones selectivas, debería postergarse, preferentemente, a etapas avanzada la pubertad en las que el deportista ya se encuentre más entrenado y con manifestaciones correspondientes a las cualidades condicionales más definidas.

Sesiones complejas.

Se trata de sesiones en las que predominan las tareas dirigidas hacia diferentes objetivos y contenidos.

En algunos deportes, el uso normal en deportes técnicos y tácticos ha sido con sesiones complejas. La principal ventaja es que ofrecen la posibilidad de mejorar diferentes cualidades en una sesión. El problema está en elegir bien los objetivos de entrenamiento, que sean compatibles y distribuir los ejercicios en un orden favorable. En este sentido, existen orientaciones sobre la compatibilidad e incompatibilidad de ciertos tipos de trabajos, dependiendo de si la interacción es positiva, neutra o negativa. Por ello siempre se deberían elegir ejercicios que interaccionen de manera positiva (estos temas han sido tratados en el volumen 1).

6.1.3.2. Estructura o partes de una sesión.

La sesión de entrenamiento puede variar considerablemente, dependiendo de muchas circunstancias. Aquí, podemos contemplar desde aquellas que son uniformes hasta otras más complejas, Por ello, ya que tratamos etapas evolutivas, pueden plantearse con diferentes objetivos:

- Mejorar alguna cualidad física (fuerza, velocidad, resistencia o flexibilidad).
- Adquirir o reforzar aprendizajes de nuevos movimientos.
- Reforzar o mejorar la técnica ya adquirida.
- Desarrollar o perfeccionar contenidos tácticos.
- Evaluar funciones afectadas por las cargas a aplicar, especificidad, etc.

Sea como sea, en una sesión estándar, existe una disposición generalmente reconocida, en lo que se refiere a su estructura. La generalidad de éstas admite tres fases principales: *calentamiento o introducción, parte principal* y *recuperación o vuelta a la calma*.

CALENTAMIENTO O INTRODUCCIÓN.

En esta parte se busca inducir a los jóvenes para que estén en condiciones de tolerar y asimilar las tareas que se irán introduciendo en la parte principal de la sesión.

Se trata de un conjunto de tareas consistentes en estímulos psico-físicos que, realizados previamente a otras actividades de mayor exigencia, facilitarán la asimilación y el rendimiento, aportando un efecto protector frente a los posibles riesgos provocados por la actividad principal.

En esta fase pretendemos ajustes fisiológico, funcional y psicológico que contribuyan a la mejora del control motor y elasticidad de los tendones y de los músculos. En ocasiones, puede ser conveniente dividir esta parte en un calentamiento general y calentamiento específico (Navarro, 2011), en cada una de las partes se pretenden diferentes objetivos (tabla 6.1).

Tabla 6. 1.- Objetivos del calentamiento de una sesión estándar.

OBJETIVOS DEL CALENTAMIENTO	
CALENTAMIENTO GENERAL	**CALENTAMIENTO ESPECÍFICO**
Organización. Activar los sistemas neuromusculares. Activar el sistema cardiorrespiratorio. Activar elementos psicológicos: motivación, implicación, etc.	Aplicar progresivamente elementos que van a entrar en la fase principal. Aplicar progresivamente los sistemas predominantes de energía que van a ser reclamados. Activar los grupos musculares, objetivo del trabajo y con prioridad del gesto técnico.

Los contenidos pueden ser diferentes según sean las tareas principales de la sesión (de aprendizaje, desarrollo o evaluación). Las sesiones de aprendizaje requieren una activación acentuada del sistema nervioso central, así como la preparación de las funciones neuromusculares periféricas. Como resultado, se reduce el tiempo de la reacción motriz, se eleva la temperatura local en los músculos y se mejora la coordinación.

En este sentido, existe cierta controversia sobre la inclusión de los ejercicios de estiramientos en esta fase. En la actualidad están apareciendo numerosos estudios que cuestionan la inclusión de ejercicios de estiramiento. Incluso, existen trabajos de revisión que sugieren que la realización de estiramientos tendría un papel limitado en la prevención de lesiones, pudiendo incluso llegar a resultar contraproducentes a nivel de rendimiento deportivo (Heredia y Peña, 2016). Con esto solo pretendemos inducir al entrenador hacia la prudencia a la hora de aplicar este tipo de ejercicios.

LA PARTE PRINCIPAL.

Contempla las tareas que generarán adaptaciones. Esto pasa por el mantenimiento de una relación óptima entre las cargas proporcionadas por cada una de las sesiones a lo largo de un tiempo determinado, lo que garantizará un efecto acumulativo de entrenamiento que favorezca la adaptación pretendida respecto al objetivo (Heredia y Peña, 2016).

El trabajo a realizar en la parte principal de las sesiones, tiene unos factores que se ven más o menos afectados y que pueden infundir ciertas limitaciones al aplicarlas. Al respecto, Navarro (2011), cita algunos de los *factores que podrían ser limitantes*, dependiendo de los contenidos de esta fase:

- Aprendizaje y perfección de la técnica: Estado del SNC.
- Entrenamiento de resistencia: Depleción de los depósitos de energía.
- Entrenamiento de la velocidad: Estado del SNC.
- Entrenamiento de fuerza: Fatiga de grupos musculares seleccionados y del SNC

La influencia de un factor limitante es especialmente importante en las sesiones en que los ejercicios se concentran sobre un objetivo concreto (sesiones selectivas). En las sesiones complejas, cualquier influencia de estos factores depende de la proporción de utilización de los ejercicios en diferentes formas.

Hay que tener presente que los ejercicios con esfuerzo y motivación máximo exigen al sistema nervioso y/o a procesos metabólicos. Esta es la razón por la que ejercicios de alta potencia, como los ejercicios de velocidad, los saltos o los lanzamientos, son más efectivos cuando el chico se encuentra "fresco" sin influencia de fatiga.

El contenido de la parte principal de la sesión se basa en los ejercicios principales y para su aplicación es importante tener presentes las siguientes ideas:

- El objetivo de la sesión determina la selección de tareas y ejercicios, los cuales se concentran en el efecto deseado, a los que se denomina como "principales".
- El diseño de la sesión debería comenzar con la recopilación de esos ejercicios principales. En sesiones complejas, el número de combinaciones de éstos es igual al número de objetivos de la sesión, lo que disminuye la concentración de las cargas de trabajo.
- El programa completo de la sesión debe incluir también ejercicios complementarios que resuelvan tareas complementarias como recuperación, preparación para un trabajo adicional, etc.

LA RECUPERACIÓN Y VUELTA A LA CALMA.

Uno de los aspectos que favorecen el rendimiento pasa por considerar la óptima recuperación tras el entrenamiento o la competición.

Una vez terminada la parte principal existe un protocolo para favorecer la recuperación o la regeneración tras el esfuerzo.

Su duración varía de acuerdo a lo que se ha desarrollado en la parte principal y de las necesidades de los chicos. En este sentido, siguiendo a Navarro (2007) y García-Verdugo (2019), esta fase reúne las siguientes conclusiones.

Pedagógicas. Basadas en resumir y comentar los resultados de la sesión. Aquí, hay que tener en cuenta que la atención de los deportistas en los que se ha acumulado un cierto grado de fatiga, es bastante difícil. Por ello, los comentarios deberían ser concisos, precisos y dirigidos positivamente.

Psicológicas. Se pretende facilitar un feedback emocional positivo que incentive a mantener la disposición para futuras sesiones.

Fisiológicas y funcionales. Se busca regularizar la actividad de los sistemas de energía y cardiovascular, induciendo a la relajación muscular y estimulando el proceso de regeneración.

En lo que respecta a la utilización de estiramientos en esta fase, existen diferentes tendencias y ciertas discrepancias sobre su utilidad. No obstante, al tratarse de jóvenes en proceso de desarrollo, nos inclinamos por las propuestas de Heredia y Peña (2016), que sugieren lo siguiente:

- Si la actividad principal ha tenido características cíclicas de carácter extensivo, se puede iniciar la fase de recuperación con ejercicios de soltura a favor de gravedad, para favorecer la redistribución y retorno de flujo sanguíneo de las regiones activas y, seguidamente, efectuar ejercicios de estiramiento a la finalización de la misma.
- En el caso de que las tareas de la parte principal hayan sido de naturaleza fraccionada y alta exigencia (potencia e intensidad) puede ser más recomendable la realización de tareas de carácter global y baja potencia, previo a realizar los estiramientos de forma secuenciada.

Estas actividades, deberían ser complementadas con otras, entre las se encuentran los ejercicios de relajación, especialmente indicados para las edades que aquí tratamos.

	TAREAS			
GRADO DE EXIGENCIA ESTIMADA (10, 9, 8, 7, 6, 5, 4, 3, 2, 1)	Flexibilidad activa de musculatura más implicada. Activación cardiovascular y respiratoria Tonificación Movilizaciones	Tareas que se van a utilizar en la sesión principal. Aplicadas de forma progresiva y ajustadas al modelo técnico.	MAGNITUD DE LA CARGA Tareas de desarrollo, de magnitud media Preferenteente, en función de los objetivos de desarrollo de la sesión.	Flexibilidad preferiblemente estática. Tareas de relajación Conversaciones de feedback
PARTES	GENERAL	ESPECÍFICO	PARTE PRINCIPAL	RECUPERACIÓN
	CALENTAMIENTO			
	DURACIÓN DE LAS SESIÓN			

Figura 6. 5.- Esquema de una sesión de entrenamiento estándar.

6.1.4. Los microciclos. Aplicaciones para cada etapa de desarrollo.

Un microciclo, supone una unidad que comprende un número determinado de sesiones, cuya duración, por lo general, suele oscilar entre 3 y 15 días. De todas formas y, debido a la estructura de actividades de los chicos (horario escolar, régimen laboral de los padres, horario y calendario de las instalaciones, etc.), la duración más generalizada y que vamos a utilizar preferentemente es la coincidente con la semana. Es por ello, que aquí trataremos especialmente *el microciclo semanal.*

Esa duración de 7 días, en muchas ocasiones, puede no deberse a razones biológicas sino a otras meramente prácticas ya que, lo más lógico, especialmente cuando se trata de niños, es adaptarlos al horario escolar. Esto puede diferir considerablemente cuando se trata de deportistas adultos en los que la duración responde a otros muchos razonamientos y que puede depender de la especialidad deportiva, momento de la periodización, objetivos de entrenamiento, etc.

El microciclo semanal dependerá, prioritariamente de la edad de los chicos. Por ello, en función de la edad se recomiendan los tipos de microciclos, tal y como se exponen, más adelante, en las figuras 12.7, 12.8, 12.9 y 12.10.

TIPOS DE MICROCICLOS.

En función del tipo de sesiones contempladas, de su magnitud, contenidos, etc., se pueden distinguir diferentes tipos de microciclos. En este sentido podemos diferenciar los que se relacionan seguidamente (García-Verdugo, 2019). Algunos de ellos son más o menos adecuados o, incluso, contraindicados para las edades que tratamos en este libro. Por ello, tras su descripción se realizan comentarios acerca de su idoneidad y posible aplicación antes de llegar a la adolescencia.

Hemos considerado importante describir todos los tipos, con la idea de que el entrenador pueda identificarlos, de acuerdo a su exigencia y que, de este modo, pueda tener una idea más clara de cuales son los más aplicables en función de la edad y grado de preparación de sus jóvenes deportistas.

Microciclos de desarrollo.

Resultan los tipos más frecuentes a lo largo de una planificación y tienen como objetivo principal el de mejorar alguna o algunas de las cualidades en cualquiera de sus niveles básico, específico o competitivo.

Se puede decir que en este microciclo *"se entrena"* y se caracteriza, por los siguientes aspectos:

- Predominan las sesiones con cargas óptimas, comprendidas entre el umbral de excitación y la máxima tolerancia, correspondiendo a un nivel medio de reservas de adaptación del deportista y sin llegar a agotarlas totalmente.
- La potencia y el volumen de entrenamiento debe ser suficiente para que produzcan estímulos en la adaptación de los sistemas sobre los que se quiere incidir.
- Estimulan los sistemas, pero sin llegar a agotarlos.
- Consecuentemente con lo anterior, no precisan períodos largos de recuperación entre sesiones.

Este tipo de microciclos es el más recomendable cuando tratamos de edades en proceso de desarrollo ya que dada la capacidad de adaptación y las reservas de los chicos, permite desarrollar todo tipo de cualidades sin llegar a saturar sus reservas.

Microciclos de impacto.

Su objetivo es el de alcanzar el máximo nivel de adaptaciones y se caracteriza principalmente por los siguientes aspectos:

- En el se incluyen algunas sesiones con cargas que inciden en la máxima tolerancia.
- Las cargas son prioritariamente específicas.
- Las cargas se aplican con máximas concentraciones.
- Deben ser realizadas con estricto control, medios de recuperación, etc.
- El entrenador debe tener un alto conocimiento del estado físico del deportista.

- Las cargas máximas deben aplicarse bajo condiciones ideales de preparación (medios de recuperación, facilidades de entrenamiento, equipamiento, etc.) y un buen estado de preparación de los deportistas.
- Deben realizarse en perfecto estado de salud y no aplicarse cuando se sospeche que existe algún problema de fatiga excesiva, alguna enfermedad o riesgo de lesiones.

En lo que concierne a las primeras etapas (infancia, per pubertad y pubertad), el entrenador deberá ser consciente de que este tipo de microciclos no son recomendables para estos deportistas, por lo que deberá reservarlos para cuando vayan alcanzando su madurez, es decir, avanzada la edad de adolescencia y siempre y cuando el estado de entrenamiento y la base de condición física, psicológica y biológica del deportista sean suficientes.

Microciclo de ajuste o adaptación.

Se diseñan con los siguientes objetivos:

- Preparar al deportista para el siguiente estado de entrenamiento. Esto supone la aplicación previa a otros microciclos subsiguientes de mayor exigencia,
- Favorecer las adaptaciones y supercompensaciones tras microciclos precedentes de mayor exigencia.

Todo ello implica que estos microciclos reúnen las siguientes características:

- Las cargas más frecuentes son de tipo medio y bajo.
- Por ello, pueden sucederse sin necesidad de introducción sesiones de recuperación.
- Su inclusión se hace coincidir en los siguientes momentos: tras haberse producido una interrupción del entrenamiento (por lesión, por enfermedad o por descanso programado) o tras la aplicación de varios microciclos de desarrollo, con los consecuentes efectos de supercompensación.

En lo que respecta a los chicos en edades inferiores a la adolescencia, nuestra idea es que este tipo de microciclos sería preferible sustituirlos por sesiones de descanso total u otro tipo de sesiones que, al tiempo que sirven de recuperación, puedan servir para hacer grupo y socializar (meriendas, reuniones de grupo, visionado de videos, etc. Esta recomendación la basamos en lo siguiente:

- Por la escasez de días de entrenamiento semanal que tienen los chicos.

- Porque la exigencia de las sesiones en las que la carga correspondería a las de un microciclo de desarrollo, no precisan, necesariamente, de sesiones de ajuste.
- En estas edades, la mejor manera de acelerar las adaptaciones es a través del descanso y una buena higiene (sueño, nutrición, etc.).

Microciclo de pre competición.

También denominados como microciclos de activación. Se utilizan con el objetivo de poner a punto a los deportistas con vistas la competición que acontecerá en el microciclo siguiente. Se sitúan antes del microciclo en el que se contempla la competición y deben asegurar la adquisición de los ritmos y de dominio de las exigencias que se darán durante el evento.

En lo que respecta a las edades evolutivas, este tipo de microciclos puede obviarse ya que, tal y como se a apuntado en otro capitulo, el chico debe competir, pero no entrenar para la competición ya que sus objetivos de preparación son los de ir adquiriendo las cualidades para edades más avanzadas. Por ello, si no se prepara la competición, también pueden obviarse este tipo de microciclos.

Microciclo de competición.

Su único objetivo es el de garantizar el máximo rendimiento el día de la competición a todos los niveles (físico, funcional, psicológico, táctico, etc.) que deben coincidir en el día y a la hora de la prueba. Por ello, se aplican sesiones similares a las del microciclo anterior, pero con las siguientes salvedades.

- Que el deportista debe llegar en pleno estado de supercompensación.
- Las cargas no pueden producir fatiga nerviosa, por lo que las sesiones no deben llegar a la máxima tolerancia. Para ello, se pueden utilizar los ritmos de forma fraccionada. Hay que tener presente que, si bien los parámetros funcionales, energéticos, etc., se pueden recuperar y supercompensar en un tiempo determinado, el sistema nervioso que será necesario para que se produzca esa mayor activación que aparece en la competición, tarde más en súper compensarse.

En lo que respecta a las edades evolutivas que tratamos, la aplicación de este tipo de microciclos, también deberá aplazarse hasta avanzada la etapa adolescente.

Microciclo de recuperación.

Suceden a exigentes periodos de entrenamiento y tienen como objetivo favorecer la recuperación de todos los sistemas, incluido el equilibrio emocional, con la intención de poder retomar las condiciones de entrenamiento en el menor tiempo posible.

Suceden a duros periodos de entrenamiento y competición con una alta concentración de cargas tanto físicas como mentales producidas por el entrenamiento o por la competición.

De una manera general, estos microciclos incluyen una serie de actividades de baja exigencia, entre as que destacan las siguientes:

- Cambios en la rutina diaria con inclusión de medios de recuperación de la fatiga tales como sauna, masajes, etc.
- Sesiones de entrenamiento con carga aeróbica extensiva (zona regenerativa).
- Sesiones con incidencia en la flexibilidad mediante métodos preferiblemente estáticos.
- Uso de medios naturales como el agua del mar, sol, etc.
- Utilización de otros medios de recuperación (saunas, hidromasajes, fisioterapia, etc.).

En lo que respecta a las edades hasta avanzada la adolescencia, nuestra recomendación sería la de sustituir este tipo de microciclos por un periodo de vacaciones en los que se practique alguna otra actividad física de baja exigencia y que difiera con aquella que se ha estado practicando durante el proceso de entrenamiento.

Conclusión.

En lo que respecta a los chicos, hasta entrada en la adolescencia, nuestra propuesta es la de diseñar, de forma cuasi exclusiva los microciclos de desarrollo con sesiones, igualmente de desarrollo y alternándolas con sesiones de descanso. Para ello, proponemos un método, aunque un tanto empírico y estimativo, que permita su identificación (García-Verdugo, 2019).

6.1.4.1. Una posible identificación del microciclo en función de la carga estimada.

La estructura y distribución de las sesiones del microciclo es muy variable y depende de diferentes circunstancias. En este sentido, una de las formas para orientase sobre la distribución de las sesiones, puede ser la alternancia en función de la magnitud de las cargas, de forma que se puede suceder entre sesiones más exigentes con otras de menor requerimiento.

La estructura viene determinada por una serie de factores (García-Verdugo, 2019):

- Número de sesiones de entrenamiento y carga total de trabajo.
- Ordenamiento de las sesiones con diferentes cargas de entrenamiento: desarrollo, mantenimiento o recuperación.
- Utilización y puesta en programa de sesiones complejas o selectivas.
- Categorización de las sesiones según diferentes tipos de entrenamiento.

Para su identificación existen diferentes medios y procedimientos que permiten aproximarse a la posibilidad de cuantificar y apreciar la distribución de las cargas. Algunas de ellas son un tanto sofisticadas y a las que es posible que el entrenador no tenga acceso a los elementos necesarios.

Por el contrario, existen otros procedimientos, no tan científicos ni exactos pero que nos permiten aproximarnos a esa posible identificación.

Aquí proponemos uno muy sencillo que simplemente consiste en valorar las sesiones de acuerdo al tipo y exigencia estimativa de cada una en la que nos encontraríamos con una competición programada para el domingo.

En función de esta valoración se puede dar una orientación aproximada que puede facilitar la identificación del microciclo de que se trata (figura 12.7). En la figura solamente nos basamos en la magnitud de la carga, sin entrar en otros factores tales como la complejidad o aspectos técnico tácticos. De esta forma, según la escala expuesta en dicha figura se pueden sumar los valores asignados a todas las sesiones, dándonos una valoración estimativa de todo el microciclo semanal. En este sentido, siguiendo el ejemplo expuesto en la figura 6.6, nos encontraríamos con un valor de 40 puntos para el total de carga estimada del microciclo.

TIPO DE SESIÓN	Valoración estimada	DIÁS DE LA SEMANA						
		LUN.	MAR.	MIÉR.	JUEV.	VIER.	SÁB.	DOM.
COMPETICIÓN	10							
DESARROLLO ALTO	9							
PRE COMPETICIÓN	8							
DESARROLLO MEDIO	7							
DESARROLLO BAJO	6							
RECUPERACIÓN	3							
DESCANSO	1							

Figura 6. 6.- Ejemplo de valoración estimativa de un microciclo semanal (derecha), basada, a su vez, en la tabla de valoración que se ha otorgado cada tipo de sesiones (izquierda). (García-Verdugo, 2019). Modificado.

Una vez obtenida la puntuación, exponemos la figura 6.7 en la que se ha establecido una escala de 0 a 70, donde la puntuación más alta correspondería un microciclo de impacto (ya hemos apuntado que ésta no sería recomendable para categorías en proceso de desarrollo, especialmente hasta avanzada la etapa adolescente). En este sentido y, atendiendo a lo expuesto en la figura 6.7 no encontraríamos con un microciclo con una apreciación de 40 puntos que, según la figura 6.8 correspondería a un microciclo de desarrollo.

TIPO DE MICROCICLO	VALORACIÓN ESTIMADA
IMPACTO	56 a 70
PRE COMPETICIÓN	51 a 55
COMPETICIÓN	41 a 50
DESARROLLO	31 a 40
AJUSTE O ADAPTACIÓN	16 a 30
RECUPERACIÓN	7 a 15
DESCANSO	0 a 6

Figura 6. 7.- Aproximación a la puntuación estimativa de los diferentes tipos de microciclos, basándose en la magnitud de las cargas. Pese a tratarse de un método eminentemente empírico, y estimativo, puede facilitar la posibilidad de identificarlos. (García-Verdugo, 2019). Modificado.

6.1.4.2. Composición y orden secuencial de las sesiones de un microciclo en función de la etapa de desarrollo.

De acuerdo con lo tratado anteriormente, a modo de ejemplo, a continuación exponemos cuatro diseños de microciclos que serían preferiblemente aplicables a cada una de las etapas de desarrollo (figuras 6.8 a 6.11).

En la figura 6.9 exponemos un diseño de microciclo que sería recomendable para un niño en etapa infantil. En ésta, se han programado tres sesiones semanales. Todas ellas con orientación compleja. En este sentido, ya se han tratado las prioridades para esta categoría, por diferentes razones (gran reserva de adaptación que permite supercompensaciones con poca carga, poco tiempo disponible y pocas sesiones para trabajar todas las cualidades necesarias en su nivel de desarrollo básico, etc.).

Si valoramos la carga de este microciclo, nos encontraríamos con una valoración total 24 puntos, que se corresponderá con un microciclo ajuste o adaptación que para estas etapas debería ser suficiente.

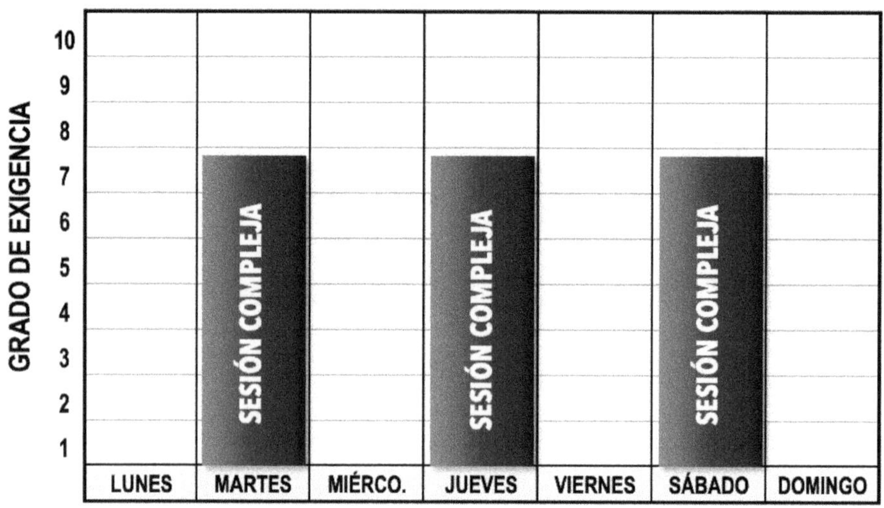

Figura 6. 8.- Ejemplo de distribución de sesiones en un microciclo de desarrollo para chicos en etapa infantil.

En la figura 6.9 reflejamos el diseño de otro diseño de microciclo que sería recomendable para un chico en etapa pre puberal. En ésta, se han programado un total de cuatro sesiones a lo largo de la semana. Todas ellas siguen siendo, aunque con diferente exigencia en alguna, con orientación compleja ya que las características de esta etapa nos permiten adaptaciones de todo tipo, de forma similar a la etapa anterior.

La valoración estimativa de la carga total del microciclo es de 32 puntos que se correspondería con un microciclo de desarrollo, la cual, debería ser adecuada para esta etapa de desarrollo.

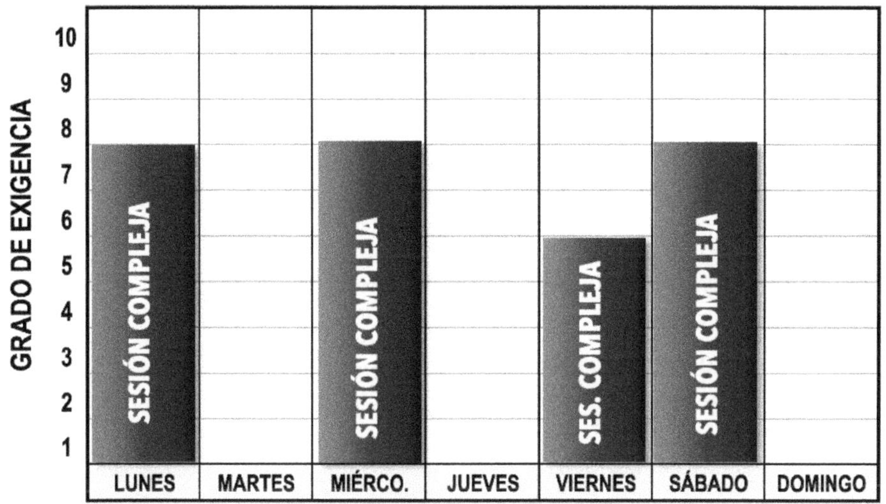

Figura 6.9.- Ejemplo de distribución de sesiones en un microciclo de desarrollo para chicos en etapa pre puberal.

En la figura 6.10 mostramos el diseño un microciclo estándar que sería asimilable a chicos en etapa puberal. Aquí ya se contemplan 5 sesiones semanales, entre las cuales, y con la prudencia correspondiente, se han programado dos sesiones selectivas.

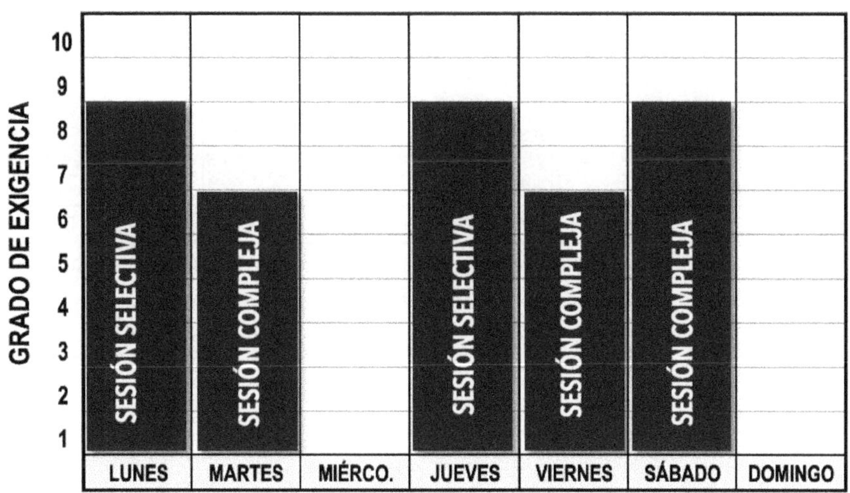

Figura 6. 10.- Ejemplo de distribución de sesiones en un microciclo de desarrollo para chicos en puberal.

La valoración estimativa de la carga total del microciclo es de 38 puntos que se correspondería con un microciclo de desarrollo según lo expuesto en la figura 6.6 y que, igualmente, sería adecuada para esta etapa.

Por último, exponemos un ejemplo de diseño de microciclo para un adolescente, en el que se contempla una competición el domingo (figura 6.11).

En este caso, ya se han programado un total de 6 sesiones, de las cuales, tres son de orientación selectiva, una de ellas sería la propia competición.

Igualmente, aparece una sesión de recuperación, tras otras dos sesiones de mayor exigencia.

Por último, aparece un a sesión de descanso total, sin actividad, el día antes de la competición.

La valoración estimativa de la carga total del microciclo es de 42 puntos que se correspondería con un microciclo de competición según la expuesto en la figura 6.7.

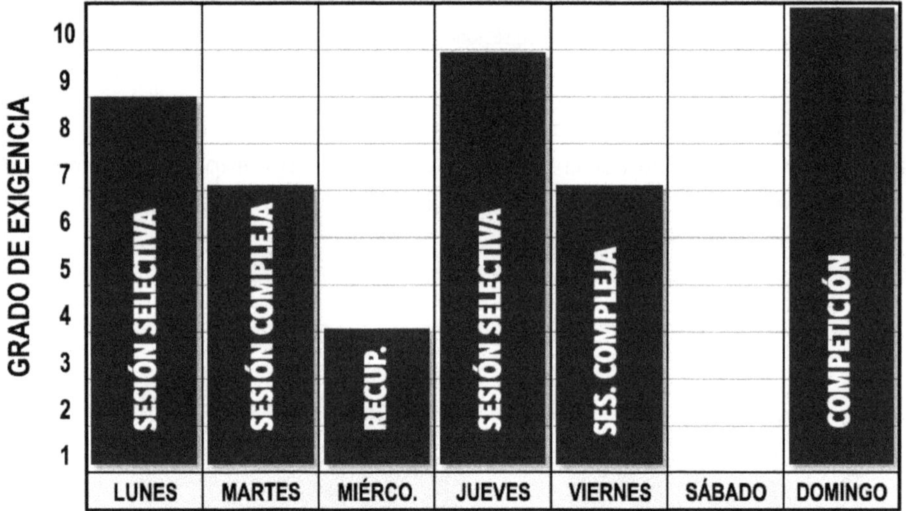

Figura 6. 11.- Ejemplo de distribución de sesiones en un microciclo de desarrollo para chicos en etapa adolescente.

CAPÍTULO 7

LAS TAREAS, LOS MÉTODOS DE ENTRENAMIENTO Y SU APLICACIÓN EN LAS ETAPAS DE DESARROLLO.

Las tareas resultan una unidad básica en el proceso de entrenamiento y éstas se encuentran formadas por ejercicios.

Éstas tareas, deben ser adaptadas a las diferentes etapas evolutivas, especialmente en lo referente a la magnitud de la carga (potencia/ intensidad, volumen y densidad o frecuencia).

Para ello, lo primero sería conocer este tipo de tareas y sus características, de una forma general, tal y como se aplicarían de una manera estándar a los deportista adultos.

Por otra parte, es preciso tener en cuenta todas las circunstancias que se dan en cada una de las edades y en las que hemos venido insistiendo hasta ahora, para ver la forma en la que podemos aplicarlas en cada una de las etapas, debiendo tener en cuenta, en cada momento, las fases más y las menos sensibles.

En este capítulo tratamos una serie de directrices y propuestas que pueden orientar al entrenador formador para diseñar las actividades a desarrollar, en cada momento y para cada uno de sus deportistas. Es preciso, además atender a los principios o leyes del entrenamiento que ya hemos descrito en el volumen 1.

Este capítulo, presenta directrices y peculiaridades que deben comprender estas tareas y entre ellas, cobra una especial atención todo aquello referente a los sistemas de entrenamiento.

En este sentido, los métodos pueden ser aptos o contraindicados, por lo que los tratamos, primero desde el punto de vista descriptivo, tal y como pueden contemplarse en la literatura, para pasar a tratar de su idoneidad y su forma de aplicación, si procede en las diferentes etapas de desarrollo.

7.1. APLICACIÓN DE LAS TAREAS.

Tal y como se ha visto en el capítulo 6, las tareas son conjuntos de ejercicios que se realizan, en un momento determinado y con el objetivo de obtener algún efecto sobre el organismo. Éstas pueden ser de todo tipo, pero siempre con un costo de energía que debe ser respuesta tras finalizar el esfuerzo.

Entre aquellas a realizar nos encontramos con ejercicios encaminados al desarrollo de la fuerza, de la velocidad, de la resistencia, de la flexibilidad o de la técnica. Pero sea cual sea el estímulo, éste reúne una serie de características: esfuerzo, con el consiguiente costo energético y recuperación, con el restablecimiento del equilibrio, total o parcial.

En nuestra opinión, a la hora de seleccionar las tareas, habría que basarse en las respuestas a una serie de preguntas que deberían ser respondidas en el siguiente orden: *¿quién?, ¿dónde?, ¿qué?, ¿cuánto?, ¿cómo? y ¿cuándo?* (García-Verdugo, 2011). Estas respuestas nos pueden ayudar a diseñar las cargas de acuerdo con el momento de desarrollo y de las características particulares de los entrenandos.

El ¿Quién?

No existe una metodología correcta si no se tiene en cuenta a quién se le van a aplicar las tareas. El niño pasa por etapas y evoluciona de manera un tanto irregular. Pero además esta evolución puede ser muy diferente de unos a otros. Por ello, el entrenador formador debe conocer a sus deportistas lo mejor posible (principio de la individualización), antes de asignarles tareas, sobre todo, si éstas son de cierta exigencia.

Cuando se trate de grupos más o menos numerosos, en el caso de que tenga que realizar actividades conjuntas, deberían establecerse niveles. Para aclarar esto, en la figura 7.1 exponemos un ejemplo de entrenamiento de resistencia para un grupo de chicos con dos niveles de cualificación, con la siguiente dinámica:

- En un circuito de 400 m en el campo.
- Se establece un trabajo fraccionado de 8 repeticiones.
- El grupo se divide en dos subgrupos o niveles.
- Los más fuertes recorren, en cada repetición 360 m. mientras que los menos fuertes, recorren 320 m. El esfuerzo de unos coincide con la recuperación de los otros para que no se junten y los fuertes "arrastren" a los menos capacitados.
- La potencia (energía/tiempo) que emplean debe ser la misma para ambos grupos, así como la duración del esfuerzo. Por ello, todos realizan su recorrido en el mismo tiempo (aproximadamente 1 min. 30 seg). De esta forma, tenemos a los dos colectivos que realizan un esfuerzo de 1 min. 30 seg. con las mismas exigencias, lo que nos sugiere que están entrenando en la misma zona o área funcional y recibiendo los mismos efectos de la carga.

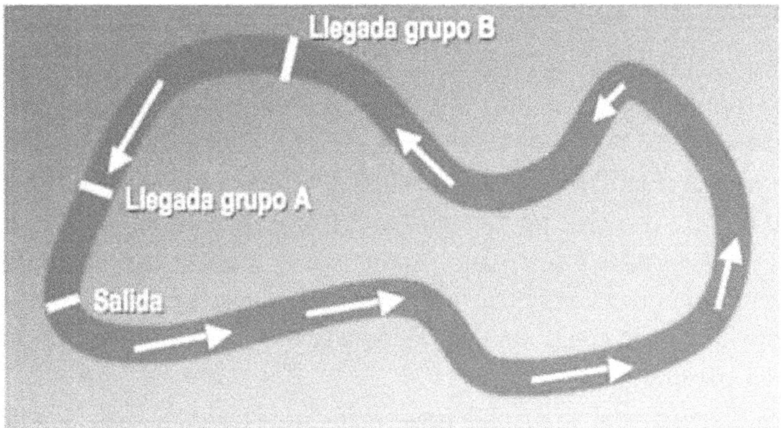

Figura 7. 1.- Ejemplo de circuito de bosque con recorridos para dos grupos con niveles distintos. Ambos deben realizar esfuerzos con la misma duración y gasto energético. Para ello, el grupo A (más cualificado) recorre más metros que el grupo B. (García-Verdugo, 2011). Modificado.

En el caso de no realizar la tarea anterior de la forma descrita podría suceder los siguiente (figura 7.2):

- Si se les hiciese recorrer la misma distancia a ambos grupos, los menos fuertes tardarían más en recorrerla y si el ejercicio conllevase la misma exigencia energética, al estar realizando un esfuerzo más prolongado, sería mayor el esfuerzo realizado.
- Si se les hace recorrer la misma distancia en el mismo tiempo, los menos fuertes estarían reclamando más potencia (energía/tiempo), o lo que es lo mismo, aplicando más esfuerzo que los más cualificados.

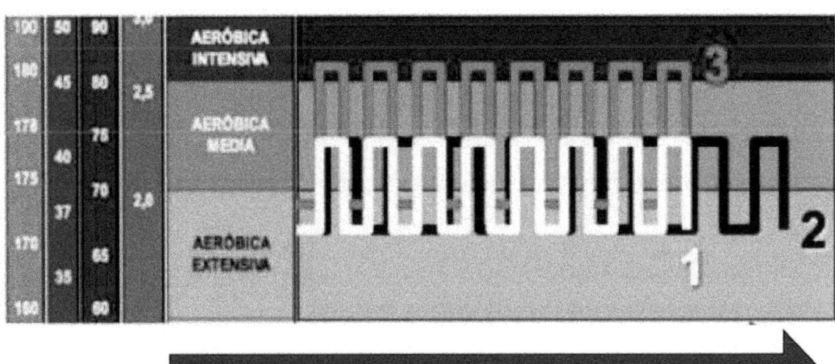

Figura 7. 2.- Diferentes efectos del trabajo en el grupo de los menos fuertes, si se les exigen esfuerzos similares a los del grupo más cualificado. Sea como sea, se cumple la paradoja de que a los menos dotados se les hace entrenar más cuando, en el mejor de los casos, debería ser todo lo contrario.

El ¿Dónde?

Se trata de saber *en qué zona del plano individual* del deportista, se debería incidir. También se ha tratado en capítulos anteriores que las zonas son diferentes para cada etapa y que, según la fase en que se encuentra el desarrollo del chico, existen zonas más o menos recomendables.

Así pues, una vez que se conoce al deportista y están aproximados los límites de las zonas de su "plano" individual es cuando se pueden plantear las tareas. No podemos olvidar que en aquella que se haya decidido incidir, se puede hacer con cualquier tipo de tarea siempre y cuándo ésta reclame la energía correspondiente.

Si el entrenador se plantea esta pregunta, le resultará más fácil la alternancia de trabajos. De lo contrario, es posible que se preste a confusión cuando se diseñan algunas tareas.

Para aclarar esto se propone el siguiente ejemplo sobre una serie de tareas para un joven:

1. El lunes de una semana cualquiera se pretende que el joven realice un trabajo de multisaltos: 3 x 8 saltos horizontales, a pies juntos y a máxima exigencia, con pausas de 30 seg entre repeticiones. y otras de 5 min entre series.
2. El martes se le pide que realice un trabajo de fuerza con incidencia en la fuerza rápida. Por ejemplo: 3 series de 4 repeticiones con propio peso corporal. Las repeticiones se hacen seguidas, con bajada controlada y subida a máxima velocidad posible. Las pausas entre serias son de 5 min.
3. El miércoles se le solicita que realice 3 series de 3 repeticiones de cuestas de 30 m. recorridas a máxima velocidad con micro pausas de 3 min. y macro pausas de 8 min.

Con estas tareas podría pensarse que se están realzando trabajos distintos cuando, la realidad es que está incidiendo con similares exigencias sobre:

- El tipo de fibras (rápidas FT II).
- El sistema nervioso con exigencias máximas en intensidad.
- La vía metabólica (anaeróbica aláctica, de forma prioritaria).
- Substratos energéticos (fosfocreatina).
- Procesos enzimáticos y hormonales.
- Otros: Aspectos psicológicos, implicaciones proteicas, etc.

En resumidas cuentas, los tres días de la semana se está incidiendo en la misma zona y, en consecuencia, se puede estar produciendo fatiga de sistemas a los que se les está exigiendo de manera continuada y sin permitir que se produzcan las necesarias recuperaciones que permitan las súper compensaciones.

Por todo ello, el planteamiento del "dónde" debería preceder a la concreción de la tarea a realizar (figura 7.3).

Figura 7. 3.-Ejemplo de tres tareas diferentes para etapa y que producen efectos similares al incidir en la misma zona aláctica-láctica.

El ¿Qué?

Se refiere simplemente a los tipos de ejercicios a ejecutar dentro de la tarea.

El ¿Cuánto?

Hace referencia a la magnitud de la carga que viene expresada en función de:

- *La potencia del ejercicio* que, a su vez, viene relacionada con la carga a soportar y la velocidad de ejecución.
- *La duración del esfuerzo.* Relacionada con el tiempo que dura el ejercicio.
- *La frecuencia o densidad.* Viene determinada por el número de ejercicios que se hacen en unidad de tiempo. Por ejemplo: Si se realiza una tarea de 10 repeticiones de un ejercicio determinado con pausas entre repeticiones de 1 min. y, en otro momento, se realiza misma tarea con pausas de 30 seg., la segunda tarea tendrá más frecuencia o densidad y será de mayor exigencia (figura 7.4).

Figura 7. 4.- Ejemplo ilustrativo de dos tareas con el mismo ejercicio. La de abajo, al reducirse las pausas, conlleva mayor frecuencia o densidad y aumento de la exigencia.

El ¿cómo?

Se corresponde con la manera de aplicar los ejercicios. Si conocemos las zonas sabemos muy aproximadamente los efectos que se producen en cada una de ellas. En consecuencia, podemos aplicar las tareas de manera jugada. Volvemos a reiterar que en cada zona se puede incidir con un mismo ejercicio siempre y cuando las exigencias energéticas sean las adecuadas.

Con un trabajo fraccionado, con idéntica duración de las repeticiones, puede incidirse en diferentes zonas siempre y cuando se aplique la potencia correcta (energía/ tiempo). Por ello, ese mismo trabajo se puede aplicar en base a ejercicios de carrera, ejercicios generales de fuerza, ejercicios técnicos o, incluso, a base de juegos.

Este es el caso en el que se debe insistir más ya que, en las primeras etapas aquí estudiadas, el entrenamiento en forma jugada, siempre que cubra los objetivos propuestos, debe ser prioritario sobre otro tipo de tareas y obtiene los mayores beneficios al aumentar la motivación.

Para mejor comprensión se expone el siguiente ejemplo:

> *Se trata de que el chico realice un trabajo fraccionado a base de 10 esfuerzos de 3 minutos con pausas de otros 3 min.*
>
> *Esto se podría realizar mediante 10 repeticiones de 800 metros, mediante un trabajo con otro tipo de ejercicios o bien mediante un trabajo fraccionado a base de un deporte colectivo, por ejemplo, fútbol "3 contra 3" en espacio acotado, sin que haya fueras de banda ni otro tipo de interrupciones mientras el entrenador no ordene parar.*

El ¿cuándo?

Ya hemos hablado en capítulos anteriores sobre las fases sensibles y la necesidad de su aprovechamiento. Según esto, el entrenador debe estar atento para aplicar los estímulos adecuados en cada momento.

No obstante, también se ha visto que existen momentos menos propicios para la aplicación de ciertos estímulos y que sería preferible centrarse en otros que resultasen más eficaces para lograr adaptaciones.

El cuándo no se refiere solamente a las fases de desarrollo. También se ha visto que todas las cualidades tienen estadios de desarrollo entrenables (básico, específico y competitivo) que deben ir por este orden a lo largo del tiempo (secuenciación).

Por último, el "cuándo", también se refiere al momento de la periodización en la que se deben incluir los diferentes tipos de cargas para lograr que los efectos acumulativos del entrenamiento alcancen los objetivos para los momentos más indicados (*temporalización*).

La figura 7.5 nos puede recordar los tres aspectos que podrían completar el "cuándo" del entrenamiento de resistencia.

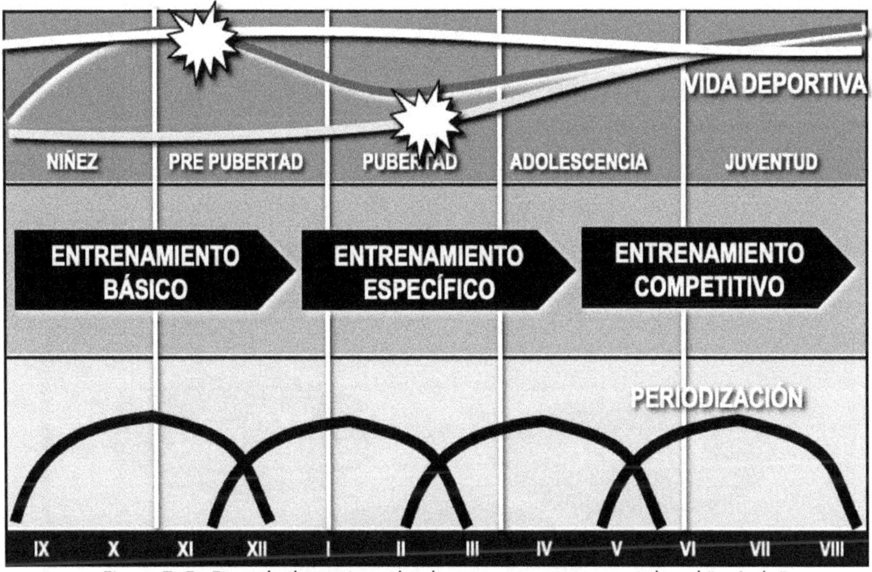

Figura 7. 5.- Ejemplo ilustrativo sobre los aspectos que contemplan el "cuándo".

7.1.1. Los métodos como tareas de entrenamiento. Aspectos generales.

Una vez tratadas las cualidades, en capítulos anteriores, procedemos a mostrar el camino para lograr la mejora de éstas en los deportistas.

En este sentido, entre las tareas que se pueden asignar con objetivos de alcanzar adaptaciones, encontramos agrupaciones de éstas tales como son los métodos de entrenamiento.

Uno de los problemas que, por el momento, no ha solucionado la teoría del entrenamiento es determinar cuáles son los métodos más eficaces para alcanzar los resultados deportivos. Alguna de las razones, se debe a que no todos los deportistas responden de igual modo a los mismos métodos (ver principio de la individualización) pero esta circunstancia puede acentuarse cuando se trata de chicos en proceso de desarrollo.

Método y sistema.

Conviene no confundir ambos términos. Si nos remitimos a la Real Academia de la Lengua, ésta define ambos de la siguiente forma:

Sistema: "Conjunto ordenado de normas y procedimientos acerca de determinada materia".

El sistema, en lo que se refiere al entrenamiento, reúne una serie de características:

- *Es universal e invariable,* de modo que es común a todos.
- *Es el de mayor extensión* ya que es el que abarca a una serie de métodos.

Método: "Conjunto de operaciones ordenadas con que se pretende obtener un resultado". Referido al proceso de entrenamiento, reúne también unas peculiaridades que lo identifican.

- *Es individual.* Se trata de la aplicación particular del sistema. En este caso podríamos hablar del método de un entrenador.
- *Es de menor extensión* ya que forma parte de un sistema.

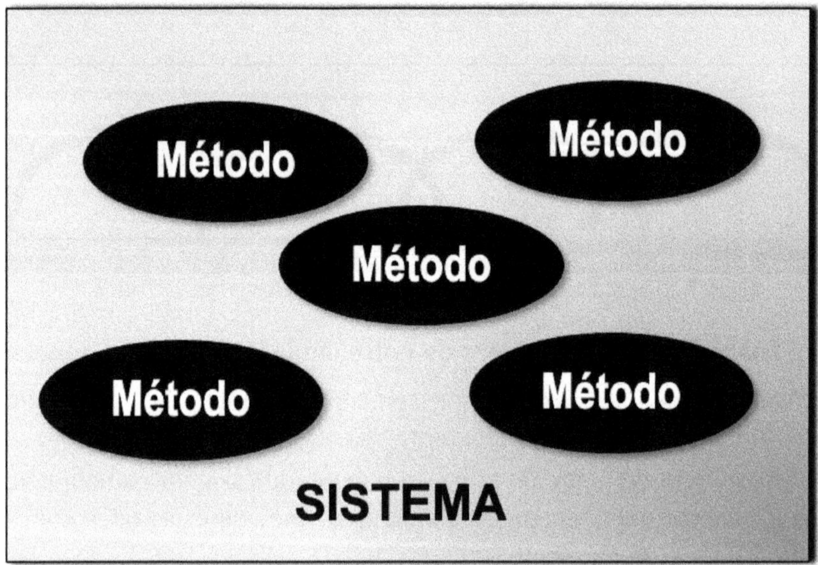

Figura 7. 6.- Un sistema, está compuesto por un conjunto de métodos.

Así pues, los métodos de entrenamiento pueden considerarse como *tareas de desarrollo*, en las que se pretende mejorar, algún objetivo adaptativo.

En este sentido, pueden considerarse cargas entrenables (desarrollo básico, específico o competitivo) o no entrenables (poco útil, o negativo) dependiendo del momento o etapa de desarrollo en la que puedan aplicarse. Por ello, tras la descripción de cada uno de ellos, trataremos su idoneidad y orientaciones para su aplicación en cada una de las etapas evolutivas que estamos tratando.

Clasificación.

Los métodos de entrenamiento se han venido clasificando en función de diferentes criterios. Si revisamos la bibliografía, podemos apreciar una evolución que ha derivado en diferentes clasificaciones.

Sin el ánimo de caer en el reduccionismo y con la idea de resumir esta evolución, nos hemos decidido por dos clasificaciones: *tradicional y contemporánea.*

Clasificación tradicional.

En un principio, fueron denominados como métodos de entrenamiento de carrera, dado que partieron del atletismo. En la actualidad, los métodos son aplicados a todo tipo de deportes.

En general, estas clasificaciones estaban basadas más en el "qué" que en el "para qué" ya que se fundamentaban en la descripción del trabajo (figura 7.7).

MÉTODOS DE ENTRENAMIENTO	
ENTRENAMIENTO NATURAL	**ENTRENAMIENTO FRACCIONADO**
CARRERA CONTINUA	INTERVALL TRAINING
VARIANTE DE LYDIARD	RITMO RESISTENCIA
MÉTODO DE RESISTENCIA INTEGAL DE VAN ÄAKEN	RITMO DE COMPETICIÓN
FARTLEK	MÉTODO DE REPETICIONES
CUESTAS	VELOCIDAD
	ESTÍMULOS MÁXIMOS
	SERIES ROTAS
	MODULACIONES DE FRECUENCIA

Figura 7. 7.- Clasificación tradicional de los métodos de entrenamiento de carreras (García-Verdugo, 2019). Modificado.

Esta clasificación tradicional, entendemos que no es suficiente para determinar las necesidades a la hora de proceder a su aplicación. En este sentido, se puede proceder a una clasificación más adecuada. Para ello, nos basaremos en criterios que nos pueden dar una información más concreta y de mayor utilidad.

Nos apoyaremos en que los métodos de entrenamiento forman parte *del qué, del cómo y del cuánto* y en que todos ellos, dependen de cuatro variables, fundamentalmente (García-Verdugo, 2011) (figura 7.8):

- *Continuidad.* Dependiendo de si conllevan o no interrupciones o paradas.
- *Variabilidad.* Se refiere a si la energía/tiempo se mantiene constante o existen variaciones (diferentes, potencias).
- *Potencia.* Hace referencia a la cantidad de energía/tiempo que requiere el trabajo.
- *Duración.* Representa el tiempo que dura el estímulo o esfuerzo.

Además, es conveniente especificar que los métodos que se exponen a continuación, en un principio, están contemplados para deportistas con edades a partir de la juventud (adultos) para poder comprenderlos. Por ello, más adelante y en este capítulo tratamos orientaciones para su aplicación en las diferentes etapas de desarrollo teniendo en cuenta las indicaciones y contraindicaciones en cada una.

<table>
<tr><td>CRITERIO</td><td colspan="15">MÉTODOS DE ENTRENAMIENTO</td></tr>
<tr><td rowspan="2">CONTINUIDAD</td><td colspan="4" rowspan="2">CONTINUOS</td><td colspan="11">FRACCIONADOS</td></tr>
<tr><td colspan="4">INTERVÁLICOS</td><td colspan="5">REPETICIONES</td><td colspan="2">COMPETICIÓN</td></tr>
<tr><td>VARIABILIDAD</td><td colspan="3">UNIFORMES</td><td rowspan="3">VARIABLES</td><td colspan="9">UNIFORMES</td><td rowspan="3">CONTINUOS</td><td rowspan="3">VARIABLES</td></tr>
<tr><td>POTENCIA: ATP/Tiempo</td><td>EXTENSIVOS</td><td>MEDIOS</td><td>INTENSIVOS</td><td colspan="2">EXTENSIVOS</td><td colspan="2">INTENSIVOS</td><td colspan="3">EXTENSIVOS</td><td colspan="2">INTENSIVOS</td></tr>
<tr><td>DURACIÓN</td><td>LARGOS</td><td>MEDIOS</td><td>CORTOS</td><td>LARGOS</td><td>MEDIOS</td><td>CORTOS</td><td>MUY CORTOS</td><td>MUY LARGOS</td><td>LARGOS</td><td>MEDIOS</td><td>CORTOS</td><td>MUY CORTOS</td></tr>
</table>

Figura 7. 8.- Una propuesta de clasificación de los métodos de entrenamiento en función de la continuidad, la variabilidad, la potencia y la duración. (García-Verdugo , 2020). Modificado.

7.1.1.1. Los métodos de entrenamiento y su incidencia en las zonas o áreas funcionales.

Realmente, esta clasificación, entendemos que no debería proporcionarnos toda la información necesaria para proceder a su aplicación. Por ello y para mejor comprensión, veamos un par de ejemplos:

Si a un deportista le encomendamos una tarea consistente en correr en cuestas, éstas pueden ser de muy diferente tipo. Si son realizadas a la máxima velocidad posible, los efectos que producirán, serán prioritariamente estimulando las fibras rápidas, la vía metabólica anaeróbica aláctica, con depleción de la fosfocreatina, etc. En cambio, si son largas y a potencias moderadas, se incidirá más en las fibras resistentes y en procesos aeróbicos, con depleción del glucógeno o de las grasas, dependiendo de la potencia con la que se realicen.

Si llevamos lo anterior al plano con las zonas, vemos que cualquiera de los métodos podría incidir en cualquiera de ellas, dependiendo con la potencia con las que se apliquen (figura 7.9).

ZONA O ÁREA FUNCIONAL

MÉTODOS DE ENTRENAMIENTO

ALÁCTICA LÁCTICA
LÁCTICA INTENSIVA
LÁCTICA EXTENSIVA
AERÓBICA ANAERÓBICA
AERÓBICA INTENSIVA
AERÓBICA MEDIA
AERÓBICA EXTENSIVA
REGENERATIVA

CARRERA CONTINUA
FARLEK
CUESTAS
INTERVÁLICOS
RITMO RESISTENCIA
RITMO COMPETICIÓN

Figura 7. 9.- Dependiendo de su duración y potencia (energía/tiempo) los métodos de entrenamiento, entendidos desde el punto de vista de las clasificaciones anteriores, dependiendo de la potencia con la que se apliquen, pueden incidir en cualquiera de las zonas o áreas funcionales. Consecuentemente, pueden provocar efectos adaptativos diferentes.

Por todo ello, consideramos que las clasificaciones anteriores, deben contemplar también la ubicación en el plano individual. Por ello, la potencia con la que se efectúan los ejercicios debería ser el factor prioritario a tener en cuanta para aproximarnos al conocimiento de los efectos adaptativos que se pueden producir en los jóvenes deportistas.

Metodología para la clasificación.

La metodología que presentamos está fundamentada en una descripción previa de los métodos, aplicados a deportistas en edad adulta (figura 7.8), para pasar posteriormente a exponer las posibles aplicaciones y contraindicaciones según el momento de desarrollo de los jóvenes deportistas. Para ello, nos centraremos en los siguientes puntos:

- Los efectos adaptativos.
- La dosificación.
- Las aplicaciones en general.
- La compatibilidad o incompatibilidad en función de las etapas de desarrollo.

Antes de proceder a la descripción es preciso resaltar que se trata solo de aproximaciones y orientaciones y que todos los métodos aquí reseñados, deberán individualizarse en función de las características del ejecutante.

Cabe puntualizar que las observaciones que se van anotando son meramente de carácter estándar y orientativas y que deberá ser el propio entrenador quien tome las decisiones correspondientes.

Para terminar, incluimos algunos ejemplos de tareas que pueden sugerir numerosas variantes al entrenador.

7.1.1.2. Los métodos continuos. Adecuación a las etapas de desarrollo.

Se trata de un grupo de procedimientos que reúnen una misma característica: la ininterrupción del esfuerzo durante un tiempo relativamente prolongado.

Generalmente se aplican como parte principal de una sesión o, incluso, componen su totalidad.

Los efectos adaptativos se fundamentan en una duración larga de la aplicación de la carga en la que se van produciendo modificaciones fisiológicas en el organismo.

Entre los efectos principales, fundamentalmente aeróbicos, se consiguen ejecuciones más económicas del gesto deportivo (eficiencia) y ampliación funcional de los sistemas orgánicos.

Dado el carácter cíclico del movimiento se produce una adaptación al gesto mediante una automatización, efecto que deriva en esa mayor economía con menor gasto energético (menos ATP utilizado para una misma carga).

Los efectos se producen a largo plazo, pero resultan más duraderos una vez adquiridos (cronificación). Por ello, realizados de la manera adecuada, con la suficiente motivación y, siempre que la potencia sea la adecuada, resultan idóneos en edades en proceso de desarrollo. En este sentido, la potencia debe ser baja para que incida en el metabolismo de los lípidos, especialmente, en edades previas a la pubertad.

En función de la potencia aplicada y su duración podemos clasificarlos en dos tipos: **métodos continuos uniformes y variables.**

Los métodos continuos uniformes.

- Se caracterizan por un alto volumen de trabajo a potencia media o baja.
- Para ciertas especialidades, pueden ser utilizado como resistencia de base. Ya que sientan fundamentos aeróbicos y de todos los parámetros que los determinan.
- Son de características prioritariamente aeróbicas pues se trabaja alrededor del 50% al 80%-85% del VO2max, no llegando, ninguno de ellos, a superar el umbral anaeróbico.
- Cobran gran importancia para desarrollar una amplia base de resistencia aeróbica en deportistas jóvenes. También pueden ser utilizados como regenerativos, si la potencia no supera el 50% del VO2max tras sesiones de alta exigencia metabólica (Terrados, 2000).

Dentro de este método, en función de su potencia o duración del esfuerzo, se distinguen los siguientes: largo o extensivo, medio y corto o intensivo.

Método continuo uniforme extensivo o largo.

- Es el que se aplica con las potencias más bajas y con la mayor duración del esfuerzo.
- Las cargas inciden en la zona aeróbica extensiva.
- Las características principales se exponen en la tabla 7.1.

Tabla 7. 1.- Características principales del método continuo uniforme extensivo o largo.

MÉTODO CONTINUO EXTENSIVO O LARGO

PRINCIPALES EFECTOS ADAPTATIVOS	DOSIFICACIÓN	APLICACIONES
ANATÓMICO FUNCIONALES	Tiempo de esfuerzo: de 1 a 3 horas.	Resistencia básica para especialidaes de 15 a 30' de duración.
Mejora del metabolismo aeróbico.	Potencia baja. Ligeramente superior al umbral aeróbico.	Resistencia específica para especialidades superiores a 2 h.
Potenciación de la vía aeróbica lipolítica.		
Regeneración tras esfuerzos lácticos.	Nº de repeticiones: 1.	
Eficiencia del rendimiento cardiovascula.r	Lactato estim.: entre 1,5 y 2,5 mmol/l.	
Aceleración de la remoción de lactato.	VO_2max: 50-60%.	
Mejora de la circulación periférica.	Zona incidencia: Aeróbica extensiva.	
Disminuión de la viscosidad muscular y perdida de peso.	Vía Metabólica Implicada: Aerób. lipolítica.	
TÉCNICOS	Substrato predominante: Lípidos.	
Consolidción de la técnica y eficiencia aeróbicas.		

Método continuo uniforme medio.

Para algunos autores, este método no se contempla y se limitan al método extensivo y al intensivo. No obstante, consideramos incluir este procedimiento intermedio ya que sus características, especialmente en lo que se refiere a las prestaciones metabólicas, son diferentes a los anteriores ya que conlleva una parte de cada uno (tabla 7.2).

Tabla 7. 2.- Características principales del método continuo uniforme medio.

MÉTODO CONTINUO UNIFORME MEDIO

PRINCIPALES EFECTOS ADAPTATIVOS	DOSIFICACIÓN	APLICACIONES
ANATÓMICO FUNCIONALES	Tiempo de esfuerzo: de 30 min. a 2 horas.	Resistencia básica para especialidaes de 15 a 30' de duración.
Mejora del metabolismo aeróbico.	Potencia media baja. Entre umbrales.	Resistencia específica para especialidades superiores a 1h 30 min.
Regeneración tras esfuerzos lácticos.	Nº de repeticiones: 1.	
Eficiencia del rendimiento cardiovascular.	Lactato estim.: entre 2,5 y 3 mmol/l.	
Aceleración de la remoción de lactato.	VO_2max: 60-70%.	
Mejora de la circulación periférica.	Zona incidencia: Aeróbica media.	
Disminución de la viscosidad muscular y perdida de peso.	Vía Metabólica implicada: Aeróbica lipolítica y aeróbica glucolítica.	
TÉCNICOS	Substratos predominantes: Lípidos e hidratos en proporción similar.	
Consolidaciónde la técnica y eficiencia aeróbica.		

Método continuo uniforme intensivo o corto.

Es el que demanda mayor potencia (energía/tiempo) de los tres. Esto implica a la zona aeróbica intensiva y sus características principales se exponen resumidas en la tabla 7.3.

Tabla 7. 3.- Características principales del método continuo uniforme intensivo o corto.

MÉTODO CONTINUO INTENSIVO O CORTO

PRINCIPALES EFECTOS ADAPTATIVOS	DOSIFICACIÓN	APLICACIONES
ANATÓMICO FUNCIONALES	Tiempo de esfuerzo: de 30 min a1 h.	Resistencia básica para especialidades de 1 a 15' de duración.
Mejora del metabolismo aeróbico a potencias altas.	Potencia media. Próxima al umbral anaeróbico.	
Mejora del umbral anaeróbico.	Repeticiones: 1 -2.	Resistencia específica para especialidades entre 30 min. y 1 h.
Eficiencia del rendimiento cardiovascular.	Recuperación: 1 - 5 min.	
Mejora de la circulación perdiférica.	Lactato estim.: Entre 3 y 4 mmol/l.	
Disminución de la viscosidad muscular y perdida de peso.	Zona incidencia: Aeróbica intensiva.	
TÉCNICOS	Vía Metab. Implicada: Aeróbica glucolítica.	
Consolidaciónde la técnica y eficiencia aeróbica a potencias altas.	Substratos predom. Hidratos de C.	

Método continuo variable.

Guarda una cierta similitud con el tradicional Fartlek y los juegos de carreras polacos.

Se caracteriza por los cambios de potencia durante todo el tiempo que dura el esfuerzo. Estas variaciones pueden ser planteadas según los siguientes factores:

- Factores externos. Mediante adaptaciones a las particularidades medio, rampas, pendientes, suelo blando, suelo duro etc.
- Factores internos. Por voluntad del propio deportista, en función de sus apetencias (improvisación).
- Factores programados. Por decisión del propio entrenador en cuanto a tiempos de trabajo y potencias.

La potencia oscila entre periodos de tiempo de trabajo o distancias que se desarrollan en zonas de influencia por debajo del umbral aeróbico, cuando coinciden las más bajas (recuperaciones) y otros en los que se supera el VO_2max. Así pues, su influencia puede abarcar un abanico de zonas del plano muy amplio y por consiguiente, sus efectos adaptativos pueden ser muy diversos.

Las características principales se exponen en la tabla 7.4.

Tabla 7. 4.- Características principales del método continuo variable.

MÉTODO CONTINUO VARIABLE

PRINCIPALES EFECTOS ADAPTATIVOS	DOSIFICACIÓN	APLICACIONES
ANATÓMICO FUNCIONALES	Tiempo de esfuerzo: Entre 20 min y algo más de1 h.	Según características de la carga, del momento de la periodización y de los objetivos, puede cubrir el objetivo de mejorar la resistencia competitiva para especialidades de1 min hasta próximas 2h.
Mejora de las vías aeróbicas y anaerobicas.		
Depleción y rellenado de depósito de glucógeno.	Potencia: Variable en función de as cargas.	
Remoción rápida de lactato en momentos de potencia baja.	Repticiones: 1	
Adaptación a transiciones rápidas entre vías metabólicas.	Recuperación. Intermitente pero siempre activa.	
Hipertrofia del músculo cardiaco e incremento del volumen sanguíneo.	Lactato: desde 1,5 hasta superar los 10 mmol/l.	
Dispersión en procesos metabólicos.	Vía metabólica implicada: Todas, dependiendo de la potencia aplicada puntualmente.	
TÉCNICOS		
Consolidaciónde la técnica y eficiencia y posibilidad de modificación en función de la potencia aplicada en cada momento.		

Zonas o áreas funcionales implicadas con los métodos continuos.

Tal y como se contempla en capítulos anteriores, los métodos de entrenamiento, tal y como se han descrito, contemplan una potencia determinada. Consecuentemente, dependiendo de esta potencia, las cargas inciden en algunas de dichas zonas (figura 7.10). En función de las zonas podemos intuir los efectos que se pueden producir.

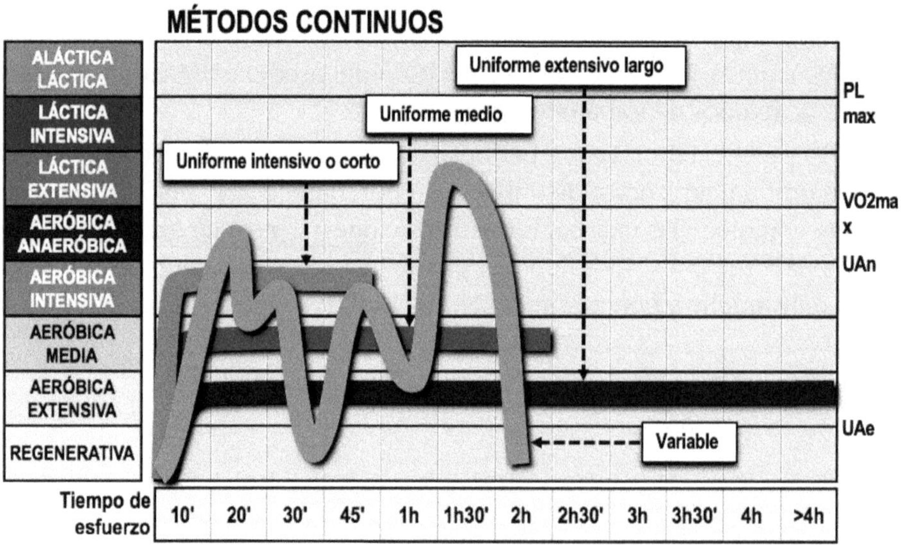

Figura 7. 10.- En función de la potencia aplicada, los métodos continuos inciden en zonas de entrenamiento. Consecuentemente, provocan efectos diferenciados en función de éstas.

Aplicaciones y utilidad de los métodos continuos en función de las etapas de desarrollo.

La descripción que se ha expuesto anteriormente correspondería a las características generales para deportistas adultos.

Pero cuando se trata de etapas en proceso de desarrollo, estos métodos pueden ser más o menos beneficiosos o incluso poco indicados (figura 7.11).

En consecuencia, se hace necesaria su adaptación de acuerdo con la etapa en la que se encuentre el joven. En este sentido, vamos a tratar estos métodos de acuerdo con cada una de las etapas, las cuales, se ven condicionadas por las características especiales de su momento de desarrollo.

Algunas orientaciones para la aplicación del método continuo en las diferentes etapas de desarrollo

Las orientaciones sobre la aplicación de los métodos continuos se reflejan en las figuras desde la 7.11 hasta la 7.14. En cada una de ellas hemos tratado de recoger los puntos más importantes a tener en cuenta en cada una de dichas etapas.

APLICACIONES DE LOS MÉTODOS CONTINUOS PARA LA ETAPA INFANTIL

MÉTODO	APLICACIÓN RECOMENDDA	OBSERVACIONES	ALGUNAS TAREAS EJEMPLO	FREC. CARD.
UNIFORME EXTESIVO LARGO		Tareas no superiores a 30 min. Preferiblemente intercalando ejercicios de acondicionamiento.	30 min. carrera continua itercalada con ejercicios. 5 Km. carrera en terreno variado. 30 min. natación continuada cambiando estilos. 10 min. natación + 15 min. bicicleta + 8 min. carrera.	170-180
NIFORME EXTENSIVO MEDIO		Tareas no supoeriores a 30 min.	30 min. carrera continua itercalada con ejercicios. 4 Km. Carrera por terreno variado. 20 min. natación continuada.	170-180
UNIFORME INTENSIVO CORTO		Poco recomendable al reclamar el glucógeno de forma prioritaria.		180-200
VARIALE		Solo recomendable si se incide en zonas aeróbica extensiva y media.	30 min de cambios de ritmo sin superar umbral anaeróbico.	120-190

Figura 7. 11.- Orientaciones para la aplicación de los métodos continuos en función de la etapa de desarrollo infantil.

APLICACIONES DE LOS MÉTODOS CONTINUOS PARA LA ETAPA PRE PUBERAL

MÉTODO	APLICACIÓN RECOMENDDA	OBSERVACIONES	ALGUNAS TAREAS EJEMPLO	FREC. CARD.
UNIFORME EXTESIVO LARGO		Tareas no superiores a 40 min. Preferiblemente intercalando ejercicios de acondcionamiento.	40 min. carrera continua itercalada conejercicios. 8 Km. De carrera por terrenovariado. 40 min. nataión contnuada cambiando estilos. 10 min. nataión + 20 min. bicicleta + 10 min. carrera.	160-170
INIFORME EXTENSIVO MEDIO		Tareas no superiores de 30 min.	30 min. carrera intercalada con ejercicios. 5 Km. Carrera por terreno variado. 30 min. natación con alternancia de estlos.	170-180
UNIFORME INTENSIVO CORTO		Poco recomendable al reclamar el gluógeno de forma prioritaria.		180-190
VARIALE		Solo recomendable si se incide en zonas aeróbica extensiva y media.	30 min de cambios de ritmo sin superar umbral anaeróbico.	120-190

Figura 7. 12.- Orientaciones para la aplicación de los métodos continuos en función de la etapa de desarrollo pre puberal.

APLICACIONES DE LOS MÉTODOS CONTINUOS PARA LA ETAPA PUBERAL

MÉTODO	APLICACIÓN RECOMENDDA	OBSERVACIONES	ALGUNAS TAREAS EJEMPLO	FREC. CARD.
UNIFORME EXTESIVO LARGO		Tareas no superiores a 1 h. Preferiblemente alternando con ejercicios de acondicionamiento.	50 min. carrersa inercalada con ejercicios 10 Km. Carrera por terreo variado. 50 min. de natación con alternandiia de estilos. 1 h. de bicicleta en terrno variado. 20 min. natación + 30 min. bicicleta + 20 min carrera.	150-160
INIFORME EXTENSIVO MEDIO		Tareas no superiores a 45 min.	45 min. carrera intercalada con ejercicios. 8 Km. Carrera por terreno variado. 45 min natación con alternancia de estilos.	160-170
UNIFORME INTENSIVO CORTO		Puede ser ecomendable si se alterna con otros métodos más	20 min. de carrera.	180-190
VARIALE		Recomendable, incluso con incursiones puntuales en zonas	30 min. de cambios pudiendo superar puntualmente el umbral anaeróbico.	120-190

Figura 7. 13.- Orientaciones para la aplicación de los métodos continuos en función de la etapa de desarrollo puberal.

APLICACIONES DE LOS MÉTODOS CONTINUOS PARA LA ETAPA ADOLESCENTE

MÉTODO	APLICACIÓN RECOMENDDA	OBSERVACIONES	ALGUNAS TAREAS EJEMPLO	FREC. CARD.
UNIFORME EXTESIVO LARGO	➡	Tareas no superiores a 1h 15 min.	Hasta 1 h. 15 min. de carrera continua. 14 Km. De carrera por terreno variado. 1 h 15 min. natación continua con o sin alternancia de estilos. 1 h 15 min. bicicleta por terreno llano o variado. 30 min. naación + 45 min. bicicleta + 20 min carrera.	140-150
INIFORME EXTENSIVO MEDIO	➡	Tareas no superiores a 1 h.	1 h de carrera continua. 12 Km. Carrera por terreno variado. 1 h de natación continua con o sin cambiso de estilo.	150-160
UNIFORME INTENSIVO CORTO	➡	Tareas no superiores a 30 min.	30 min. carrera continua. 8 Km. Carrera por terreno variado. 30 min. natación.	160-170
VARIALE	➡	Recomendable, incluso con incursiones frecuentes en zonas lácticas.	30 a 45 min. de cambios de ritmo o potencia para cualquier tipo de ejercicio cícilico.	120-180

Figura 7. 14.- Orientaciones para la aplicación de los métodos continuos en función de la etapa de desarrollo adolescente.

7.1.1.3. Los métodos fraccionados. Adecuación a las etapas de desarrollo.

Se trata de un conjunto de métodos que se engloban merced a una línea común: están compuestos por alternancias entre *cargas o estímulos* y *pausas o recuperaciones*.

El objetivo principal es lograr que el deportista pueda aplicar más cantidad de trabajo a potencias más altas de las que podría soportar mediante los métodos continuos. Este objetivo se consigue gracias a las pausas que le permiten recuperaciones parciales e incompletas pero suficientes para que se pueda repetir el esfuerzo a potencia similar a la realizada en el anterior.

Las series y las repeticiones.

Las cargas pueden realizarse de forma regular, alternando entre estímulo y recuperación, siempre con la misma cadencia de tiempo. No obstante, los estímulos pueden agruparse en conjuntos de éstos, con recuperaciones más cortas y separados entre sí por otros tramos de recuperación más amplia (figura 7.15). En este sentido, podríamos distinguir dos tipos de alternancias entre estímulo y recuperación:

Repeticiones. Se trata de estímulos o cargas que mantienen una alternancia regular entre estímulos alternadas por unas pausas que permiten repetir el esfuerzo con la misma potencia (*micro pausa*),

Series. Se trata de agrupaciones de repeticiones con pausas más amplias (*macro pausas*).

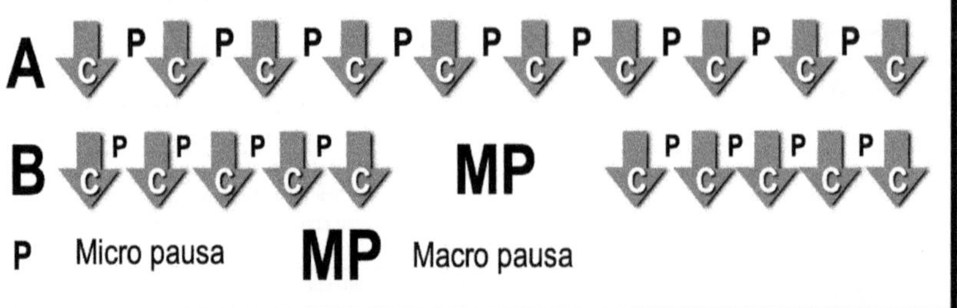

Figura 7. 15.- Los métodos fraccionados están compuestos por la alternancia de carga "C" y pausa o recuperación "P". Las tareas se pueden agrupar en series de repeticiones. Arriba (A), una tarea de cargas y recuperaciones regular, compuesta solamente por repeticiones. Abajo (B), una tarea compuesta por dos series de 5 repeticiones separadas por micro pausas (repeticiones) y macro pausas (series).

Los métodos fraccionados pueden distinguirse por su potencia o por la duración de sus intervalos. Por ello, diferenciamos los métodos interválicos y los métodos de repeticiones. Ambos se describen seguidamente para apreciar las diferencias entre unos y otros. En su descripción tratamos las características principales y los efectos que se inducen con su aplicación.

7.1.1.3.1. Los métodos fraccionados interválicos. Adecuación a las etapas de desarrollo.

Se caracterizan especialmente por la posibilidad de realizar numerosas repeticiones ya que la potencia, con respecto a la duración es lo suficientemente moderada que permite repetir cierta cantidad de esfuerzos sin que aquella disminuya.

En función de la potencia y la duración se distinguen los siguientes tipos (tablas 7.5 a 7.8):

- Fraccionado interválico extensivo largo.
- Fraccionado interválico extensivo medio
- Fraccionado interválico intensivo corto.
- Fraccionado interválico intensivo muy corto.

Tabla 7. 5.- Características principales del método fraccionado interválico extensivo largo.

MÉTODO FRACCIONADO INTERVÁLICO EXTENSIVO LARGO

PRINCIPALES EFECTOS ADAPTATIVOS	DOSIFICACIÓN	APLICACIONES
ANATÓMICO FUNCIONALES Capilarización del músculo. Mejora de la irrigación periférica. Mejora del umbral anaeróbico y del VO_2max. Mejora de la remoción de lactato. Mejora economía de utilización de la vía aerobica glucolítica. Aumento de glucógeno muscular. Aumento volumen cardiaco. **TÉCNICOS** Eficiencia y sentido del ritmo. Capacidad de adaptación de potencias medias y constantes.	Tiempo de esfuerzo: de 20 a 60 min o más contados estímulos y recuperaciones. Tiempo de estímulos: entre 5 y 15 min. Potencia: 80 a 85% del VO2max Nº de repeticiones: 4 a 10 por serie, en funciónde la duración del estímulo. Nº de series: 1 o 2 dependiendo de la duración. Recuperación. Entre repeticiones, hasta bajar de las 140 puls/min y entre series, hasta bajar de 110 pus/min. No obstante este dato debe individualizarse. Zona de incidencia: Aeróbica intensiva. Substrato predominante: Glucógeno.	Resistencia bñásica para especialidades de duranción entre1 y 15 min. Resistencia específica para especalidades de duración entre 15 y 40 min. Resistencia competitiva para especialiades superiores a 1 h.

Tabla 7. 6.- Características principales del método fraccionado interválico extensivo medio.

MÉTODO FRACCIONADO INTERVÁLICO EXTENSIVO MEDIO

PRINCIPALES EFECTOS ADAPTATIVOS	DOSIFICACIÓN	APLICACIONES
ANATÓMICO FUNCIONALES Activación de procesos aerób. y anaerói. Producción de lactato en las fibras St Provocación de importante deuda de O_2 Capilarización interior. Activación de la vía aeróbica a alta potencia. Mejora de VO_2max tras ponerse en crisis. Tolerancia al lactetos en bajas proporciones. Incremento y potenciación de mitocondrias. Aumento de glucógeno en fibras St. Aumento de cavidad y músculo cardiacos. Vías predominantes: Aeróbica glucolçitica y anaeróbica láctica. **TÉCNICOS** Eficiencia y sentido del ritmo.	Tiempo de esfuerzo: Total entre 30 y 45 min. Contados estímulos y pausas. Tiempo de estímulo: 2 y 6 min. Potencia: 80 a 100 del VO_2max. Nº de repeticiones por serie: 4 - 10 en función de la duración del estímnulo. Nº de series: 1 - 5 Recuperación: Micro pausas hatra bajar de 140 puls/min. y marco pausas hasta bajar de 120. No obstante este dato debe individualizarse. Zona de incidencia: Aeróbica anaeróbica. Substrato pedominante: Glucógeno.	Resistencia básica para especialidaades Resistencia específica para especialidades de 10 a 20 min.

Con la idea de comprender mejor las adaptaciones que se producen con la aplicación de los métodos fraccionados interválicos extensivos, exponemos la figura 7.16. En ésta puede apreciarse que ocupan zonas aeróbicas de alta potencia aeróbica (zonas aeróbica intensiva y aeróbica anaeróbica).

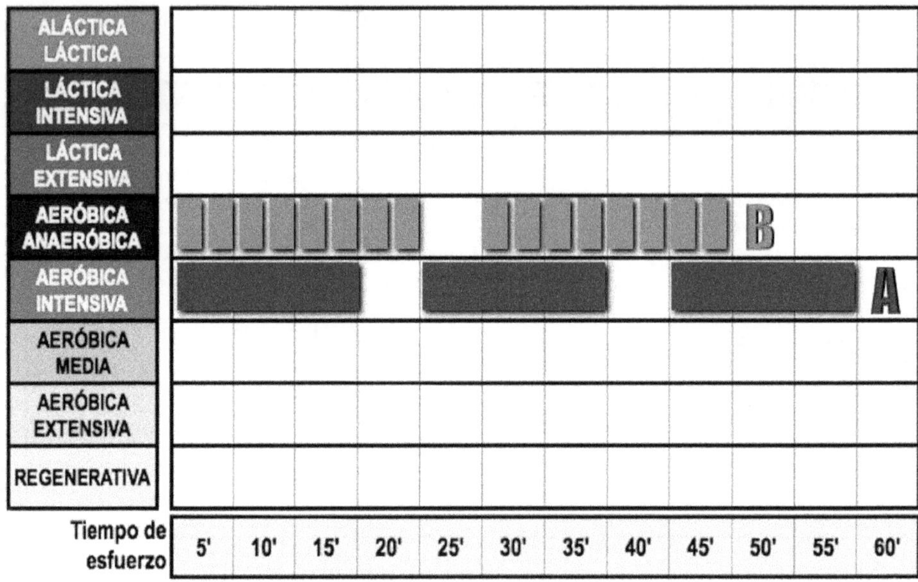

Figura 7. 16.- Zonas de incidencia de los métodos fraccionados interválicos extensivos. A.- Extensivo largo. B.- Extensivo medio.

Tabla 7. 7.- Características principales del método fraccionado interválico intensivo corto

MÉTODO FRACCIONADO INTERVÁLICO INTENSIVO CORTO

PRINCIPALES EFECTOS ADAPTATIVOS	DOSIFICACIÓN	APLICACIONES
ANATÓMICO FUNCIONALES Producción y remoción de lactato. Implicación de fibras Ft en procesos lácticos. Posible vaciado de reservas de glucógeno. Incremento de prestaciones lácticas. Incremento del pico de VO2 por crísis. Adaptación a potencia altas. Aumento de volúmen cardiaco en menor proporción que en anteriores. Implicación de procesos lácticos, especialmente en fibras FtII. **TÉCNICOS** Eficiencia y sentido del ritmo. Consolidación de la técnica en ituaciones de hiperacidez.	Tiempo de esfuerzo: 30 a 45 min. min contando estímulos y pausas. Tiempo de estímulo: 30 seg. a 2min. Potencia: 110 a 120% del VO_2max. Nº de repeticiones por serie: 3 a 8. en función de la duración del estímulo Nº de series: 1 - 3. Recuperación: Ffrecuencia cardiaca <110 P/min. entre repeticiones y >90m entre series. No obstante hay que ser prudenrtes ya que ya no existe correlación entre el esfuerzo y la frec. Cardiaca al haberse rebasado el VO_2max. Si no se dispone deestudio de la dinámica del lactato individual, puede ser preferible el método de ensayo-error para deterrminar la recuperación. Zona implicada: Láctica extensiva. Substrato predminante: Glucógeno.	Resistencia específica para especialidades de 2 a 10 min.

Tabla 7. 8.- Características principales del método fraccionado interválico intensivo muy corto.

MÉTODO FRACCIONADO INTERVÁLICO INTENSIVO MUY CORTO

PRINCIPALES EFECTOS ADAPTATIVOS	DOSIFICACIÓN	APLICACIONES
ANATÓMICO FUNCIONALES Utilización y rellenado defosfágenos. Arranque de la vía anarobica aláctica. Escasa capilarización. Especialización de fibras Ftl y Ftll **TÉCNICOS** Eficiencia y economía ante potencias muy altas.	Tiempo de esfuerzo: 30 a 45 min. Contando estímulos y pausas. Tiempo de estímulo: >20 seg. Potencia: Máxima o muy próxima. Nº de repeticiones por serie: 4 a 8. Nº de series: 2 a 4. Recuperación: 2 a 3 min entre repeticiones y compketa entre series. Siempre en función de poder repetir potencia en cada esfuerzo. Zonas de incidencia: Alactica láctica y láctica intensiva. (esta última por saturación de la anterior). Substrato predominante: Glucógeno y fosfágenos.	Resistencia específica para especialidades de duración inferior a 1 min.

En la figura 7.17 se exponen las zonas de incidencia de los métodos fraccionados interválicos intensivos.

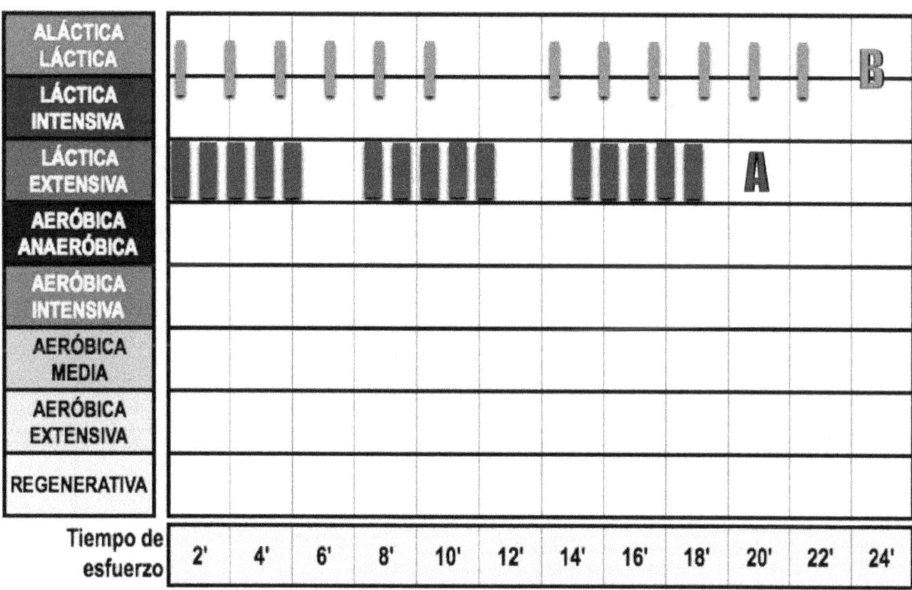

Figura 7. 17.- Zonas de incidencia de los métodos fraccionados interválicos Intensivos. A.- Intensivo corto. B.- Intensivo muy corto.

Algunas orientaciones para la aplicación de los métodos fraccionados interválicos en las diferentes etapas de desarrollo

Las orientaciones sobre la aplicación estos métodos se exponen en las figuras desde la 7.18 hasta la 7.21. En cada una de ellas hemos tratado de recoger los puntos más importantes a tener en cuenta en cada una de dichas etapas.

APLICACIONES DE LOS MÉTODOS FRACCIONADOS INTERVÁLICOS PARA LA ETAPA INFANTIL

MÉTODO	APLICACIÓN RECOMENDDA	OBSERVACIONES	ALGUNAS TAREAS EJEMPLO	FREC. CARD.
EXTESIVO LARGO		No recomendables de forma asidua ya que incide en zona aeróbica intensiva reclamando el glucógeno.		
EXTENSIVO MEDIO		No recomendables de forma asidua ya que incide en zona aeróbica anaeróbica reclamando el glucógeno.		
NTENSIVO CORTO		No recomendables de forma asidua ya que incide en zonas lácticas.		
INTENSIVO MUY CORTO		Con precaución, recuperaciones amplias y pocas repeticiones ya que se satura el estoc de fosfágenos y se entra en zonas lácticas.	3 x 3 repeticiones de 5 seg. Potencia máxima. Recuperación: 3 min. entre repeticiones y 6-8 min. entre series.	No correlaciona.

Figura 7. 18.- Orientaciones para la aplicación de los métodos fraccionados interválicos para la etapa de desarrollo infantil.

APLICACIONES DE LOS MÉTODOS FRACCIONADOS INTERVÁLICOS PARA LA ETAPA PRE PUBERAL

MÉTODO	APLICACIÓN RECOMENDDA	OBSERVACIONES	ALGUNAS TAREAS EJEMPLO	FREC. CARD.
EXTESIVO LARGO		No recomendables de forma asidua ya que incide en zona aeróbica intensiva reclamando el glucógeno.		
EXTENSIVO MEDIO		No recomendables de forma asidua ya que incide en zona aeróbica anaeróbica reclamando el glucógeno.		
NTENSIVO CORTO		No recomendables de forma asidua ya que incide en zonas lácticas.		
INTENSIVO MUY CORTO		Con precaución, recuperaciones amplias y pocas repeticiones ya que se satura el estoc de fosfágenos y se entra en zonas lácticas.	3 x 4 repeticiones de 5 seg. Potencia máxima. Recuperación: 3 min. entre repeticiones y 6-8 min. entre series.	No correlaciona.

Figura 7. 19.- Orientaciones para la aplicación de los métodos fraccionados interválicos para la etapa de desarrollo pre puberal.

APLICACIONES DE LOS MÉTODOS FRACCIONADOS INTERVÁLICOS PARA LA ETAPA PUBERAL

MÉTODO	APLICACIÓN RECOMENDDA	OBSERVACIONES	ALGUNAS TAREAS EJEMPLO	FREC. CARD.
EXTESIVO LARGO	➡	Recomendable sin abuso y con menos nº de estímulos y más cortos que para los adultos.	2-3 repeticiones de 10 min. diferentes gestos. Potencia: Próxima al umbr. anaer. 80-90% del VO2max. Recuperación: hasta bajar de 110 p/min.	180-190
EXTENSIVO MEDIO	➡	Recomendable sin abuso y con menos nº de estímulos y más cortos que para los adultos.	2 series de 4 repeticiones de 2 min. Potencia: próxima al VO_2max Recuperación hasta bajar de 120 p/min.	180-190
INTENSIVO CORTO	➡	Recomendable sin abuso y con menos nº de estímulos y más cortos que para los adultos.	3 series de 3 repeticiones de 30 seg. Potencia: 110-120% del VO_2max. Recuperacón: 2-3 min entre repet. y 5-6 min. entre series.	No correlaciona.
INTENSIVO MUY CORTO	➡	Recomendable sin abuso y con menos nº de estímulos y más cortos que para los adultos.	3 series de 4 repeticiones de 6-7 seg. Potencia máxima. Recuperación: 2 min. entre repeticiones y 6-8 min. entre series.	No correlaciona.

Figura 7. 20.- Orientaciones para la aplicación de los métodos fraccionados interválicos para la etapa de desarrollo puberal.

APLICACIONES DE LOS MÉTODOS FRACCIONADOS INTERVÁLICOS PARA LA ETAPA ADOLESCENTE

MÉTODO	APLICACIÓN RECOMENDDA	OBSERVACIONES	ALGUNAS TAREAS EJEMPLO	FREC. CARD.
EXTESIVO LARGO	➡	Recomendable, solo que con menos nº de estímulos y más cortos que para los adultos.	3 repeticiones de 15 min. Potencia: próxima al umbral anaeróbico. Recuperación: hasta bajar a 100 p/min.	170-180
EXTENSIVO MEDIO	➡	Recomendable, solo que con menos nº de estímulos y más cortos que para los adultos.	2 series de 4 repeticiones de 3 min. Potencia: próxima al VO_2max Recuperación hasta bajar de 120 p/min.	180-190
INTENSIVO CORTO	➡	Recomendable, solo que con menos nº de estímulos y más cortos que para los adultos.	3 series de 5 repeticiones de 30 seg. Potencia: 110-120% del VO_2max. Recuperacón: 1-2 min entre repet. y 3-4 min. entre series.	No correlaciona.
INTENSIVO MUY CORTO	➡	Recomendable, solo que con menos nº de estímulos y más cortos que para los adultos.	3 series de 4 repeticiones de 8 seg. Potencia máxima. Recuperación: 2 min. entre repetciones y 6-8 min. entre series.	No correlaciona.

Figura 7. 21.- Orientaciones para la aplicación de los métodos fraccionados interválicos para la etapa de desarrollo adolescente.

7.1.1.3.2.Los métodos fraccionados por repeticiones. Adecuación a las etapas de desarrollo.

A diferencia de los interválicos, los métodos por repeticiones, se realizan a potencias muy próximas a las que corresponderían al máximo según la duración del esfuerzo. Por ello el número de esfuerzos que se pueden realizar es muy reducido. Para mayor aclaración vamos a exponer dos ejemplos consistentes a ejercicios de carrera para una misma distancia y así poder apreciar la diferencia entre dos tareas, la primera aplicada con el método interválico y la segunda con el método de repeticiones.

Supongamos que se trata de cubrir la distancia de 200 m. En este caso podríamos realizar las siguientes tareas:

Tarea consistente en un método fraccionado interválico: 3 series de 5 repeticiones de 200 m a VO_2max o a 28 seg. con 1 min. de micro pausas y 4 min de macro pausas. Es decir, a esta potencia se podrían realizar esas 15 repeticiones en total.

En cambio, si esos estímulos de 200 m se realizan con potencia próxima a la máxima posible, (supongamos que el récord del deportista en la distancia está en 24 seg) y las realiza en 25 seg, en este caso podría hacer como máximo 2 o 3 veces y la recuperación debería ser mucho más amplia, por ejemplo, de 8 a10 min. En este caso estaríamos hablando de la aplicación del método fraccionado por repeticiones.

En función de la potencia y la duración se distinguen los siguientes tipos (tablas 7.9 a 7.13):

- Fraccionado por repeticiones extensivo muy largo.
- Fraccionado por repeticiones extensivo largo.
- Fraccionado por repeticiones extensivo medio
- Fraccionado por repeticiones intensivo corto.
- Fraccionado por repeticiones intensivo muy corto.

Las características principales relativas a estos métodos por repeticiones quedan expuestas en las tablas de la 7.9 a la 7.13.

Tabla 7. 9.- Características principales del método fraccionado por repeticiones extensivo muy largo.

MÉTODO FRACCIONADO POR REPETICIONES EXTENSIVO MUY LARGO

PRINCIPALES EFECTOS ADAPTATIVOS	DOSIFICACIÓN	APLICACIONES
ANATÓMICO FUNCIONALES Mejora del metabolismo aeróbico. Potenciación de la vía enrgática aeróbica glucolítica. Eficiencia del rendimiento cardio vascular. Mejora de la circulación periférica. Disminución de la viscosidad muscular. Mejora del umbral anaeróbico. **TÉCNICOS** Consolidación de técnica a potencia aeróbicas medias altas.	Tiempo de esfuerzo: enre 30 min y 1 h. Potencia: Próxima al umbral anaeróbico. Entre 3 y 4 mmol/l o entre 80 y 90% del Nº de repeticiones: 1 Zona de incidencia: Aeróbica intensiva. Vía metabólica implicada: Aeróbica glucolítica, de forma predominante. Substratos predominantes: Glucógeno.	Resistencia básica para especialidades de 2 a 15 min de duración. Resistencia específica para especialidades entre 15 a 30 min.

Tabla 7. 10.- Características principales del método fraccionado por repeticiones extensivo largo.

MÉTODO FRACCIONADO POR REPETICIONES EXTENSIVO LARGO

PRINCIPALES EFECTOS ADAPTATIVOS	DOSIFICACIÓN	APLICACIONES
ANATÓMICO FUNCIONALES Mejpra de procesos aeróbicos. Potención de la vía aeróbica glucolítica. Eficiencia de rendimiento cardio vacular. Mejora de la circulación periférica. Disminución de la viscosidad muscular. Mejora del umbral anaeróbico al ponerse en crísis. **TÉCNICOS** Consolidación de la técnica a portencias medias altas.	Tiempo de esfuerzo: entre 10 y 20 min. por repetición. Potencia: Media alta. Siempre por encima del umbral anaeróbico. Entre 4 y 5 mmol/l o entre el 90 y 95% del VO2max. Nº de repeticiciones 1 a 2. Recuperación: de 5 a 10 m. Zona de incidencia: Aeróbica anaeróbica. Substrato reclamado: Glucógeno casi en exclusiva.	Resistenciaespecífica para especialidades de 2 a 15 min. Resistencia básica para especialidades de más de 1 h de duración.

Tabla 7. 11.- Características principales del método fraccionado por repeticiones extensivo medio.

MÉTODO FRACCIONADO POR REPETICIONES EXTENSIVO MEDIO

PRINCIPALES EFECTOS ADAPTATIVOS	DOSIFICACIÓN	APLICACIONES
ANATÓMICO FUNCIONALES Mejora metabolismo láctico a potencia media alta. Tolerancia a concentraciones medias de lactato. Mejora del pico de VO2max y PAM al ponerse en crísis. Mejora de stoc de glucógeno muscular. Mejoras de las vías aeróbica glucolítica y láctica (esta en menor grado). Vías metabólica implicada: Aeróbica glucolítica yanaeróbica láctica. **TÉCNICOS** Similares a al método anterior.	Tiempo de estímulo: entre 3 y 6 min. Potencia: Alrededor del pico de VO_2max. Entre el 95 y 110%. Nº de repeticiones: de 1 a 2. Recuperación: de 5 a 10. Zona de incidencia: Aeróbica anaeróbica y láctica extensiva. Substrato predominante: Glucógeno de forma casi exclusiva.	Resistencia específica para especialidades de 1 a 15 min. Resistencia básica para especialidades de 1 a 2 h.

Tabla 7. 12.- Características principales del método fraccionado por repeticiones intensivo corto.

MÉTODO FRACCIONADO POR REPETICIONES INTENSIVO CORTO

PRINCIPALES EFECTOS ADAPTATIVOS	DOSIFICACIÓN	APLICACIONES
ANATÓMICO FUNCIONALES Mejora de la vía anaeróbica láctica. Depleción rápida de stoc de glucógeno. Acumulación máxima de lactato. Exigencia de la potencia láctica máxima, Vía metabólica implicada: Anaeróbica láctica de forma predominante. Mejora de elementos de fuerza con exigencias lácticas. **TÉCNICOS** Consolidación de la técnica a potencia láctica máxima.	Tiempo aproximado de estímulo: 45 seg. a 1 min. Potencia: Máxima lác tica. Nº de repeticiones: 2 - 4. Recuperación: 6 a 15 min. Zona de incidencia: Aeróbica Intensiva Substrato predominante: Glucógeno	resisatencia específica para especialidades de 1 a 5 min.

Tabla 7. 13.- Características principales del método fraccionado por repeticiones intensivo muy corto.

MÉTODO FRACCIONADO POR REPETICIONES INTENSIVO MUY CORTO

PRINCIPALES EFECTOS ADAPTATIVOS	DOSIFICACIÓN	APLICACIONES
ANATÓMICO FUNCIONALES Mejora de la vía anaeróbica láctica y láctica (esta última porsaturación e la anterior). Depleción y rellenado de depósitos de fosfágenos. Reclamo impotante de procesos neurales. Acumulación de lactatoa niveles medios. Mejora de prestaciones explosivas de fuerza y velocidad. **TÉCNICOS** Consolidación de la técnica ejecutada a velocidades máximas y submáximas.	Tiempo de estímulo: 5 a 12 seg. Potencia: Máxima. Diempre próxima al 100% de la potencia aláctca máxima. Nº de repeticiones: 4 a 8. Recuperación: Total. Hasta 8-12 min para permitir rellenado de depósitos de fosfágenos y recperación del sistema nervioso. Substratoreclamados: Fosofocreatina y Glucógeno (éste íultimo en menor grado). Zona de incidencia: Aláctica láctica.	Resistencia básica para especialidades de 2 a 5 min. Resistencia específica para especialidades inferiores a 1 min 30 seg.

Para mejor comprensión sobre efectos y adaptaciones, en la figura 7.22 se exponen las zonas de incidencia de los métodos fraccionados por repeticiones.

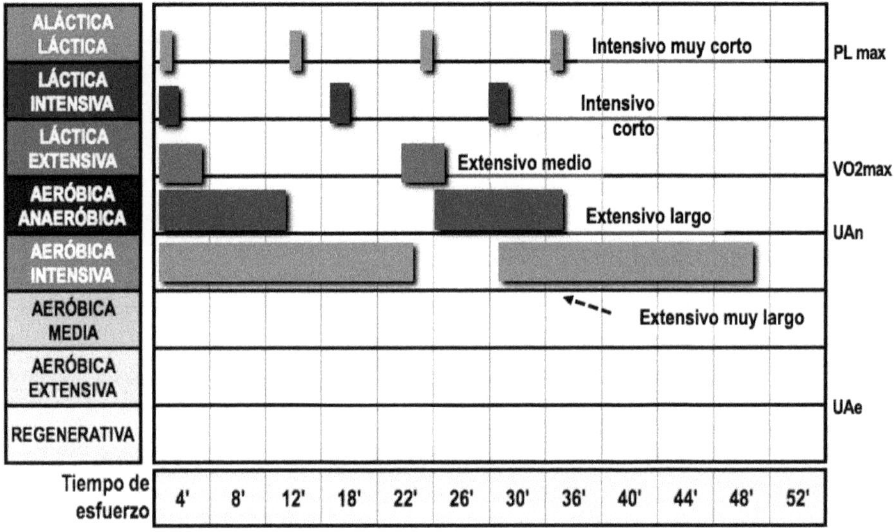

Figura 7. 22.- Zonas de incidencia de los métodos fraccionados por repeticiones.

Algunas orientaciones para la aplicación de los métodos fraccionados por repeticiones en las diferentes etapas de desarrollo

Al igual que hemos procedido con los métodos descritos anteriormente, proponemos las orientaciones sobre la aplicación estos métodos en las figuras desde la 7.23 hasta la 7.26. En cada una de ellas se recogen los puntos más importantes a tener en cuenta en cada una de dichas etapas.

APLICACIONES DE LOS MÉTODOS FRACCIONADOS POR REPETICIONES PARA LA ETAPA INFANTIL

MÉTODO	APLICACIÓN RECOMENDDA	OBSERVACIONES	ALGUNAS TAREAS EJEMPLO	FREC. CARD.
EXTESIVO MUY LARGO		Poco recomendable ya que reclama prestaciones próximas al umbral anaeróbico con reclamo del glucógeno.		
EXTENSIVO LARGO		Poco recomendable al aplicar potencias próximas al VO_2max, del metabolismo láctico y de glucógeno.		
EXTENSIVO MEDIO		Poco recomendable al aplicar potencias superiores al VO_2max, del metabolismo láctico y de glucógeno.		
INTENSIVO CORTO		Poco recomendable al aplicar potencias de máxima exigencia, del metabolismo láctico y de glucógeno.		
INTENSIVO MUY CORTO		Recomendable con precauciones para evitar entrar en zona láctica por saturación del metabolismo de los fosfágenos.	4 - 5 repeticiones e 4-5 seg. Portencia máxima. Recuperación toal: 4 a 6 min.	No correlaciona.

Figura 7. 23.- Orientaciones para la aplicación de los métodos fraccionados por repeticiones para la etapa de desarrollo infantil.

APLICACIONES DE LOS MÉTODOS FRACCIONADOS POR REPETICIONES PARA LA ETAPA PRE PUBERAL

MÉTODO	APLICACIÓN RECOMENDDA	OBSERVACIONES	ALGUNAS TAREAS EJEMPLO	FREC. CARD.
EXTESIVO MUY LARGO		Poco recomendable ya que reclama prestaciones próximas al umbral anaeróbico con reclamo del glucógeno.		
EXTENSIVO LARGO		Poco recomendable al aplicar potencias próximas al VO_2max, del metabolismo láctico y de glucógeno.		
EXTENSIVO MEDIO		Poco recomendable al aplicar potencias superiores al VO_2max, del metabolismo láctico y de glucógeno.		
INTENSIVO CORTO		Poco recomendable al aplicar potencias de máxima exigencia, del metabolismo láctico y de glucógeno.		
INTENSIVO MUY CORTO		Recomendable con precauciones para evitar entrar en zona láctica por saturación del metabolismo de los fosfágenos.	4- 5 repeticiones de 4-5 seg. Potencia: Máxima recuperación: total. 6-8 min.	No correlaciona.

Figura 7. 24.- Orientaciones para la aplicación de los métodos fraccionados por repeticiones para la etapa de desarrollo pre puberal.

APLICACIONES DE LOS MÉTODOS FRACCIONADOS POR REPETICIONES PARA LA ETAPA PUBERAL

MÉTODO	APLICACIÓN RECOMENDDA	OBSERVACIONES	ALGUNAS TAREAS EJEMPLO	FREC. CARD.
EXTESIVO MUY LARGO		Poco recomendable por la duración del esfuerzo. En todo caso, habría que reducir la duración y espaciarla en el tiempo.	1 repetición de 10-15 min Potencia: Umbral anaeróbico. 85-90% del VO_2max.	175-185
EXTENSIVO LARGO		Igual que el anterior. Solo recomendable con precauciones.	1-2 Repeticiones de 2-3 min. Potencia: 90-95% del VO_2max. Recuperación: 6-8 min.	185-195
EXTENSIVO MEDIO		Poco recomendable ya que es preferible incidir en esfuerzos lácticos más intensos y de poca duración.		
INTENSIVO CORTO		Recomendable con objetivos de potenciar la fase sesnsible. Solo con la precaución de aumentar recuperaciones por la dificultad.	2 repeticiones de 15 seg. Potencia: Láctica máxima posible. Recuperación: 10-15 min.	No correlaciona
INTENSIVO MUY CORTO		Recomendable. Respetando los triempos de recuperación hasta permitir repetir la potencia máxima.	4 repeticiones de 5 a 6 seg. Potencia: Máxima. Recuperación: 5-6 min.	No correlaciona

Figura 7. 25.- Orientaciones para la aplicación de los métodos fraccionados por repeticiones para la etapa de desarrollo puberal.

APLICACIONES DE LOS MÉTODOS FRACCIONADOS POR REPETICIONES PARA LA ETAPA ADOLESCENTE

MÉTODO	APLICACIÓN RECOMENDDA	OBSERVACIONES	ALGUNAS TAREAS EJEMPLO	FREC. CARD.
EXTESIVO MUY LARGO		Recomendable con reducción de nº de estímulos y aumento de recuoperación con respcto del adulto.	2 repeticiones de 20 min. Potencia: Umbral anaeróbico. 85-90% del VO_2max. Recuperación: 6-8 min.	170-175
EXTENSIVO LARGO			2 repeticiones de 3-4 min. Potencia: Próxima al VO_2max. Recuperación: 6-8 min.	180-190
EXTENSIVO MEDIO			2 Repeticiones de 1-2 min. Potencia: 110-115 del VO_2max. Recuperación: 6-8 min.	No correlaciona
INTENSIVO CORTO			2 repeticiones de 230 - 40 seg. Potencia: láctica máxima. Recuperación: 6-10 min.	No correlaciona
INTENSIVO MUY CORTO			4-6 repeticiones de 6-8 seg. Potencia: Máxima. Recuperación: 6-8 min.	No correlaciona

Figura 7. 26.- Orientaciones para la aplicación de los métodos fraccionados por repeticiones para la etapa de desarrollo adolescente.

7.1.1.4. Los métodos de competición. Adecuación a las etapas de desarrollo.

Estos métodos tienen por objetivo la puesta a punto de los deportistas con vistas a competiciones próximas. Por ello, se trata de reproducir el esfuerzo en las circunstancias que se prevé que van a contemplarse en el evento próximo. Su aplicación debería reunir las siguientes circunstancias:

Reproducción de las potencias e intensidades que se van a encontrar en la competición. Como aclaración, conviene explicar que, en este caso, hay que hablar de potencia e intensidad ya que hay que aplicar similar gasto de energía/tiempo (potencia) y de motivación, agresividad, concentración, etc., que es lo que hemos considerado como intensidad.

Reducción de la duración de los esfuerzos ya que, si se trata de un competidor normal, solamente se podría alcanzar la duración del esfuerzo en competición por diferentes motivos:

A. Por la menor motivación que se produce en un entrenamiento.

B. Porque solamente deberían buscarse estados de súper compensación máximos en el momento de la competición.

Dentro de este método pueden distinguirse dos opciones: *Continuo y variable*, cuyas características principales se exponen en la tabla 7.14.

Tabla 7. 14.- Métodos de competición.

MÉTODOS DE COMPETICIÓN

VARIANTES	CARACTERÍSTICAS PRINCIPALES	APLICACIONES
CONTINUO	Reproducción de situaciones que se darán en competición. Uniformidad del esfuerzo.	2/3 de la duración de la competición para especialidades de menos de 15 min. 1/2 de la duración de la competición para especialidades comprendidas entre 15 y 40 min. 1/3 de la duración de la competición para especialidades superiores a 1 h.
VARIABLE	Reproducción de situaciones de competición, pero con cambios de potencia. Ritmos uniformes de competición con aceleración.	1/2 de la duración de la competición para especialidades comprendidas entre 10 y 15 min. 1/3 de la duración de la competición para especialidades comprendidas entre 15 y 30 min. 1/4 de la duración de la competición para especialidades superiores a 1 h.

Algunas orientaciones para la aplicación de los métodos de competición en las diferentes etapas de desarrollo.

Al contrario que otros métodos tienen sus puntos positivos y negativos a la hora de su aplicación en etapas de desarrollo, el método de competición solamente debería aplicarse en la última etapa que se trata en este libro (etapa adolescente). En este sentido, ya se ha visto que la mayor parte del entrenamiento en etapas anteriores, debería estar centrada en el nivel básico o el específico, éste último, en casos puntuales y en la etapa puberal.

Esto, tal y como se ha visto en capítulos anteriores, no quiere decir que no se debe competir en etapas infantil, pre puberal y puberal, sino todo lo contrario. Los chicos, en esas etapas deben competir asiduamente. Lo que quiere decir es que deben entrenar para irse formando a largo plazo, con lo que los entrenamientos deben ser eminentemente con objetivos básicos. Es por ello que solamente se propone este método para la última etapa, con una serie de matices relativos a la disminución del volumen que no de la intensidad y potencia (figura 7.27).

APLICACIONES DEL MÉTODO DE COMPETICIÓN PARA LA ETAPA ADOLESCENTE

MÉTODO	APLICACIÓN RECOMENDDA	OBSERVACIONES	ALGUNAS TAREAS EJEMPLO
CONTINUO		Recomendable solo en periodo de competiciones y no en semana de competición. Con reducción de la duración con respecto al adulto.	1/2 de la duración para especialidades de menos de 10 min. 1/3 de la duración para especialidades de menos de 20-30 min. 1/4 de la duración para especialidades próximas a 1 h.
VARIABLE			

Figura 7. 27.- Orientaciones para la aplicación del método de competición para la etapa de desarrollo adolescente.

CAPÍTULO 8

ORIENTACIONES PARA EL DESARROLLO DE SESIONES Y TAREAS EN LAS ETAPAS DE DESARROLLO

Para terminar esta obra, hemos considerado interesante proponer una serie de orientaciones dirigidas hacia el diseño y desarrollo de las tareas, de forma particular y en su conjunto, como componentes de una sesión.

Para este capítulo hemos esbozado una serie de plantillas con el fin de facilitar la labor de diseño para las diferentes sesiones, adaptándolas a las necesidades y características de cada etapa.

Se trata de plantillas con ejemplos de tareas con objetivos de inducir las adaptaciones en cada una de las etapas, aprovechando las fases sensibles y ateniéndonos a los principios y propuestas que hemos venido tratando a lo largo de los dos volúmenes que componen esta obra.

De igual forma tratamos de evitar la incidencia en cualidades que, en ciertos momentos de la evolución, se encuentran, bien en estado latente y aún no se han manifestado total o parcialmente y aquellas que podrían ser contraindicadas si se abusa de ellas en ciertos momentos y que en consecuencia, deberíamos excluir de las actividades.

Una vez establecidas esas directrices en las plantillas correspondientes a cada edad, presentamos ejemplos de sesiones completas que pueden servir para diseñar otras aplicando variantes y apoyadas en la creatividad del propio entrenador formador.

8.1. LAS PLANTILLAS MODELO.

A partir de ahora, para facilitar al entrenador formador la labor del diseño de sesiones de entrenamiento, hemos preparado una plantilla estándar que, con mínimas variaciones, puede ser adaptable a cada una de las etapas de desarrollo. En éstas se contemplan diversas características que se van adecuando en función las fases evolutivas. En ellas y siempre a modo orientativo, hemos tratado de aplicar los conceptos que hemos venido describiendo a lo largo de los capítulos que componen esta obra.

En ese sentido, hemos tratado de contemplar los parámetros principales que irán variando en función de las diferentes fases de desarrollo, para lo cual, se desglosa la presentación de acuerdo a las cuatro etapas contempladas: *Infancia, pre pubertad, pubertad y adolescencia*.

Para cada una de ellas se describen las propuestas y orientaciones sobre algunas tareas que permiten incidir en la zona determinada, finalizando cada etapa con algunas sesiones ejemplo, en las que se contemplan todas sus partes.

Como recomendación, es importante leer detenidamente la descripción, de las plantillas antes de proceder a su observación y estudio.

Explicación y composición de las plantillas modelo.

En las plantillas se muestra la incidencia en las zonas determinadas, al tiempo que se describen una serie de elementos que, recorridos de izquierda a derecha y de arriba abajo son los siguientes:

Fila superior.

- *"Infancia ... adolescencia"*. Referida a la etapa de desarrollo para la que se proponen el tipo de sesiones.
- *"Nº sesiones/semana"*. Aquí se proponen el número de sesiones semanales, recomendadas en la etapa.

Columnas de izquierda a derecha.

- *"Frecuencia cardiaca"*. Medida en pulsaciones/minuto. Esta columna, va variando en función de la edad. Ya hemos visto que, cuanto más jóvenes sean los chicos, más alta es la frecuencia, tanto en reposo como para cualquier tipo esfuerzo.
- *"VO_2 ml/Kg/min"*. Referida al consumo de oxígeno relativo, es decir, referido al peso corporal y medido en ml/Kg/min. Éste también varia de una etapa a otra, aunque, aunque menos que la frecuencia cardiaca.
- *"Concentración de lactato.* Medida en mmol/l. Hace referencia a la concentración de lactato en sangre. Tal y como hemos ido describiendo, ésta es muy baja antes de la pubertad y, a partir de esta etapa, se acelera.
- *"Zonas"*. También varían considerablemente de acuerdo con la edad. Por ello podemos observar cómo éstas se amplían o se reducen en un momento determinado, de acuerdo con las `posibilidades de incidir en ellas y provocar los efectos adaptativos correspondientes. En la que se incide aparece resaltada, mientras que el resto las hemos atenuado para evitar confusiones.
- *"Zonas de incidencia"*. Aquí se contempla la zona o área funcional donde vamos a incidir con las tareas asignadas.

- *"Objetivos"*. En esta parte, aparecen los objetivos de adaptación que pretendemos lograr.
- *"Tareas"*. Descritas en forma general como orientaciones sobre las actividades a realizar para lograr esos objetivos y de las que el entrenador puede aplicar diferentes variantes.
- *"Intensidad/potencia"*. Referida, fundamentalmente al gasto de energía/tiempo que se debe requerir al entrenando al ejecutar las tareas. No obstante, al incluir la palabra intensidad, también pueden venir implícitos componentes motivacionales, de concentración y atención.
- *"Duración de esfuerzos"*. Aquí se reseña la duración total que se debería asignar la sesión. En este tiempo deben caber todas las actividades que se programen. No obstante, en algunas planillas se exponen tiempos parciales (series o repeticiones), en casos en los que se fracciona el trabajo.
- *"Nº de esfuerzos/sesión"*. Se exponen los tiempos referidos a cada esfuerzo, bien sea en repeticiones o en series de repeticiones.
- *"Recuperaciones"*. Se refiere a los tiempos de pausas, dependiendo de la duración de los diferentes esfuerzos y de la exigencia con la que se aplican. Aquí pueden aparecer tiempos de recuperación entre repeticiones (micro pausas) y entre series (macro pausas).
- *"Observaciones"*. Aquí se contemplan algunas aclaraciones o comentarios que nos permiten concretar más las propuestas. Entre ellas, aparece resaltada una referencia hacia la orientación prioritaria de las sesiones que pueden ser selectivas o complejas.
- *"Nivel o estadio de desarrollo"*. En cada etapa se da prioridad a cada nivel de desarrollo (básico, especifico o competitivo) en función de los objetivos prioritarios de preparación.

Explicación y composición de las plantillas ejemplo de sesión:

Como ayuda, se exponen también unas plantillas que pueden servir como ejemplo para el desarrollo de sesiones. En éstas también hemos asumido las directrices que hemos venido inculcando en toda la obra. A partir de éstas planillas ejemplo y recurriendo a su capacidad creativa, el entrenador puede diseñar variantes para que pueda desarrollar numerosas sesiones, adecuándolas a las características de sus deportistas y de acuerdo a las tendencias marcadas.

Aquí se exponen una serie de tareas para cada una da las partes de la sesión. Algo muy importante a tener en cuenta es que, en algunos de estos modelos expuestos, en la parte principal, pueden aparecer ejemplos que no necesariamente se deban efectuar todos dentro de una misma sesión y que deberán desarrollarse en diferentes sesiones.

En la plantilla, recorrida de arriba a abajo y de izquierda a derecha, se describen los siguientes elementos:

- "Orientación de la sesión": Selectiva, compleja o selectiva y compleja.
- "Zonas de incidencia". Con referencia a la zona o área funcional donde se pretende incidir con las tareas.
- "Calentamiento, parte principal y vuelta a la calma". Con propuesta de tareas para cubrir los objetivos de cada una de estas partes de la sesión.
- "Nivel". Aquí se presenta, de forma resaltada el nivel de desarrollo sobre el que se trabaja (básico, específico o competitivo).

Última aclaración.

En la mayoría de las tareas nos hemos preocupado de indicar tiempos de esfuerzo y potencia, sin entrar en el tipo de ejercicios a realizar. En este sentido, deberá ser el entrenador quien decide el tipo de ejercicios referentes al gesto deportivo, material a utilizar, etc. Lo importante es que el gasto energético relacionado con el volumen y la potencia se adapten a las sugerencias que se exponen. De esta forma, cualquier tarea independiente de la ejecución técnica, se adaptará a las necesidades y objetivos de la tarea en cuestión.

8.2. ORIENTACIONES PARA EL DESARROLLO DE SESIONES PARA LA EDAD INFANTIL.

En las figuras 8.1 y 8.2. Se exponen las directrices para la incidencia en las zonas prioritarias para la edad.

Figura 8. 1.- Plantilla con orientaciones para la incidencia en la zona aláctica láctica en etapa infantil.

Figura 8. 2.- Plantilla con orientaciones para la incidencia en zonas aeróbicas recomendables en etapa infantil.

8.2.1. Un ejemplo de sesión completa para la edad infantil.

En la figura 8.3 exponemos un ejemplo de sesión completa para la etapa infantil. En ésta se incide, en una misma sesión, sobre zonas aeróbicas y sobre la zona aláctica. En consecuencia, estaríamos hablando de una sesión con orientación compleja que sería la más recomendable en estas edades.

SESIÓN CON ORIENTACIÓN COMPLEJA	
ZONA/S DE INCIDENCIA	ALÁCTICA LÁCTICA AERÓBICAS EXTENSIVA Y MEDIA
CALENTA-MIENTO	Movilización de todas las articulaciones Ejercicios específicos de carácter aeróbico, dependiendo de la especialidad Ejercicios variados de velocidad de reacción
PARTE PRINCPAL	2 circuitos de 10-12 estaciones con autocarga Tiempo de ejercicio: 20-25 seg. Tiempo de recuperación entre ejercicios: 40-35 seg. (micropausas). Tempo de recuperación entre circuitos: 3-4 min. (macro pausas). Deporte colectivo adaptado Nº de repeticiones: 2 - 4 Duración de cada repetición: 5 min. Tempo de recuperación entre repeticiones: 2-3 min. con estiramientos Tempo de recuperación entre repeticiones: 2-3 min. con estiramientos
VUELTA A LA CALMA	Ejercicios respiratorios Ejercicios de relajación Estiramientos activos estáticos Comentarios a modo de feedback
NIVEL	BÁSICO

Figura 8. 3.- Ejemplo de sesión compleja indicada para la etapa de desarrollo infantil.

8.3. ORIENTACIONES PARA EL DESARROLLO DE SESIONES PARA LA ETAPA PRE PUBERAL.

En las figuras 8.4 y 8.5. Se exponen las directrices para la incidencia en las zonas prioritarias para la edad.

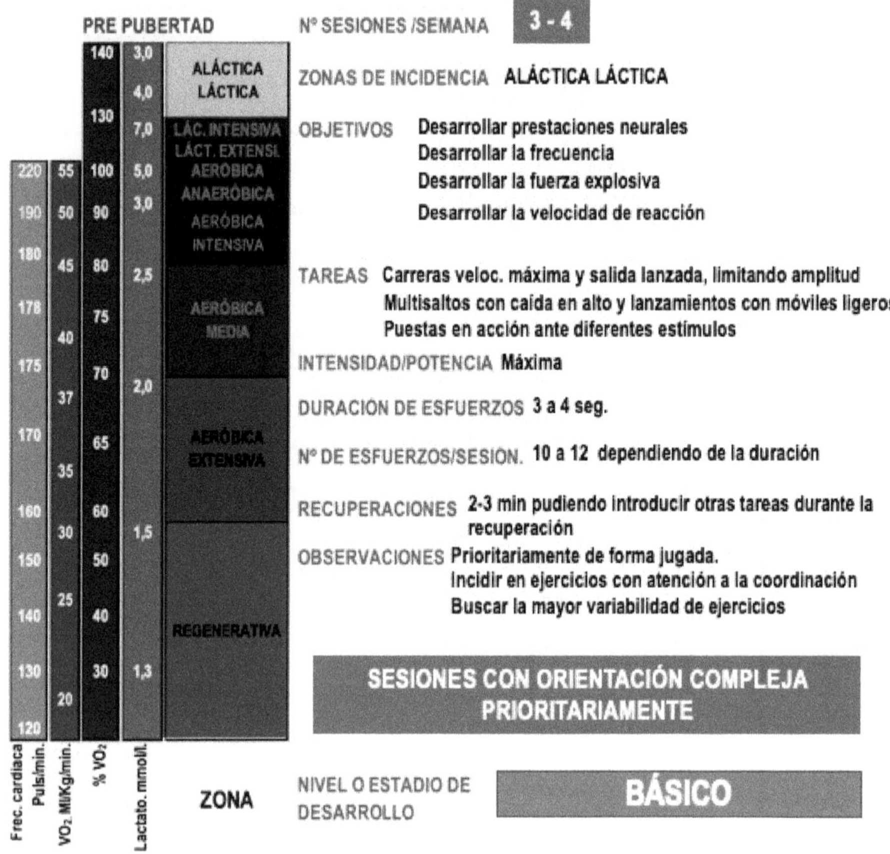

Figura 8. 4.- Plantilla con orientaciones para la incidencia en la zona aláctica láctica en etapa pre puberal.

Figura 8. 5.- Plantilla con orientaciones para la incidencia en las zonas aeróbicas recomendables en etapa pre puberal.

8.3.1. Un ejemplo de sesión completa para la etapa pre puberal.

En la figura 8.6 hemos propuesto un ejemplo de sesión compleja para la etapa pre puberal. En ésta, de forma similar a la propuesta para etapa infantil, con algunos matices de variación en la magnitud de las cargas. Incidimos en una misma sesión, sobre zonas aeróbicas y sobre la zona aláctica láctica. Consecuentemente, también estaríamos hablando de una sesión con orientación compleja que también sería el tipo de sesión más recomendable para esta etapa.

SESIÓN DE ORIENTACIÓN COMPLEJA

ZONA/S DE INCIDENCIA	**ALÁCTICA LÁCTICA** **AERÓBICAS EXTENSIVA Y MEDIA**
CALENTA-MIENTO	**Movilización de todas las articulaciones** **Ejercicios específicos de carácter aeróbico, dependiendo de la especialidad** **Ejercicios variado de velocidad de reacción**
PARTE PRINCPAL	**Desplazamientos de 4 a 5 seg a máxima velocidad y limitación de amplitud** **N° de repeticiones: 4 a 6** **Tiempo de recuperación entre ejercicios: 5 - 6 min. con estiramientos** **Tiempo de recuperación entre circuitos: 3-4 min. (macro pausas).** **Intervall extensivo con ejercicios intercalados** **N° de repeticiones: 4 - 6** **Tiempo de repetción: 2 min.** **Tempo de recuperación 2 min.** **Fútbol adaptado** **N° de repeticiones: 2 – 4** **Tiempo de esfuerzo por repetición: 2 min.** **Tiempo recperación entre repeticiones: 2 min.** 200 m. 6 repet/ejercicio.
VUELTA A LA CALMA	**Desplazamiento lento con el gesto de la especialidad trabajada.** **Ejercicios de relajación y resiratorios.** **Estiramientos activos estáticos.** **Comentarios a modo de feedback.**
NIVEL	**BÁSICO**

Figura 8. 6.- Ejemplo de sesión compleja indicada para la etapa de desarrollo infantil.

8.4. ORIENTACIONES PARA EL DESARROLLO DE SESIONES PARA LA ETAPA PUBERAL.

En las figuras comprendidas entre la 8.7 y la 8.10. Se exponen las directrices para la incidencia en las zonas prioritarias para la edad puberal. Dado que, en esta edad ya se definen o manifiestan ciertas cualidades que, hasta entonces, bien en su totalidad o en parte aún permanecían latentes, y que aumentamos las sesiones semanales, ya aparecen más diferenciadas las zonas y posibilidades de actuación.

Teniendo en cuenta que en esta etapa aumentan las posibilidades de incidencia y que proponemos alguna sesión más por semana, también comienzan a ser recomendables algunas de las sesiones más selectivas, sobre todo cuando tratamos la parte principal.

También conviene recordar que, en este momento, los chicos entran en fase sensible para estimular los procesos relacionados con el metabolismo láctico por lo que comenzamos a estimular esta vía, con las consiguientes precauciones que se han venido resaltando en capítulos anteriores.

Figura 8. 7.- Plantilla con orientaciones para la incidencia en la zona aláctica láctica recomendables en etapa puberal.

Figura 8. 8.- Plantilla con orientaciones para la incidencia en la zona láctica recomendables en etapa puberal.

Figura 8. 9.- Plantilla con orientaciones para la incidencia en las zonas aeróbicas de alta potencia, recomendables en etapa puberal.

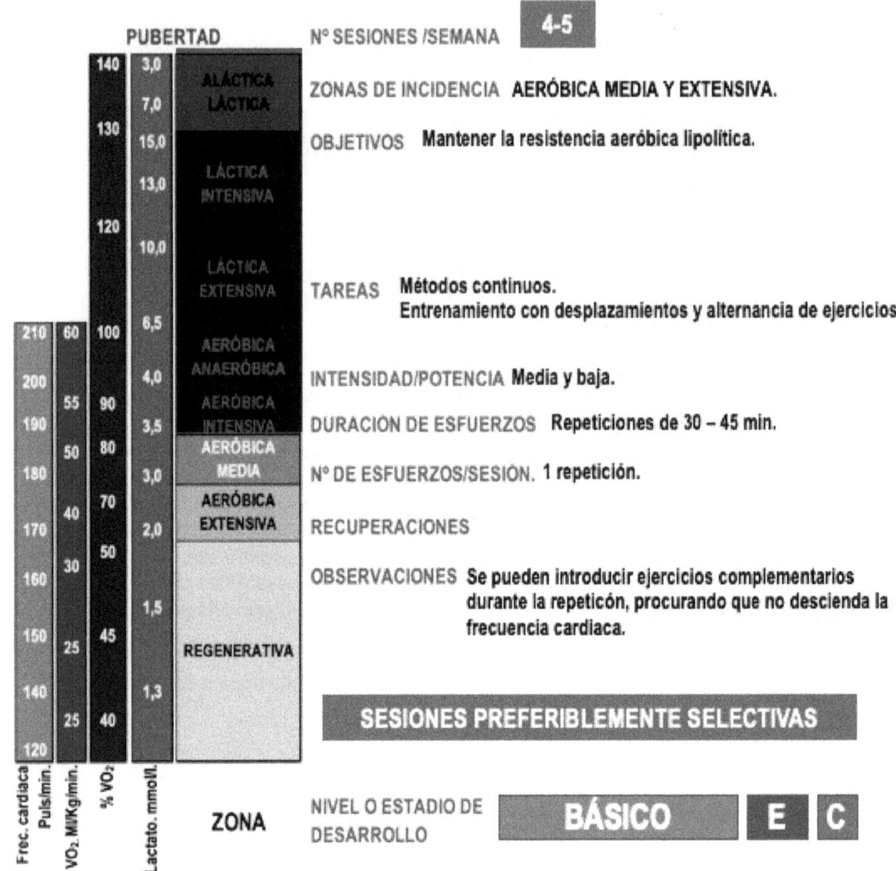

Figura 8. 10.- Plantilla con orientaciones para la incidencia en las zonas aeróbicas media y extensiva que también son, recomendables para la etapa puberal, con vista al mantenimiento de prestaciones obtenidas en etapas anteriores.

8.4.1. Ejemplos de sesiones completas para la etapa puberal.

En la figura 8.11 proponemos un ejemplo de sesión, con tendencia más selectiva para la etapa puberal con incidencia en diferentes zonas.

En ella, hemos puesto dos ejemplos de tareas (tarea1 y tarea 2) para la parte principal en la sesión. Esto no significa que haya que realizar ambas en una misma ya que deberán aplicarse cada una en una sesión diferente.

SESIÓN CON ORIENTACIÓN SELECTIVA	
ZONA/S DE INCIDENCIA	ALÁCTICA LÁCTICA. LÁCTICA.
CALENTA-MIENTO	Movilizaciones. Desplazamiento continuo 20 min. Estiramientos activos. 3 progresiones de 8 seg.
PARTE PRINCPAL	TAREA 1 2 series de 4 repeticiones de 5 seg. Potencia máxima. Recuperación: 2 min. micro pausas y 10 min. macro pausa. TAREA 2 1 repetición de 20 seg. Potencia máxima posible. Recuperación total 12-15 min.
VUELTA A LA CALMA	Desplazamiento lento con el gesto aplicado en parte principal. Ejercicios respiratorios y de relajación. Estiramientos estáticos y feedbck.
NIVEL	BÁSICO Y ESPECÍFICO

Figura 8. 11.- Ejemplo de sesión, prioritariamente selectiva, indicada para la etapa puberal, con orientaciones para la incidencia en las zonas aláctica y láctica que también es, recomendables para la etapa puberal. Hay que recordar que la forma es la de entrar en la láctica tras haber saturado la láctica.

En la figura 8.12 proponemos otro ejemplo de sesión para la etapa puberal, igualmente, con tendencia más selectiva y con incidencia en diferentes zonas.

En ella, hemos puesto tres ejemplos de tareas (tarea1, tarea 2 y tarea 3) para la parte principal en la sesión. Esto no significa que haya que realizarla en una misma ya que deberán aplicarse cada una en una sesión diferente.

SESIÓN CON ORIENTACIÓN COMPLEJA

ZONA/S DE INCIDENCIA	**AERÓBICA ANAERÓBICA.** **AERÓBICA INTENSIVA Y MEDIA.**
CALENTA-MIENTO	**Movilizaciones.** **Desplazamiento continuo 20 min.** **Estiramientos activos.** **3 progresiones de 8 seg.**
PARTE PRINCPAL	OBSERVACIÓN PREVIA. Cada una de las tareas que se exponen en esta parte, corresponden a una sesión distinta (3 sesiones). No son para hacerlas en una misma sesión. **TAREA 1** **2 series de 4 repeticiones de 30 seg.** **Potencia aproximada: 80-90% del VO_2max.** **Recuperación: 2min. micro pausas y 10 min. macro pausa.** **TAREA 2** **1 repetición de 2 min. al 90% del VO_2max.** **Recuperación 5 min.** **1 Repeticion de 1 min al 90% del VO_2max** **TAREA 3** **30 min. desplazamiento con gesto de especialidad** **Potencia 70-80% de VO_2max**
VUELTA A LA CALMA	**Desplazamiento lento con el gesto aplicado en parte principal.** **Ejercicios respiratorios y de relajación.** **Estiramientos estáticos y feedbck.**
NIVEL	**BÁSICO O ESPECÍFICO**

Figura 8. 12.- Ejemplo de sesión, prioritariamente selectiva, indicada para la etapa puberal, con orientaciones para la incidencia en las zonas aeróbicas.

8.5. ORIENTACIONES PARA EL DESARROLLO DE SESIONES PARA LA ETAPA ADOLESCENTE.

En las figuras comprendidas entre la 8.13 y la 8.17. Proponemos directrices para la incidencia en las zonas más indicadas para la etapa de la adolescencia.

En esta edad, ya se han manifestado todas las cualidades, por lo que las cargas ya pueden ser similares a las que se podría aplicar a los adultos, con la salvedad ya expuesta en tora parte de este libro, referente a la disminución de la magnitud de la carga, especialmente en lo referente al volumen.

A esta edad ya se recomendarían hasta 6 sesiones semanales, lo que nos permite realizar la casi totalidad de éstas, con orientación selectiva. Esto posibilita una mayor concentración de cargas y aumento de los estímulos con las consiguientes adaptaciones aumentadas.

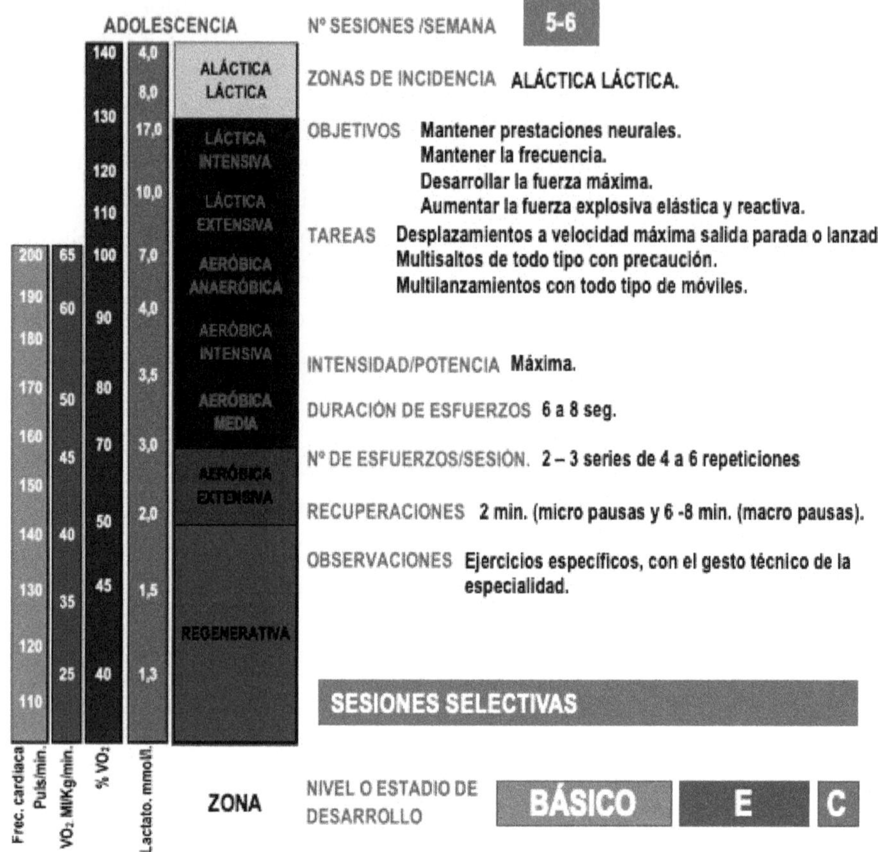

Figura 8. 13.- Plantilla con orientaciones para la incidencia en la zona aláctica láctica que recomendable para la edad adolescente.

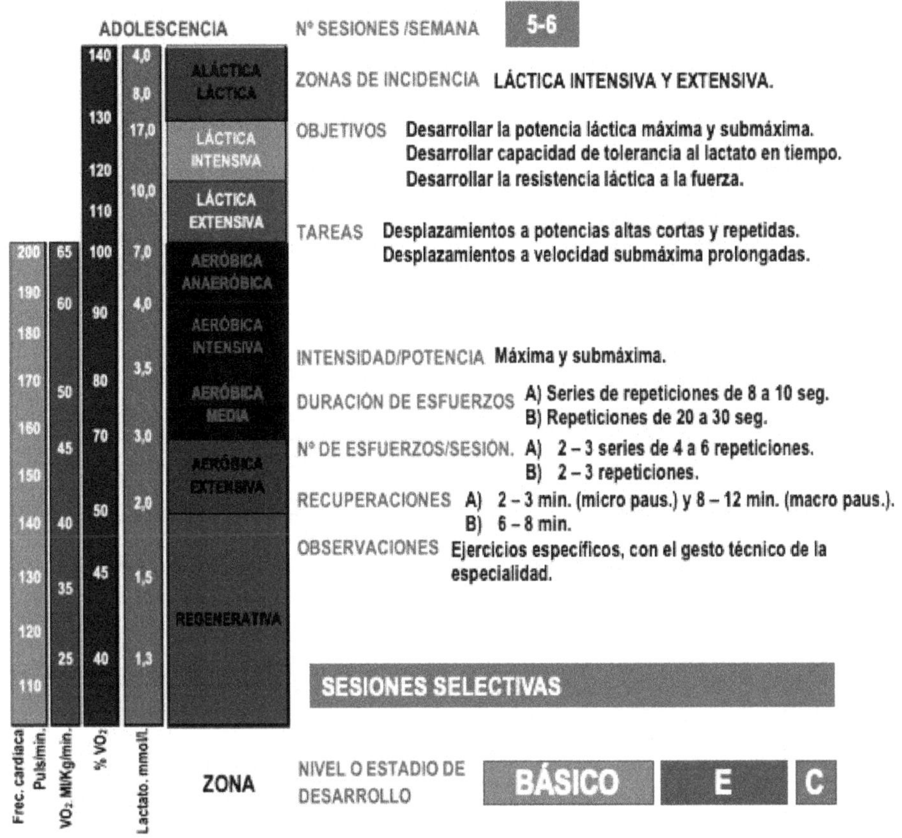

Figura 8. 14.- Plantilla con orientaciones para la incidencia en las zonas lácticas para la edad adolescente.

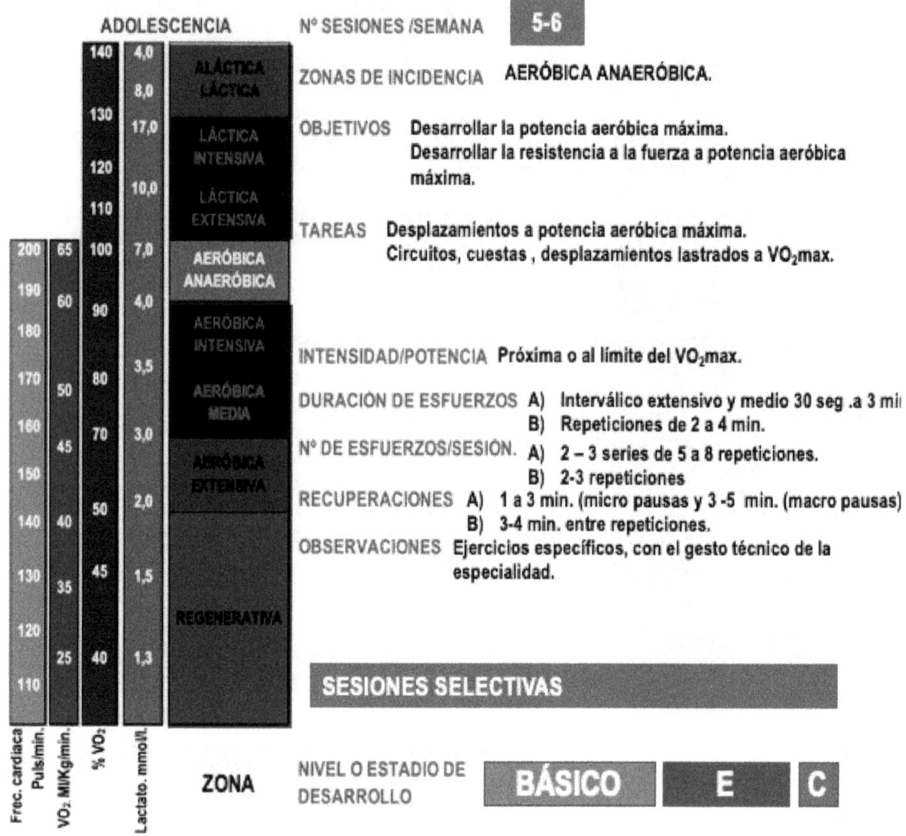

Figura 8. 15.- Plantilla con orientaciones para la incidencia en la zona aeróbica anaeróbica, con beneficios para el pico del VO_2max, recomendable para la edad adolescente.

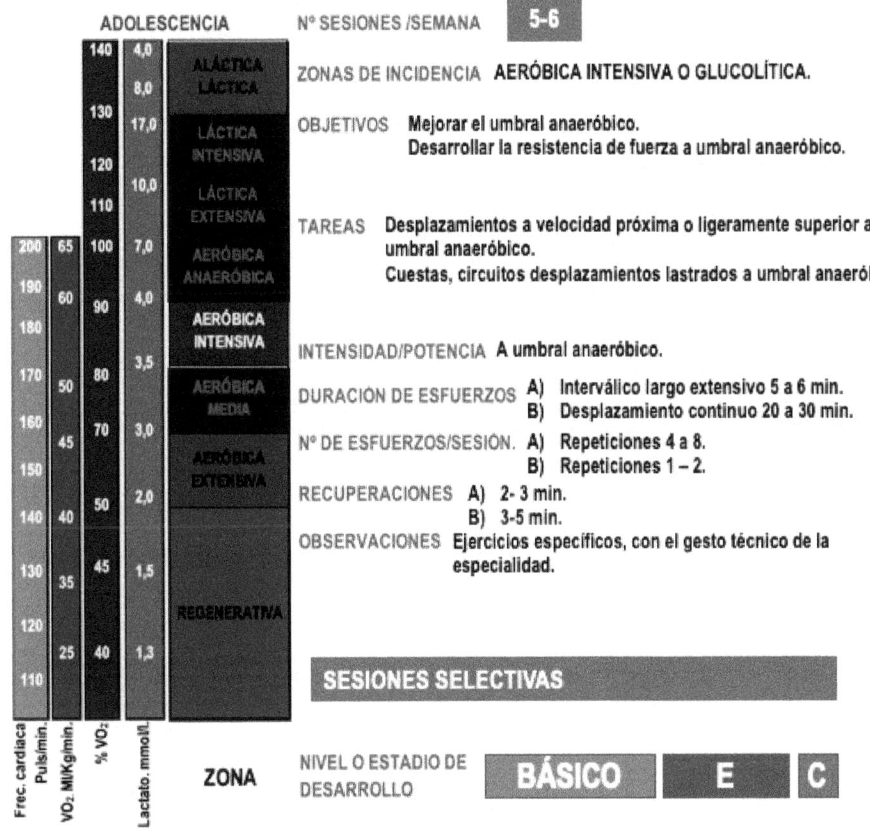

Figura 8. 16.- Plantilla con orientaciones para la incidencia en la zona aeróbica intensiva, con objetivos para la mejora del umbral anaeróbico en la etapa adolescente.

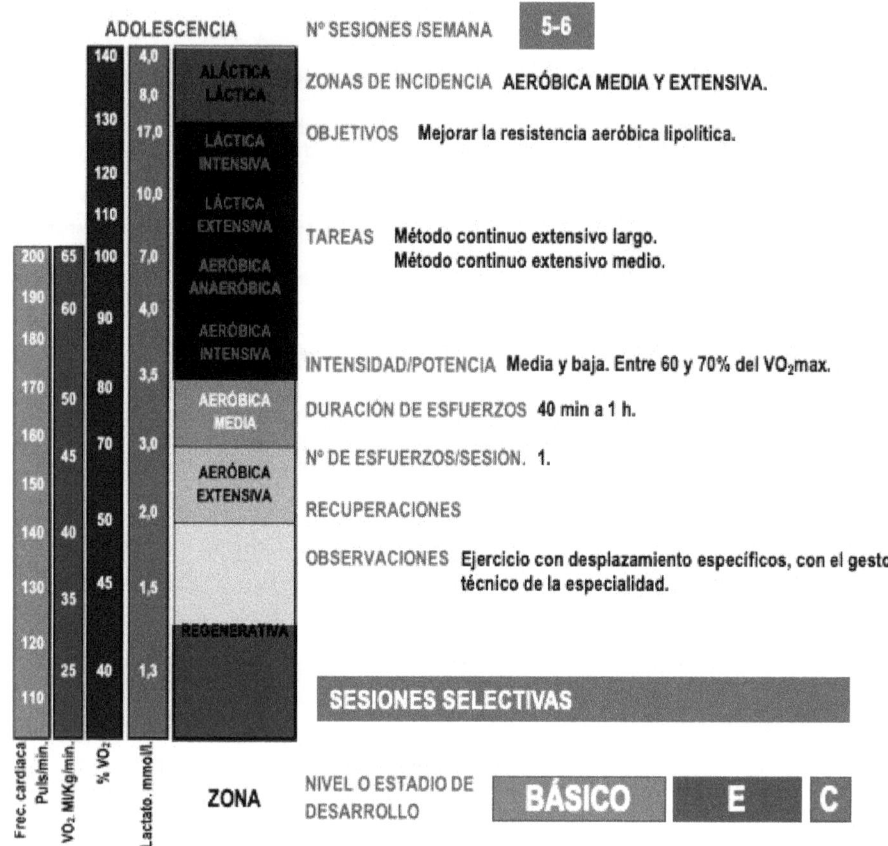

Figura 8. 17.- Plantilla con orientaciones para la incidencia en las zonas aeróbicas de baja potencia con incidencia en el consumo prioritario de los lípidos en la edad adolescente.

8.5.1. Ejemplos de sesiones completas para la etapa adolescente.

En esta edad, tal y como hemos venido reflejando, las sesiones van a ser similares a las que se puedan proponer a los deportistas adultos. Es por ello, que nos limitaremos a recordarlas (figura 8.18).

SESIÓN CON ORIENTACIÓN SELECTIVA	
ZONA/S DE INCIDENCIA	
CALENTA-MIENTO	**EL ESQUEMA ES SIMILAR AL DEL ADULTO CON LOS SIGUIENTES MATICES:**
PARTE PRINCIPAL	Misma potencia/intensidad proporcional en % del máximo posible. Disminución del volumen total del trabajo. Aumento de los tiempos de recuperación (micropausas y macro pausas).
VUELTA A LA CALMA	
NIVEL	BÁSICO ESPECÍFICO O COMPETITIVO

Figura 8. 18.- El esquema de las sesiones de entrenamiento para la edad adolescente es similar a la que correspondería a un adulto, siempre que disminuya el volumen y se mantenga el esfuerzo proporcional en lo que corresponde a las potencias y al aumento suficiente de las pausas y tiempos de recuperación inter e intra sesiones.

BIBLIOGRAFÍA

- Abelairas, C; López, S; Rodríguez, D. (2012).: La figura del entrenador y sus competencias en los deportes colectivos. III Congreso Internacional de Ciencias del Deporte. Pontevedra.
- Aguado, X. (1993).: Eficacia y técnica deportiva. Zaragoza. INDE.
- Abrutsky, Marco. (2016).: Introducción al entrenamiento de la flexibilidad en el marco de la prevención de lesiones. https://g-se.com.
- Academia Americana de Pediatría. (2001).: Entrenamiento de fuerza en niños y adolescentes.
- Accioli, B; Vieira, Ana; Barreiros, J. (2012).: Sports dropount and adolescence. III Congreso Internacional de Ciencias del Deporte. Pontevedra.
- ADA. (2010).: El valor del Deporte. Asociación Aragonesa de Apoyo al Deportista. Zaragoza. Edelvives.
- Aguila, C; Andújar, C. (2000).: Reflexiones acerca del entrenamiento en la infancia y la selección de talentos deportivos. EFDeportes. 5:21. http://www.efdeportes.com/
- Águila, C; Casimiro, A. (2001).: Consideraciones metodológicas para la enseñanza de deportes colectivos en edad escolar. Buenos Aires. EFDeportes. 5-20. http://www.efdeportes.com/efd20a/metodol.htm.
- Alfaro, E. (2004).: El talento psicomotor y las mujeres en el deporte de alta competición. Revista de Educación. 335:127-151. Madrid. Universidad Politécnica.
- Allen, H; Coggan, A. (2010).: Zonas de entrenamiento por potencia y frecuencia cardiaca. International Endurance Work Group. G-se.http://www.g-se.com
- Alonso, R. (2000).: Desarrollo sexual y entrenamiento deportivo. EFDeportes.com. Año 5. Nº 21. Mayo. http:// EFDeportes.com.
- Álvarez, C; Durán, C. (1982).: Atletismo básico. Miñón. Valladolid.
- Álvarez, C; Olivo, J; Robinson, O; Quintero, J; Carrasco, V; Ramírez-Campillo, R; Andrade, D; Martínez, C. (2013).: Efectos de una sesión de ejercicio aeróbico en la presión arterial de niños, adolescentes y adultos sanos. Revista médica de Chile. 141-11.
- Álvarez. C; Palacios, G; Antuñano N; López-Sobale M. (2011).: Efect of strength training and the practice of alpine sking on bone mass density, growth, body composition and the strength and power of the legs of adolescent skiers. J. Strength Cond Res. 25:2879–90.
- American Academy of Child & Adolescent Psychiatry (1998).: El desarrollo normal de la adolescencia: la escuela intermedia y los primeros años de la secundaria. 57. http://www.aacap.org/page.ww?section=Informacion+para+la+Familia&name=el+Desarrollo+Normal+de+la+Adolescencia%3A+La+escuela+intermedia+y+los+primeros+anos+de+la+secundaria+No.+57
- Ämstrand, P; Rodahl, K. (1985).: Fisiología del trabajo físico. Buenos Aires. Médica Panamericana.
- Ämstrand, P. (1952).: Experimental studies of physical working capacity in relation to sex and age. Copenhagen: Munksgaard. P 56.
- Andrivet, R; Chignon, J; Leclercq, J. (1967).: Fisiología del deporte. México. Diana S.A.
- Añó, V. (1997). Planificación y organización del entrenamiento juvenil. Madrid. Gymnos.

- Añón, P. (2014).: Declaración de posición sobre el entrenamiento de fuerza en niños y adoescentes. Consenso internacional 2014. G-SE. http://www.g-se.com/t/secciones-tematicas.
- Aquino, F; Zapata, O. (1979).: Psicopedagogía de la educación motriz en la etapa del aprendizaje escolar. México. Trillas.
- Aquino, F; Zapata, O. (1985).: Psicopedagogía de la educación motriz en la adolescencia. México. Trillas.
- Aquino, F; Zapata, O. (1987).: Psicopedagogía de la educación motriz en la juventud. México. Trillas.
- Arnold, R; Barbany, J; Bieniarz, I; Carranza, M; Fuster, J; Hernández, J; Lagardera, F; Ortega, E; Porta, J; Prat, J; Rouba, P. (1985).: La Educación Física en las enseñanzas medias. Barcelona. Paidotribo.
- Arregui, J; Martínez de Haro, V. (2001).: Estado actual de las investigaciones sobre la flexibilidad en la adolescencia. Revista Internacional de Medicina y Ciencias de la Actividad Física y el Deporte vol. 1 (2) p. 127-135 http://cdeporte.rediris.es/revista/revista2/artflexi.htm.
- Argudo, C; Iglesias, M. (2002).: Detección de talentos deportvos, una faceta más dentro del deporte escolar. Detección de Talentos.
- Armstong, N; Williams, J.(2003).: La influencia de la edad y la maduración sexual en la respuesta del ácido láctico al ejercicio, en niños. Grupo SobreEntrenamiento. PubliCEStandard. Http://www.sobreentrenamiento.com/PubliCE/Home.asp.
- Arufe, V; Fraguera, R; Varela, L. (2010).: Manual básico del técnico deportivo de un club. Sevilla. Sportis.
- Arufe, V; Martínez M; García J. (2006).: La iniciación deportiva.Pontevedra. Acuga.
- Arufe, V; Martínez, M; García, J. (2007).: Entrenamiento en niños y jóvenes deportistas. Santiago de Compostela. Asociación Cultural Atlética Galega.
- Arufe, V. (2012).: ¿Por qué los niños que practican deporte lo abandonan años más tarde? III Jornadas Técnicas Nacionales sobre el Deporte en edad Escolar.
- Arufe, V.(2012).: La construcción del deportista desde la infancia. A Couña. Sportis.
- Asensio, J (1987). Maduración biológica y aptitudes cognitivas. Educar, 12/109-124. Universidad Autónoma de Barcelona. http://www.raco.cat/index.php/educar/article/viewFile/42197/90105
- Ahumada, F. (2013).:Sprint. International Endurance Work Group.G-Se. https://g-se.com.
- Ávila, J; Huancavelica, P. (2002).: El comportamiento en las etapas de desarrollo. Monografías.com. http://www.monografias.com/trabajos16/comportamiento-humano/comportamiento-humano.shtml.
- Baker, J; Horton, S; Wilson, J; Wall, M. (2006).: Desarrollando la experiencia en el deporte. Factores que influyen en el rendimiento de los atletas de elite.Grupo SobreEntrenamiento. PublCE Standard. Http://www.sobreentrenamiento.com/PubliCE/Home.asp.Http:WW
- Balaguer, R. (2005).: La migración de la recreación juvenil al sedentario mundo de la pantalla. III Congreso Uruguayo de Psicología del Deporte IMM. http://www.cibersociedad.net/archivo/articulo.php?art=207.
- Baquet, G; VanPraag, E; Berthoin, S. (2003).: Endurance training and aerobic fitness in young people. Sports Med 33-15:1127-1143.
- Bar-Or, O (2002).: Respuesta en los niños al ejercicioen climas cálidos. PubliCE Standard. Grupo SobreEntrenamiento. http://www-g-se.com.
- Bar-Or, O. (2003).: Lo nuevo y lo viejo de la fisiología del ejercicio pediátrico. PubliCR Premium. Grupo SobreEntrenamiento. http://www.g-se.com.

- Bar-Or, O. (2006).: Entrenabilidad de los niños pre púberes. Grupo SobreEntrenamiento. PubliCE Premium. http://www.g-se.com.
- Bar-Or, O. (2006).: La actividad y la aptitud física durante la niñez y la adolescencia y e perfil de riesgo en el adulto. G-SE. G-se.com/a/667.
- Bar-Or, O. (2013).: Pérdidas de fluidos y de electrolitos durante el ejercicio: Enfoque pediátrico. G-se. http://www.g-se.com.
- Bar-Or. (1994).: Las respuestas de los niños ante el ejercicio en climas calurosos: Implicaciones para el rendimiento y la salud. Sports Science Exchange. 7:2.
- Bar-Or. (1994).: Las respuestas de los niños ante el ejercicio en climas fríos. Implicaciones para el rendimiento y la salud. Sports Science Exchange.4:2.
- Barreda, P. (2005).: ¿Cuál es la diferencia entre la pubertad y la adolescencia?. Pedialtraldia. http://www.pediatraldia.cl/pubertad_adolescencia.htm.
- Barrenechea, P. (2010).: Educación Física y los principios del entrenamiento. EFDeportes.com. Año 15. 147. Buenos Aires. http://www.efdeportes.com/efd147/educacion-fisica-y-los-principios-del-entrenamiento.htm.
- Barros, C; Farías, E. (2005).: Empleo de un programa de minitramp para la mejora de la velocidad de carrera y el salto vertica, con bajo riesgo de lesión en niños. PubliCE Standard. http://www.g-se.com.
- Batalla, A. (2000).: Habilidades motrices. Barcelona. INDE.
- Bazanco, M. (1999).: Olimpismo y Fair-Play. Auntamiento de Murcia.
- Becerro, M. (2000).: Entrenamiento de la velocidad en la infancia y pubertad. Monografías.com. http://www.monografias.com/trabajos11/velocinf/velocinf.shtml.
- Belliendier, J. (2009).: Consideraciones sobre la detección del Joven Talento Deportivo en Voleibol. Datasports. http://www.datasports.8k.com/1/voley.htm
- Bemben, D; Buchanan, A; Torey, D. (2005).: Influencia del Tipo de Carga Mecánica, Nivel Menstrual, y Período de Entrenamiento sobre la Densidad Ósea en Mujeres Atletas Jóvenes. PubliCE Premium. http://www.g-se.com.
- Benítez, S. (2013).: ¿A qué nos referimos cuando hablamos de "talento deportivo"?. G-se. http://www.g-se.com.
- Berg, A; Kim, S; Keul, J. (1986).: Skeletal muscle enzyme activities in healthy young subjets. Int J Sports Med. 7:236-239.
- Berngüi, R; Garcés, E.(2007).: Valores en el deporte escolar. Cuadernos de Psicología del Deporte. 7-2. Universidad de Murcia.
- Bianca, A; Vieira, A; Barreiros, J. (2006).: Sports Dropount Adolescence. Congreso Internacional de Ciencias del Deporte. Pontevedra.
- Bibian, M. (2012).: Los valores del deporte. Iglesia.org. http://www.iglesia.org/articulos/educacion.
- Billat, V. (2002).: Fisiología y metodología del entrenamiento. Madrid. Gymnos..
- Blázquez, D. (1995).: La iniciación deportiva y el deporte escolar. Zaragoza. INDE.
- Blázquez, D.(1986).: Iniciación a los deportes de equipo. Barcelona Martínez Roca.
- Blough, G; Ward, R; Tellez, T. (2001).: La velocidad en el deporte. Madrid. Tutor S.A.
- Bompa, T. (2000): Periodización del entrenamiento deportivo. Barcelon. Paidotribo.
- Bompa, T. (2003): Periodización. Teoría y metodología del entrenamiento. Barcelona. Hispano Europea.
- Bonnet, J. (1983).: Vers une pédagogie de l'acte moteur.Réflexions critiques sur les pédagogies sportives. Paris. Vigot.

- Borges, A. (2014).: Resistencia general para niños y adolescentes. Teoría, experiencias y programa de entrenamiento. G-se. http://www.g-se.com.
- Borges, A. (2014).: Desarrollo de la Velocidad Teoría y Experiencias Prácticas. Rev Entren Deport. 28 (3). https://g-se.com.
- Borin, J; Gocalvez, A. (2008).: Recuperando contribuicoes para entender o processo de detccao do talento desportivo. Pensar a Prática 11/2: 169-178.
- Borms, J. (1986). The child and exercise. An overview. Journal of Sport Science, 4, 1, 3-20
- Bosco, C; Tihani, J; Komi, P; Apor, P. (1982).: Almacenamiento y Recobro de Energía Elástica en Músculos Esqueléticos Humanos de tipo de Fibras Lentas y Rápidas. PubliCE. https://g-se.com.
- Bosco, C. (2000).: La fuerza muscular. Barcelona. INDE.
- Bouso, C. (2012).: Maduración biológica y rendimiento.Trabajo fin de grado. INEF de la Coruña. http://ruc.udc.es/bitstream/2183/11527/2/ValentinBouso_Daniel_TFG_2012.pdf.
- Bravo, J; Ballesteros, J; Campra, E; Gil, F; Pascua, M. (1990): Atletismo I: Carreras y marcha. Madrid. Comité Olímpico Español.
- Bravo, J; García-Verdugo, M; Gil, F; Landa; L; Marín, J; Pascua, M. (1998): Carreras y marcha. Atletismo 1. Madrid. Real Federación Española de Atletismo.
- Brotons, (J. 2005).: Propuesta de un modelo íntegro para el proceso de detección, selección y desarrollo de talentos deportivos a largo plazo. Valencia. I Congreso del Deporte en Edad Escolar.
- Bryan J. (1975).:Juegos escolares que desarrollan la conducta. México. Pax México.
- Buceta, J. (2004).: Estrategias Psicológicas para entrenadores de deportistas jóvenes. Madrid. Dykinson.
- Buceta, j.M. (1998).: Psicología del entrenamiento deportivo. Dykinson. Madrid.
- Burló, L., López B. J. y Santana V. M. (1996). Utilización de procedimientos de detecciónm y selección deportiva en la etapa de iniciación a la gimnasia artística. En indicadores para la detección de talentos deportivos. Madrid. Consejo Superior de Deportes.
- Caldrón, J. (1987).: Neurofisiología aplicada a la Educación Física. Madrid. ADELEF.
- Calderón, J; Legido, J. (2002).: Neurofisiología aplicada al deporte. Madrid. Tebar.
- Cañellas, A; Soria, M.A. (1991).: Animación deportiva. Barcelona. INDE.
- Cappa, D. (2013).: Aspectos fisiológicos del entrenamiento aeróbico en niños. G-se. http://www.g-se.com.
- Cappa, F. (2007).: Entrenamiento de la fuerza en niños: Breve revisión a la literatura. PubliCE Standard. http://www.sobreentrenamiento.com/publice/Articulo.asp?ida=812&tp=s.
- Carreño, J; Armas, R. (2001).: Orden en importancia de las capacidades motoras (fuerza, velocidad, resistencia, flexibilidad) en estado óptimo de preparación física en luchadores de 12 a 15 años de edad. EFDeportes. 7:34.
- Carretero, M; Palacios, J; Marchesi, A. (1985).:Psicología evolutiva 3. Adolescencia, madurez y senectud.Madrid. Alianza Editorial.
- Carrillo, A; Rodriguez, J. (2011).: ¿Es el deporte una escuela de valores?. INDEref. Revista de Educación Física.
- Carrol, W; Mendiza, A. (2005).: Medicina Deportiva para Futbolistas Jóvenes. Grupo SobreEntrenamiento. PubliCE Standard. Http://www.sobreentrenamiento.com/PubliCE/Home.asp.
- Castañer, M; Camerino, O. (1996).: La educación física en la enseñanza primaria. Barcelona. INDE.

- Cattani, A. (2003).: Características del crecimiento y desarrollo físico. Escuela Médica. http://escuela.med.puc.cl/publicaciones/manualped/CrecDess.html.
- Cerani, J. (1993).: El entrenamiento de resistencia en niños. Sport Medicina. 20:29-33.
- Cervelló, E. (1996).: La motivación y el abandono deportivo desde la perspectiva de las metas del logro.Universidad de Valencia.
- Chulvi, I. (2005).: Ejecución de los movimientos para el entrenamiento de fuerza en niños. I Congreso de deporte en edad escolar. Valencia. Fundación Deportiva Municipal.
- Cimolini, H. (2002).: Conceptos de entrenamiento para fútbol infantil. Entrenadores de fútbol. http://www.escoladefutbol.com.
- Coe, P; Martin, D. (2003): Entrenamiento para corredores de fondo y medio fondo. Barcelona. Paidotribo.
- Colaço, Paulo. (2006).: A Formação do Jovem Corredor de Meio-Fundo. Faculdade de Ciências do Desporto e de Educação Física da Universidade do Porto
- Coleman, J. (1980).: The Nature of Adolescence. Londres. Routledge.
- Cometti, G. (1998).:La pliometría. Barcelona. INDE.
- Cometti, G. (2002).: Entrenamiento de la velocidad. Barcelona. Paidotribo.
- Contreras, O. (2018).: Más actividad física, mejores notas. Congreso sobre educación y deporte. Pontevedra.
- Contreras, O. (1998).: Didáctica de la educación físic. Un enfoque constructivista. Barcelona. INDE.
- Córdoba, A; Navas, F. (2000).: Fisiología deportiva. Madrid. Gymnos.
- Cortegoso, L; Hernández, C; Hernández, J. (2003).: ¿Soy realmente un buen profesor de educación física o entrenador deportivo?. EFDeportes. 9-66. http://www.efdeportes.com.
- Cortés, V; Fernández, A; Moreno A. (2002).: Estudio descriptivo de la evolución de jóvenes atletas participantes en el programa de detección de talentos de la Real Federación Española de Atletismo. Rendimiento Deportivo. Com. Nº 3. http://www.rendimientodeportivo.com/N003/Artic014.htm.
- Costa, I. (2014).: Entrenamiento de fuerza en niños.
- Costill, D. (1981): La course de fond. Aproche scientifique. París.Vigot.
- Cruz, J. (2011).: Construyendo un deporte sano desde la escuella. Barcelona. Universidad Autónoma de Barcelona.
- Cunningham, D; Paterson, D. (1985).: Age specific prediction of maximal osygen uptake in boys. Canadian Journal of Applied Sort Sciences. 10:75-80.
- Delgado, M. (1994): Evolución de los factores y parámetros condicionantes de la resistencia en el niño y adolescente. RED. IX:2.
- Delgado, M. (1994).: Fundamentación anatómico funcional del rendimiento y del entrenamientode la resistencia del niño y adolescente. Revista Motricidad. Universidad de Granada.
- Devis, J; Peiró, C. (1992).: Nuevas perspectivas curriculares en Educación Física. Zaragoza INDE.
- Dintman, G; Ward, B; Tellez, T. (2001).: La velocidad en el deporte. Madrid. Tutor S.A.
- Di Santo, M. (1997).: Importancia de la Flexibilidad. PubliCE. https://g-se.com.
- Di Santo, M. (1998).: Bases Neurofisiológicas de la Flexibilidad. Parte 1.PubliCE. https://g-se.com.
- Di Santo, M. (1998).: Bases Neurofisiológicas de la Flexibilidad. Parte 2.PubliCE. https://g-se.com.

- Di Santo, M. (1997).: La flexibilidad en las distintas edades de la vida. https://g-se.com.
- Di Santo, M. (1998).: Los Elementos Contráctiles como Factores Restrictivos de la Flexibilidad.PubliCE. https://g-se.com.
- Di Santo, M. (2013).:Flexibilidad y Postura en la Escuela: El Rol Crucial del Profesor de Educación Física. https://g-se.com.
- Díaz, A; Morales, V; Calvo, J. (2008).: Acercamiento a la detección de talentos deportivos. EFDeportes.com. Año 13. N° 21. Junio. http://www.EFDeportes.com.
- Díaz, J. (1994).: El currículum de la educación física en la reforma educativa. Barcelona. INDE.
- Díaz, J. (1999).: La enseñanza y aprendizaje de las habilidades y destrezas motrices básicas. Barcelona. INDE.
- Díaz, J. (2003).: Entrenamento de talentos y su progresión hacia la alta competición. Refista Oficial de la Real Federación Española de Voleibol. 8. http://www.idi.baloncestoformativo.com.ar/pdf2/dia1.pdf.
- Dick, F. (1988).: Principios del entrenamiento deportivo. Paidotribo. Barcelona.
- Dintiman, G; Ward, B; Tellez, T. (2001).: La velocidad en el deporte. Madrid. Tutor S.A.
- Disson, G. (1971).: Mécanique en athétisme. París Vigot.
- Domínguez, P; Espeso, E. (2003).: Bases fisiológicas del entrenamiento de fuerza con niños y adolescentes. Revista Internacional de Medicina y Ciencias de la Actividad Física y el Deporte. 3-9:61-68.
- Donati, A. (1992).: Entrenamiento de mediofondo en atletas juveniles. G-se. http://www.g-se.com.
- Dosil, J. (2001).: Psicología del deporte de iniciación. Orense. Gersam.
- Dosil, j. (2004).: Psicología de la actividad física y del deporte. Madrid. McGraw-Hill.
- Dosil, J. (2012).: Coaching deportivo. III Congreso Internacional de Ciencias del Deporte. Pontevedra.
- Dotan, R; Ohana, S; Bediz, C; Falk, B. (2008).: Blod lactate disappearance dynamics in boys and men following exercise of similar and dissimilar peak-lactate concentrations. J. Pediatr Endocrinol Metab 33:720-7.
- Duncan, M; Woodfield, L. (2015).: Efectos agudos de un protocolo de entrada en calor sobre la flexibilidad y el salto vertical en niños. Revista de Educación Física. 32:3.
- Durán, J. (2010).: Ocio y choque de valores. Ociogune.
- Enciclopedia Médica. (2004).: Pubertad y adolescencia. Medline Plus. http://www.nlm.nih.gov/medlineplus/spanish/ency/article/001950.htm.
- Entrenamientos deportivos y físicos (2006).:Programa para motivación en natación de competición. Entrenamientos.org. http://www.entrenamientos.org/Article53.html.
- Erdociaín, L. (2010).: Desarrollo de las capacidades físicas en la infancia. III Congreso Internacional de salud y actividad física. Buenos Aires.
- Eriksson, B. (1972).: Physical training, oxygen supply and muscle metabolism in 11-13 year old boys. Acta Physiol. Scand. Supplement. 384:1-48.
- Escobar, J. (2003).: Pérdida de peso en la sesión de entrenamiento de fútbol en niños entre 8 y 10 años, por medio de métodos activos. EFDeportes. 9:61. http://www.efdeprtoes.com.
- Espinoza, C. (2004).: Adolescencia ¿Crisis o duelo? Monografías. Como. http://www.monografias.com/trabajos15/adolescenciacrisis/.
- Estape, E; López, M; Grande, I. (1999).: La habilidades gimnásticas y acrobáticas en el ámbito educativo. Zaragoza. INDE

- Faigenbaum, A; Wescott, W; Long, C; Loud, R; Delmonico, M; Micheli, L. (2003).: Relación entre repeticiones y porcentajes seleccionados a partir de una repetición máxima en niños sanos. PubliCE Premium. http://www.sobreentrenamiento.com/PubliCE/Home.asp.
- Fader. F. (2015).: Cómo destruir el futuro atlético de su hijo en tres sencillos pasos. International Endurance Work Group. http://endurancegroup.org/es/.
- Faigenbaum, A; La Rosa, L; O' Connell, J; Glover, S;O' Connell, J; Waine, L. (2003).: Efectos de diferentes protocolos de entrenamiento de sobrecarga sobre la fuerza del tren superior y desarrollo de la resistencia en niños. PubliCe Premium. G-se. http://www.g-se.com.
- Faigenbaum, A; Farrell, A; Fabiano, M; Nacleiro, F: (2011).: Effects of integrative Neuromuscular training on fitness performance in children. Pediatric Exercise Science. 23:573-584.
- Faigenbaum, A; Micheli, L. (2016).: Acondicionamiento de pretemporada para atletas preadolescentes. Revista de Educación Físic. 33. 1.
- Faigenbaum, A. (2006).: Entrenamiento pliométrico para niños: Hechos y falacias. PubliCE Standard, G-SE. Http://www.G-se.com.
- Faigenbaum, A; Miliken, L; Wescott, W. (2003).: La evaluación de la fuerza máxima en niños sanos. PubliCE Premium. http://www.sobreentrenamiento.com/PubliCE/Home.asp.
- Faigenbaum, A; Schram, J. (2015).: ¿Puede el entrenamiento con sobrecarga reducir las lesiones deportivas de los jóvenes? G-SE. http://g-se.com/es/prevencion-y-rehabilitacion-de-lesiones/articulos/puede-el-entrenamiento-consobrecarga-reducir-las-lesiones-deportivas-en-los-jovenes-1351.
- Faigenburg, A. (1999). Youth strength training. Benefits, risks and program design considerations. Am J, Sports. 1:243-260.
- Fain, R. (2007).: Milagros mielina. El secreto del talento deportivo. http://www.yocorroyvos.com.ar/NOTAS/MIELINA.htm.
- Falk, B; Tenenbaum, G. (2003).: La efectividad del entrenamiento de fuerza en los niños. PubliCE Premium. G-se.com. http://www.sobreentrenamiento.com/PubliCE/Home.asp.
- Falk, B; Tenenbaum, G. (2003).: La efectividad del entrenamiento de fuerza en los niños. PubliCE Premium. G-se.com. http://www.sobreentrenamiento.com/PubliCE/Home.asp.
- Fawkner, S; Armstrong, N. (2011).: ¿Podemos estudiar la manera confiable la cinética del VO2 en jóvenes? G-se. Http://www.g-se.com
- Federación Mundial de Educación Física. (2000).: Manifiesto Mundial FIEP 2000.
- Fernández, J; García-Verdugo, M. (2008).: La aparición de resultados relevantes en la carrera de los mejores atletas españoles de medio fondo. Pontevedra. Actas del II Congreso Internacional de Ciencias del Deporte.
- Fernández, L. (2008).: La selección de talentos en el deporte contemporáneo. Un problema pedagógico. Monografías.com. http://www.monografias.com/trabajos61/seleccion-talentos-deporte-contemporaneo/seleccion-talentos-deporte-contemporaneo.shtml.
- Fernández, P. (1997).: El entrenamiento deportivo y el niño joven. Manual de técnico deportivo de 1er. Nivel. Comunidad Autónoma de Aragón.
- Fernández, L. (2002).: Plasticidad del sistema nerviosos central. VII Jornadas de cátedras de neurociencias. Facultad de Psicología. Universidad Nacional de Córdoba. http://www.grupopraxis.com.ar/novedades_files.
- Ferreiro, R. (1984).: Desarrollo físico y capacidad de trabajo de los escolares. La Habana. Pueblo y educación.
- FIEP.(2000).: Las relaciones de la Educación Física con el Deporte. Cap. X. Manifiesto Mundial.
- Fitness en la nube (2017).: Fibras musculares. https://www.fitnessenlanube.com/login/.

- Flanagan, S; Laubanch, L; De Marco, G; Álvares, C; Bochers, S; Dressman, E; Gorca, C; Lauer, M; McKelvi, A; Metzler, M; Poeppelman, J; Riggenbach, M; Tichar, S; Wallis, K; Weseli, D. (2004). Revista de Educación Física. 30:1.
- Florence, J. (1991)(.: Tareas significativas en Educación Física Escolar. Zaragoza. INDE.
- Forteza, A. (1998).: Bases metodológicas del entrenamiento deportivo. La Habana. Científico Técnica.
- Forteza, A. (2000).: Métodos del entrenamiento deportivo. 5:20. EFDeportes. http://www.efdeportes.com.
- Fournier, M; Ricci, J; Feeguson, R; Taylor, A; Montepetit, R; Chaitman, B. (2013).: Adaptación del músculo esquelético en chicos adolescentes y desentrenamiento aeróbico y de velocidad. G-se. http://www.g-se.com.
- Fraile, S; Cimarelli, L. (2010).: Los principios del entrenamiento deportivo. ¿Son respetados en el entrenamiento infantil?. EFDeportes. 14-140. http://www.efdeportes.com
- Fröhner, G. (2003).: Esfuerzo Físico y Entrenamiento en niños y jóvenes. Barcelona. Paidotribo.
- Frydman, J; Merlo, C. (1998).: Traumatismo esquelético en niños. Buenos Aires. Panamericana.
- Furth, H; Wachs, H. (1978).: La teoría de Piaget en la práctica. Buenos Aires. Kapelusz.
- Futbolpasoapaso.com (2004).:. Entrenamiento nº 10. Filosofía del entrenamiento. http://www.futbolpasoapaso.com.ar.
- Gacón, G. (1996). Grandes lignes des options d'entrenement pour les minimes. AEFA. Abril
- Gallardo, I. (2000).: Valores morales del deporte. Fundación Asciende. http://www.fundacionasciende.com/publicaciones-de-fundacion-asciende/articulos.
- Gamble, P. (2008).: Implicaciones y aplicaciones de la especificidad del entrenamiento para entrenadores y atletas. Grupo SobreEntrenamiento. G-se.com/a/947.
- Gamble, P. (2009).: Un enfoque de la preparación física para jugadores juveniles de deportes de conjunto. G-SE. G-se.com/a/1077.
- García, J. (1998).: La velocidad. Madrid. Gymnos.
- Garca, J; Navarro, M; Ruiz, J. (Bases del entrenamiento deportivo. Madrid. Gymnos.
- García, J; Navarro, M; Ruiz, j, martín, r. (1998).:La velocidad. Madrid. Gymnos.
- García-Verdugo, M; Landa, L. (2005).: Atletismo 4. La preparación del corredor de resistencia. Madrid. RFEA.
- García-Verdugo, M; Leibar, X. (1997).: Entrenamiento de la resistencia de los corredores de medio fondo y fondo. Madrid. Gymnos.
- García-Verdugo, M; Marín, J. (2002).: Principios básicos sobre la planificación en los jóvenes. Cuadernos de atletismo. RFEA. 49:89-109.
- García-Verdugo, M. (2002): Algunas consideraciones sobre la evolución y características especiales de la capacidad de resistencia en niños y adolescentes. Cuadernos de Atletismo. RFEA. 49: 31-71
- García-Verdugo, M. (2003).: Conclusiones no editadas sobre jornadas de Medio Fondo de la Real Federación Española de Atletismo sobre atletas en proceso de formación.
- García-Verdugo, M. (2003).: Conclusiones sobre las Jornadas sobre el futuro del medio fondo. Ibiza.
- García-Verdugo, M. (2004).: Etapas formativas en la sociedad deportiva. Conferencia. As Pontes. Mayo 2004.
- García-Verdugo, M. (2005).: Atletismo 4. La preparación del corredor de resistencia. Madrid. Real Federación Española de Atletismo.

- García-Verdugo, M. (2005).: Intento de determinación de zonas de intensidad para el entrenamiento de mediofondistas de alto nivel. La aplicación del test DIPER. Diplomatura de estudios avanzados. Universidade de Vigo.
- García-Verdugo, M. (2006).: A carreira deportiva. Desde a escola á elite. Cadernos de psicoloxía. 2:54-73.
- García-Verdugo, M.: Deportista olímpico. ¿Formación o deformación? Actas de la XXXVIII Sesión de la Academia Olímpica Española. Santiago de Compostela. Editorial Compostela.
- García-Verdugo, M. (2006).: El entrenamiento de la resistencia en el joven deportista. Pontevedra. Congreso internacional de Ciencias del Deporte.
- García-Verdugo, M. (2007).: Resistencia y entrenamiento. Una metodología práctica. Barcelona. Paidotribo.
- García-Verdugo, M. (2007).: Resistencia y entrenamiento. Una metodología práctica. Barcelona. Paidotribo.
- García-Verdugo, M. (2008).: Cómo abordar el entrenamiento de resistencia desde los 9 a 17 años. Jornadas sobre el presente y futuro de las categorías menores en atletismo. Madrid. RFEA.
- García-Verdugo, M. (2009).: La resistencia en niños. Citius Altius Fortius, 2-1:73-107.
- García-Verdugo, M. (2009).: Sobre la detección, captación, planificación y entrenamiento de talentos deportivos desde edad temprana. Actas del Congreso Internacional de Ciencias del Deporte. Pontevedra.
- García-Verdugo, M. (2011).: Entrenamiento dirigido hacia especialidades de resistencia en niños y adolescentes. Sportis Formación deportiva. Curso on-line.. http://www.sportis.es/web/
- García-Verdugo, M. (2013(.: Curso on-line sobre entrenamiento para niños y adolescentes. http://www.garciaverdugo.com
- García-Verdugo, M. (2013).: Curso on-line sobre metodología del entrenamiento de resistencia basado ene l modelo DIPER. G-se. http://g-se.com/es/org/garciaverdugo-com/capacitacion/curso-sobre-metodologia-del-entrenamiento-de-resistencia-basado-en-el-modelo-diper.
- García-Verdugo, M. (2013).: La fórmula (220-edad) para estimar la frecuencia cardiaca máxima puede inducir a erroes en el entrenamiento de resistencia. G-se. Http://www.g-se.com.
- García-Verdugo, M. (2016).: El entrenamiento para medio fondo y fondo. Apuntes del Curso de entrenador Nacional. Escuela Nacional de Entrenadores. Madrid. Real Federación Española de Atletismo.
- García-Verdugo. M. (2011).: Curso on-line sobre entrenamiento dirigido a especialidades de resistencia en niños y adolescentes. http://www.sportis.es/cursos-a-distancia/programación-de-la-resistencia-en-niños-y-adolescentes/.
- García-Verdugo, M. (2017).: Entrenamiento adaptado para categorías en proceso de desarrollo. Presentación. Perú. Comité Olímpico Peruano.
- García-Verdugo, M. (2018).: El entrenamiento de resistencia basadoen zonas o áreas funcionales. El modelo DIPER. Barcelona, Paidotribo.
- García-Verdugo, M. (2019).- Bases del entrenamiento y la planificación. Texto de la asignatura. Máster en Alto Rendimiento Deportivo. Madrid. UCM. COES.
- García-Verdugo, M. (2020).: Bases del entrenamiento para especialidades de resistencia en niños y púberes. Barcelona. Paidotribo.
- García, C. (2005).: Métodos integrales para la preparación física de jugadores jóvenes. G-SE. G-se.com/a/430.

- García, E; Pérez, J. (2013).: Los principios del entrenamiento deportivo: Aplicación práctica al voleibol. EFDeportes.com. http://www.efdeportes.com/
- García, J; Campos, J; Lizaur; Pablo, C. (2003).: El talento deportivo. Madrid. Gymnos.
- García, J; Navarro, M; Ruíz, A. (1996). Bases teóricas del entrenamiento deportivo. Gymnos. Madrid
- García, J; Sainz, A; Durán, J. (2011).: Competiciones alternativas para niños y jóvenes. Madrid. Real Federación Española de Atletismo.
- García, J. (1996). La adaptación y la excelencia deportiva. Madrid. Gymnos.
- García, J. (1999).: La fuerza. Madrid. Gymnos.
- García, S. (2013).: Entrenamiento integrado neuromuscular. Un concepto novedoso de entrenamiento en poblaciones infantiles. G-Se. Http://www.g-se.com.
- Gesell, A. (1978).: El adolescente de 10 a 16 años. Buenos Aires, Piados
- Gianfranco, F; Pittoni, A; Pozzenu, F. (1988).: Le capacità coordinative e la resistenza. Roma. Società Stampa Sportiva.
- Gil, F; Marín, J; Pascua, M. (2005).: Atletismo 1. Velocidad, vallas y marcha. Madrid. Real Federación Española de Atletismo..
- Gil, P. (3002).: Animación y dinámica de grupos. Cádiz. Wanceulen ED.
- Gil, S. (2008).: Actividad física en niñez y adolescencia. Vida Trining. Buenos Aires. C.E.N.A.R.D.
- Giussani de Morano, D; Morano, E. (2001).: La deserción en el deporte. ¿Por qué se sobreexige y por qué a veces, no se exige nada?. EFDeportes.com. 7:41. http://www.efdeportes.com/efd41/deserc.htm.
- Golderining, J. (2004).: pubertad y adolescencia. Medline Plus. Http://www.nlm.nih.gov/medlineplus/spanish/ency/article/001950.htm.
- Gómez, F. (2010).: La gran mentira. Mi hijo va a dejar de entrenar porque necesita centrarse en los estudios. Redes. http://www.rtve.es/alacarta/videos/redes/redes-20-deporte-para-cerebro-mas-sano-14-11-10/930711/.
- Gómez, M; Ruiz, L; Mata, E. (2006).: Los problemas evolutivos en la adolescencia: Análisis de una dificultad oculta. Revista Internacional de Ciencias del Deporte. II-3:44-54. http://www.cafyd.com/REVISTA/art3n3a06.pdf.
- González, J. (2007).: El entrenamiento de la fuerza para niños y jóvenes. Pautas para su desarrollo. III Congreso Nacional de Ciencias del Deporte. Pontevedra.
- González, J; Gorostiaga, E. (1995).: Fundamentos del entrenamiento de fuerza. Barcelona. INDE.
- González, J; Gorostiaga, E. (2012).: Metodología del entrenamiento para el desarrollo de la fuerza. Master en alto rendimiento deportivo. Madrid. UAM-COES.
- González, J; Martínez, J; Velez, M. (2012).: Programación del entrenamiento de la fuerza. Master en Salto Rendimiento Deportivo. Madrid. UAM. COES.
- Gonzalez, J; Ribas, J. (2002).: Programación del entrenamiento de fuerza. Barcelona. INDE.
- Gorostiaga, E; Ibáñez, J; López, J. (2002).: Respuestas biológicas al esfuerzo en el alto rendimientodeportivo. Apuntes del Master en ARD. Madrid. UAM-COES.
- Gould, D; Weinberg, R. (1996).:Fundamentos De Psicología del Deporte y el Ejercicio Físico. Barcelona. Ariel Psicología.
- Gould, D. (2006).: El deportista adolescente y la participación deportiva intensiva. El estrés competitivo y el agotamiento. G-SE. G-se.com/a/660.
- Graham, T; Cross, N (2005).: Entrenamiento para el rendimiento. Individualización de los programas de entrenamiento. G-SE. G-se.com/a/451.

- Grissom, J. (2005).: Aptitud Física y Rendimiento Académico. PubliCE Premium. Pid: 468.
- Grosser, M; Stariscka, S; Zimmermann, E. (1988).: Principios del entrenamiento deportivo.Barcelona. Martínez Roca.
- Grosser, M. (1992).: Entrenamiento de la velocidad. Barcelona. Martínez Roca.
- Grosser, M; Hermann, H; Tusker, F; Zintl, F. (1991).: El movimiento deportivo. Barcelona. Martínez Roca.
- Guerrero, L; Naranjo, J. (2005).: ¿Qué sabemos realmente acerca del trabajo físico en los niños (I). Archivos de Medicina del Deporte. Sevilla. Centro Andaluz de Medicina del Deporte. Sevilla. 108: 311-317.
- Guerrero, L. (2007).: Análisis ventilatorio de la participación relativa del metabolismo aeróbico y anaeróbico en niños. Universidad de Granada. Tésis doctoral.
- Guillen Garcia. (2002).: ¿Por qué los niños practican deportes? Una visión desde la Psicología de la actividad física y el deporte. Disponible en: http://www.efsi.iteso.mx
- Guilmain, E. (1981).: Evolución psicomotriz desde el nacimiento hasta los 12 años. Barcelona. Editorial Médica y Técnica S.A.
- Gullén García. (204).:Iniciación deportiva. Problema emergente en el deporte competitivo infantil. Grupo Plaza Deportes. http://www.plazadedeportes.com/HNoticia_131.html.
- Güllich, A. (2007). Training – Support – Success: Control-related assumptions and empirical findings. Saarbruücken: University of the Saarland.
- Günter, B; Schneirder, K. (1989).: Biomecánica deportiva. Barcelona. Martínez Roca.
- Gutiérrez, M. (1996).: ¿Por qué no utilizar la actividad física y el deporte como transmisor de valores sociales y personales ?. Rev. Española de Educación Física y Deportes. Vol 3. Nº 1. Pp. 40-42.
- Guyton, A. (1967).: Tratado de Fisiología Médica. II Edición. Ed. Revolucionaria. La Habana.
- Hammet, J; Hey, W. (2004).: Adaptaciones neuromusculares al entrenamiento balístico de corta duración (4 semanas) en atletas jóvenes entrenados. PubliCE Permium. Grsupo SobreEntrenamiento.
- Hann, E. (1988).: Entrenamiento con niños. Barcelona. Martínez Roca.
- Harrow, A. (1978).: Taxonomía del ámbito psicomotor. Valencia. Marfil.
- Hedrick, A. (2007).: Entrenamiento de la flexibilidad. PubliCE. https://g-se.com/entrenamiento-dinamico-de-la-Jexibilidad-784-sa-u57cfb27184c97.
- Hegedus, J. (1984). La ciencia del entrenamiento deportivo. Buenos Aires. Estadium.
- Hegedus, J.(1979): Técnicas atléticas. Buenos Aires. Stadium.
- Heinemann, K. (2000).: Los valores del deport. Una perspectiva sociológica. Humanismo y Deporte. Apunts. Educación Física y Deportes. 64: 17-25.
- Heredia, J; Peña, G; Segarra, V. (2011).: La ADM/flexibilidad en los programas de acondicionamiento físico saludable (PAFS). IICEFS.
- Heredia y Peña. (2016).: Bases teórico prácticas del entrenamiento para la salud. Murcia. IICEFS.
- Hernández, A; Pérez, A. (2004).:El abandono deportivo: un flagelo del atletismo escolar en la EIDE Provincial de Cienfuegos. Efdeportes.com. 10-72. http://www.efdeportes.com.
- Hernández, P. (2006).: Flexibilidad: Evidencia Científica y Metodología del Entrenamiento. G-se.com.
- Hernández, M. (2008).: Selección de talentos un programa en continuo perfeccionamiento, un análisis a las nuevas tendencias en la Natación. Grupo Plaza Deportes. http://www.plazadedeportes.com/hnnoticia.cgi?1104,5,0,0,,0.

- Hidalgo, J. (2002).: El modelo de formación del triatleta del siglo XXI. efdeportes. 8:49. http://www.efdeportes.com
- Hoare, D. (2000).: Talent Identification and selection manual. SISA. Australia.
- Hochmuth, G. (1973).: Biomecánica de los movimientos deportivos. Madrid. Doncel.
- Hornillos, I; Lera A. (2007).: Modelos de planificación deportiva en jóvenes. III Congreso Nacional de Ciencias del Deporte. Pontevedra.
- Hornillos, I. (2006).: El entrenamiento de la flexibilidad en jóvenes deportistas. Congreso Internacional de Ciencias del Deporte. Pontevedra.
- Huajing, Z. (1991): Marching out of Asia and into the world. New studies in athletics. 6: 25-40.
- Gozzoli, Ch; Locatelli, E; Massin, D; Wangemann, B. (2002).: Atletismo para niños. Una guía práctica. Mónaco. IAAF.
- IAAF. (2018).: Atletismo para niños. Una guía práctica. IAAF Kids' Athletics.
- Inhelder, B; Piaget, J (1972).: El crecimiento de el pensamiento lógico desde infancia a adolescencia.
- Izquierdo, M; Ibáñez, J. (2007).: Desarrollo de la fuerza en el deportista joven. PubliCE Premium. G-se. Http://www.g-se.com.
- Izquierdo, M; Ibáñez, J. (2012).: Crecimiento y maduración del deportista jove. Aplicación para el desarrollo de la fuerza. G-se. http://www.g-se.com.
- Iaquierdo,M; Echeverría, J. (2008).: Bases generales para la evaluaci´n funcional de la técnica deportiva. Master ne ARD. UAM-COES.
- Knapp, B. (1963).: La habilidad en el deporte. Valladolid. Miñón.
- Kozel, J. (1997). Talent identification ant it`s role in tennis. www.faccioni.com/reviews/tennisID.
- Javier, J. 2001).: La halterofilia en el desarrollo del niño y el adolescente. EFDeportes. 7:35. http://www.efdeportes.com.
- Lago, J. (2002).: El modelo de formación de triatleta del siglo XXI. EFDeportes.com. http://www.efdeportes.com/efd49/triatl3.htm1.
- Laguna, M. (2001).: La detección y seguimiento de deportistas. Jornadas sobre fórmulas de detección de talentos deportivos.
- Lamb, D. (1985).: Fisiología del ejercicio. Madrid. GREFOL S.A.
- Larovere, P. (2001).: Problemática del Niño en el Deporte. PubliCE Standard. 02/01/2001. Pid: 16.
- Lasierra, G; Lavega, P. (2000).: 1015 juegos y formas jugadas de iniciación a los deportes de equipo. Vol I. Paidotribo. Barcelona.
- Latiesa,M; Martos, P; Paniza, J. (2001).:Deporte y cambio social en el umbral del siglo XXI. Madrid. Estéban Sanz.
- Le Boulch, J. (1964).: La educación por el movimiento en la edad escolar. Buenos Aires. Paidos.
- Le Boulch, J. (1978).: Hacia una ciencia del movimiento humano. Buenos Aires. Paidos.
- Le Boulch, J. (1991).: El deporte educativo. Psicocinética y aprendizaje motor. Barcelona. Paidós.
- Le Boulch, J. 81983).: El desarrollo motor desde el nacimiento a los seis años. Madrid. Doñate.

- Lejarraga, H; Berber, E; Del Pino, M; Medina, V; Cameron, N. (2009).: Método no invasivo para la evaluación del desarrollo sexual en la adolescencia. Arch Argent Pediatr. 107.5:423-429.
- Lemme, G. (2004).: Maduración del metabolismo anaeróbico. Deporte Salus. http://www.deportsalud.com/entrenamiento/entre166.htm.
- Lemura, L; Von Dullivan, S; Carlonas, R; Andreacci, J. (2003).: Puede el entrenamiento fisico mejorar la potencia aeróbicam áxima (VO2max) en los niños: Una revisión meta-analítica. PubliCE Premium. http://www.sobreentrenamiento.com.
- Leyva, R. (2003).: La selección de talentos deportivos. Criterios para asegurar su eficacia. EFDeportes.com. Año 9. Nº 61. Junio. http://www.efdeportes.com/.
- Linares, J; Gámez, J. (2008).: Modelo de captación de talentos de tenis de mesa. Club Caja Sur de Tenis de Mesa. http://www.priegotm.com/web/index2.php?pagina=articulos/art002.php.
- Llenas, M. (2008).: Suprdotación, precocidad y talentos. Blog de SISTACNEC. http://sistacnet.info/boletin/?p=628
- Lopategui, E. (2001).: Déficit, estado estable y deuda de Oxígeno. Salud-med. Http://www.saludmed.com/CsEjerci/FisioEje/Deficit-Ej.html.
- Lopategui, E. (2009).: Principios del Entrenamiento Deportivo. San Juan.
- López, A.(2006).: Abandono deportivo del fútbol federado masculino a edades tempranas en la Comunidad de Madrid. Mundideporte.com. http://www.munideporte.com/noticias_seccion.asp?id_noticia=2257&id_seccion=19
- Lorenzo, A; Jiménez, S; Lorenzo J. (2014).: ¿Son realmente eficaceslos programas de detección de talentos deportivos? Nuevos horizontes para su diseño. G-Se.com. https://g-se.com/son-realmente-eficaces-los-programas-de-deteccion-de-talentos-deportivos-nuevos-horizontes-para-su-diseno-1704-sa-p57cfb27242718.
- Lorenzo, A; Lorenzo B y Jiménez, S (2014).: ¿Son realmente eficaces los programas de detección de talentos deprortivos?. Nuevos horizontes para su diseño. Universidad Politécnica de Madrid. Kronos 2014: 13-1
- Lorenzo, A. (2000).: Hacia un nuevo enfoque del concepto de talento deportivo. Curso de detección de talentos y la búsqueda de la excelencia en el deporte. Toledo. Consejería de Cultura de Castilla la Mancha.
- Lorenzo, A. (2001).: ¿Detección o desarrollo del talento? http://www.kultura.ejgv.euskadi.net/r46-keeduk/es/contenidos/informacion/kiroleskola/es_kirolesk/adjuntos/DETECCION_DESARROLLO_TALENTO.pdf.
- Lorenzo, A. (2005).: ¿Detección o desarrollo del talento? Factores que motivan una orientacióndel proceso de detección de atlentos. Http://www.kultura.ejgv.euskadi.net.
- Lozano, M. (2008).: El Talento Deportivo. Distroforma. Getafe.
- Maceira, A. (2006).: Cuidados psicológicos del joven deportista. I Congreso Internacional de Ciencias del Deporte. Pontevedra.
- Madrigal, B (1996).: Centro de Educación Suprior de cultura Física. La habana.
- Malina, M. (1994). Children in elite sport: Auxological considerations. In Auxology '94: Children and Youth at the End of the 20th Century, O. Eiben, editor, Humanbiologia Budapestinensis 25:441-451.
- Malina, R. (2003).: Crecimiento, Performance, Actividad, y Entrenamiento Durante la Adolescencia. Grupo SobreEntrenamiento. PublCE Standard. Http://www.sobreentrenamiento.com/PubliCE/Home.asp.

- Malina, R. (2006).: Crecimiento Físico y Maduración Biológica en Deportistas Jóvenes. Grupo SobreEntrenamiento. PubliCEStandard. Http://www.sobreentrenamiento.com/PubliCE/Home.asp.
- Malina, R. (2013).: Crecimiento, performance, actividad y entrenamiento durante la adolescencia. Parte I. G-se. http://www.g-se.com.
- Malina, R. (2013).: Crecimiento, performance, actividad y entrenamiento durante la adolescencia. Parte II. G-se. http://www.g-se.com.
- Malina, R. Ryan; R; Bonci, C.(1994). Age at menarche in athletes and their mothers and sisters. Annals of Human Biology 21:417-422.
- Mandado, A; Díaz, P. (2004).: Deporte y educación: Pautas para hacer compatible el rendimiento y desarrollo integral de los jóvenes deportistas. Revista de Educación. Univerrsidad de Vigo. 335:35-44.
- Manno, R. (1991). Fundamentos del entrenamiento deportivo. Paidotribo. Barcelona.
- Marcos, O. (1969).: Pedagogía de la Educación Física. Madrid. Comité Olímpico Español.
- Marques, A. (2006).: Treino desportivo. Orientaçoes para o treino de crinças e jovems. Potnevedra. I Congreso Internacional de Ciencias del Deporte.
- Martín Acero, R. (1995).: Velocidade. Santiago de Compostela. LEA.
- Martín Acero, R. (2011).: Metodología y programación del entrenamiento de la velocidqad. Apuntes del Master en Entrenamiento Deportivo. Madrid. UAM COES.
- Martin, D; Nicolaus, J; Ostrowski, C; Rost, K. (2004).: Metodolgía general del entrenamiento infantil y juvenil. Paidotribo, Barcelona.
- Martín, P. (2009).: La velocidad: factores, manifestaciones, entrenamientos para niños y su evaluación. EFDeportes. Año 14. Nº 131. http://www.efdeportes.com.
- Martínez, E. (2002).: Método de enseñanza de la Educación Física. Resolución de problemas. EFDeportes. http://www.efedeportes.com
- Martínez, M. (2006).: El talento deportivo del siglo XXI. Pontevedra. Congreso Internacional de Ciencias del Deporte.
- Martínez, M. (2007).: Análisis de la implantación de una escuela de atletismo de rendimiento basada en la detección de talentos en la Galicia rural. II Congreso Nacional de Ciencias del Deporte. Pontevedra.
- Martínez, V. (2012).: Fatiga y rendimiento en velocidad y salto. G-Se. Https://www.g-se.com.
- Martínez, P. (1996).: El desarrollo de la resistencia del niño. Zaragoza. INDE.
- Martínez, V. (2012).: La capacidad de salto e índice de elasticidad en educación primaria. Ciencias del Ejercicio. https://g-se.com.
- Matveyev, L. (1977).: Periodización del entrenamiento deportivo. Madrid. Instituto Nacional de Educación Física.
- Mazza, O; Zubeldia, G. (2005).: Efectos del entrenamiento de fuerza con diferentes intensidades en futbolistas de 13 y 14 años. PubliCE Standard. Grupo SobreEntrenamiento. Http://www.sobreentrenamiento.com/PubliCE/Home.asp.
- Mazzeo, E. (2009).: Principios del entrenamiento. PortalFitness.com. http://www.portalfitness.com/2272_principios-del-entrenamiento.aspx
- McArdle, WW; Katch, F; Katch, V. (2004).: Fundamentos de fisiología del ejercicio. Aravaca. McGraww-Hill. Interamericana.
- Mero, A. (1988).: Blood lactate production production and recovery from anaerobic exercise in trained und untrained boys. European Journal Applied Physiology. 57:660-666).
- Mestre, J; Añó, V; Campos, J; García, A; Pascual, C. (1982).: Valladolid. Miñón.

- Mestre, J. (1997).: Planificación Deportiva. Barcelona. INDE.
- Meyer, F; Bar-Or (2013).: Pérdidas de fluídos y de elctrolitos durante el ejercicio:Enfoque pediátrico. G-se. http://www.g-se.com.
- Micheli, L. (1988).: Strength Training in the young athlete. Competitive Sports for Children and Youth. 99-105.
- Molinero, O; Salguero, A; Tabernero, B; Márquez, S. (2005).: El abandono deportivo. Propuesta para la intervenciónpráctica en edades tempranas. http://www.efdeportes.com. Año 10-90
- Molnar, G; Brazeiro, M. (2005).: Concepto de iniciación deportiva. Todonatación.com. http://www.todonatacion.com.
- Molnar, G. (1994).: La especialización temprana. Espacio Ciencia y Movimiento. http://www.chasque.apc.org/gamolnar/deporte%20infantil/infantil.04.html#anchor90194.
- Molnar, G. (2001). El Deporte en la Escuela. Espacio Ciencia & Movimiento. http://www.chasque.apc.org/gamolnar/deporte%20infantil/infantil.04.html#anchor237506
- Molnar, G. (2002).: Fisiología del ejercicio aplicada al niño. Espacio Ciencia y Movimiento. Http://www.chasque.apc.org/gamolnar/deporte%20infantil.02.htm#anchor642694.
- Molnar, G. (2002).: Selección de talentos. Debilidades y fortalezas. EC&M Deporte Infantil. http://www.chasque.net/gamolnar/deporte%20infantil/infantil.05.html
- Molnar, G. (2004).: Las fases o periodos sensibles. Espacio Ciencia & Movimiento. http://www.chasque.apc.org/gamolnar/deporte%20infantil/infantil.02.html#anchor642694.
- Molnar, G. (2007).: Cómo encontrar promesas deportivas. http://www.todonatacion.com/deporte/deporte-infantil/seleccion-de-talentos/.
- Monografías.com, (1994).: Entrenamiento de fuerza en la niñez. Opinión de varios autores. Monografías.com. http://www.monografias.com/trabajos11/fuerzinf/fuerzinf.shtml.
- Mora, J; Gómez, M; Amar, J; Gutiérrez, J. (1989).: El entrenamiento de la resistencia en niñps a prtir del test de Léger-Boucher. Facultad de Ciencias de la Educación de Cádiz.
- Mora, J. (1995). Teoría del entrenamiento y del acondicionamiento físico. Córdoba. COPLEF.
- Moreno, D. (2014).: Ciclo Estiramiento-Acortamiento (CEA). Httos/:www.g-es.com.
- Moreno. D. (2014).: Factores que determinan la velocidad. G-Se. https://g-se.com.
- Moyano, M. (2013).: Velocidad. G-Se. https://g-se.com,
- Moyano, M. (2013).: Frecuencia de pasos. G-Se. https://g-se.com,
- Moyano, M. (2013).: Conceptuando la velocidad y agilidad. Importancia en los deportes de situación. G-Se. Https://g-se.com.. G-Se. https://g-se.com,
- Moyano, M. (2013).: Relación entre velocidad lineal y velocidad de cambio de dirección. Primera parte. G-Se. Https://g-se.com.
- Moyano, M. (2013).: Diferencias entre manifestaciones de velocidad cíclica y acíclica. Segunda parte. G-Se. Https://g-se.com.. G-Se. Https://g-se.com.
- Moyano, M. (2013).: Anticipación. G-Se. Https://g-se.com.
- Moyano, M. (2013).: Entrenamiento de agilidad programada o cerrada.. G-Se. Https://g-se.com.
- Muñiz, A. (20015).: Premisas para ser un buen entrenador de niños y adolescentes. EFDeportes. Año 10. N35. http:// www.efdeportes.com.
- Mosston, M. (1968).: Gimnasia dinámica. México. Pax-México.

- Mussen, P; Conger, J; Kagan, J. (1977).: Desarrollo de la personalidad en el niño. México. Trillas.
- Muzzo, S. (2003).: Crecimiento normal y patológico del niño y del adolescente. Revista chilena de nutrición. http://dx.doi.org/10.4067/S0717-75182003000200003.
- Myer, D; Ford, K; Palumbo J. (2005).: Neuromuscular training improves performance and lower-extremity biomechanics in female athletes. J Strength Cond.19:51–60.
- Nacleiro, F. (2000).: Entrenamiento de Fuerza y Potencia en Niños y Jóvenes. PubliCE. https://g-se.com.
- Nadori, L. (1987).: El tiempo de construir. R.E.D. Nº 3. 9-17.
- Navarro, F; Oca, A; Castañón, F. (2003).: El entrenamiento del nadador joven. Madrid. Gymnos.
- Navarro, F. (1994): Evolución de las capacidades físicas y su entrenamiento. Módulo 2.2.5. Máster en alto rendimiento deportivo. Madrid UAM. COES.
- Navarro, F. (1998).: La resistencia. Madrid. Gymnos.
- Navarro, F. (2003).: El entrenamiento del nadador joven. Madrid. Gymnos.
- Navarro, F. (2004).: Entrenamiento adaptado a los jóvenes. Revísta de Educación. 35:61-80.
- Navarro, F. (2006).: Planificación del entrenamiento en niños y jóvenes deportistas. Pontevedra. Congreso Internacional de Ciencias del Deporte.
- Navarro, F (2011).: Bases del entrenamiento y la planificación. Apuntes del master en alto rendimiento deportivo. Madrid. COES.
- Nelson, W. (1966). Tratado de pediatría.La Habana. Revolucionaria.
- Nitsh, J; Neumaier, A; Marees, H; Mester, J. (2002).: Entrenamiento de la técnica. Barcelona. Paidotribo.
- Nöcker, J. (1988): Bases biológicas del ejercicio y del entrenamiento. Buenos Aires. Kapelusz..
- Nuviala, A; Casajús, J. (2005).: Calidad percibida del Servicio Deportivo en edad escolar desde la perspectiva de los padres. Revista Internacional de Medicina y Ciencias de la Actividad Física y Deporte. Nº 17. http://cdeporte.rediris.es/revista/revista17/artcalidad1.htm.
- Nuviala, A; Nuviala, R. (2005).: Abandono y continuidad de la práctica deportiva escolar organizada desde la perspectiva de los técnicos de una comarca aragonesa. Rev.int.med.cienc.act.fís.deporte. 20.
- Obertt, P; Mandihout, M; Vinet, A; Courteix, D. (2015).: Efectos de un programa de entrenamiento aeróbico de 13 semanas sobre la potencia máxima desarrollada durante una evaluación de fuerza-velocidad en niños y niñas prepúberes. Revista de Educación Física. 32:4.
- Oliver, A. (1986): Iniciación al atletismo. Madrid. Alhambra.
- Ónega, V. (1996).: Habilidades básicas na secundaria obrigatoria. Santiago de Compostela. Edicións Lea.
- Ortiz, V. (1996).: Entrenamiento de la fuerza y explosividad para la actividad física y el deporte de competición. Barcelona. INDE.
- Ossorio, D; García, L; De la Cruz, J. (2001).: La influencia de la activación sobre el rendimiento en pruebas de componente aero-anaeróbicas en una población de escolares adolescentes. EFDeportes.6:30. http://www.efdeportes.com/.
- Ossorio, D. (2003).: El desarrollo de la capacidad aeróbica en la adolescencia. Adaptación cardiovascular y entrenamiento deportivo. EFDeportes.com. Año 9. Nº 59. abril. http://www.EFdeportes.com.
- Osterrieth, P. (1981).: Psicología infantil. Madrid. Morata.

- Palacios, A. (2006).: ¿Qué pasa con la adolescencia?. Correo del maestro. http://www.correodelmaestro.com/anteriores/2006/febrero/anteaula117.htm.
- Palau, X. (2005).: Entrenabilidad de la resistencia en edades tempranas. EFDeportes. Buenos Aires. 10-88. http://www.efdeportes.com/efd88/resist.htm.
- Pancorbo, A; Blanco, J. (1990).: Consideraciones sobre el entrenamiento deportivo en la niñez y adolescencia. Archivos de medicina del deporte. Instituto Cubano de Medicina del Deporte. VII-24:309-314.
- Pantoja, D. (2013).: Entrenamiento neuromuscular integrado para niños. https://g-se.com.
- Papalia, E; Feldman, R; Martorell, G. (2012).: Desarrollo humano. México D.F. McGraw Hill.
- Pastor, F. (2004).: El entrenamiento de la fuerza en niños y jóenes. Aplicación al rendimiento deportivo. EDU Deporte. Universidad de Alicante. Http://www.edudeporte.ua.es.
- Pedrosa, C.: (1976).: La psicología evolutiva. Madrid. Marova.
- Peltenburg A; Erich, W; Thijssen J. (1984).: Sex hormone profiles of premenarcheal athletes. Eur. J. Appl. Physiol. 52:385.
- Peña, G; Heredia, J. (2014).: ¿A qué edad empezar con el entrenamiento de fuerza en niños?. Instituto Internacional de Ciencias del Ejercicio Físico y Salud
- Peña, G. (2014).: Desmitificando el entrenamiento de la fuerza en edades tempranas: niños y adolescentes. G-se. Uttp://www.g-se.com.
- Peña, G. (2013).: El entrenamiento de la ADM/Flexibilidad. Entrevista al Dr. Juan A. León. Instituto Nacional de Ciencias del Ejwrcicio y la Salud. https://g-se.com.
- Pérez, A. (2006).: Identificación y desarrollo de talentos deportivos. Análisis comparativo de los sistemas en algunos países líderes. EFDeportes.com. Año 10. 94. http://www.EFDeportes.com.
- Pérez, F. (2000).: Evolución de las capacidades físicas del futbolista jovem. Www.tacticasdefutbol.com.
- Pérez, F. (2002).: Evolución de las capacidades físicas del futbolista joven. Http://www.tacticasdelfutbol.com.
- Pérez, J. (2002).: La competición en el ámbito escolar. Un programa de intervención social. Tesis doctoral. Universidad de Alicante.
- Pérez, J. (2009). La competición en el ámbito escolar y sus riesgs. Universidad de Alcante.
- Pérez, V. (2013).: Clasificación de habilidades motoras I. Equipo de child training. https://g-se.com/s/equipo-child-training.
- Pérez, V. (2013).: Clasificación de habilidades motoras II. Equipo de child training. https://g-se.com/s/equipo-child-training.
- Pérez, V. (2013).: Clasificación de habilidades motoras III. Equipo de child training. https://g-se.com/s/equipo-child-training.
- Pérez, V. (2001).: Introducción al entrenamiento infantil. PubliCE Standard.
- Pérez, V. (2002).: Principios que rigen el entrenamiento infantil. PubliCE Standard. Http:77www.g-se.com.
- Piaget, J; Inhelder, B. (1975).: Psicología del niño. Madrid. Morata.
- Piaget, J. (1073).: Seis estudios de Psicología. Barcelona. Seix Barral, S.A
- Piaget, J. (1968.:) La construcción de lo real en el niño. Buenos Aires. Proteo
- Pila, A. (1981).: Educación Físico deportiva. Enesñanza-aprendizaje. Madrid. Greefol, S.A.
- Platonov, v. (2006).: El entrenamiento deportivo. Sistemas modernos de construcción de un deportista de elite, a largo plazo. G-SE. G-se.com/a/629.

- Posadas, V; Ballesteros, F. (2004).: La competición. ¿Cómo afecta a los pequeños deportistas?. EFDeportes.com. http://www.efdeportes.com/efd73/compet.htm.
- Pozo, A. (2006).: Apoyo de padres, entrenador y compañeros a deportistas jóvenes. Pontevedra. Congreso Intenracional de Ciencias del Deporte.
- Procopio, M. (2006).: Edad y flexibilidad. PortalFitnes.com. http://www.portalfitness.com/nota.aspx?i=591&p=1.
- Pulgarín, M. (2000).: La infancia y el deporte. Perspectivas desde el punto de vista psicológico. Educación Física y Deportes. http://www.efdeportes.com. Año 5.nº 18.
- Pulgarin, M. (2005).: ¿Es posible remar en la misma dirección? Reflexiones en torno a la Relación Padres, Niños, Monitores Deportivos. PubliCE Standard. 23/12/2005. Pid: 565.
- Ratel, S; Martin, V. (2011).: Les exercicesanaérobies lactiques chez les enfants: La fin d'une idée recue?. SciVerse ScienceDirect. www.sciencedirect.com.
- Real Academia Española de la Lengua. (2010). http://www.rae.es.
- Real Federación Española de Voleibol. (2003).: Revista oficial. 8-10.
- Ayala, F; Baranda, S; Cejudo, A. (2012).: El entrenamiento de la flexibilidad: técnicas de estiramiento. Revista Andaluza de Medicina del Deporte. http://www.elsevier.es.
- Rieder, H; Fisfher, G. (1990).: Aprendizaje deportivo.Barcelona. Martínez Roca.
- Riera, J. (1989).: Aprendizaje de la técnica y la táctica deportiva. Zaragoza. INDE.
- Rivera, R. (2010).: Los valores del deporte. EFDeportes. 14-141. Buenos Aires. Http://www.efdeportes.com.
- Roberts, W. (2007). ¿Pueden los niños y adolescentes correr maratones?. Publice Premium. G-se. http://www.g-se.com.
- Roca,, A; Macarro, J. (2011).: El deporte como vehículo transmisor de valores sociales. Congreso Internacional sobre Enseñanza de la Educación Física Escolar. Úbeda.
- Roemmich, J; Sinning, W. (2004).: Pérdida de peso y entrenamiento de lucha. PubliCE Standard. G-SE.hHttp://www.sobreentrenamiento.com/PubliCE/Home.asp.
- Rodríguez, C. (2000).: Procedimiento metodológico para la evaluacióndel rendimiento físico motor en jugadoras de baloncesto en las edades de 10 a 15 añosen la provincia de Sancti Spíritus. EFDeportes.com 5-25. hhtp://www.efdeportes.com.
- Rodríguez, F. (2000).: Entrenamiento de resistencia en los niños y los jóvenes. PubliCE Standard. Grupo SobreEntrenamiento. http://www.g-se.com.
- Roig, J. (2015).: El Crossfit en los niños y adolescentes. G-se. http://www.g-se.com.
- Romero, S. (2000). : Formación deportiva: nuevos retos en Educación. Universidad de Sevilla. http://www.cica.es/aliens/revfuentes/num3/RECENSIONES/
- Rowland, T. (2015).: El entrenamiento del sistema cardiocirculatorio durante la infancia. PubliCE Standard. Grupo SobreEntrenamiento. http://www.g-se.com.
- Rueda, A; Frías, G; Quintana, R; Portilla, R. (1997).: La condición física en la educación secundaria obligatoria.Barcelona. INDE:
- Ruiz, F. (2014).: Clima motivacional del entrenador y su influencia en los jóvenes. IV Congreso Mundial del deporte escolar. A Coruña. Sportis.
- Ruiz, G; Cabrera, D(2004).: Los valores en el deporte. Revista de Educación. 335: 9-19. Universidad de Las Palmas de Gran Canaria.
- Ruiz, L; Otero, R; Nieto, P; Ruiz, A; Navia, J. (2014).: La intención de practicar en el futuro en escolares adolescentes. Kronos. 13(2). G-se.com. http://www.g-se.com.
- Saavedra, j; Escalante, Y; Moreno, J. (2003).: La satisfacción con el entrenamiento y la competición según la categoría, en nadadores de nivel regional. RendimientoDeportivo.com. 5. http://www.rendimientodeportivo.com/n005/artic026.htm.

- Salguero, A; Tuero, C; Márquez, S. (2003).:Cuestionario de Causas de Abandono en la Práctica Deportiva: validación y diferencias de género en jóvenes nadadores. Efdeportes.com. 8-56. http://www.efdeportes.com/ .
- Salguero, A; Tuero, C. (2003).: Entrenamiento de la resistnecia en los niños y los jóvenes. Grupo SobreEntrenamiento. Http://www.gruposobreentrenamiento.com.publiCE.pid:17.
- Salud y deporte (2000). Niños y adolescentes. http://saludydeporte.consumer.es/edad/ninos/index.html.
- Salvadores, J. (2005).: Abandono del fútbol y efecto de la edad. Revista de actualidad de la Psicología del Deportte. http://www.lictor.com/revista/index.php3?articulo=40.
- Sánchez Bañuelos, F. (1984).: Bases de la Educación Física y el deporte. Madrid. Gymnos.
- Sánchez Bañuelos, F. (1984).: Bases para una didácttica de la Educación Física y el Deporte. Madrid. Gymnos.
- Sánchez Bañuelos, F. (2003).: Conceptos y sistemas de desarrollo del alto rendimiento deportivo. . Módulo 3.1. Master en Alto Rendimiento Deportivo.UAM. COES.
- Sánchez-Pinilla, Ortega, R. (1992).: Medicina del ejercicio físico y del deporte para la atención de la salud. Díaz Santos.
- Santos, M; Sicilia, A. (1998).. Actividades físicas extraescolares. Una propuesta alternativa. Barcelona. Inde.
- Scarfó, R. (2005).: Los factores de crecimientomuscular y los ejercicios de fuerza. PubliCE Premium. G-SE. http://www.sobreentrenamiento.com/PubliCE/Home.asp.
- Scavo, M; Anaya, R; Alurrialde, J. (2002).: Respuestas fisiológicas en los niños. Evaluaciones aptitudinarias. EFDeportes. 8.53. http://www.efdeportes.com.
- Schmolinsky, G. (1981): Atletismo. Madrid. Augusto Pila Teleña.
- Schroeder, T; Jaque, V. (2004).: Adaptaciones músculoesqueléticas a un programa de entrenamiento de fuerza progresivo excéntrio de 16 semanas en mujeres jóvenes. PubliCE Premium. Grupo SobreEntrenamiento.
- Seirul-lo, F. (1995).: Valores educativos de deporte. Barcelona. INDE.
- Serrano, M.: (2004).: Captación y Formación de talentos. Madrid. Comité de Entrenadores de la Federación Española de Fútbol de Madrid.
- Siedentop, D. (1998).: Aprender a enseñar la Educación Física. Zaragoza INDE.
- Siff, M; Verkhoshansky, Y. (2000): Super entrenamiento. Barcelona. Paidotribo.
- Sölveborn, S. (1984).: Stretching. Barcelona. Martínez Roca.
- Soria, M; Cañellas, A. (1991).: La animación deportiva. INDE. Barcelona.
- Spranger, E. (1961).: Psicología de la Edad Juvenil. Madrid. Manuales de la Revista de Occidente.
- Stoedefalke, K. (2012).: Efectos del entrenamiento sobre los lípidos y lipoproteínas sanguíneas en niños y adolescentes. G-se. http://www.g-se.com.
- Suanj, D; Craig, S. (200).: Especialización en el deporte: ¿Cuan temprana... Cuan necesaria?. Grupo SobreEntrenamiento. PublCE Standard. Http://www.sobreentrenamiento.com/PubliCE/Home.asp.
- Tejera, A. (2007).: La resistencia en la infancia y la pubertad. Foro de Atletismo. http://forodeatletismo.creatuforo.com/ver-tema-5-forodeatletismo.html.
- Terrados, N. (2000).: Últimos avances en fisiología aplicables al alto rendimiento deportivo. Madrid. INFOCOES. 5.2:90-97.
- Terrados, N.: (2006).: Descartan estudios de genética en la detección de talentos deportivos. Jornadas de trabajo en deporte y salud Asturias 06. Salud.com. http://www.salud.com/secciones/salud_general.asp.

- Torralbo, R. (2012).: Experiencia práctica con atletas jóvenes en su iniciación. Jornadas sobre el presente y el futuro de las categorías menores. Conferencia. RFEA. Madrid
- Torregrosa, M; Lee, M. (2000).: Estudio de los valores en psicología del deporte. Revista de Psicología del Deporte. 9: 1-2:71-83. Universitat de les Illes Balears.
- Tous, J. (1999).: Nuevas tendencias en fuerza y musculación. Barcelona. Paidotribo.
- Trepode, N. (2001).: Abandono del deporte en los jóvenes. Efdeportes.com. 7-40. http://www.efdeportes.com/.
- Trifoni, A. (2017).: Filosofía del entrenamiento. https://www.aletrionfini.com/filosofia-de-entrenamiento/.
- Tsolakis, C; Vanegas, G; Bogdanis, G; Dessypris, A. (2011).: Influencia de un programa de acondicionamiento de doce meses sobre el crecimiento físico, las hormonas séricas y el rendimiento neuromuscular en esgrimistas varones púberes. Grupo SobrEntrenamiento. http://www.www.g-se.com.
- UADA. (2005).: La pubertad: La adolescencia masculina. Medicina del Deporte. Http://www.aikiwest.com/pubertad.htm.
- Ulloa, J. (2001).: Carácter metodológico del entrenamiento con niños.
- UNICEF. (2003).: Salud, deporte y estudios. Enredate.org. http://www.enredate.org/enredate/actualidad/historico/salud_deporte_y_estudios/
- United States Air Force Academy. (2007).: Entrenamiento Dinámico de la Flexibilidad. journal PubliCE. https://g-se.com/entrenamiento-dinamico-de-la-flexibilidad-784-sa-u57cfb27184c97.
- Van Praagh, E; Doré, E. (2004).: Potencia muscular de corta duración durante el crecimiento y la maduración. G-SE. Http://www.g-se.com.
- Vainstoc, L. (2007).: Lo difícil de llegar al profesionalismo. PSICOACHING. http://www.psicoaching.net/node/31.
- Vallejo, C. (2002).: Desarrollo de la codcición física y sus efectos sobre el rendimiento físico y la composición corporal de niños futbolistas. Tesis doctoral. Universidad autónoma de Barcelona.
- Van Praagh, E. (1998): Le developpement des capacités aerobies chez le jeune. AEFA. Abril 1998.
- Vargas, R. (2004). Siete preguntas acerca de las fases sensibles. Montañismo y Exploración. Nº 31. Mayo. http://montanismo.org.mx/articulos.php?id_sec=11&id_art=984.
- Varillas, A .(2003).: Los niños y la halterofilia. EFDeportes. 9:59. http://www.efdeportes.com.
- Vasalo, C. (2001).: Competitividad en Deportes Infantiles. PubliCE Standard. Pid: 97.
- Vasconcelos, A. (2005).: La fuerza. Entrenamiento para jóvenes. Barcelona. Paidotribo.
- Velez, M. (2000).: Fases de maduración-desarrollo y edades/categorías. Apuntes inéditos.
- Velez, M. (2001).: Fases de maduración-desarrollo y edades. Jornadas de Menores. Madrid.RFEA.
- Velez, M. (2002).: Ejercicios de carga natural. V Jornadas de menores. Madrid. RFEA.
- Velez, M. (2008).: El entrenamiento de fuerza en los jóvenes. X Jornadas sonbre el presente y el futuro de las categorías menores en el Atletismo Español. Madrid. RFEA.
- Verkhoshansky, Y, Siff. (2000).: Super entrenamiento. Barcelona. Paidotribo.
- Verkhoshansky, Y.(1990).: Entrenamiento deportivo. Planificación y programación. Barcelona. Martínez Roca.
- Verkhoshansky, Y. (2002): Teoría y metodología del entrenamiento deportivo. Barcelona. Paidotribo.

- Vicente, S. (2008).: La Búsqueda y Selección de Talentos en la Natación Competitiva en Colombia. Una necesidad.http://www.fecna.com/uploads/la%20busqueda%20y%20seleccion%20de%20talentos%20en%20la%20natacion%20competitiva.pdf.
- Viru, A; Viru, M. (2003): Análisis y control del rendimiento deportivo. Barcelona. Paidotribo.
- Volpe, S; Rife, R; Melason, E; Merrit, A; Witek, J; Freedson, P. (2005).: Cambios fisiológicos en niños de sexto grado que entrenaron para caminar en la maratón de Boston. PubliCE Premium (Http://www.sobreentrenamiento.com/PubliCE/Home.asp).
- Warner, J; Micheli, L. (2006).: Lesiones músculo-esqueléticas en niños y adolescentes. PubliCE Standard. Grupo SobreEntrenamiento. Http://www.sobreentrenamiento.com/PubliCE/Home.asp.
- Warpeha, J. (2006).: Posibles Implicaciones del Estiramiento Excesivo sobre el Rendimiento Deportivo. https://g-se.com.
- Wein, H. (2004).: Hacen falta competiciones más formativas en el deporte base. Dirección de Educación Física. Neuquen. Argentina. http://www.cpeneuquen.edu.ar/direccion-edufisica/boletin10_articulos.htm.
- Weinberg, R; Gould, D. (1996).: Fundamentos de psicología del deporte y el ejercicio físico. Ariel Psicología.
- Weineck, J. (1988).: Entrenamiento óptimo. Barcelona. Hispano Europea S.A.
- Weineck, J. (2005).: Entrenamiento total. Barcelona. Paidotribo.
- Weltman, A. (1986).: Efecto del entrenamiento de fuerza con resistencia hidráulica en sujetos pre púberes. Medicine and Sports in Sport Exercise. 181: 629-638.
- William, L; Mendoza, A. (2005).: Medicina deportiva para futbolistas jóvenes. PubliCE Standard. Grupo SobreEntrenamiento. G-se. http://www.g-se.com.
- Williams, J; Armstrong, N. (2003).: La influencia de la edad y de la maduración sexual en la respuesta del ácido láctico al ejercicio en niños. PubliCE Standard. Grupo SobreEntrenamiento. http://www.g-se.com.
- Williams, J. (1991).: Psicología aplicada al Deporte. Madrid. Biblioteca Nueva.
- Williams,j; Armstrong, N Kirby, B. (1990).: The 4 mM blood lactate level as an index of exercise performance in 11-13 year old children. J. Sports Sci, 8-2; 139-147.
- Winnicott, D.W. (1995).: La familia y el desarrollo del individuo. B.Aire. Lumen-Hormé.
- Xunta de Galicia (2007).: Competición deportiva en idade escolar.Santiago de Compostela. Xunta de Galicia.
- Yubero, L. (2001).: Predicción de talentos deportivos en pruebas de velocidad. Análisis del somatotipo. Instituto Nacional de Educación Física. Madrid. http://www.aamoratalaz.com/articulos/ptdpvas01.htm.
- Zanatta, A (1995).: Atletismo en la escuela primaria. Estadium. 16:95.
- Zapata, O; Aquino, F. (1986).: Psicopedagogía de la aducación motriz en la etapa del aprendizaje escolar.México. Trillas.
- Zatsiorsky, V. (1994).: Advanced Sport Biomechanics. The Pennsylvania State University, Biomechanics Laboratory, PA, USA.
- Zevi, S. (2000).: Aprendizaje motor, maduración y desarrollo. Madrid. Indugraf.
- Zhelyazkov, T. (2001).: Bases del entrenamiento deportivo. Barcelona. Paidotribo.
- Zintl, F. (1991).: Entrenamiento de la resistencia. Barcelona. Martínez Roca.

www.ingramcontent.com/pod-product-compliance
Ingram Content Group UK Ltd.
Pitfield, Milton Keynes, MK11 3LW, UK
UKHW061656190726
13853UKWH00008B/2230

9 788418 682452